Reisetipps von A bis Z
Reise-Highlights

Kapstadt / Cape Town

Kirstenbosch · Constantia

Kap-Halbinsel

Weinland

Walküste

Karoo und Route 62

Garden Route

Eastern Cape

Westküste und Cederberge

Anhang

Die Bucht von Hout Bay

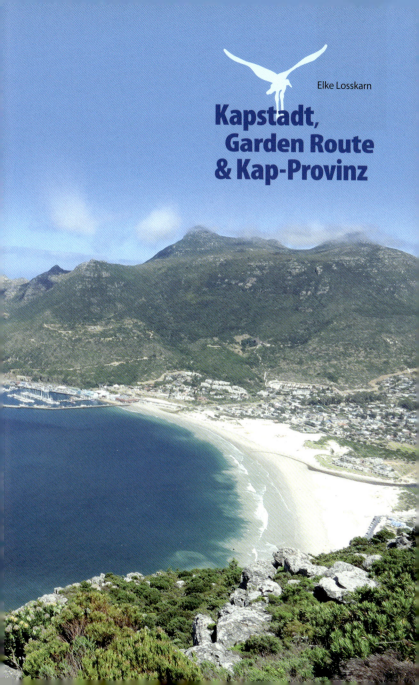

Elke Losskarn

Kapstadt, Garden Route & Kap-Provinz

E-Mail-Adresse des Verlags:
verlag@rkh-reisefuehrer.de

www.reise-know-how.de
- Ergänzungen nach Redaktionsschluss
- kostenlose Zusatzinfos und Downloads
- das komplette Verlagsprogramm
- aktuelle Erscheinungstermine
- Newsletter abonnieren

Direkt einkaufen im Verlagsshop mit Sonderangeboten

Elke Losskarn

Kapstadt, Garden Route & Kap-Provinz

Impressum

Ursprünglicher Text 2003–2007: Dieter Losskarn
Neue Texte und Updates seit 2009: Elke Losskarn

Kapstadt, Garden Route & Kap-Provinz

erschienen im
REISE KNOW-HOW Verlag

ISBN 978-3-89662-573-1

© Helmut Hermann
Untere Mühle
D - 71706 Markgröningen

2003 • 2005 • 2007 • 2009 • 2011 • 2013 • 2014
8. aktualisierte und erweiterte Auflage 2015

Alle Rechte vorbehalten

– Printed in Germany –

eMail-Adresse des Verlags: verlag@rkh-reisefuehrer.de
Websites von Reise Know-How:
www.reise-know-how.de • www.suedafrikaperfekt.de

Gestaltung u. Herstellung
Umschlagkonzept: Carsten Blind
Inhalt: Carsten Blind
Fotos und Karten: s. Bildnachweis Seite 348 im Anhang
Druck: mediaprint Paderborn

Dieses Buch ist erhältlich in jeder Buchhandlung in Deutschland,
Österreich, Schweiz, Niederlande und Belgien
Bitte informieren Sie Ihren Buchhändler über folgende Bezugsadressen:
D: - PROLIT GmbH, Postfach 9, 35461 Fernwald
     www.prolit.de (sowie alle Barsortimente),
CH: AVA-buch 2000, Postfach 27, 8910 Affoltern, www.ava.ch
A: Mohr Morawa Buchvertrieb GmbH, Postfach 260, 1011 Wien
NL, B: Willems Adventure, www.willemsadventure.nl
Wer im Buchhandel trotzdem kein Glück hat, bekommt
unsere Bücher auch über unsere Büchershops im Internet (s.o.)

Wir freuen uns über Kritik, Kommentare und Verbesserungsvorschläge.
Alle Informationen und Daten in diesem Buch sind mit größter Sorgfalt
gesammelt und vom Lektorat des Verlags gewissenhaft bearbeitet und
überprüft worden. Da inhaltliche und sachliche Fehler nicht ausgeschlossen
werden können, erklärt der Verlag, dass alle Angaben im Sinne der Produkt-
haftung ohne Garantie erfolgen und dass Verlag wie Autor keinerlei Verant-
wortungund Haftung für inhaltliche und sachliche Fehler übernehmen.
Die Nennung von Firmen und ihren Produkten und ihre Reihenfolge sind
als Beispiel ohne Wertung gegenüber anderen anzusehen. Qualitäts-
angaben sind subjektive Einschätzungen der Autoren.

AB ANS KAP

„Inspirierende Vielfalt", so wirbt Südafrika für sich, und Landeskenner wissen, dass sich die ganze landschaftliche und kulturelle Vielfalt Südafrika nochmals „am Kap" konzentriert. Die Südspitze Afrikas bietet wunderbare Reiseregionen, Sie können wilde Küsten ebenso erleben wie fruchtbare Täler, wo an Berghängen köstliche Weine gedeihen und die Vielfalt der einheimischen Kulturen wie auch der Tierwelt ist geradezu überwältigend. So müssen Sie für die „Big Five" – Löwe, Leopard, Elefant, Nashorn und Büffel – nicht unbedingt in den Krügerpark fahren, Sie finden sie auch am Kap, sogar malariafrei. Und dass Cape Town, die „Mutterstadt" Südafrikas unter dem Tafelberg, die attraktivste des ganzen Kontinents und ihr Lebensgefühl fantastisch ist, das hat sich inzwischen weltweit herumgesprochen.

Vor genau 20 Jahren bin ich nach Südafrika ausgewandert. Damals bin ich mit einem Motorrad von Johannesburg kreuz und quer durch alle Provinzen bis nach Kapstadt gefahren. Als der legendäre Tafelberg vor mir auftauchte, war ich auf der Stelle in diese pulsierende Stadt verliebt, hingerissen von der grandiosen Kulisse der „Zwölf Apostel" und von der Küstenstraße zwischen Camps Bay und Hout Bay, die ich mittlerweile vielleicht 1000 Mal gefahren bin und die mich dabei jedes Mal wieder aufs Neue begeistert. Diese aufregende Mischung aus wilden, zerklüfteten Bergen, schönem Wetter, hilfsbereiten und lachenden Menschen sowie die erstklassige touristische Infrastruktur machen das Kap zu einem idealen Urlaubsziel. Wo sonst auf der Welt lassen sich innerhalb nur einer Provinz Halbwüsten und tropische Wälder durchqueren, Elefanten und Wale am selben Tag beobachten und wer möchte nicht einmal mit einem Fuß im Atlantik und dem anderen im Indischen Ozean stehen oder die längste Weinstraße der Welt abfahren? Wine tasting, herrliche Wanderung oder pittoreskes Fischerdorf? Sushi oder Fish & Chips? Hotel-Ambiente oder uriges Bed & Breakfast …?

Setzen Sie unsere Reisevorschläge zu Ihrem ganz persönlichen Kap-Programm zusammen, kombinieren Sie die vorgestellten Highlights zu einem aufregenden Puzzle. Denn wenn Südafrika inspirierend ist, dann ist das Kap unwiderstehlich.

Genießen Sie Ihre Reise und viel Spaß beim Fotografieren,

Ihre *Elke Losskarn*

Columbine Nature Reserve bei Paternoster an der Westküste

1 Cederberge Seite 210 …

3 Karoo Seite 215 …

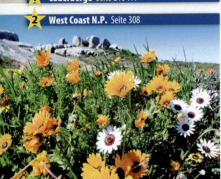

2 West Coast N.P. Seite 308

Reisehöhepunkte

4 Kapstadt und Tafelberg Seite 71 + 92

5 Kap der Guten Hoffnung Seite 70 + 144

6 Stellenbosch Seite 174

Grahamstown Seite 295 · 7

Port Elizabeth Seite 288 · 8

Addo Elephant Park Seite 300 · 9

Plettenberg Bay Seite 269 · 10

Cape Agulhas Seite 208 · 11

Tsitsikamma Seite 278 · 12

TEIL I: Reisevorbereitung

Flüge und Verkehrsmittel	14
Unterwegs im Land	15
Inlandsflüge	15
Bahnverbindungen	15
Busverbindungen	16
Mit Mietwagen und Wohnmobil	17
Straßenverkehr	19
Reisetipps von A bis Z	20
Ärzte (siehe Gesundheit S. 25)	20
Diplomatische Vertretungen	20
Einkaufen/VAT Return	21
Einreise-Formalitäten	23
Feste und Feiertage	23
Fotografieren	23
Geld und Banken	24
Gesundheit	25
Infostellen	26
Internet	26
Kinder	27
Nationalparks und Natur-Reservate	28
Notruf-Nummern	30
Öffnungszeiten	30
Parken	31
Post	31
Reisezeit	31
Sicherheit	31
Sprache	32
Strom	32
Tankstellen	32
Telefonieren	32
Trinkgeld	33
Trinkwasser	33
Übernachten	33
Zeitunterschied	34
Zollbestimmungen	34
Essen und Trinken	36
Glossar Essen und Trinken in Südafrika	41
Sportliche Aktivitäten	42
Abseilen (Abseiling)	42
Bungee-Springen	42
Fahrrad- u. Mountainbike-Touren	
Flüge, Ballonfahrten	42
Golf	43
Kloofing, Reiten	43
Sandboarding	44
Schlaubootfahrten	44
Sea Kayaking	44
Seilrutschen (Zip Slide Tours)	44
Surfen/Kitesurfen	44
Trailrunning, Wandern	45
Wassersport, Tauchen	45
Tiere und Pflanzen	
Artenreiche Fauna	49
Einzigartige Flora	62
Geschichte	
Von der Urzeit in die Gegenwart	64
Reise-Highlights in Kapstadt und in der Kap-Provinz	
★ Afrikanische Erlebnisgastronomie	70
★ Cape Town Carnival	70
★ Kap der Guten Hoffnung	70
★ Tafelberg per Seilbahn oder zu Fuß	71
★ Sightseeing mit dem Doppeldecker-Bus	71
★ Neighbourgoods Market	72
★ Robben Island	72
★ Sundowner	73
★ Swartberg Pass	73
★ Safari in einem privaten Wildnis-Camp	74
★ Tsitsikamma National Park	74
★ Wal-Bekanntschaften in der Walker Bay	75
★ Weinprobe	75
★ Reise Know-Hows Top-Restaurants	76
★ Reise Know-Hows Top-Übernachtungen	76

Inhaltsverzeichnis

TEIL II: Kapstadt und die Reiserouten

Kapstadt 78
City, Bo-Kaap, Tafelberg, Lion's Head, Signall Hill, Robben Island, Victoria & Alfred Waterfront, Canal Walk, Ratanga Junction, Grand West Casino
🛈 Informationen Kapstadt: Unterkunft, Restaurants, Nightlife, Adressen & Service, Shopping 105

1. Kirstenbosch u. Constantia 124
➡ **Route** (ca. 100 km, 1–2 Tage):
Kapstadt M3 – M63 *Kirstenbosch Botanical Gardens* – M63 – Constantia Neck – M41– Constantia – M42 / Spaanschemat River Road – Tokai – Steenberg Road – M3 – Kapstadt

2. Kaphalbinsel 134
➡ **Route** (ca. 200 km, 1 Tag):
Kapstadt M3 – Muizenberg – St. James – Kalk Bay – Fish Hoek – Glencairn – Simon's Town – Boulders Beach/Pinguin-Kolonie – Miller's Point – Smitswinkel Bay – *Cape of Good Hope Nature Reserve* – Scarborough – Kommetjie – Noordhoek – Chapman's Peak Drive – Hout Bay – Llandudno – Camps Bay – Clifton – Sea Point – Mouille Point – Waterfront Kapstadt

3. Weinland 163
➡ **Route** (ca. 330 km, 2–3 Tage):
Somerset-West – N2 Sir Lowry's Pass – R321 Grabouw – Theewaterskloof Dam – R45 Franschhoek – R310 Boschendal – Helshoogte Pass – Stellenbosch – R44 Paarl – R303 Wellington – R303 Bain's Kloof Pass – Wolseley – Tulbagh – Nuwekloof Pass – Hermon – Bartholomeus Klip – Riebeek-Kasteel – Riebeek-West

4. Walküste 194

➡ **Route** (ca. 500 km, 2–4 Tage):
Muizenberg – R310 – Gordon's Bay – R44 – Rooi Els – Pringle Bay – Hangklip – Betty's Bay – Kleinmond – R43 Hermanus – Stanford – Die Kelders – Gansbaai – Pearly Beach – Elim – Bredasdorp – R319 Cape Agulhas – Bredasdorp – R316 Arniston – Bredasdorp – *De Hoop Nature Reserve*

5. Karoo & Route 62 215

➡ **Route** (ca. 1100 km, ca. 3–4 Tage / inkl. Abstecher ca. 1500 km, 5–7 Tage):
Kapstadt – N1 Paarl – Du Toitskloof Pass – Worcester – R60 Robertson (Abstecher nach Mc Gregor) – Ashton – Route 62 Montagu – Sanbona Wildlife Reserve – Barrydale – (Abstecher über den Tradouws Pass nach Swellendam) – Ladismith – Amalienstein (Abstecher: Seweeweekspoort) – Huisrivier Pass – Calitzdorp (Abstecher *Arts Route 62* über Groenfontein und Kruis River) – Oudtshoorn – N12 Meiringspoort – (Alternative: Swartberg Pass) – Prince Albert – R407 Prince Albert Road (Abstecher zum *Aquila Game Reserve*) – N1 Matjiesfontein – Touws River – Hex River Pass – Worcester – Kapstadt

6. Garden Route 248

➡ **Route** (ca. 480 km, 2–3 Tage / inkl. Abstecher ca. 650 km, 3–4 Tage):
Mossel Bay – George (Abstecher Montagu Pass und Alternativstrecke Old George Road nach Knysna) – Victoria Bay – N2 Wilderness – Knysna – Plettenberg Bay – Keurboomstrand – Tsitsikamma N.P. – Jeffrey's Bay – Abstecher Oyster Bay und Cape St Francis – Port Elizabeth. Alternativstrecke für die Rückfahrt von Port Elizabeth nach Knysna (ca. 400 km, 2–3 Tage): Port Elizabeth – N2 – R331 – Hankey – Patensie – Baviaanskloof-Schlucht (s. Exkurs „Tal der Affen", s.S. 283) – Willowmore – Prince Alfred's Pass – Knysna

7. Eastern Cape und die „Big Five" 286

➡ **Route** (ca. 750 km, ca. 3–5 Tage):
Port Elizabeth – N2 – R72 Alexandria – Kenton-on-Sea – R343 – N2 Grahamstown – R67 – Addo – *Addo Elephant National Park* – Abstecher Zuurberg (30 km) – R335 Port Elizabeth

8. Westküste u. Cederberge .. 303

➡ **Route** (ca. 750 km, 3–5 Tage):
Kapstadt – Bloubergstrand – Mamre – Darling – *West Coast National Park* – Langebaan – Vredenburg – Paternoster – *Cape Columbine Nature Reserve* – Stompneus Bay – St Helena Bay – Velddrif – *Rocherpan Nature Reserve* – Elands Bay – Lamberts Bay – Clanwilliam – Cederberge – Wupperthal – Ceres

Anhang

Autorin 328
Stichwortverzeichnis 330

i Exkurse und Zusatzinformationen

- Schnäppchenführer 22
- African Time 34
- Workshops in Kapstadt 35
- Wandern am schönsten Ende der Welt 46
- Feste Jahresübersicht 83
- Robben Island – Die „Mandela-Universität" .. 94
- Kapstadts Märkte/Souvenirläden 99
- Auf gut Deutsch 108
- Jazz-Szene in Kapstadt 114
- Kapstadt – Afrikas Hollywood 121
- Vin de Constance 131
- Strände am Kap 135
- Faszination Weißer Hai 139
- Townships 161
- Wal-Bekanntschaft 201
- Immobilienkauf in Südafrika 213
- Die Highway-Stars 241
- Tal der Affen – Baviaanskloof 283
- Rooibos Tea 318

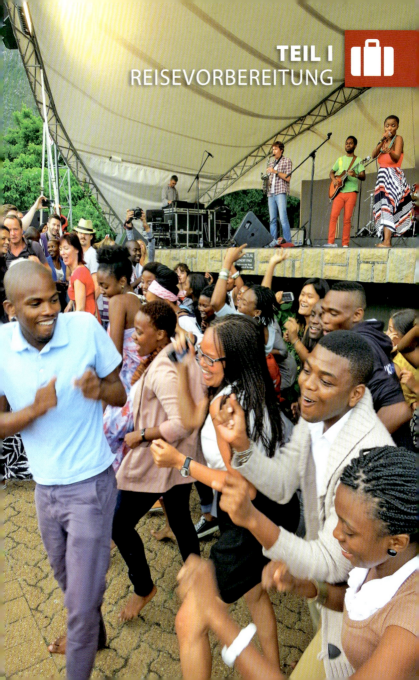

TEIL I
REISEVORBEREITUNG

TEIL I: Reisevorbereitung

Flüge und Verkehrsmittel

Über 60 internationale Fluggesellschaften fliegen Johannesburg und Kapstadt mehrmals die Woche an. Die Flugzeit von Frankfurt nach Johannesburg beträgt 10 Stunden, nach Kapstadt etwa 2 Stunden länger.

→ **South African Airways,** SAA, www.flysaa.com, Tel. 29980320
Fliegt täglich von Frankfurt nach Kapstadt, entweder direkt oder mit Zwischenstopp in Johannesburg.

→ **Air Berlin**, www.airberlin.com, Tel. 0180-5737800
Bietet von Ende Oktober bis Ende April Direktflüge von Deutschland nach Kapstadt an.

→ **Air Namibia,** www.airnamibia.de, Tel. 069-77063028
Fliegt viermal pro Woche mit der Möglichkeit, Südafrika und Namibia in einem Urlaub zu kombinieren. Gabelflug Frankfurt – Windhoek (9 h, Anschlussflug nach Kapstadt 1 h 50 Min.); retour Kapstadt – Frankfurt, oder mit Zwischenstopp in Windhoek.

→ **British Airways**, www.british-airways.com, Tel. 01805-266522
Bietet täglich Flüge über London nach Johannesburg und Kapstadt an.

→ **Edelweiss Air,** www.edelweissair.ch, Tel. 0041-0848-333593
Bietet zweimal pro Woche von September bis April Direktflüge von Zürich nach Kapstadt an.

→ **Emirates**, www.emirates.com, Tel. 0699-45192000
Fliegt ab Frankfurt via Dubai nach Kapstadt.

→ **Etihad Airways,** www.etihadairways.com, Tel. 089-44238888 u. 0180-5005400
Fliegt über Abu Dhabi nach Kapstadt. Einer der günstigsten Anbieter, dafür lange Flugzeit.

→ **Lufthansa,** www.lufthansa.de, Tel. 01805-805805
Bietet mehrmals wöchentlich Direktflüge von Frankfurt nach Kapstadt an.

→ **Turkish Airlines,** www.turkishairlines.com, Tel. 021-9363440
Fliegt über Istanbul nach Kapstadt.

€ Je nach Saison kosten Flüge von Europa nach Südafrika zwischen 600 und 1200 Euro. Die günstigen Verbindungen sind, vor allem in der **Hochsaison zwischen Oktober und März,** schnell weg. Also möglichst lange vorher buchen. Wer nach **Kapstadt** will, sollte gleich **einen Direktflug buchen,** dann fällt das lästige und zeitraubende Umsteigen in Johannesburg weg!

Preise auf einen Blick vergleichen und online buchen z.B. auf
- www.fluege.de
- www.opodo.de/fluege
- www.flug24.de
- http://flug.idealo.de

u.a. Portalen. In der Nebensaison können im Internet auch Last-Minute-Angebote gefunden werden.

Reisevorbereitung

Aiport-Transfer

Vom Kapstädter Flughafen fahren einige Zubringer-Busse in die City. Transfer ab R 150, je nach Unternehmen, siehe
- www.capetownshuttles.co.za oder
- www.airporthopper.co.za

Wesentlich günstiger ist der **MyCiTi Bus,** der den Flughafen über den Hauptbahnhof mit den meisten Vororten Kapstadts verbindet, www.myciti.org.za. Manche der größeren Hotels bieten ihren Gästen einen kostenlosen Abholservice an. Die größeren Autovermieter sind alle am Flughafen vertreten, die kleineren liefern ihre Autos dorthin.

 Unterwegs im Land

Inlandsflüge

Südafrika verfügt über ein dichtes Inlandsflugnetz mit vielen *domestic flights*. Insgesamt gibt es 18 Verkehrsflughäfen im Land.

South African Airways (SAA, www.flysaa.com) besitzt die größte Flotte und bietet die meisten Verbindungen.

British Airways ist gleichfalls zuverlässig (www.britishairways.com). Billiganbieter sind **Kulula** (www.kulula.com) und **Mango** (www.flymango.com). Hier kann es gelegentlich zu Verspätungen kommen.

Bahnverkehr

Eine Fahrt mit dem Zug ist eine gemütliche und günstige Alternative zum Flugzeug oder Mietwagen. Passagierzüge werden von „Shosholoza Meyl", South African Railways (Spoornet) angeboten. Wer auf Luxus nicht verzichten möchte, gönnt sich eine Fahrt mit dem exlusiven „Blue Train" oder „Rovos Rail".

Zugverbindungen mit dem **Shosholoza Meyl,** Tourist Class:

🚆 Kapstadt – Johannesburg. Fahrzeit 27 h. Preis je nach Saison R 480–R 670

🚆 Kapstadt – Durban. Der Zug ist drei Tage unterwegs. Preis je nach Saison R 620–R 790

Zugverbindungen mit dem **Shosholoza,** Premier Class:

🚆 Dieser Erste-Klasse-Zug ist eine günstige Alternative zu den teuren Blue Train- und Rovos Rail-Bahnfahrten. Er ist ausgestattet mit Klimaanlage, Einer-, Zweier- und Vierer-Schlafabteilen, elegantem Restaurant und einem „Wellness-Zugabteil", in dem man sich während der Fahrt eine Massage gönnen kann.

🚆 Kapstadt – Johannesburg. Fahrzeit 27 h. Preis je nach Saison R 1770–2210 inklusive Mahlzeiten

Reservierung über
- www.shosholoza-meyl.co.za und
- www.shosholoza-meyl.co.za/ premier_classe.html

innerhalb Südafrikas
- Tel. 027-117744555
- Tel. 27-123348039
- Tel. 086-0008888

Rovos Rail

Blue Train

Die berühmtesten Luxuszüge in Südafrika heißen:

Blue Train, Joubert Park,
Tel. 021-4492672, www.bluetrain.co.za
und
Rovos Rail, Pretoria,
Tel. 021-4214020, www.rovos.co.za

Die Züge können über einige Reiseveranstalter in Deutschland gebucht werden und beide verkehren u.a. auf der Hauptstrecke Pretoria – Johannesburg – Kapstadt. Während der modern-elegante Blue Train diese Strecke in 25 Stunden bewältigt, lässt sich der historische Rovos dafür gut zwei Tage Zeit. Personal und die servierten Mahlzeiten lassen keine Wünsche offen.

Busverbindungen

Die großen Überlandbusse haben ein viel dichteres Beförderungsnetz als die Bahn, sind schnell und komfortabel. Kapstadt – Pretoria dauert etwa 20 Stunden und kostet rund 600 Rand One-way. In den Websites der Busunternehmen kann online reserviert werden.

Greyhound Coach Lines, Tel. 021 5056363, 083-9159000 (24 Stunden Reservierung), www.greyhound.co.za; mit dem *Travel-Pass* lässt es sich unbegrenzt auf allen Greyhound-Linien im Land reisen.

Translux Express, Tel. 021-449 6209, 0861 589 282, www.translux.co.za; bietet ebenfalls Travel-Pässe an.

Intercape, Tel. 021-3804400 u. 086-1287287, www.intercape.co.za; bietet den „sleepliner" an, Sitze können in bequeme Schlafpositionen gestellt werden.

Enger sitzt man im meist in den von Backpackern frequentierten Minibussen von **Baz Bus,** Tel. 021-4225202 u. 086-1229287, www.bazbus.com. Der preiswerte Minibus verbindet Johannesburg mit Kapstadt über KwaZulu-Natal und die Drakensberge. Unterwegs kann nach Belieben ein- und ausgestiegen werden.

Mit Mietwagen und Wohnmobil

Fahrzeuge internationaler oder südafrikanischer Firmen wie
- *Avis* (www.avis.co.za)
- *Budget* (www.budget.co.za)
- *Europcar Interrent* (www.europcar.co.za)
- *Imperial Car Rental* (www.imperial.co.za) oder
- *Thrifty* (www.thrifty.co.za)

können oft bereits im heimischen Reisebüro gebucht und dann direkt am südafrikanischen Flughafen übernommen werden.

Diverse Fluggesellschaften bieten Kombinationstarife in sogenannten *Fly-and-Drive-Programmen* (Flug und Mietwagen) an. Falls es Probleme mit dem Mietwagen oder Wohnmobil vor Ort geben sollte, gilt so deutsches Reiserecht, was eventuelle Regressansprüche möglich macht. Bei Direktbuchung in Südafrika ist das erheblich schwieriger. Außerdem ist die Kommunikation in Deutschland natürlich einfacher als auf Englisch in Südafrika. Ein Vorteil größerer Vermieter ist die meist kostenfreie und sofortige Lieferung eines Ersatzfahrzeuges im Pannenfall. Cabrios oder Motorräder finden sich allerdings meist nur vor Ort bei kleineren Vermietern. Bei www.opodo.de können Flüge und Mietwagen online gebucht werden.

Das Mindestalter für die Anmietung in Südafrika ist 23 Jahre, eine Kreditkarte und die Vorlage eines Internationalen Führerscheins.

Geländewagen

Wer vorhat, ein bisschen abseits der Straßen unterwegs zu sein, kommt um einen **Geländewagen** nicht herum, der meist doppelt so viel wie ein Pkw kostet. Ein dazu gemietetes Dachzelt spart dann wieder Übernachtungskosten. Um eine aktuelle Preisidee zu bekommen, besucht man am besten die Website des Anbieters.

Africamper (www.africamper.com) vermietet Bushcamper und 4x4-Cabs

Bobo Camper's auch Wohnmobile (Anja Lewerenz spricht deutsch), Tel. 021-5773863, capetown@bobocampers.com, www.bobocampers.com

Egal ob in Deutschland oder in Südafrika angemietet, empfiehlt sich neben einer Vollkasko-Versicherung eine eingehende Übernahme-Inspektion des Fahrzeugs, besonders dann, wenn es sich um ein Wohnmobil oder einen Geländewagen handelt. Untersuchen sollte man die Windschutzscheiben auf Risse, die Reifen einschließlich Reserverad auf Beschädigungen und rundum die Karosserie auf Lackschäden und Kratzer. Nachsehen, ob sich ein funktionierender Wagenheber im Auto befindet. Reifen und Windschutzscheiben sind bei den meisten Vermietern nicht im normalen Verschleiß enthalten, müssen also bei Beschädigung extra bezahlt werden!

Billiganbieter

In Kapstadt gibt es alte, komplett überholte VW-Käfer zu mieten, günstiger kommt man in Südafrika nicht an vier Räder. *Best Beetle,* www.bestbeetle.co.za, verfügt über eine Flotte von 150 VW-Käfer. Mietpreis ab 350 Rand pro Tag und 850 Rand für eine Woche.

Just For Fun Car Hire www.funcar.co.za, 194 Upper Buitenkant St, Engen Tankstelle, Tel. 073-4424273. Hier gibt es VW-Käfer ab 250 Rand pro Tag zu mieten. Monatsmiete ab 3800 Rand inklusive CD-Player.

Rent A Cheapie Car Hire www.rentacheapie.co.za, 30 Marine Drive, Paarden Eiland, Tel. 083-4454671. Billiganbieter mit knapp 200 Fahrzeugen im Angebot. Die Palette reicht vom Chico Golf bis zum 4×4 VW Amarok-Geländewagen. Das Mietauto wird zum Flughafen geliefert oder ein Shuttleservice holt die Gäste ab.

Campingplätze

Auf den Seiten www.caravanparks.com und www.campsa.co.za sind Plätze im Eastern- und Western Cape gelistet und können online gebucht werden. In den Nationalparks *(South African National Parks)* gibt es gleichfalls überall Campingplätze, www.sanparks.co.za.

Motorrad und Roller mieten

Cape Bike Travel, www.capebiketravel.de, 14 Antrim Road, Green Point, Cape Town, Tel. 084-6064449, deutscher Ansprechpartner Jörg Vogel. Cape Bike Travel ist der offizielle Reiseveranstalter für Harley-Davidson Kapstadt. Selbstfahrer erhalten detaillierte Karten und Roadbooks, Navi sowie Flughafen-Transfer. Außerdem im Angebot: maßgeschneiderte Reisen zu verschiedenen Harleytreffen und Rundreisen. Und wer keinen Motorradführerschein besitzt, kann sich eine Harley mit Chauffeur mieten.

Tipp: Kapstadt-Harley-T-Shirt kaufen!

Le Cap Motorcycle Hire, www.lecap.co.za, Tel. 072-2590009. Der deutsche Besitzer ist Mechaniker, vermietet vor allem Enduros und veranstaltet organisierte Motorradtouren.

Karoo-Biking, Observatory, Cape Town, Tel. 021-4474759, Mobil 082-5336655, www.karoo-biking.de; Infos und Reservierung in Deutschland unter Tel. 0221-355332002.

Amakhaya Harley Davidson Tours and Rentals, 11 Nooitgedacht Dr, Hout Bay, Tel. 021-7906474, www.cuincapetown.co.za. Vermietungen und geführte Touren um die Kaphalbinsel und ins Weinland.

Reisevorbereitung

🏍 *Edelweiss Bike Travel,*
www.edelweissbike.com
Der österreichische Motorradtourenveranstalter hat eine zweiwöchige Südafrika-Tour im Programm, die in Johannesburg startet und am Kap endet.

🏍 Die City und die Kaphalbinsel mit einem Roller erkunden, günstig und keine nervige Parkplatzsucherei: *Scoot Dr. Scooter Rentals,* 201 Bree St, Cape Town, Tel. 021-4245302, www.scootdr.com.

Straßenverkehr

In Südafrika wird auf der linken Straßenseite gefahren. Sowohl mit der Verkehrsinfrastruktur als auch in der Qualität seiner Straßen nimmt Südafrika auf dem Kontinent eine Spitzenposition ein. Südafrikaner aller Hautfarben sind begeisterte Autofans, Touristen sind bei der Ankunft oft überrascht über die erstaunlich hohe Anzahl brandneuer Autos und teilweise wunderbar restaurierter Klassiker im Straßenverkehr.

Es gibt Geschwindigkeitsbeschränkungen (generell 120 km/h auf Fernstraßen, 100 km/h auf Landstraßen und 60 km/h in der Stadt), obwohl der unbedarfte Besucher oft nicht diesen Eindruck hat. Aus diesem Grunde geht die Polizei in letzter Zeit drastisch gegen Temposünder vor. Es herrscht außerdem Gurtanlegepflicht, und das Telefonieren ohne Freisprechanlage im Auto wird ebenfalls geahndet.

Aufgrund der relativ geringen Verkehrsdichte sind Überlandfahrten meist recht geruhsam. In den Städten, vor allem Kapstadt, geht es allerdings hektisch zu. Verantwortlich dafür sind zum großen Teil die kamikazeartig agierenden Minibus-Taxifahrer, die ihren eigenen Regeln folgen. Aber auch für den durchschnittlichen südafrikanischen Autofahrer sind Begriffe wie Reißverschlussverkehr, Zebrastreifen und Sicherheitsabstand eher Fremdwörter.

Auf dem Franschhoek Pass

Reisetipps von A bis Z

Ärzte
(siehe „Gesundheit")

Diplomatische Vertretungen

In Deutschland
**Embassy of the
Republic of South Africa**
Tiergartenstr. 18, 10785 Berlin,
Tel. 030-22073-0, Fax 030-22073-190,
botschaft@suedafrika.org,
www.suedafrika.org

Die gut gemachte Website der Südafrikanischen Botschaft in Berlin enthält ausführliche Tipps zur Einwanderung nach und zum Arbeiten in Südafrika. Der konsularische Amtsbezirk schließt alle Bundesländer außer Bayern und Baden-Württemberg ein. Bewohner dieser Bundesländer wenden sich an das

**Generalkonsulat
der Republik Südafrika**
Sendlinger-Tor-Platz 5,
80336 München,
Tel. 089-2311630,
Fax 23116347 o. 53,
munich.consular@foreign.gov.za

In Österreich
Botschaft der Republik Südafrika
Sandgasse 33,
1190 Wien, Tel. 01-3206493,
Fax 1-320649351, www.saembvie.at

In der Schweiz
Botschaft der Republik Südafrika
Alpenstr. 29, 3000 Bern 6,
Tel. 031-3501313, Fax 031-3501310,
www.southafrica.ch

Besondere Verkehrsregel
Bei Kreuzungen mit vier Stoppschildern *(four way stop)* hat derjenige Vorfahrt, der als erstes an die Kreuzung gefahren ist, dann kommt der zweite usw. Südafrikaner halten sich erstaunlich korrekt an diese Regel.

Besondere Verkehrsschilder
- Ein weißes „T" auf blauem Grund bedeutet *Toll Road,* also eine gebührenpflichtige bzw. Mautstraße.
- Ein rot eingekreistes und rot durchgestrichenes „S" auf weißem Grund bedeutet Halteverbot, ebenso wie ein durchgestrichenes „S", das irgendwo auf die Straße gemalt ist.
- Alle tourismusrelevanten Schilder sind braun mit weißer Schrift oder weißen Symbolen, z.B. sind alle B&Bs, Gästehäuser und Lodges offiziell so gekennzeichnet.

Besondere Strecken
Der Chapman's Peak Drive auf der Kaphalbinsel, der die Orte Hout Bay und Nordhoek verbindet, ist Südafrikas berühmteste Küstenstraße. Infos unter www.chapmanspeakdrive.co.za

Reisetipps von A bis Z

🛒 Einkaufen/VAT Return

Aufgrund des relativ günstigen Umtauschkurses ist Südafrika ein Einkaufsparadies. Kunsthandwerk aus ganz Afrika kann oft direkt von den Künstlern erworben werden. Es gibt viele Läden, die garantiert keine billige Airport-Art „Made in China" verkaufen. Typisch für Südafrika sind die filigranen Perlenarbeiten, bedruckte Stoffe mit kräftigen Farben, aus Draht und Blechabfällen gefertigte Township-Art vom Radio bis zum Spielzeugauto.

Klamotten für Kinder und Erwachsene gibt es bei *Woolworths*, www.woolworths.co.za, *Naartjie* (sprich Naartschie, www.naartjie.co.za), Freizeitkleidung und Schuhe bei *Cape Union Mart*, www.capeunionmart.co.za. Beim **Yound Designer Emporium** gibt es eine außergewöhnliche Auswahl an Mode, Schmuck und Schuhen, die von talentierten jungen südafrikanischen Modedesignern entworfen wurden, www.yde.co.za. Prima Plätze, um tolle und echte Souvenirs zu kaufen, sind die Shops der verschiedenen Museen, deren Angebot meist ebenso interessant ist wie die ausgestellten Exponate. Websites zur Einstimmung:
- www.streetwires.co.za
- www.monkeybiz.co.za

🕐 **Geschäfte** sind normalerweise werktags von 8–17 Uhr und samstags von 8.30–13 Uhr geöffnet. Viele Shopping Malls in den größeren Städten haben abends länger (manchmal bis 21 Uhr) und sonntags geöffnet.

Mehrwertsteuer-Rückerstattung

Ein großer Bonus für Shopping-Fans ist die **Mehrwertsteuer-Rückerstattung** *(VAT return)* bei der Ausreise: Touristen bekommen die in Südafrika bezahlten 14% VAT in ihrer Landeswährung oder in Rand zurückerstattet. Dabei gibt es einiges zu beachten: Mehrwertsteuer gibt es nur für Güter zurück, die tatsächlich ausgeführt werden, also Bücher, Kleidungsstücke, Schmuck, Diamanten, Kunsthandwerk usw., *nicht* jedoch für Restaurant-, Hotel- oder Mietwagen-Rechnungen. Die erworbenen Waren müssen bei der Ausreise am Flughafen für Stichprobenkontrollen vorzeigbar, also nicht irgendwo im Hauptgepäck versteckt sein. Erstattet wird ab einem Gesamt-Einkaufspreis von 250 R.

Zu jeder Ware muss eine Steuerrechnung *(tax invoice)* vorliegen, die der Verkäufer ausstellt. In der Rechnung müssen aufgeführt sein: das Wort *„Tax Invoice"* (Steuerrechnung), der berechnete Mehrwertsteuerbetrag oder eine Bestätigung, dass der Gesamtpreis die MwSt. beinhaltet, die VAT-Nummer, den Namen und die Adresse des Verkäufers, genaue Beschreibung der gekauften Gegenstände, eine Steuerrechnungsnummer, das Ausstellungsdatum und der Preis der Güter in Rand. Bei einem Warenwert von über 500 Rand müssen Name und Adresse des Käufers auf der Rechnung erscheinen. Was im ersten Moment kompliziert klingt, ist bei den meisten Verkäufern mittlerweile Routine und der Aufwand lohnt sich. VAT-Büros gibt es an den Flughäfen von Kapstadt, Johannesburg und Durban. Vor dem Einchecken am Flughafen geht man mit den Rechnungen und den erworbenen Gütern zu dem ausgeschilderten *VAT Refund Office*, wo nach einer Stichproben-Kontrolle der Betrag in Landeswährung zurückerstattet wird. Manchmal wird der Scheck auch an die Heimatadresse nachgeschickt. Details auf www.taxrefunds.co.za.

Schnäppchenführer

Wer geht nicht gerne in der Waterfront in Kapstadt shoppen ... wunderbar, aber auch nicht gerade billig. Hier ein paar Adressen, weit ab vom Touristenstrom, wo für wenig Geld Markenartikel und ungewöhnliche Souvenirs erstanden werden können.

Labels4Less, Kapstadt

Um bis zu 40% reduzierte Mode von Armani, Energie, Diesel, Lee Cooper und Miss Sixty.
103 Kloof Street, Gardens,
Tel. 080-0444723, www.labels4Less.co.za,
Mo–Fr 9–18 Uhr, Sa 9–13 Uhr.

Access Park, Kenilworth

Ein Areal mit über 150 Shops: lokale und internationale Mode, Schuhe, Freizeit- und Sportbekleidung, Lederwaren, Sonnenbrillen, Kosmetik und vieles mehr. Auslaufmodelle in Tip-Top-Qualität zu sehr günstigen Preisen. Access Park sollte wegen starkem Betrieb am Wochenende unbedingt gemieden werden.
81 Chichester Road, Kenilworth (auf der M5 stadtauswärts Richtung Muizenberg, bei Abfahrt 15 (M24) ausfahren, rechts halten, nach der Autobahnbrücke liegt rechts Access Park).
Mo–Fr 9–17 Uhr, Sa 9–15 u. So 10–14 Uhr,
Tel. 021-6835885,
www.accesspark.co.za/kenilworth

Old Dairy Pottery Factory, Hout Bay

Die Töpferei ist auf einer alten Molkerei in Hout Bay untergebracht und auf einer kurzen Piste zu erreichen. Wunderschöne bunte afrikanische Schalen, Vasen, Teekannen, Teller und Tassen werden hier produziert und in ganz Afrika für nicht ganz billig an Souvenirläden verkauft. Wenn bei der Produktion ein winzig kleiner Kratzer oder eine kaum erkennbare Unebenheit im Ton zu erkennen ist, wird die Ware aussortiert, und kann dann für wenig Geld am Eingang der Fabrikhalle, neben dem Clay Café, gekauft werden.
Tägl. 9–16 Uhr, Old Oakhurst Dairy Farm, Main Road, Hout Bay (von Hout Bay auf der M63 Richtung Constantia, kurz nach dem *Oakhurst Farm Park* ist rechts das Clay Café ausgeschildert). Tel. 021-7903318, www.claycafe.co.za.

Scratch Patch, Simonstown

Hier können bunte und polierte Halbedelsteine tütenweise aus einer riesigen Schatztruhe ausgesucht werden. Nicht nur für Kinder, sondern auch für Erwachsene ein Riesenspaß. Im angrenzenden *Mineral World Fabrikshop* gibt es eine gigantische Auswahl an Halbedelstein-Souvenirs, Schmuck und Schachfiguren zu günstigen Preisen.
Mo–Fr 8.30–16.45 Uhr und Sa/So 9–17.30 Uhr. Dido Valley Road.Tel. 021-786-2020, www.scratchpatch.co.za.

Einreise-Formalitäten

Deutsche, Schweizer und Österreicher müssen bei der Ankunft in Südafrika einen Reisepass vorweisen, der noch mindestens sechs Monate nach der geplanten Ausreise gültig ist. Kein Visum erforderlich. Rückflugticket muss allerdings vorgezeigt werden.

Seit 2014 gelten in Südafrika neue ausländerrechtliche Bestimmungen (Immigration Regulations): Bei Überschreiten der Aufenthaltserlaubnis wird man zur „unerwünschten Person" erklärt und bekommt bei Überziehen von bis zu 30 Tagen eine 12-monatige und bei mehr als 30 Tagen eine fünfjährige Einreisesperre. Verlängerungen von Aufenthaltserlaubnissen müssen mindestens zwei Monate vor Ablauf beim *Department of Home Affairs* (www.dha.gov.za) persönlich beantragt werden. Beim Reisen mit Kindern: Personen unter 18 Jahren müssen bei der Ein- und Ausreise eine vollständige Geburtsurkunde vorweisen, aus welcher beide Elternteile hervorgehen. Hierzu auf Ihrem Rathaus eine Internationale (nämlich mehrsprachige) Geburtsurkunde besorgen.

Deutsche Südafrikabesucher die planen, ihren „Lebensmittelpunkt" nach Südafrika zu verlegen, können sich für weitere Auskünfte an die deutsche Informationsstelle für Auswanderer und Auslandstätige des Bundesverwaltungsamtes, Ref. II B 6, 50728 Köln, www.bundesverwaltungsamt.de, wenden.

Feste und Feiertage

Sollte ein Feiertag auf einen Sonntag fallen, ist – sehr arbeitnehmerfreundlich –, der folgende Montag frei.

1. Januar: **New Year's Day**

21. März: **Human Rights Day**
Am 21. März 1960 starben beim Sharpeville-Massaker 69 Schwarze, die gegen die Apartheidpolitik protestiert hatten, im Kugelhagel der Polizei.

Karfreitag: **Good Friday**

Ostermontag: **Family Day**

27. April: **Freedom Day**
Am 27. April 1994 fanden Südafrikas erste demokratische Wahlen statt.

1. Mai: **Worker's Day**

16. Juni: **Youth Day**
Am 16. Juni 1976 gingen Sowetos Schulkinder auf die Straße, um gegen Afrikaans als einzige Unterrichtssprache zu demonstrieren, die Polizei eröffnete das Feuer auf die unbewaffneten Jugendlichen und tötete viele von ihnen.

9. August: **National Women's Day**

24. September: **Heritage Day**
Tag des früheren Zulu-Königs Shaka

16. Dezember: **Day of Reconciliation**
Tag der Versöhnung. Vor den ersten demokratischen Wahlen Südafrikas erinnerte der 16. Dezember an die Schlacht am Blood River, wo ein mit Kanonen und Gewehren bewaffnetes Burenkommando Tausende von speertragenden Zulukriegern tötete. Der „Tag des Gelöbnisses", *Day of the Vow,* war der höchste Feiertag der Buren.

25. Dezember: **Weihnachten**

26. Dezember: **Day of Goodwill**
Tag des guten Willens

Fotografieren

Da Kapstadt als das „afrikanische Miami Beach" der Modefotografen gilt, gibt es entsprechend viele Fotoläden, auch für Profis. Alle gängigen Profi- und Amateur-Kameras sind im Angebot. Das beste Fotofachgeschäft: Orms, direkt am Roeland Square, www.ormsdirect.co.za.

Was die Modefotografen lieben, wissen auch engagierte Amateure zu schätzen: wunderbare, transparente Lichtstimmungen, fast keine Abgasbelastung und im Sommer nahezu immer fantastisches Wetter. Nicht zu vergessen eine Fülle von Motiven, ob Landschaften aller Art oder Menschen vielerlei Herkunft. Bei allen Personen-Aufnahmen vorher um Erlaubnis fragen. Die meisten „Modelle" werden begeistert sein, dass sie fotografiert werden.

> **Tipp: Elke's Foto Workshop**
> Elke Losskarn, die Fotografin dieses Reiseführers, bietet Fotografie-Kurse auf Deutsch an. Am besten gleich zu Beginn der Reise einen Workshop buchen, um dann während des Urlaubes zu fotografieren wie ein Profi! Ein Crash-Kurs in Hout Bay kostet 90 Euro und ein ganztägiger Foto-Workshop um die Kaphalbinsel 220 Euro.
> Anfragen bei info@elke-losskarn.com

Falls die Kamera oder Zubehör kaputt gehen sollten, gibt es eine prima Anlaufstelle in der City. Die sehr freundlichen und hilfreichen Angestellten von
Photographic Repairs
(1 Park Rd, geht von der Kloof St ab, Gardens, Tel. 021/424-7880/1/2, www.photographicrepairs.co.za; Mo–Fr 8–18, Sa 9–13 Uhr)
reparieren Kamera und Zubehör aller Marken. Wenn Touristen Foto-Probleme haben, wird versucht, ihnen sofort zu helfen.

 ## Geld und Banken

Die Landeswährung ist der südafrikanische Rand (ZAR), von dem nicht mehr als 5000 ins Land gebracht werden dürfen. Geld sollte allerdings erst bei der Ankunft in Südafrika am Flughafen getauscht werden, wegen des wesentlich besseren Umtauschkurses. An den Flughäfen gibt es Geldautomaten und Wechselstuben. Ein Rand hat 100 Cent. Es gibt Noten zu 10, 20, 50, 100 und 200 Rand, Münzen zu 5, 10, 20 und 50 Cent sowie zu 1, 2 und 5 Rand. Travellerschecks und Kreditkarten werden fast überall akzeptiert, vor allem MasterCard und Visa, gelegentlich auch American Express. Wollen Sie zum Geldabheben in Südafrika eine Bankkarte/girocard (früher „EC-Karte") verwenden, muss diese noch vor der Abreise von Ihrem Geldinstitut für Auslandseinsatz, Zeitraum und Abhebelimit freigeschaltet werden. Erkundigen Sie sich! An Kreditkarten empfehlen wir die Mitnahme zweier verschiedener Kreditkarten, z.B VISA und MasterCard. Geben Sie sie zum Bezahlen nie aus den Händen!

Empfehlenswert in Südafrika sind die Geldautomaten (ATM – *Automatic Teller Machine*) der ABSA-Bank, da bei ihnen die Menüführung auch in Deutsch angezeigt wird. Banken sind werktags von 9–15.30 und samstags von 8.30–11 Uhr geöffnet.

Sperrdienst für Kreditkarten:
- Visa 0800 990 475
- MasterCard 0800 990 418
- American Express 00800 80 600 602

Aktuelle Kurse Rand/Euro auf
- www.xe.com
- www.umrechner-euro.de/rand-in-euro u.a.

Reisetipps von A bis Z

🏥 Gesundheit

Malaria kommt in Südafrikas Western- und Eastern Cape Province nicht vor. Wenn sich der Südafrika-Besuch auf die im Buch beschriebenen Gebiete beschränkt, ist also keine Prophylaxe notwendig. Die medizinische Versorgung in den privaten Krankenhäusern in den Großstädten ist erstklassig und auf europäischem Niveau, mit dem Vorteil, erheblich günstiger zu sein. In ländlichen Gebieten gibt es zwar in größeren Ortschaften staatliche Krankenhäuser, die Versorgung beschränkt sich hier allerdings auf das Nötigste. Arztrechnungen müssen sofort in bar oder per Kreditkarte bezahlt werden, da zwischen Deutschland und Südafrika kein Sozialversicherungsabkommen besteht, deshalb zahlen die gesetzlichen Krankenkassen Vorort nicht für Behandlungen oder Medikamente. Später kann dann zu Hause mit der (unbedingt empfehlenswerten) Reisekrankenversicherung abgerechnet werden.

Südafrika weist eine der höchsten *AIDS*-Raten der Welt auf und steht mit 18% an 4. Stelle weltweit. Die Blutkonserven in den Krankenhäusern unterliegen deshalb strengsten Kontrollen.

Leitungswasser kann überall in den Hotels bedenkenlos getrunken werden.

Apotheken *(pharmacies)* mit sachkundigem Personal gibt es in fast allen Orten.

Deutschsprachige Ärzte in Kapstadt

Allgemein
Dr. Jens Pieper, 22 Kloofnek Road, Tamboerskloof, Tel. 021-4244257, cpcjup@mweb.co.za

Dr. Wolfgang Waschnig, 1 Milner Road, Tamboerskloof, Tel. 021-4242590, eurodoc@mweb.co.za

Dr. Hans Joachim Woermann, 3 Kloof Nek Road, Tamboerskloof, Tel. 021-4232425, todoc@icon.co.za

Augenärztin
Dr. Ellen Ancker, 39 Kloof Street, Gardens, Tel. 021-4262200, ancker@mweb.co.za

Dermatologin
Dr. Ilsa Orrey, Constantiaberg Medi-Clinic, Suite 206, Plumstead, Tel. 021-7620760

Gynäkologe
Dr. Erwin Gaertner, Cape Town Medi-Clinic, Block B, Zi. 3006, 21 Hof Street, Oranjezicht, Tel. 021-4235310

Orthopädie
Dr. Nick Martin, Constantiaberg Medi-Clinic, Suite 107, Plumstead, Tel. 021-7970947, nickmartin@worldonline.co.za

Zahnarzt
Dr. Uwe Esdar, 1 Milner Road, Tamboerskloof, Tel. 021-4241992, uweesdar@telkomsa.net

Krankenhäuser in Kapstadt:
Cape Town Medi-Clinic, 21 Hof Street, Oranjezicht, Tel. 021-4645500
Groote Schuur Hospital, Main Road, Observatory, Tel. 021-4049111
Constantiaberg Medi-Clinic, Burnham Road, Plumstead, Tel. 021-7992911
Vincent Pallotti Hospital, Alexandra Road, Pinelands, Tel. 021-5065111

Krankenhäuser außerhalb
Hermanus Medi-Clinic, Hospital Street, Hermanus Tel. 028-3130168

Plettenberg Bay-Medi-Clinic, Muller Street, Tel. 044-5015100
Port Elizabeth-Life Hunterscraig Private Hospital, 22 Park Drive, Tel. 041 5862664

Weitere Krankenhäuser unter
- www.lifehealthcare.co.za,
- www.mediclinic.co.za

Infostelle

South African Tourism
Friedensstr. 6–10, 60311 Frankfurt/M,
Tel. 0800-1189118,
www.southafricantourism.de

Internet

In Südafrika gibt es über drei Millionen Internet-Nutzer. Besucher finden eine Fülle von Internet- bzw. Cyber-Cafés zum Surfen und zum Lesen/Verschicken von eMails. Fast alle Unterkünfte und Restaurants haben eigene Websites, so dass Vorab-Reservierung bzw. ein Blick auf die Unterkunft möglich ist. Dabei lässt die Machart einer Website oft Rückschlüsse auf die Art der Unterkunft oder die Qualität des Restaurants zu. Da Preisangaben in Reiseführern häufig und schnell Änderungen unterliegen, macht es Sinn, vor der Buchung in den Websites die aktuellen (Saison-)Preise in Erfahrung zu bringen. Einige Restaurants veröffentlichen sogar ihre Speisekarten oder Teile davon mit Preisangaben.

Suchmaschinen

Folgende **Suchmaschinen** bieten viele Infos und weiterführende Links:
- www.google.co.za
- www.iafrica.com
- www.ananzi.co.za
- www.woyaa.com

Die Website des Südafrikanischen Fremdenverkehrsamtes in Frankfurt ist **www.southafrica.net**. Dort gibt es viele Tipps, Infos, Touren, Links und Broschüren als PDF-Dokumente zum Downloaden (z.B. über Golf, Wildnisreservate, Tauchen, Surfen, Angeln usw.).

Kapstadt ist im Netz besonders stark vertreten. Hier empfehlen sich zunächst die deutschen Seiten

- www.kapstadt-net.de
- www.kapstadtmagazin.de
- www.kapstadt.de
- www.kapstadt-forum.de
- www.kapstadt.com / .net / .org

Auf Englisch informiert die hervorragende Seite des Kapstädter Tourismusbüros, **www.cape-town.org**. Infos über Kapstadt und das Western Cape bietet die Seite **www.thewesterncape.co.za.**

Wer sich ein Gästehäuser, Bed & Breakfasts oder Hotels vorher im Netz ansehen möchte, besucht

- **www.suedafrikaperfekt.de**
- www.safarinow.com
- www.places.co.za
- www.wheretostay.co.za

Kapstadts Wahrzeichen, der Tafelberg, hat seine eigene Website: www.tablemountain.net. Wie auch die Waterfront: www.waterfront.co.za, mit vielen Tipps zu Restaurants und Übernachtungsmöglichkeiten. Robben Island findet sich unter www.robben-island.org.za und die Kap-Spitze hier: www.capepoint.co.za.

Wer sich für die südafrikanischen Weine, Weingüter und Weinrouten interessiert, sollte die sehr ausführliche Website www.wine.co.za besuchen (mit Möglichkeit der Suche nach Weingütern, Tipps zu Weinsorten, -kauf und Versand, Wein-News). Mit dem Gebiet des Weinlandes beschäftigt sich außerdem www.capewinelands.org. Zum Wein darf das Essen natürlich nicht fehlen. In den beiden Websites www.eatout.co.za und www.dining-out.co.za sind viele Restaurants gelistet. Man kann nach der Art des Restaurants auswählen und auch einige der Speisekarten einsehen.

Südafrikas größte Homosexuellen-Website ist www.q.co.za mit Informationen zu Veranstaltungen, Reisen,

Restaurants und Treffpunkten. Die zwei größten Schwulen-Partys in Kapstadt veranstaltet das Mother City Queer Project www.mcqp.co.za und das Cape Town Pride Festival, www.capetown-pride.org, jährlich mit anderen Themen und Tausenden von Teilnehmern.

Veranstaltungsbuchungen
Veranstaltungsbuchungen jeglicher Art lassen sich problemlos per Kreditkarte über **www.computicket.com** abwickeln.

Wer die südafrikanische Fauna live erleben möchte, sollte sich bei einer der zahlreichen Webkameras einklicken, wo sogar Weiße Haie unter Wasser beobachtet werden können: www.africam.co.za. Faszinierende Bilder vom jagenden Weißen Hai in Kapstadts False Bay gibt es auf www.apexpredators.com. Mehr Meeresbewohner gibt es im *Two Oceans Aquarium* in der Kapstädter Waterfront: www.aquarium.co.za

Hotspots
Wer sich in Südafrika auf seinem eigenen Handy, iPhone, iPad, Blackberry oder Notebook ins Netz einloggen möchte, wird selten Problem haben. Die meisten Restaurants, Bars und Cafés bieten kostenlosen Zugang zum Internet. Halten Sie Ausschau nach Schildern mit der Aufschrift „WiFi Hotspot". Eine Auflistung dieser Spots findet man auf www.freewi-fi.co.za/free-hotspots und www.capetownmagazine.com/best-of-Cape-Town/Cape-Towns-Top-10-WiFi-hotspots

Kinder
Südafrika ist ein sehr kinderfreundliches Reiseland. In Hotels übernachten Babys kostenlos (Babybetten werden zur Verfügung gestellt) und Kinder bis zu 12 Jahren bezahlen in der Regel 50% des Übernachtungspreises. Viele Unterkünfte bieten einen Babysitter-Service an und in privaten Tierreservaten stehen speziell für die Kleinen abenteuerliche Programme zur Auswahl. Eltern können romantisch und ungestört das Abendessen genießen, während die Kinder mit Hamburgern und Zeichentrickfilmen auf ihre Kosten kommen.

In den meisten Restaurants gibt es ein „Kids Menu" (Speisekarte für Kinder), Kinderstühle und gelegentlich auch Klettergerüste und Spielecken.

Ausführliche Infos zu aktuellen Kinderveranstaltungen und Ausflugszielen gibt es bei www.capetownkids.co.za.

Hout Bay Strand

🦌 Nationalparks und Natur-Reservate

Der Naturschutz in Südafrika ist eine echte Erfolgsstory. In den letzten Jahren hat sich sehr viel getan. Bestehende Schutzgebiete wurden stark erweitert und zum Teil mit Wildnisregionen in den Nachbarländern verbunden. Diese Parks über Grenzen hinweg, wie z.B. der *Kgalagadi Transfrontier Park* mit Botswana, ermöglichen Tierherden, vor allem Elefanten, ihre alten Migrationsrouten wieder zu begehen. In jeder Provinz Südafrikas gibt es außerdem kleinere Schutzgebiete, sogenannte **Nature Reserves.**

Im Jahre 2001 wurden auch die ersten privaten Lizenzen in staatlichen Schutzgebieten vergeben. Vorreiter war hier der **Addo Elephant National Park** in der Eastern Cape Province, in dessen Mitte das exklusive *Gorah Elephant Camp* eröffnet wurde.

Die Buchung von Nationalpark-Unterkünften läuft über

SA National Parks (SANP) in Pretoria, Tel. 012-3431991, Fax 3430905, oder „ganz easy" übers Internet online: www.sanparks.org, reservations@sanparks.org, Mo–Fr 9–16.45 Uhr, oder bei Cape Town Tourism (siehe Kapstadt-Info).

Rechtzeitig buchen! Zu Ferienzeiten sind die Parkunterkünfte auch bei Südafrikanern sehr beliebt! Die Website enthält eine genaue Beschreibung der jeweiligen Unterkünfte sowie eine detaillierte Anfahrtsskizze. Beim Parkbesuch unbedingt die Buchungsbestätigung mitbringen!

Infos zu den Natur-Reservaten, die von **Cape Nature Conservation** unterhalten werden, finden Sie unter www.capenature.co.za.

In Kürze: Nationalparks in den Kap-Provinzen

Addo Elephant Park

Südafrikas abwechslungsreichster und kontinuierlich wachsender Park ist der beste Platz, um in Südafrika malariafrei die „Big Six" vom eigenen Auto aus zu sehen: Löwe, Leopard, Elefant, Nashorn, Büffel, Delfin und Wal. Der Addo-Park ist erste südafrikanische Nationalpark, der eine private Lodge-Lizenz, das *Gorah Elephant Camp,* innerhalb seiner Grenzen vergeben hat.

Agulhas National Park

Am südlichsten Ende Afrikas eingerichteter National Park. Highlight: das Schiffswrack des 1982 gestrandeten und mittlerweile auseinandergebrochenen taiwanesischen Frachters „Meisho Maru", und natürlich das *Cape Agulhas Lighthouse Museum* mit Infobüro. Übernachtungsmöglichkeiten im Park, und einige nette B&Bs in L'Agulhas und Struisbaai.

Bontebok National Park

Der Park, in dem es neben Buntböcken noch viele andere Antilopen zu sehen gibt, liegt gerade noch im Kap-Florenreich, ist also etwas für Fynbos-Fans. Besucher können im Park campen, einen Caravan mieten oder die sechs Kilometer bis in Südafrikas drittälteste Stadt Swellendam fahren, wo es eine Fülle von netten B&Bs und guten Restaurants gibt.

Garden Route National Park

2009 wurde dieser Park gegründet und umfasst heute ein Naturschutzgebiet mit verschiedenen Ökosystemen entlang der südlichen Küste Afrikas mit einer Fläche von etwa 121.000 Hektar. Der Garden Route National Park inkorporiert folgende Sektionen:

Tsitsikamma Section

Saftig-grüner Küstenpark mit Südafrikas berühmtestem Wanderweg, dem 42 Kilometer langen Otter Trail, der in fünf Tagen zu packen ist. Unterwegs warten einfache Übernachtungshütten auf die müden Wanderer. Alternative für weniger engagierte Fußgänger: Der Weg über diverse Holzstege zu den Hängebrücken an der Mündung des Storms River Mouth.

Knysna Lakes Section

In der Knysna-Lagune lebt das berühmte Knysna-Seepferdchen und eine enorme Vielfalt an anderen Meerestieren. Gourmets interessieren sich allerdings vor allem für die berühmten Knysna-Austern.

Wilderness Section

Im Herzen der Garden Route liegt dieses Schutzgebiet mit Flüssen, Seen, Deltas, Sümpfen und Sandstränden, gesäumt von Wäldern und Bergen. Es gibt viele Naturwanderwege und ausgezeichnete Vogelbeobachtungsmöglichkeiten.

Table Mountain National Park

Das Naturschutzgebiet erstreckt sich vom Signal Hill in Kapstadt über den Lion's Head, den Tafelberg, die Zwölf Apostel-Bergkette, den Constantiaberg, das Silvermine Gebiet und dem Boulders Beach (Pinguin-Kolonie) bis zum südlichsten Punkt auf der Kaphalbinsel, dem Kap der Guten Hoffnung. Der

Hängebrücken an der Mündung des Storms River, Tsitsikamma

Maclear's Beacon ist mit 1087 m der höchste Punkt des Tafelbergmassivs. Auf dem Tafelberg gibt es eine unglaublich große und einzigartige Pflanzenvielfalt. Um die 1400 verschiedene Pflanzenarten wurden identifiziert, mehr als in ganz Großbritannien. Viele davon sind endemisch, wachsen also nirgendwo sonst auf der Welt. Deshalb wurde 2012 der Tafelberg, Kapstadts Wahrzeichen, zu einem der neuen „Sieben Weltwunder der Natur" gewählt. Der Table Mountain National Park wird immer wieder von urbanen Gebieten unterbrochen und zieht sich wie eine Patchworkdecke über die gesamte Kaphalbinsel.

West Coast National Park

Das türkisfarbene Wasser der Langebaan-Lagune gehört zu Afrikas wichtigsten Feuchtbiotopen. Tausende von Seevögeln leben und migrieren jährlich hierher. Im Frühling blühen unzählige Wildblumen in der Postberg-Sektion des Parks. Das Schutzgebiet liegt nur etwa 100 Kilometer nördlich von Kapstadt an der Westküste.

Notruf-Nummern Allgem. 107

Ambulanz: 10177
Automobilclub (AA): 0800-010101
Bergrettung (Mountain Rescue): 021-9489900
Feuerwehr: 021-5901900
Flugrettung: 021-9371116
Giftzentrum 021-6895227 oder (Poison Crisis Centre): 021-9316129
Notfälle (Handynutzer): **112**
Polizei: 10111
Touristen-Hilfe (24 h): 0861-874911
Seerettung (Sea Rescue): 021-4493500

Öffnungszeiten

Banken: Mo–Fr 8.30–15.30 Uhr, Sa 8.30–12 Uhr, in kleineren Orten Mittagspause von 12.45–14 Uhr.

Geschäfte: Mo–Fr 8–17 Uhr, Sa 8–13 Uhr, Supermärkte in größeren Städten haben auch sonntags geöffnet.

Behörden und Botschaften: Mo–Fr 8.30–15.30 Uhr. Post: Mo–Fr 8–16.30 Uhr, Sa 8–12 Uhr. Tankstellen: fast alle täglich und viele rund um die Uhr.

Im West Coast National Park

Parken

In der City von Kapstadt werden die Parkgebühren direkt an die uniformierten Parkwächter gezahlt. Man sagt ihnen, wie lange man parken möchte und die Zeitdauer wird dann samt Kennzeichen in einen Handcomputer eingegeben. Wer länger stehen bleibt, zahlt nach. Eine Stunde Parken kostet etwa 10 Rand.

Am Wochenende trifft man in Camps Bay oder vor den City-Restaurants oft auf inoffizielle Parkwächter mit gelben Westen, die Autofahrer oft frenetisch winkend auf freie Plätze hinweisen. Diesen gibt man ein Trinkgeld von drei bis fünf Rand, je nach „Einsatz".

Post

Eine Postkarte nach Europa kostet 5,70 Rand, ein Brief bis 10 Gramm 6,60 Rand.

Reisezeit

Südafrika liegt auf der Südhalbkugel, d.h., wenn in Mitteleuropa Glühwein getrunken wird, ist es am Kap fast so heiß wie dieser sein sollte … und vor allem in Kapstadt und den Orten entlang der Garden Route ist dann sehr viel los. Die liegt im Süd-Herbst, dann ist es tagsüber warm, nachts kühl. Wanderer ziehen diese Zeit und den Süd-Frühling (Ende August bis Ende September) vor. Anfang Juli bis Ende September kann es recht kalt werden, in der westlichen Kapregion ist dann *Green Season:* Es regnet häufig, dazwischen kommt allerdings immer wieder die Sonne durch. Im Süd-Winter kann es dann auch mal schneien. Als „schneesicher" gelten die Cederberge im Western Cape.

Bekleidung

Die **Bekleidung** richtet sich nach den Jahreszeiten: Leichte und luftdurchlässige Textilien, dazu ein Pullover und festes Schuhwerk für Wanderungen, im Winter eine Goretex-Jacke. Südafrikaner sind meist sehr leger angezogen. In guten Restaurants sollen jedoch keine Shorts, T-Shirts und Turnschuhe getragen werden!

Schulferien

Die südafrikanischen staatlichen Schulen sind in vier Quartale eingeteilt und daraus ergeben sich folgende **Schulferientermine** im Western Cape und Eastern Cape:
- *Weihnachten:* 2. Woche im Dezember bis 3. Woche im Januar
- *Ostern:* Eine Woche vor und eine Woche nach den Osterfeiertagen
- *Winter:* Ende Juni bis Mitte Juli
- *Herbst:* Erste Oktoberwoche

Privatschulen haben individuelle Ferientermine.

Sicherheit

Ein oft angesprochenes Thema ist die Sicherheitslage im Land. Da hat sich vor allem seit der WM 2010 viel getan. Nach dem Vorbild New York und dem Motto „*zero tolerance*" wurde „aufgeräumt", speziell in der Innenstadt von Kapstadt. Dort hat man mit Initiativen wie *Business against Crime,* die zusätzliche Sicherheitskräfte zu Fuß und zu Pferde mobilisiert und Dutzende von Überwachungskameras installiert haben, den schönen Kernbereich für Touristen zurückgewonnen. Gelegenheit macht allerdings immer noch Diebe, also Fotoapparat und Schmuck nicht offen und achtlos präsentieren. Und zum ausführlichen Orientierungsblick in den Reiseführer oder Stadtplan besser in einen Shop oder in ein Restaurant/Café gehen. Außerdem sollte man sich nach

Einbruch der Dunkelheit nicht außerhalb der belebten Straßen in der Innenstadt bewegen und Aussichtspunkte meiden.

Für Rundreisen im Land empfiehlt es sich für den Fall einer Panne ein Handy dabei zu haben (siehe „Telefonieren").

 Sprache

Von den elf offiziellen Landessprachen Südafrikas werden in der Western- und Eastern Cape Province vornehmlich drei gesprochen: Englisch, Afrikaans und Xhosa. Die viertmeist gesprochene Sprache am Kap ist Deutsch.

 Strom

Die Spannung beträgt wie in Mitteleuropa 220 Volt. Für deutsche Schukostecker benötigt man einen Adapter, damit diese in die dreipoligen südafrikanischen Steckdosen passen. Es gibt sie in den meisten großen Supermärkten und Elektrogeschäften, in vielen Hotels sind sie bereits im Zimmer. Am besten gleich von Europa mitbringen (auf dem Abflughafen in Shops erhältlich). Euro-Flachstecker (Rasierer, Lockenstab) passen in die Sicherheitssteckdosen in den Badezimmern der Unterkünfte.

 Tankstellen

Viele größere Tankstellen haben täglich und rund um die Uhr geöffnet und verkaufen in ihren Shops auch Lebensmittel und Getränke (jedoch kein Bier!). Benzin kann an großen Tankstellen mit Kreditkarte bezahlt werden. Der Benzinpreis liegt derzeit bei etwa 13 Rand für einen Liter Super. An allen Tankstellen in Südafrika wird der Kunde bedient. Die freundlichen Tankwarte checken außerdem Öl, Wasser, Reifenluftdruck (oil, water, tyre pressure) und waschen die Windschutzscheibe. Ein paar Rand Trinkgeld sind angebracht.

 Telefonieren

Die internationale Vorwahl für Südafrika ist 0027, die „0" der Ortsvorwahl fällt dann weg. Vorwahl für Anrufe nach

- Deutschland 0049
- Österreich 0043
- Schweiz 0041

Telefonieren, auch Ferngespräche, ist von den blauen Münz- und den grünen Kartentelefonen kein Problem und günstiger als in Deutschland. Telefonkarten gibt es für 10, 20, 50, 100 und 200 Rand bei allen Postämtern, Flughäfen und in den Filialen der Zeitschriften- und Schreibwarenkette CNA. Alle größeren Hotels haben Direktwahl-Telefone (vorher nach den Tarifen erkundigen).

Südafrika hat ein Zehn-Nummern-Wahlsystem, d.h., die dreistellige Ortsvorwahl wird immer zusammen mit der folgenden siebenstelligen Nummer gewählt, auch bei Ortsgesprächen (Beispiel Kapstadt und nähere Umgebung: bei allen Nummern wird die 021 vorgewählt). Die Telefonauskunft ist unter 1023 erreichbar.

Ein **Handy** heißt in Südafrika *Cellular*- oder *Mobil Phone,* oder kurz *Cell Phone*. Sie können eine südafrikanische SIM-Karte für Ihr deutsches Handy mit südafrikanischer Handynummer kaufen und mit „airtime" (Guthaben) der vier landesweiten Netzanbieter Vodacom, MTN, Cell C oder Virgin Mobile aufladen. SIM-Karten sind bei Vorlage des Reisepasses in allen Handy-Shops, am Flughafen, in Supermärkten und Tankstellen erhältlich.

RICA ist eine im Jahr 2011 von der Regierung eingeführte Bestimmung, SIM-Karten mit den rechtmäßigen Besitzern zu registrieren, um den Diebstahl von Handys zu erschweren. Das Vodacom „B4iGO" (übersetzt: „bevor ich gehe")-Angebot ermöglicht bereits vor der Einreise nach Südafrika eine SIM-Karte und ein Airtime/Datenbündel zu erwerben. Die vorbestellte SIM-Karte kann bei der Ankunft bereits am Flughafen benutzen werden. Pluspunkte: hereinkommende Anrufe und das Abhören der Mailbox sind gratis. Infos unter www.b4i.travel.

Teure Alternative: Mit den deutschen D1, D2, E-Plus und O2-Karten roamen (Details bei Ihrem Provider erfragen).

Trinkgeld

Wie in den USA, leben auch südafrikanische Bedienungen vom Trinkgeld, da sie kein oder nur ein sehr geringes Grundgehalt bekommen. Angebracht ist ein *tip* (Trinkgeld) von 10 bis 15 Prozent. Bei ausgesprochen gutem Service auch mehr. Einige Restaurants, vor allem in touristischen Gebieten, sind dazu übergegangen, einen 10%igen Service-Zuschlag auf die Rechnung zu addieren. Dann sollte man, wie in Deutschland auch, den Betrag lediglich aufrunden. Gepäckträgern im Hotel und am Flughafen sollte man 5 Rand pro Gepäckstück geben. Tankwarte und Parkwächter erwarten etwa 5 Rand Trinkgeld.

Trinkwasser

Laut Unesco-Studie liegt die Trinkwasserqualität in Deutschland weltweit auf Platz 57 und in Südafrika immerhin auf Platz 47! Es ist also absolut sicher und unbedenklich südafrikanisches Leitungswasser zu trinken.

Übernachten

Südafrika weist, vor allem in der Western- und Eastern Cape Province, sehr viele originelle und stilvolle Übernachtungsmöglichkeiten auf. Sowohl Rucksackreisende als auch luxusverwöhnte

Stilvolles Übernachten (Grande Roche Hotel, Paarl)

Individual-Reisende finden Entsprechendes. Selbst kleinere Orte haben oft eine Tourist-Info mit einer Liste von Übernachtungsmöglichkeiten, die dann gleich von dort aus gebucht werden können. Vor allem in der Saison sind die oft kleinen B&Bs bereits ausgebucht. Deshalb empfiehlt es sich, vor allem in der Hauptsaison, Unterkünfte vorab online zu buchen. In Südafrika ist es üblich, bei der Buchung 50% des Übernachtungspreises anzuzahlen. In der Nebensaison gibt es oft Sonderangebote, wie z.B. „Stay 2 nights and get the 3rd night free".

Es gibt auch etliche Übernachtungsführer, der einzige in deutscher Sprache ist der **Übernachtungsführer Südafrika** von Reise Know-How, von Bettina Romanjuk, zusammen mit der Homepage **www.suedafrikaperfekt.de** eine verlässliche Kombination. Eine sagenhafte Auswahl an **Ferienhäusern** bietet die Firma *Perfect Hideaways*, www.perfecthideaways.co.za

Übernachtungskategorien in diesem Buch (DZ mit Frühstück):	
RRRRR:	über 2000 Rand
RRRR:	1200–2000 Rand
RRR:	800–1200 Rand
RR:	500–800 Rand
R:	unter 500 Rand

Zeitunterschied

Während der mitteleuropäischen Sommerzeit (also zwischen Ende März bis Ende Oktober) gibt es keine Zeitdifferenz. Ansonsten ist es in Südafrika eine Stunde später.

Zollbestimmungen

Südafrika bildet zusammen mit Botswana, Namibia, Swaziland und Lesotho eine Zollunion. Zwischen diesen Grenzen gibt es also keine Zollprobleme. Bei der Einreise in die Zollunion gelten die üblichen Duty-Free-Regeln. Es dürfen ein Liter Hochprozentiges, zwei Liter Wein und 400 Zigaretten p.P. zollfrei eingeführt werden. Wer mit dem eigenen Fahrzeug einreisen möchte, benötigt ein Carnet de Passage seines heimischen Automobilclubs.

„African Time"

Vor allem in Kapstadt scheinen die Uhren Südafrikas deutlich langsamer zu ticken also sonstwo im Land. Niemand hastet vom Büro zur Mittagspause oder eilt mit langen Schritten durch Fußgängerzonen, wie man es in Deutschland oft beobachten kann. Die Johannesburger nennen Kapstadt sogar „Schlaapstad" (Schlafstadt), weil hier alles so gemächlich zugeht. Vermutlich sind die Jo'burger nur neidisch darauf, dass sie weit weg vom Meer wohnen und härter arbeiten als die Kapstädter. Wieso würden sie sonst so gerne am Kap Urlaub machen? Wer in Kapstadt zum Beispiel von Einheimischen um 19 Uhr zum Abendessen eingeladen wird, sollte nicht die deutsche Pünktlichkeit einhalten, denn es könnte durchaus vorkommen, dass der Gastgeber dann noch unter der Dusche steht. Es ist hier ganz normal, 10 bis 15 Minuten später aufzukreuzen. Der Begriff „just now" (jetzt gleich) oder „now, now" (jetzt sofort) kann sich wie ein Kaugummi in die Länge ziehen. Es kann sich bei diesen Zeitangaben sowohl um Minuten oder auch um Stunden handeln. Das Schöne daran ist, dass man als Tourist urlaubsreif und gestresst hier ankommt und sich bei dieser Kapstädter Gelassenheit sofort herrlich entspannen kann.

Workshops in Kapstadt

Cape Malay – Kochkurs im historischen Bo-Kaap

Mit viel Spaß bringt Gamidah Jacobs, die ihr Leben lang in Bo-Kaap gelebt und immer für ihre Familie gekocht hat, heute Touristen kapmalaiische Kochkunst bei. In knapp drei Stunden zaubert Gamidah mit Hilfe der Gäste ein leckeres, dreigängiges Menü, verfeinert mit exotischen Gewürzmischungen. Favorit ist das würzige Cape Malay-Hühnchencurry.

Tipp: Den Kurs mit einer Tour durch Bo-Kaap beginnen (im Kochkurs-Preis nicht inbegriffen) und dabei u.a. den alteingesessenen *Atlas Trading* Gewürzladen besuchen. Lekka Kombuis, 81 Wale Street, Tel. 021-4233849 o. 079-9570226.

Fotografieren wie ein Profi

Elke Losskarn, die Fotografin dieses Reiseführers, wohnt auf der Kaphalbinsel in Hout Bay und bietet von hier aus Fotografiekurse an. Zur Auswahl steht ein zweieinhalbstündiger Crash-Kurs (90 Euro), in dem interessante und sehr hilfreiche Foto-Tipps zur richtigen Kameraeinstellung und vor allem zum Thema Komposition vermittelt werden. Geübt wird am Hout Bay Strand und im Hafen mit seinen bunten Fischerbooten. In kurzer Zeit lernt man anstatt Touristen-Knipsbilder tolle Fotos zu schießen. Beim ganztägigen Fotoworkshop (220 Euro) werden unter Anleitung die Highlights rund um die Kaphalbinsel vom besten Standpunkt aus fotografiert. Im Anschluss an beide Workshops werden die Ergebnisse in einer Feedback-Session am Laptop diskutiert.

Auskunft, Terminabsprache und Anmeldungen bei info@elke-losskarn.com.

Trommel-Workshop

Kapstadt ist ein Schmelztiegel vieler afrikanischer Kulturen und ein „Drumming Circle" bietet die Gelegenheit, ungezwungen und mit viel Spaß in einer Gruppe oder im Einzelunterricht in die Welt der westafrikanischen Rhythmen eingeführt zu werden. Selbst wer glaubt unmusikalisch zu sein – trommeln kann jeder! Im Sommer werden auch gelegentlich Trommelsessions am Strand organisiert. Trommelunterricht und das Mieten einer Djembe (westafrikanische Trommel) bietet nach Terminabsprache an:

Tim, Tel. 076-9526643, www.beat-it.co.za oder
Michelle, Tel. 082-4269683, www.naturalicatchi.com

🍽 Essen und Trinken

Südafrikas Küche ist so vielfältig und abwechslungsreich wie seine multiethnische Bevölkerung, es gibt landesweit ein hervorragendes Gastronomieangebot. Am Kap findet man fast überall nette Familienrestaurants, Imbiss- oder Fish & Chips-Buden, Strandkneipen, Märkte mit regionalen Köstlichkeiten und auf den Weingüter oft Spitzenrestaurants. Insbesondere Kapstadt bietet ein sehr großes Angebot verschiedenster Spezialitäten und Speisen für jeden Geschmack und Geldbeutel: Sushi, Pizza und Pasta, Hamburger, indisches Curry, Straußenfleisch, Lammkeule, frisches aus dem Meer oder deutsches Eisbein, um nur einiges zu nennen. Viele südafrikanische Starköche und Restaurants zählen mittlerweile zu den Besten weltweit. Auch Vegetarier und Veganer kommen nicht zu kurz, fast alle Restaurants haben solche Gerichte auf der Karte.

Seefisch frisch auf den Tisch

Beliebt ist Seafood in allen Variationen, von Austern *(oysters)* bis Felslangusten *(crayfish)*, und vor allem die hervorragenden Fleischgerichte, auch vom Wild *(venison)*, wie Springbok, Kudu und Strauß *(ostrich)*. Südafrikaner sind echte Grillfanatiker: Fast alles, was sich bewegt, kommt auf den Rost. Barbecue wird hier **„Braai"** genannt und ist für Schwarz und Weiß eine fast kultische Handlung – und Sache der Männer.

Erlebnisgastronomie im Afrika Café

Fastfood und Kettenrestaurants

Neben den bekannten „Amerikanern" *Burgerking, KFC* und *McDonald's* gibt es die einheimischen Schnell-Plätze **Wimpys** (mit Bedienung am Tisch, www.wimpy.co.za) und **Steers** (www.steers.co.za), deren Pommes und Hamburger allerdings nicht an die des gelbroten Amis herankommen. Ein anderes südafrikanisches Fast-food-Restaurant schlägt dafür alle: **Nandos.** Der portugiesisch angehauchte Hühnerplatz hat außerdem eine witzig gemachte Website, www.nandos.co.za. Die besten Pizzen gibt es bei **St. Elmos's** (www.stelmos.co.za) und bei **Primi Piatti,** www.primi-piatti.com.

It's a Flammkuchen

Ein beliebtes und sehr kinderfreundliches Familienrestaurant ist **Spur** (www.spur.co.za) mit Filialen im ganzen Land. Das Western-Ambiente wirkt ebenso amerikanisch wie die Speisekarte mit Hühnchen, Burgern, Fajitas und Pommes in guter Qualität. Die recht gemütlich im New Orleans/Cajun-Stil dekorierten Filialen von **Mugg & Bean** (www.themugg.com) finden sich meist in den großen Einkaufszentren. Es gibt viele kleine Gerichte und guten Kaffee, von dem man sich an einer Art Koffein-Tankstelle zu einem Festpreis beliebig viele Tassen nachschenken darf. Im Trend ist die Kette **vida e caffé** (www.vidaecaffe.com). Hier gibt es den besten Kaffee, riesige Muffins und lecker belegte Paninis.

Sehr empfehlenswerte Ketten-Restaurants sind die Steakhäuser **Famous Butcher's Grill** (www.butchersgrill.com), **Cattle Baron** (www.cattlebaron.co.za) und die günstigen Seafood-Spezialisten von **Ocean Basket** (www.oceanbasket.co.za).

Restaurants für Feinschmecker

In Kapstadt, dem Weinland und entlang der Küste gibt es eine enorme Auswahl an empfehlenswerten Restaurants in oft spektakulärer Lage. Die ultramodernen Restaurants in der Waterfront liegen direkt am Hafenbecken mit Sicht auf den Tafelberg und in Camps Bay lässt sich während des Abendessens prima der Sonnenuntergang beobachten. Im Weinland werden in kapholländischen Häusern kulinarische Spezialitäten aufgetischt und in den privaten

Fish & Chips

Wildreservaten werden hervorragende Gerichte bei Kerzenlicht in wildromantischer Atmosphäre unter dem Sternenhimmel serviert. Vorzeitige Tischreservierung, vor allem in der Hauptsaison, ist unbedingt erforderlich!

Eine Super-Empfehlung für Gourmets ist das jährlich erscheinende Magazin *„Eat out"*, erhältlich im Zeitschriftenhandel. Mit über 1000 der besten Restaurants im Land auf 250 Seiten lässt das Heft keine gastronomischen Wünsche offen. Jeden November werden Südafrikas TOP 10 Restaurants gewählt und hier veröffentlicht. Auf der Website www.eatout.co.za können die Besucher u.a. die beschriebenen Restaurants selbst bewerten und die Speisekarten einsehen.

In der Kapstädter Tageszeitung „Cape Times" erscheint am Freitag die Beilage „Top of the Times" mit Restaurantkritiken und Veranstaltungskalender.

Restaurant-Preiskategorien im Buch
(für ein Hauptgericht ohne Getränke):

RRRR: über 150 Rand
RRR: 100 bis 150 Rand
RR: 50 bis 100 Rand
R: unter 50 Rand

Picknick & Braai

Eine andere und vor allem im Sommer am Kap sehr beliebte Art der Nahrungsaufnahme ist das **Picknick**. Fertig zusammengestellte Gourmet-Picknickkörbe gibt es auf vielen Weingütern und in Hotels. Mit 120–200 Rand pro Korb sind sie allerdings meist recht teuer. Günstiger ist Selbstaussuchen der Leckereien in Delikatessen-Läden *(delis)*, Farmläden *(farm stalls)* und in den hervorragend sortierten Lebensmittelabteilungen von **Woolworths** (www.woolworths.co.za), **Pick 'n Pay** (www.picknpay.co.za), **Spar** und **Shoprite/Checkers.** In den Läden gibt es viele delikate Fertiggerichte und gut sortierte Frische-Theken. Zur Überraschung vieler Südafrika-Besucher bekommt man im Supermarkt den Einkauf von den Verkäuferinnen in (kostenpflichtige) Plastiktüten gepackt. Woolworths hat außerdem in ausgewählten Filialen stilvolle **Woolworths Cafés** (R-RR) eröffnet, wo leichte Gerichte, Kuchen und Kaffee aus dem Woolworths-Sortiment serviert werden. Eine besonders tolle Aussicht auf den Hafen bietet das Woolworths Café in der Waterfront.

Auch für **Braais** sind obengenannte Läden gut bestückt. Fleisch gibt es vom Rind, Kalb, Schwein und natürlich Strauß in allen Formen, wie Schnitzel, Steaks oder Hack, vakuumverpackt oder eingelegt in verschiedene Soßen. Besonders lecker sind die eingelegten Schweinerippchen *(pork spare ribs)*. Dazu gibt es natürlich überall wo Grillfleisch verkauft wird auch Holzkohle, Anzünder und Grillroste. Utensilien, die selbstversorgende Mietwagenfahrer neben einer Kühlbox im Kofferraum transportieren sollten, da es auf vielen

Essen und Trinken

Rastplätzen, in Naturschutzgebieten und vor allem auf *Self Catering*-Übernachtungsplätzen Holzkohlengrills gibt.

Kaffee und Kuchen

Das Angebot an Kuchen ist bei Weitem nicht so vielfältig wie in Deutschland, aber dafür haben die meisten Lokale eine Espressomaschine und bieten vom doppelten Espresso bis zum koffeinfreien Cappuccino alles an. Besonders empfehlenswerte Cafés in Kapstadt und Umgebung:

- **Euro Haus Bakery,** Riesenauswahl an Kuchen und süßen Stückchen, 210 Loop Street, www.eurohaus.co.za
- **Mugg & Bean,** endlos viele Kaffeesorten, V&A Waterfront, www.themugg.com
- **High Constantia Farm Stall/ Raith Gourmet,** leckerer Käsekuchen und hausgerösteter Kaffee, Constantia Main Road, Ecke Groot Constantia Wine Farm, www.raithgourmet.com
- **Rhodes Memorial Restaurant,** berühmt für seine ofenfrischen *scones*. Table Mountain Nature Reserve, www.rhodesmemorial.co.za

Tipp: Wer keine böse Überraschung erleben möchte, sollte abseits der Großstadt nicht voller Erwartungen in ein sogenanntes „Kaffee" spazieren, denn hier gibt es keinen Kuchen und schon gar keinen Espresso, vielmehr handelt es sich hier um einen landestypischen „Tante Emma-Laden" der neben Lebensmitteln heißes und fettiges Fast food und Instant-Kaffee im Pappbecher verkauft.

High Tea

In britischen Kolonialzeiten nach Südafrika eingeführte Tee-Tradition, die heute in leicht abgewandelter Form immer noch in größeren Hotels angeboten wird. Es empfiehlt sich, einmal auf das Mittagessen zu verzichten und sich stattdessen nachmittags einen High Tea zu gönnen, ganz feudal in einem der schönen Hotel-Restaurants oder Hotelgärten. Zur Auswahl stehen herzhafte

Tee-Tradition „High Tea" im Zwelve Apostles Hotel

Häppchen wie Mini-Quiches, Roastbeef- und Lachsschnitten sowie verführerische süße Stückchen, Torten und Muffins. Wer möchte, auch mit einem Glas Sekt dazu. Und da mittlerweile selbst die Engländer Kaffee trinken, wird zum High Tea nicht nur ein großes Sortiment an Teesorten angeboten, sondern selbstverständlich auch Kaffee.

Wein

Wer sich etwas intensiver mit den **Weinen** Südafrikas beschäftigen möchte, kommt nicht um den „Platter" herum. Das Buch gilt als die „Wein-Bibel" Südafrikas. Es erscheint jährlich neu, Aktualisierungen auf www.wineonaplatter.com (Informationen auch auf www.wine.co.za und www.sa-weine.de). Neben Weinbeurteilungen von keinem bis zu fünf Sternen aller südafrikanischen Weinkeller gibt es u.a. genaue Beschreibungen aller Weingüter, der in SA angebauten Rebsorten, Tipps zu Gourmet-Restaurants und stilvollen Übernachtungen im Weinland. Empfehlenswert ist das Buch „Die Weine Südafrikas" (Heyne Verlag).

Bis auf wenige Ausnahmen gilt das Verkaufsverbot von Alkohol an Sonntagen. Wer trotzdem am Sonntag gerne eine Flasche Wein für den Sundowner kaufen möchte, geht in Kapstadt zu *Midmar Liquors*, 103 Strand St/Ecke Rose St in Bo-Kaap oder im Hafen von Hout Bay zu *The Liquor Cove* unterhalb vom Mariner's Wharf Restaurant.

Bier

Auch für **Biertrinker** wird das Kap immer interessanter. Einige Mikro- und Pub-Brauereien, wie *Mitchell's* und *Foster's*, sind über die Kap-Provinz verteilt. Viele Restaurants, Bars und Kneipen bieten Bier vom Fass an. Die Birkenhead Brewery in Stanford bei Hermanus war das erste Weingut Südafrikas, das neben Wein auch gleichzeitig Bier braute. Bekannt sind vor allem das „Honey Blonde Ale", „Premium Lager" und „Chocolate Malt Stout". Wer gutes Bier in Flaschen oder Dosen kaufen möchte, sollte zu den Hopfenprodukten des Nachbarlandes Namibia greifen: *Hansa Bier* und *Windhoek Lager, Light, Export* und *Spezial* sind nach dem deutschen Reinheitsgebot gebraut. Andere empfehlenswerte Marken, die in und um Kapstadt verkauft werden: *Bavaria*, DAS und die importierten Biere von *Becks, Carlsberg, Erdinger* und *Pilsner Urquell*.

Wein gibt es in allen Supermärkten und lizensierten Bottle- oder Liquor Stores zu kaufen. Bier und Spirituosen allerdings ausschließlich im Liquor Store (sonntags geschlossen).

Glossar Essen und Trinken in Südafrika

Biltong: durch Trocknen und Würzen haltbar gemachtes Fleisch, ähnlich wie *Beef Jerky* in den USA, aber von erheblich besserem Geschmack.

Bobotie: traditionelles Kapgericht: Hackfleisch-Curry, getoppt mit herzhaftem Ei-Pudding und auf mit Gelbwurz gewürztem Reis serviert.

Boerewors: [wörtlich: Bauernwurst], würzige Bratwürste, die zu praktisch jedem Braai gehören und oft an Straßenständen wie Hot Dogs verkauft werden.

Bunny Chow: Curry, das in einem ausgehöhlten Laib Weißbrot serviert wird.

Bottle Store: Laden mit Lizenz zum Verkauf alkoholischer Getränke.

Braai/Braaivleis: Barbecue, grillen

Bredie: traditionelles Kapgericht: Eintopf mit Gemüse und Lamm, Hühnchen oder Fisch.

Chakalaka: Eine kapmalaiische Curry-Beilage, zubereitet mit Knoblauch, Zwiebeln, Ingwer und verschiedenen Gemüsearten.

Dumpie: kleine Bierflasche

Farm Stall: Laden, meist an der Straße (Road Stall), der hauptsächlich farmfrische Produkte verkauft.

Frikkadel: Fleischküchle, Frikadelle

Kingklip: Südafrikas bester Fisch mit festem, weißem Fleisch, wird meist gegrillt serviert.

Koeksisters: extrem süßes und klebriges Gebäck.

Linefish: allgemein für fangfrischen Fisch des Tages, auch wenn dieser, was meist der Fall ist, nicht geangelt, sondern im Netz gefangen worden ist.

Malva Pudding: Kuchen nach holländischer Art mit Aprikosenkonfitüre, wird mit warmer Vanillesauce oder Vanilleeis serviert.

Mealie: Maiskolben

Mealie Pap: Maisbrei, Hauptnahrungsmittel der schwarzen Bevölkerung Südafrikas.

Melktart: Mischung aus Vanillepudding und Käsekuchen, mit Zimt bestreut, lecker!

Padkos: Picknick

Pap and Sous: Maisbrei mit Soße

Potjiekos: traditioneller Eintopf mit Fleisch/Geflügel und Gemüse, der in einem gusseisernen Topf stundenlang über einem offenen Feuer köchelte.

Rooibos: wohlschmeckender und gesunder Tee aus den Blattspitzen des Rotbusches.

Rusk: steinhartes Gebäck, in das nur nach dem Einweichen in Kaffee oder Tee gebissen werden sollte.

Russian: große, rote Wurst *(sausage)*, die gebraten, aber meist kalt serviert wird.

Soft Drink: nichtalkoholisches Getränke (wie Coke oder Fanta).

Snoek: berühmter südafrikanischer Fisch mit festem Fleisch, der meist geräuchert verkauft wird.

Samoosas: mit Fleisch- oder Gemüse-Curry gefüllte dreieckige Teigtaschen nach indischer Art.

Sosatie: marinierte Hackfleischspieße.

Vienna: kleinere Version der Russian sausage

Waterblommetjie Bredie: traditionelles Kapgericht: ein Eintopf aus Hammel, hyazinthen-ähnlichen Wasserblumen und Weißwein.

Sportliche Aktivitäten

Abseilen (Abseiling)

Direkt unterhalb der Seilbahnstation auf dem Tafelberg befindet sich der mit 112 m höchste kommerzielle *abseil* der Welt. Tägl. 10–15 Uhr, wetterabhängig. Nicht vergessen: Nach dem Adrenalinstoß heißt es wieder zu Fuß auf'n Berg, und zwar 20 Min. steil nach oben. Vorher nach den Windverhältnissen erkundigen: oft ist es in der City windstill und oben bläst es wie verrückt. Anbieter:

Abseil Africa, Long St, Tel. 021-4244760, www.abseilafrica.co.za

Bungee-Springen

Den mit 216 m welthöchsten kommerziellen Bungee-Jump kann man von der Bloukrans-Brücke an der Garden Route zwischen Plettenberg Bay und der Tsitsikamma Section des Garden Route National Park absolvieren. Für weniger Mutige gibt es den „Bridge Walk". Hier läuft man direkt unterhalb der Brücke auf einem abgesicherten Steg zur Absprungsplattform und kann den Nervenkitzel hautnah miterleben.

Bungee-Sprung von der Bloukrans-Brücke

Face Adrenalin, Tel. 042-2811458, 071-2485959, 073-1241373, www.faceadrenalin.com

Fahrrad-/Mountainbike-Touren

Rund um Kapstadt und natürlich an der Garden Route gibt es diverse Fahrrad- und Mountainbike-Trails. An vielen Orten lassen sich Fahrräder mieten. Von Kapstadt aus gibt es organisierte Biketouren ans Kap oder ins Weinland. Fahrräder und Fahrer werden per Bus und Anhänger in die jeweiligen Zielgebiete transportiert.

- *Downhill Adventures,* Tel. 021-4220 388, Shop 10, Overbeek Building, Ecke Orange-, Kloof- und Long Street, www.downhilladventures.com, Mo, Mi und Fr je nach Buchung. Tagestouren ins Weinland und ans Kap; halbtägige Downhill-Fahrt den Tafelberg hinab. Die gesamte Ausrüstung wird gestellt.
- *African Bikers,* Tel. 021-4652018, www.africanbikers.de Mountainbike-Touren von Kapstadt über die Garden Route bis zum Addo Elephant Park.
- *Tony Cook Adventures,* Tel. 082-7838 392, www.tonycookadventures.co.za MTB-Touren von Knysna nach Kapstadt oder über den legendären Swartbergpass in die Große Karoo oder im Eastern Cape durch das wilde Baviaanskloof-Naturschutzgebiet.

Flüge, Ballonfahrten

Mit einem ehemaligen Militär-**Hubschrauber** im Tiefflug die Westküste entlang donnern – ohne Türen, deshalb unbedingte Anschnallpflicht:

Huey Helicopter Flights, www.huey-helicopter.co.za

Wer es etwas leiser, aber trotzdem aufregend mag, bucht einen **Tandem-Gleitschirmflug** bei

Cape Town Tandem Paragliding, Tel. 076-8922283, www.paraglide.co.za

Wer es etwas schneller mag, kann mit **Fallschirm** aus einem Flugzeug springen:
Skydive Cape Town, Tel. 082-8006 290, www.skydivecapetown.za.net

Heißluftballonfahrten werden von November bis April in Paarl mit anschließendem Frühstück im noblen Grande Roche Hotel angeboten:
Wineland Ballooning,
Tel. 021-8633 192, info@kapland.de

In Oudtshoorn in der Karoo ganzjährig:
Oudtshoorn Ballooning,
https://oudtshoornballooning.activitar.com

Golf

Südafrika ist bekanntlich ein Paradies für Golfer und es gibt viele Plätze, vor allem in der Western Cape Province. Golfspielen ist erheblich günstiger und natürlich wettersicherer als in Mitteleuropa. Am besten erstmal im Internet durchchecken.

Eine deutschsprachige Seite mit ausführlicher Beschreibung der 50 schönsten Plätze sowie weitere 300 Adressen ist www.suedafrika-golf.de.

Die südafrikanische Seite zum Thema ist www.g-i.co.za mit Infos zu über 500 Golfclubs im Land.

Steenberg Golf Estate

Kloofing

Klettern und dann von ganz oben in mit Wasser gefüllte Felsenpools springen. *Suicide Gorge* (= Selbstmörderschlucht), Sprünge zwischen 3 und 18 Meter.
Cape Xtreme, www.cape-xtreme.com

Reiten

Am Kap gilt Noordhoek als das Mekka für Pferdefreunde. Es gibt aber auch organisierte Ausritte im Weinland und an der Garden Route.
Veranstalter sind z. B. www.kapritt.co.za, www.horseriding, www.horsetrails.co.za

Sandboarding

Mit einem Snowboard mangels Schnee die Sanddünen runterrauschen. Anbieter:
- *Downhill Adventures,* Tel. 021-4220388, www.downhilladventures.com
- *Sunscene Outdoor Adventures,* www.sunscene.co.za, Tel. 021-780203

Schlauchbootfahrten

Der Breede River, aus dem Afrikaans übersetzt „Breiter Fluss", entspringt in den Hexriverbergen und schlängelt sich über 337 Kilometer durch Weinbaugebiete und Naturreservate bis nach Witsand am Indischen Ozean. Tagestouren oder mehrtägige Touren mit dem Schlauchboot bieten die Veranstalter
- www.breede-river-rafting.com
- www.felixunite.com
- www.gravity.co.za

Sea Kayaking

Entweder die Pelzrobben vor Hout Bay oder die Wale in der Walker Bay mit See-Kajaks aus nächster Nähe beobachten.
- *Coastal Kayak,* Tel. 021-4391134, www.kayak.co.za
- *Felix Unite,* Tel. 021-6701300, www.felixunite.co.za

Seilrutschen, Zip lining

Der neueste Hit in Südafrika: an lange Stahlseilen, die über Schluchten, Flüsse, Wasserfälle oder von Baum zu Baum gespannt werden, saust man mit Karabinerhaken und Helm durch die Luft und Natur.

An der Gardenroute werden Touren von
- *Tsitsikamma Waterfall Zipline Tours,* Tel. 042-2803770, www.tsitsikammaadventure.co.za

und in den Cederbergen von
- *Ceres Zipslide Tours,* Tel. 079-2450354, www.ceresadventures.co.za

angeboten. In Constantia:
- *Cape Town Zip Line Tour,* Tel. 083-5173635/079-4953987, www.saforestadventures.co.za

Surfen/Kitesurfen

Die Kapwellen locken Surfer mit und ohne Segel oder Kite aus aller Welt an. Die besten Windbedingungen für Kitesurfer herrschen zwischen September und Mai. Die beliebtesten Orte befinden sich in Langebaan, Big Bay und Muizenberg. In Jeffrey's Bay am Indischen Ozean, dem Mekka der Surfer, findet jeden Juli

das „Jeffrey's Bay Winter Fest" statt, der größte Surfcontest auf dem afrikanischen Kontinent.

Surfkurse bieten an:
- www.surfemporium.co.za
- www.garysurf.com
- www.learn2surf.co.za

Kitesurfkurse:
- www.high-five.co.za
- www.kitekahunas.com
- www.cabrinha.co.za

Trailrunning

Immer mehr Südafrikaner erobern laufend das bergige Terrain am Kap. Der Traum aller ambitionierten Trailrunner: den beliebten Otter Trail, der aus einer fünftägigen Wanderung besteht und nur einmal im Jahr für den Otter African Trail Run gesperrt wird, in nur wenigen Stunden zu Laufen, www.theotter.co.za

Weitere Websites zu dem Thema:
- www.trailseries.co.za
- www.mountainchallenge.co.za
- www.trailrunning.co.za

Wandern siehe Exkurs Seite 46

Wassersport

Wasserski fahren wird außerhalb von Kapstadt in Somerset West in einem großen Baggersee angeboten:
Blue Rock Waterski,
Tel. 021-8581330, www.bluerock.co.za

Mit einem Jetboot im Affenzacken die Küste entlang brettern, Adrenalin pur:
High speed Jet boat rides in der V&A Waterfront, Tel. 021-4185806, www.waterfrontboats.co.za

Tauchen

Das Wasser des Atlantiks ist kalt, man kann einige interessante Wracks erkunden. Berühmt ist das berüchtigte Käfigtauchen mit den Weißen Haien in Gansbaai bei Hermanus. Die Wassertemperaturen im Indischen Ozean sind etwas höher und die Fische und Korallen dementsprechent bunter.

Tauch-Websites

Atlantischer Ozean/Kapstadt:
www.piscesdivers.co.za
Indischer Ozean/Garden Route:
http://oceansafrica.com/dive-the-garden-route
Tauchschule: ww.diveschoolcapetown.co.za

Anbieter

- *Two Oceans Aquarium Shark Dives,* Dock Rd, Waterfront, Tel. 021-4183822, dive@aquarium.co.za, www.aquarium.co.za Tägl. 10, 12 u. 14 Uhr mit Miet-Ausrüstung oder mit eigener Ausrüstung. Halbstündige Tauchkurse im gigantischen Haitank des Aquariums und vielen Zuschauern auf der anderen Seite der dicken Glasscheibe, nur für qualifizierte Taucher nach Voranmeldung.
- *Great White Shark Tours,* Tel. 028-3841418, www.sharkcagediving.net
- *African Shark Eco-Charters,* Tel. 021-7851947, www.ultimate-animals.com
- *Shark Diving Unlimited,* Tel. 028-3842787, www.sharkdivingunlimited.com
- *Shark Lady,* Tel. 028-3123287, www.sharklady.co.za
- *White Shark Adventures*, Tel. 028-3841380, www.whitesharkdiving.com
- *White Shark Diving Co.*, Tel. 021-6714777, www.sharkcagediving.co.za
- *Shark Zone,* Tel. 082 894 4979, www.sharkzone.co.za
- *White Shark Projects*,
Tel. 021-4054537 oder 028-3841774, www.whitesharkprojects.co.za
Das Tauchabenteuer mit dem Weißen Hai beginnt im Hafen von Kleinbaai (nur White Shark Adventures legt in Gansbaai selber ab). Jeder Trip dauert drei bis fünf Stunden. Es gibt Infos zur Gegend und natürlich zum Haiverhalten und ihrer Rolle im marinen Ökosystem. Kunden bekommen Neoprenanzüge, Masken und Schnorchel und können dann in einen Metallkäfig klettern, der an der Seite des Bootes befestigt ist.

Wandern am schönsten Ende der Welt

Das sogenannte „Slackpacking" (slack = entspannt, locker) wird in Südafrika immer populärer. Wer keine Lust hat, seinen 20 kg schweren Wanderrucksack durch die Natur zu schleppen, für den ist eine „Slackpacking-Wanderung" genau das Richtige. Auf zwei bis sechstägigen, von lokalen Wanderführern geleiteten Wanderungen, lässt sich die grandiose Flora und Fauna am Kap auf gemütliche Art und Weise erkunden. Gewandert wird nur mit einem Tagesrucksack und übernachtet in bewirtschafteten Hütten und Gästehäusern. Elke Losskarn hat die schönsten „Slackpacking Hikes" zusammengestellt.

Tafelberg, Camel Rock

The Cape of Good Hope Trail, Kaphalbinsel

Auf dieser wunderschönen Zweitageswanderung umrundet man abseits des Touristengewimmels das Kap der Guten Hoffnung zu Fuß. Der Wanderweg ist gut beschildert und kann ohne Wanderführer zu zweit oder in einer kleinen Gruppe gelaufen werden. Ausgangspunkt ist der Eingang des Reservates, hier kann das Mietauto sicher geparkt werden, der Schlüssel für die Hütte abgeholt und das Hauptgepäck zum Transport in die Hütte (gegen Aufpreis) gelagert werden. Auf der insgesamt 34 km langen Strecke läuft man an einsamen Sandstränden entlang, über hohe Klippenpfade und mit etwas Glück begegnet man Pavianen, Straußenvögel, Schildkröten und verschiedenen Antilopenarten. Von Juni bis Oktober gibt es auch Wale zu sehen. Die Aussicht von den drei Rooikrans-Übernachtungshütten ist atemberaubend.

Information/Buchungen: www.sanparks.org/parks/table_mountain/tourism/overnight_hikes.php und im Cape of Good Hope Nature Reserve beim Buffelsfontein Visitor Centre, Tel. 021-7809204.

Sportliche Aktivitäten

Hoerikwaggo Trail, Kaphalbinsel

Das Wort „Hoerikwaggo" stammt von den Khoi-San, bedeutet „Berg im Meer" und beschreibt den Tafelberg. Die begleitete Wanderung startet auf dem Tafelberg und führt mit grandiosen Aussichten über den Atlantik und die False Bay durch das wildromantische Orangekloof und geht weiter durch den kompletten Table Mountain National Park bis hin zum Kap der Guten Hoffnung, oder entgegengesetzt. Übernachtet wird in ökofreundlichen Camps, es nehmen max. 12 Personen teil. Wer nicht ganz so weit laufen möchte, bucht nur eine Teilstrecke des Hoerikwaggo Trails. Ca. 1500 R/p.P./Tag inkl. aller Mahlzeiten, Eintrittsgelder und Transport.

Infos: www.awoltours.co.za

The Whale Trail, Overberg

Fünf Tage dauert die Wanderung im De Hoop Naturreservat, das östlich vom Cape Agulhas liegt. Zwischen Juni und Oktober, wenn die Grauwale in die südafrikanischen Gewässer ziehen, begleiten die sanften Riesen die Wanderer. Die Strecke beträgt insgesamt 55 Kilometer und wird in fünf Tagesetappen aufgeteilt, sie startet am Potberg und endet bei Koppie Alleen. Übernachtet wird in gemütlichen Steinhäusern für Selbstversorger, die direkt an der Felsenküste positioniert und mit allen Küchenutensilien ausgestattet sind. Gegen eine Extragebühr wird das Hauptgepäck der Wanderer von einem Haus zum nächsten transportiert.

Infos: www.capenature.co.za, Tel. 0861-2273628873

Boesmanskloof Trail, Overberg

Diese spektakuläre Zweitageswanderung verbindet die beiden pittoresken Ortschaften Greyton und McGregor. Über die wilde Sonderenbergkette gibt es keine Straße, sondern nur diesen 14 km langen Wanderweg, der an steilen Schluchten, Wasserfällen und erfrischenden Felsenpools entlang führt. Die einzigartige Flora mit ihren verschiedenen Proteas und Ericas begleiten den Wanderer. Es empfiehlt sich, in Greyton zu starten (das Auto hier parken), in einer der Selbstversorgerhütten auf der McGregor-Seite zu übernachten und am nächsten Tag den selben Weg zurückzulaufen. Der Boesmanskloof Trail ist einer der schönsten und billigsten Wanderungen, da kein Wanderführer erforderlich ist und nur eine geringe Gebühr an Cape Nature Conservation fällig wird. Beim Buchen der Unterkunft kann gegen Aufpreis der Einkauf für das Abendessen und Frühstück erledigt werden, so trägt man nur seinen Tagesproviant und das Nötigste zum Übernachten mit sich. Badekleidung nicht vergessen!

Buchung des Trails bei CapeNature www.capenature.co.za, Tel. 0861-227-3628873 und **Übernachtungesreservierung** in McGregor bei Ruth Oosthuizen, bao@webmail.co.za, Tel. 023-6251794, Handy 072-2400498.

Tipp: Eagles Nest buchen, ein zweistöckiges Steinhaus mit fantastischer Aussicht und einem kleinem Pool.

Green Mountain Trail, Grabouw Valley

Diese exklusive und geführte, viertägige Wanderung führt durch das fruchtbare Weinanbaugebiet der Overberg-Region und das Kogelberg Nature Reserve. Tagsüber wandert man durch atemberaubende Landschaftszüge, bekommt verwitterte Ochenwagenspuren der ersten Pioniere am Kap zu sehen und jeden Nachmittag gibt es eine Weinprobe bei ausgewählten Weingütern. Ein Shuttle-Service bringt die leicht beschwipsten Wanderer zu ihren Viersterne-Gästehäusern, wo man sich für das leckere Abendessen frischmachen kann.

Buchung: Diese feuchtfröhliche Wandertour kann gebucht werden bei www.greenmountaintrail.co.za, Tel. 028-2849827.

Oystercatcher Trail, Garden Route

Diese 47 Kilometer lange Dreitageswanderung startet in Mossel Bay und endet am Gouritz River. Die relativ gemütliche Wanderung, von Sanddünen flankiert, führt an der Küste entlang. Weiße Sandstrände laden zum Schwimmen ein und die felsigen Abschnitte sind ideal zum Schnorcheln. Highlights sind die Archäologischen Fundstellen und seltenen Vogelarten. Übernachtet wird in luxuriösen Gästehäusern entlang der Strecke. Preise inklusive Mahlzeiten, einheimischen Führern und Zubringerservice.

Tipp: Am Ende der Tagesetappen kann gegen Aufpreis eine entspannende Massage gebucht werden.

Infos: www.oystercatchertrail.co.za, Tel. 044-6991204.

Dolphin Trail, Garden Route

Die luxuriöse 17 km lange Wanderung ist über drei Nächte und zwei Tage verteilt. Der Startpunkt befindet sich im Tsitsikamma National Park am Storms River Mouth. Von hier windet sich der Pfad über Hängebrücken an der spektakulären zerklüfteten Küste entlang durch dichte Wald- und Fynbos-Vegetation und vorbei an Baumriesen wie Stinkwood, Yellowwood und Ironwood. Die von sachkundigen Wanderführern geleitete Wanderung endet am Sandrift River in der einmalig gelegenen Fernery Lodge mit Blick auf den Indischen Ozean. Unterwegs werden delikate Picknicke hergerichtet und man hat die Gelegenheit, in glasklaren Felsenpools zu schwimmen. Je nach Saison können im Meer Delfine und Wale gesichtet werden. Übernachtet wird in Viersterne-Unterkünften und abends werden köstliche Mahlzeiten serviert.

Weitere Infos: Tel. 042-2803588, www.dolphintrail.co.za

Links und Anbieter

- Wegbeschreibungen zu Wanderungen mit detaillierten Karten können unter www.uncoverthecape.co.za/hiking-guide.htm abgerufen werden.
- Bei dem Veranstalter Table Mountain Walks, ww.tablemountainwalks.co.za, können geführte Wanderungen auf den Tafelberg gebucht werden.
- Venture Forth bietet geführte Tageswanderungen und mehrtägige Trekkingtouren im Western Cape an: www.ventureforth.co.za.

Tiere und Pflanzen

Artenreiche Fauna

Wie im Vorwort erwähnt, können Besucher seit einiger Zeit in der malariafreien Region der Eastern Cape Province auf „Big Five"-Safari gehen. Viele nicht mehr ertragreiche Viehfarmen wurden zusammengelegt, Häuser samt Fundamenten und Dämmen entfernt, die ursprüngliche Vegetation wieder angepflanzt und Tiere, die z.T. seit über 100 Jahren ausgerottet waren, wieder angesiedelt.

Historische Aufzeichnungen zeigen, dass Mitte des 19. Jahrhunderts große Elefantenherden am Great Fish River gelebt haben, neben Löwen, Geparden und Leoparden. Die dicht mit Aloen und Speckbäumen bewachsenen Hügel und Berge der Region beherbergten einst Zehntausende von Tieren, waren damit Südafrikas am dichtesten bevölkertes Wildgebiet. Jäger und Farmer erlegten die letzten Löwen und Nashörner vor über 150 Jahren. Während Leoparden es immer verstanden haben mit dem Menschen zu leben, ihn zu meiden und zu überleben, mussten Löwen, Büffel und Nashörner wieder angesiedelt werden. Innerhalb vom **Addo Elephant National Park** überlebten Gruppen von Elefanten, doch die „neuen" Dickhäuter der privaten Schutzgebiete stammen allerdings allesamt aus dem übervölkerten Krüger-Park. Nashörner und Löwen kamen zum Teil aus Namibia und Zimbabwe, andere ebenfalls aus dem Krüger-Park. Und in der Western Cape Province gibt es diverse Zuchtprojekte, wo maul- und klauenseuchenfreie Büffel von Jersey-Kühen aufgezogen werden. Im November 2002 wurde, nur 90 Minuten von Kapstadt entfernt, in der Karoo zwischen Ceres und der N1, im *Aquila Game Reserve,* das erste Breitmaulnashorn wieder angesiedelt. Mittlerweile gab es schon ein paar mal Nachwuchs.

Zwei graue Riesen

Elefant

Der größte Vertreter der südafrikanischen Landsäugetiere ist der **Elefant** *(elephant)*, wobei das private *Shamwari Game Reserve* und der Addo Elephant National Park die wohl am leichtesten aufzuspürenden Herden besitzen.

Nashorn

Das seltene **Spitzmaulnashorn** *(black rhino)* lebt als Einzelgänger. Im Gegensatz zum Breitmaulnashorn frisst es kein Gras, sondern zupft mit seinen spitzen Lippen Blätter und Triebe von Büschen und Ästen. Sie sind leichter und kleiner als ihre breitmäuligen Kollegen. Das **Breitmaulnashorn** *(white rhino* – doch nicht von „weiß" ableitend, sondern vom afrikaansen Wort für weit bzw. breit, „wyd") lebt in kleineren Gruppen. Charakteristisch sind die nicht zu übersehenden Reviermarkierungen dominanter Männchen, gewaltig große, breitgetretene Dunghaufen. Das Breitmaulnashorn ist ein Relikt aus prähistorischer Zeit, als riesige Mega-Grasfresser die Erde bevölkerten. Heute leben nirgendwo auf der Welt mehr Nashörner als in Südafrika. Etwa 75 Prozent des weltweiten Nashornbestandes befindet sich hier, davon ca. 18.000 Breitmaul- und 2000 Spitzmaulnashörner. Obwohl in Südafrika Wilderei mit Haftstrafen von bis zu 12 Jahren bestraft wird, wurden 2014 knapp 300 Nashörner abgeschlachtet. Die Nachfrage an Nashornpulver aus Asien ist so groß, dass der derzeitige Wert für ein Kilo Nashorn bei etwa 25.000 US-Dollar liegt. Der illegale Handel läuft überwiegend über das Internet. Wegen der alarmierenden Zahlen stellen die Nationalparks und privaten Tierschutzgebiete anti poaching units ein, die rund um die Uhr die Parks patrouillieren.

Flusspferd

Das recht harmlos wirkende **Flusspferd** *(hippopotamus)* ist in Afrika bei Tierbegegnungen für die meisten Todesfälle verantwortlich. Die tonnenschweren Kolosse sind an Land erstaunlich schnell. Selbst ein schneller Sprinter wäre nicht in der Lage, einem attackierenden Hippo davonzulaufen. Da ihre rosa Haut sehr empfindlich ist, kommen sie erst nach Sonnenuntergang aus

Nashörner

Flusspferde

dem Wasser, um zu grasen. Dann sollte man möglichst nicht zwischen sie und ihr Gewässer kommen. In der Western Cape Province haben vier Exemplare im sumpfigen *Rondevlei Nature Reserve*, am südlichen Stadtrand von Cape Town in den Cape Flats, überlebt. Im Shamwari Game Reserve und im Addo Elephant National Park leben größere Populationen.

Büffel

Ebenfalls gefährlich sind **Büffel** *(Cape buffalo)*, vor allem ältere Bullen, die von ihrer Herde nicht mehr akzeptiert werden. Das Naturreservat *Bartholomeus Klip* zwischen Tulbagh und Kapstadt (s.S. 190) hat ein interessantes Büffelaufzuchtprogramm etabliert: Jerseykühe ziehen die jungen maul- und klauenseuchenfreien Jungbüffel auf.

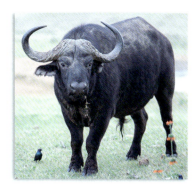
Büffel

Raubkatzen

Lieblinge aller Touristen sind die großen afrikanischen **Raubkatzen.** Nummer eins ist natürlich der **Löwe** *(lion)*, der einzige, der in Gruppen bis zu 30 Tieren gemeinschaftlich lebt und jagt. Meist sind die Verbände jedoch kleiner. In privaten Naturparks, wie Kwandwe und Shamwari, wurden Löwen wieder erfolgreich eingeführt. Ihr kilometerweit zu hörendes Gebrüll während einer nächtlichen Pirschfahrt gehört zu den aufregendsten Geräuschen Afrikas.

Löwe

Die schönste Katze ist der **Leopard** *(leopard)*. Er ist ein Einzelgänger und Nachtjäger. Nur Weibchen leben mit ihrem Nachwuchs, bis dieser erwachsen ist. Selbst in der Nähe von Kapstadt, in den Hottentots Holland Mountains und den Cederbergen, haben einzelne Exemplare überlebt, von denen jedoch meist nur die Spuren gesichtet werden.

Leopard

Geparden, die schnellsten Landtiere der Welt

Der elegante **Gepard** *(cheetah)* ist kleiner, schlanker und erheblich langgestreckter als der Leopard. Sein Fell weist schwarze Punkte auf, das des Leoparden besitzt schwarze Rosetten. Die Krallen des schnellsten Landsäugetiers lassen sich, im Gegensatz zu allen anderen Raubkatzen, nicht ganz einziehen, da er seine Beute mit Geschwindigkeiten von bis zu 100 km/h hetzt und die Krallen als Spikes fungieren. Seinen langen Schwanz benutzt er dabei als Steuer. Er schafft jedoch nur recht kurze High-Speed-Sprints und ist danach meist so „fertig", dass ihm oft Hyänen, Leoparden, Wildhunde oder Löwen die Beute wegnehmen und ihn, falls es ihm nicht gelingt zu flüchten, sogar töten. Aus diesem Grund gehen Geparden – sehr touristenfreundlich –, meist tagsüber auf die Jagd, denn die anderen Raubkatzen sind alle Nachtjäger. In den beiden privaten Game Reserves Kwandwe und Shamwari wurden einige Exemplare wieder angesiedelt. In „Gefangenschaft" lassen sie sich im *Wiesenhof Game Park* und bei *Cheetah Outreach* im Spier Wine Estate, beide bei Stellenbosch, sowie in der *Cango Wildlife Ranch* bei Oudtshoorn aus der Nähe beobachten.

Die **Ginsterkatze** *(genet)* wiegt nur zwei bis drei Kilo, hat ein gepunktetes Fell und einen langen Schwanz mit neun oder zehn schwarzen Ringen und ähnelt einer Hauskatze. Sie ist ein Einzelgänger und Nachtjäger.

In Bodennähe leben **Zebra- und Fuchsmangusten** *(banded-* und *yellow mongoose)*. Während letztere meist Einzelgänger sind, kommen die Zebramangusten in Gruppen bis zu 40 Tieren vor.

Die **Afrikanische Wildkatze** *(african wild cat)* unterscheidet sich von der Hauskatze nur durch die längeren Beine und die rotbraunen Ohren. In Südafrika ist ihr Genbestand sehr gefährdet, da sie sich problemlos mit verwilderten Hauskatzen paart. Sie ist die am meisten verbreitete Katze im südlichen Afrika.

Hyänen und Schakale

Tüpfelhyänen *(spotted hyaena)* mit ihrem charakteristischen, abfallenden Rücken wurden früher gerne als feige Aasfresser bezeichnet. Neuere Forschungen, die vor allem nachts stattfanden, enthüllten das genaue Gegenteil: Hyänen sind ausgezeichnete Jäger, die keine Angst haben, im Kampf um ihre Beute oder beim Schutz ihres Nachwuchses Löwen anzugreifen. Mit ihren mächtigen Kiefern knacken sie Knochen wie Nüsse. Ihr heiseres „Lachen" gehört zu den typischen Buschgeräuschen in Südafrika.

Die **Schabrackenhyäne** *(brown hyaena)* ist etwas leichter und kleiner, außerdem kein so guter Jäger, verlässt sich daher mehr auf Aas und andere Futterquellen wie z.B. Straußeneier.

Der **Wild- oder Hyänenhund** *(cape hunting dog)* ist das gefährdetste Säugetier Südafrikas: Er ist schlank, langbeinig, besitzt große, runde Ohren und einen geraden Rücken. Das Fellmuster ist braun, schwarz und weiß gefleckt. Wildhunde leben in Rudeln von 6 bis 15 erwachsenen Tieren, plus Jungen. Sie sind tagsüber aktiv und hetzen ihre Beute im Pack zu Tode.

Der **Schabrackenschakal** *(black-backed jackal)* kommt fast überall in Südafrika vor. Sein Fell ist rot-gelblich gefärbt, mit einem charakteristischen silberschwarzen Sattel. Er ernährt sich von Insekten, Beeren, Aas und von kleineren Säugern bis zur Größe einer kleinen Antilope. Hält sich am liebsten in trockener, offener Savannenlandschaft auf.

Kleiner sind die **Löffelhunde** *(bat-eared fox)* mit ihren riesigen Ohren, sie kommen wie die Schabrackenschakale in vielen Regionen Südafrikas vor. Sicher derjenige Fleischfresser, den Südafrika-Besucher am wahrscheinlichsten zu sehen bekommen.

Fingerotter

Der dunkelbraune **Kap-Fingerotter** *(Cape clawless otter)* lebt in Flüssen und Flussdeltas, von wo aus er ab und zu bis ins Meer schwimmt. Er ist spätnachmittags und frühmorgens aktiv und auch recht flott auf dem Land unterwegs.

Busch-, Stachel-, Warzenschwein

Das **Buschschwein** *(bushpig)* kommt in der Nähe von Wasserläufen vor. Da es

„Abräumdienst" Hyäne

Schabrakenschakal

Warzenschwein

Klippschliefer

Paviane

mit Vorliebe Felder leerfrisst, mögen es Farmer nicht so gerne. Und weil ihr Hauptfeind, der Leopard, selten geworden ist, hat ihr Bestand dramatisch zugenommen.

Das **Stachelschwein** *(porcupine)* ist kein Fleischfresser. Es ernährt sich hauptsächlich von Knollen und Wurzeln. Seine langen schwarzweißen Stacheln, die man oft im Busch findet, werden gerne für Dekorationen verwendet. Das nachtaktive Tier ist relativ schwer zu beobachten. In den Randgebieten von Kapstadt gräbt es nachts bei der Futtersuche ganze Gärten um.

Das **Warzenschwein** *(warthog)* ist im Gegensatz dazu tagsüber auf Nahrungssuche, deshalb auch recht häufig zu beobachten. Der Name rührt von den beiden Warzen unterhalb der Augen. Respekteinflößend sind seine gewaltigen Hauer, wobei die kleineren der Unterseite die erheblich gefährlicheren sind, da sie beim Fressen ständig von den oberen scharfgeschliffen werden, was schon vielen Leoparden das Leben gekostet hat. Warzenschwein-Fleisch ist eine Delikatesse, die manchmal in den privaten Wildniscamps auf den Tisch kommt.

Erdhörnchen

Das **Erdhörnchen** *(Cape ground squirrel)* ist die einzige Hörnchen-Art im südlichen Afrika, die in großen Gruppen mit bis zu 30 Tieren zusammenlebt. Während der Tageshitze benutzen sie ihre buschigen Schwänze als Sonnenschirme.

Durch seine Sprünge erinnert der in der Dämmerung aktive **Springhase** *(springhare)* an Känguruhs.

Klippschliefer

Die murmeltiergroßen **Klippschliefer** *(rock dassie)* sind echte Kämpfer. Selbst wenn sie dabei mehrere Meter tiefe Felsen hinunterstürzen, bekriegen sie sich weiter. Ähnlich wie Erdmännchen stellen sie Wachposten auf, wenn der Rest der Gruppe auf Nahrungssuche geht. Vor allem in den Bergen in und um Kapstadt sind sie sehr häufig zu sehen. Die auf dem Tafelberg sind am zutraulichsten – trotzdem bitte nicht füttern.

Affen und Paviane

In den im Buch beschriebenen Regionen gibt es zwei Affenarten: **Bärenpaviane** *(chacma baboon)* und **Grünmeerkatzen** *(vervet monkey)*. Während letztere nur an Flüssen und Wasserflächen leben, sind Paviane in nahezu allen Ökosystemen heimisch. Die Grünmeerkatzen verfügen über eine primitive Vorform einer Sprache. Die Affen kennen spezielle Warngeräusche für verschiedene Raubtiere.

Die bis anderthalb Meter großen **Paviane** sind nach dem Menschen die größten Primaten im südlichen Afrika. Wie Menschen auch fühlen sie sich in den verschiedensten Ökosystemen zuhause. Zwischen 30 und 40 Tiere leben unter Leitung eines dominanten Männchens in einem Clan zusammen. Ihre Nahrung besteht hauptsächlich aus Früchten, Insekten und Wurzelknollen. Wenn sich die Gelegenheit bietet, töten Paviane allerdings auch kleinere Säugetiere und Vögel. Berüchtigt sind die vier Pavian-Clans, die am Kap der Guten Hoffnung leben und durch Erfahrung Touristen und ihre Autos mit Nahrung assoziieren: Auf keinen Fall die Fenster offen stehen lassen oder die Paviane füttern!

Giraffe

Ein „herausragender" Bewohner Südafrikas ist das höchste Landsäugetier, die **Giraffe.** Sie ernährt sich fast ausschließlich von den oberen Blättern der Dornakazie. Mit ihrer guten Nase erschnüffelt sie die jungen Triebe, die sie dank ihres langen Halses ganz alleine

Giraffen

für sich hat. Außerdem können sie so das Savannengelände, in dem sie sich aufhalten, besser beobachten. Starrt eine Gruppe von Giraffen gebannt in eine bestimmte Richtung, sind garantiert Löwen in der Nähe, ihre Hauptfeinde. In Shamwari und Kwandwe lassen sich Giraffen gut beobachten.

Zebras und Antilopen

Nicht wegzudenken aus der afrikanischen Savannen- und Berglandschaft sind die attraktiven **Zebras,** von denen in Südafrikas zwei Arten vorkommen, das **Steppenzebra** *(Burchell's)* und das deutlich seltenere **Bergzebra** *(Hartmann's zebra).* Im Gegensatz zu den Steppenzebras sind die Beine der Bergzebras gestreift. Bei beiden Arten fungiert das Streifenmuster als eindeutiges Identifizierungsmerkmal, quasi als „Fingerabdruck". Jedes Muster ist anders, und neugeborene Fohlen werden von ihren Müttern einige Tage von der Herde abgeschirmt, um sich an deren individuelles Streifenmuster zu gewöhnen. An Wasserlöchern gesellen sich Steppenzebras gerne zu Antilopen, vor allem zu **Gnus,** um von deren ausgezeichneten Geruchs-, Gehör- und Seheigenschaften zu profitieren. Steppenzebras verteidigen sich gegen Geparden, Löffelhunde und Tüpfelhyänen durch Kicken und Beißen. Selbst Löwen haben oft Schwierigkeiten, ausgewachsene Zebras zu töten. Neben „normalen" Zebras lassen sich im Naturreservat Bartholomeus Klip auch rückgezüchtete *Quaggas* beobachten, eine nahezu streifenlose, ausgestorbene Zebraart.

Am häufigsten werden Südafrika-Besucher den Springbok und die **Schwarzfersenantilope** *(impala)* beobachten können. Sie haben sich bestens angepasst, überleben selbst auf stark in Mitleidenschaft gezogenem, ehemaligen Farmland, womit sie anderen, weniger anpassungsfähigen Antilopen den Lebensraum streitig machen. Charakteristisch ist das tiefe Röhren brünftiger

Steppenzebras

Tiere und Pflanzen

Streifengnu

Springböcke

Männchen, das man von solch eleganten Antilopen kaum erwartet. Impalas sind rotbraun mit weißem Bauch, ein schwarzes Band zieht sich vom Rumpf über den Oberschenkel. Nur die Männchen tragen Hörner.

Der **Springbock** *(springbok),* der von Besuchern anfangs oft mit dem Impala verwechselt wird, weil er ebenfalls in größeren Herden vorkommt, hat zwar ungefähr die gleiche Größe, unterscheidet sich allerdings durch die charakteristische Dreifärbung seines Fells: zimtbraune Oberseite, dunkelbrauner, breiter Seitenstreifen und weißer Bauch. Sowohl weibliche als auch männliche Springböcke tragen ein herzförmiges Gehörn. „Springbok" ist das Wildgericht, das in den Restaurants am häufigsten auf den Tisch kommt.

Das **Streifengnu** *(blue wildebeest)* lebte einst in riesigen Herden im südlichen Afrika. Sein Bestand hat durch Wilderei, Konkurrenz von Rindern und durch Zäune, die Migration verhinderten, drastisch abgenommen. Oft sterben die Tiere bei Trockenheit zu Tausenden, weil Viehzäune ihre traditionellen Wanderungen zu den Wasserlöchern stoppen.

Das **Weißschwanzgnu** *(black wildebeest)* kommt nur in Südafrika vor. Um 1900 stand die Antilope, die einst in Herden von Hunderttausenden durch die Ebenen zog, kurz vor dem Aussterben. Lediglich 550 Exemplare gab es noch. Heute sind es dank wirksamer Schutzmaßnahmen wieder gut 12.000 Tiere in vielen privaten und staatlichen Naturparks.

Der hübsche **Buntbock** *(bontebok)* gehört zu den seltensten Antilopen Südafrikas und kommt nur im südwestlichen Teil der Kap-Provinz vor. 1830 war er praktisch ausgerottet, doch 1992 war der Bestand durch strenge Schutzmaßnahmen wieder auf insgesamt 2000 Exemplare angewachsen. Speziell zu seinem Schutz wurde 1931 der *Bontebok National Park* in der Nähe von Swellendam gegründet. Die mit gut 400 Tieren größte Herde lebt heute im *De Hoop Nature Reserve* (südlich von Swellendam am Meer). Auch am Kap der Guten Hoffnung lassen sie sich gut beobachten.

Der **Blesbock** *(blesbok)* wird oft mit dem Buntbock verwechselt, hat allerdings viel weniger Weiß im Fellkleid und ist nicht so kräftig gefärbt. Um 1900 stark reduziert, haben sich die Bestände in Südafrika auf etwa 120.000 Exemplare erholt.

Die wunderschöne **Oryx-Antilope** *(gemsbok)* ist ein nicht zu unterschätzender Kämpfer. Ihre zwei langen, V-förmigen Hornspieße dienen bei der Verteidigung als tödliche Waffen, was schon des Öfteren Löwen und Wilderern zum Verhängnis geworden ist. Sie kommen in den im Buch beschriebenen Regionen nicht natürlich vor. Einige Reservate, wie Kwandwe, haben jedoch Exemplare ausgesetzt, weil sie so attraktiv aussehen.

Elen-Antilope

Die **Elen-Antilope** *(eland)* ist die größte der afrikanischen Antilopen. Wie die Oryx-Antilope auch, ist das Eland hervorragend an ein trockenes Klima angepasst. Eine sehr gute Chance Elen-Antilopen zu sehen, besteht im De Hoop Nature Reserve und im Cape of Good Hope Nature Reserve, das zum Table Mountain National Park gehört.

Einen majestätischen Anblick bietet die schwarze **Rappenantilope** *(sable antelope)*, die aufgrund ihrer bis zu 120 cm langen und nach hinten geschwungenen Hörner eine beliebte Jagdtrophäe darstellt. Das Tier ist zunächst braun und wird mit zunehmenden Alter immer schwärzer. Wiederansiedlungen der Antilopen in privaten Wildniscamps funktionieren gut. In den im Buch beschriebenen Regionen kam die Antilope allerdings nie natürlich vor.

Kudu-Bulle

Zu den häufiger vorkommenden Antilopen gehören das **Große Kudu** *(greater kudu)*. Nur die Männchen tragen Hörner, die sich spiralförmig nach oben drehen und Längen von bis zu 1,8 Meter erreichen. Kudus sind berühmt für ihre Sprungkraft. Selbst zwei Meter

Ellipsenwasserbock

Tiere und Pflanzen

hohe Zäune sind kein Problem, sie werden locker aus dem Stand bewältigt.

Der kräftig gebaute **Ellipsenwasserbock** (waterbuck) lebt in wasserreichen Gebieten. Charakteristisch ist der runde, weiße Kreis an seinem Hinterteil, der aussieht, als hätte das Tier eine Zielscheibe auf dem Hintern. Die Markierung dient bei der Flucht als Orientierung für nachfolgende Herdenmitglieder.

Der **Kronenducker** (common duiker) gehört zu den am weitesten im südlichen Afrika verbreiteten Antilopen und überlebt sogar sehr nahe an menschlichen Wohn- oder landwirtschaftlichen Nutzgebieten. Er kommt in allen Vegetationsgebieten vor, von Meereshöhe bis auf 1800 m. Sein Afrikaans-Name duiker kommt von seiner Eigenschaft, bei Gefahr ins Unterholz abzutauchen.

Der **Klippspringer** (klipspringer) ist ein unglaublich guter Kletterer, den selbst steile Felswände und Klippen nicht aufhalten können. Er ist in allen Berggebieten Südafrikas heimisch.

Die kleinen **Steinböckchen** (steenbok) mit ihren großen Ohren sind im gesamten südlichen Afrika weitverbreitet.

Der **Kap-Greisbock** (Cape grysbok) lebt in den Küstengebieten der südwestlichen, südlichen und östlichen Kap-Provinz, hauptsächlich in der Fynbos-Vegetation. Im Addo Elephant National Park wurden einige Exemplare ausgesetzt. Ihr Bestand hat sich gut entwickelt. Sein Hauptfeind heute sind verwilderte Haushunde in der Nähe menschlicher Siedlungen.

Eingewanderte Tiere

Neben den lokal vorkommenden Tieren haben sich im Laufe der Zeit auch „Ausländer" an das südafrikanische Klima gewöhnt. Cecil Rhodes brachte im 19. Jahrhundert ein Pärchen der putzigen, ursprünglich aus Nordamerika stammenden **Hörnchen** (grey squirrel) aus England mit und setzte sie in den Kapstädter Gardens aus, von wo sie sich weit in die Wälder der gesamten Western Cape Province ausgebreitet haben. Er war jedoch nicht der erste. Vor über 300 Jahren setzte Jan van Riebeeck **Kaninchen** (rabbit) auf Robben Island aus, deren Nachkommen noch heute dort herumhoppeln.

Wesentlich seltener zu sehen ist das **Himalaya-Tahr**, von dem mehrere hundert Stück gut versteckt auf dem Tafelberg leben. 1935 kam ein Paar dieser ziegenartigen Tiere aus China in den ehemaligen Zoo des Groote Schuur Estates, unterhalb vom Devil's Peak. Beide brachen aus und vermehrten sich flott. 1971 wurden bereits 270 Stück gezählt. Da sie, typisch Ziege, alles fressen was grün ist, stellen sie eine ernste Gefahr für die einheimische Fynbos-Vegetation dar. Die Tiere auszurotten ist nicht einfach, da sie sich oft in kleinen, geschützten und unzugänglichen Kluften des Tafelbergmassivs aufhalten. Die Männchen mit ihren beeindruckenden Mähnen werden bis zu 105 Kilogramm schwer.

Zu Anfang des 20. Jh. zur Jagd ausgesetzte **Wildschweine** (wild boar) leben auf den Farmen der Westküste in großer Zahl.

Weitere Tiere mit einer „Einwanderungsgeschichte" sind europäische **Hausratten** (house rat) und **-mäuse** (house mouse), die auf Schiffen in die südafrikanischen Hafenstädte gelangten und sich von dort aus im ganzen Land verbreitet haben.

Robben und Wale

Auf Inseln vor der Atlantikküste leben **Pelzrobben** (Cape fur seals) in größeren Gruppen. Bootstouren zur Robben-Beobachtung gibt es nach *Duiker Island* bei Hout Bay und *Dyer Island* vor Gansbaai.

Südafrikas größte Säugetiere sind die Wale, vor allem **Glattwale** (southern right whale) und **Buckelwale** (humpback whale), die mittlerweile wieder in großer Zahl zwischen Juli und November die Küste östlich und westlich des Kaps besuchen und dort hervorragend vom Land (Hermanus und De Hoop Nature Reserve) oder vom Schiff aus beobachtet werden können. Adrenalinfördernd sind Tauchgänge im Käfig zu den Jagdgründen der **Weißen Haie**.

Schlangen

In Südafrika gibt es eine ganze Reihe von **Schlangen**. Die Bisse vieler von ihnen, wie **Kap-Kobra** (cape cobra), **Puffotter** (puff adder) und **Baumschlange** (boom slang) sind meist tödlich. Die meisten Besucher bekommen sie allerdings nur in **Schlangenparks** (snake parks) zu sehen.

Buntes Vogelparadies

Vogelfreunde finden traumhafte Verhältnisse vor. In Südafrika leben gut zehn Prozent aller weltweit existierenden Vogelspezies – über 900 Arten sind klassifiziert. Mehr als 130 von ihnen sind endemisch, leben also nur hier. Berühmt ist Südafrika für seinen flugunfähigen Laufvogel, den **Strauß** (ostrich), der früher wegen seiner Federn gezüchtet wurde. Heute verdienen die Farmer hauptsächlich an seinem Leder. In einigen Schutzgebieten kommt er noch wild vor.

Mit bis zu 1,25 m Größe sind die **Sekretäre** (secretary bird), die auf der Suche nach Schlangen und anderen Kriechtieren immer paarweise durch Wiesen und Felder stolzieren, auffallend groß. Erwachsene haben leuchtend orange-farbene Gesichter, Jungvögel gelbe.

Vor allem auf den der Küste vorgelagerten Inseln, aber in der westlichen Kap-Provinz auch auf dem Festland, gibt es die bis zu 60 Zentimeter großen **Brillenpinguine** (African penguins).

Andere Seevögel, die im Meer jagen, sind die verschiedenen **Sturmvögel** (petrels), **Sturmtaucher** (shearwaters) und **Albatrosse** (albatrosses), die weit draußen in der See leben und nur zum Brüten an Land kommen, die wunderschönen **Kap-Tölpel** (gannets), **Fregattvögel** (frigatebirds) und die fischfressenden **Kormorane** (cormorants).

Die Frisch- und Brackwasservögel umfassen vor allem **Enten** (ducks) und **Gänse** (geese) und kommen an Seen, Tümpeln und Wasserläufen vor. Manche sind auf Sümpfe im Landesinnern spezialisiert, andere auf Meereslagunen. Die meisten von ihnen sind sehr mobil und ständig auf dem gesamten afrikanischen Kontinent unterwegs, um gute Brut- und Futterplätze zu finden.

In Südafrika wurden bislang 70 verschiedene Raubvögel gezählt. Adler, Geier, Falken und Habichte kommen im ganzen Land vor. Beeindruckend sind die über einer kurz zuvor gerissenen Beute kreisenden **Geier** (vultures), oder der einsame **Gaukler** (bateleur eagle) mit seinem knallroten Schnabel und seinen ausgezeichneten Flugkünsten. **Fischadler** (osprey) und der attraktive **Schreisee-Adler** (fish eagle) fressen ausschließlich Fisch, und der 20 cm

Tiere und Pflanzen

Brillenpinguin

Kronenkranich

Sunbird Nektarvogel

große **Zwergfalke** *(pygmy falcon)* ist so klein, dass er mit den Webervögeln in deren riesigen Nestern lebt.

Kraniche ähneln Störchen oder Reihern, sind aber typische Graslandbewohner. Schönstes Beispiel ist der **Kronenkranich** *(crowned crane)* mit seiner „Punkfrisur". Der **Paradieskranich** *(blue crane)* trägt sein Gefieder lang wie eine Schleppe und ist Südafrikas Wappenvogel.

Die Watvögel haben alle lange Beine und Hälse und Schnäbel, die den verschiedenen Fressgewohnheiten angepasst sind. **Reiher** *(herons)* haben dolchähnliche Schnäbel, um Fische und Frösche aufzuspießen. **Löffler** *(spoonbills)* haben eigenartige, flach endende Schnäbel, mit denen sie im Wasser hin- und herstreichen um kleine Tiere zu fangen. **Ibisse** *(ibis)* besitzen lange gebogene Schnäbel, um im weichen Sumpfboden herumzustochern, und die der **Störche** *(stork)* sind groß und fest, um Bodenkriecher und Frösche aufzupicken.

Weitere Vogelarten sind **Tauben** *(pigeons);* **Turakos** *(louries);* **Bartvögel** *(barbets);* **Mausvögel** *(mousebirds,* die, wenn sie an Bäumen und Ästen „entlangkrabbeln", tatsächlich an Nagetiere erinnern); **Fischer** *(kingfishers,* die ihre kompakten Körper mit den festen Schnäbeln wie Geschosse ins Wasser tauchen, um Fische zu erbeuten); **Bienenfresser** *(bee-eaters);* **Racken** *(rollers);* **Wiedehopf** *(hoopoe);* **Eulen** *(owls);* **Nachtschwalben** *(nightjars);* **Segler** *(swifts);* **Schwalben** *(swallows);* **Finken** *(finches);* **Webervögel** *(weavers);* **Wida** *(widows);* **Stare** *(starlings);* **Lerchen** *(larks);* **Pieper** *(pipits);* die kleinen **Nektarvögel** *(sunbirds)* und **Honigfresser** *(sugarbirds)* sind wunderschön gefärbt und leben im *Kap-Fynbos.*

Einzigartige Flora

Das Wort **Fynbos** kommt ursprünglich aus dem Holländischen und bedeutet „feinblättrige Pflanzen". Obwohl der Fynbos nur eine kleines Areal in der Kap-Provinz einnimmt, ist er mit nur 0,04 Prozent der Landfläche der Erde eines der sechs großen Florenreiche der Welt (die anderen fünf bedecken riesige Gebiete, wie zum Beispiel fast die gesamte nördliche Hemisphäre oder ganz Australien).

Das Kap-Florenreich ist das kleinste, trotzdem aber das artenreichste der Welt mit der größten Konzentration von Pflanzenarten. Es gibt über 7700 im Fynbos, von denen 5000 im Western Cape endemisch sind. Die 470 km² große Kaphalbinsel weist 2256 verschiedene Pflanzenarten auf, der 60 km² große Tafelberg 1470. Es kommen 600 verschiedene Erica-Arten vor, im Rest der Welt gibt es nur 26.

Fynbos ist sehr anfällig für Biotop-Veränderungen. Der Bevölkerungsdruck im Western Cape hat bereits dazu geführt, dass einige Arten ausgestorben sind, 500 gelten als sehr gefährdet.

Die Böden unter dem Fynbos sind extrem nährstoffarm, was bedingt, dass auch die Pflanzen selbst wenig Nährstoffe aufweisen, deshalb keine größeren Tierherden am Leben halten können. So existiert im Fynbos nur eine eingeschränkte Artenvielfalt. Auch an der **Westküste** und im Namaqualand gibt es viele endemische Pflanzen. Das Gebiet, das sich bis zur namibischen Grenze erstreckt, hat sehr geringe, episodische Niederschläge, was sich im Pflanzenleben widerspiegelt. Es gibt sehr

Fynbos-Feld. Es sind die feinblättrigen, niedrig wachsenden Büsche, die diesem artenreichen Florenreich seinen Namen gaben. Charakteristisch sind u.a. Erika, Lilien, Asterngewächse und Proteen.

Tiere und Pflanzen

Die Königsprotea ist die Nationalblume des Landes

Flower Market, Kapstadt

viele **Sukkulenten** (wasserspeichernde, dickblättrige Pflanzen), etwa 200 von ihnen sind gefährdet. Sobald es allerdings regnet, kommt es zu dramatischen Veränderungen: Das braune *Veld* explodiert im Frühling (August und September) zu einem gewaltigen Farbenrausch, bunte **Blumenteppiche** ziehen sich oft bis zum Horizont. Beste Plätze um dieses Naturschauspiel zu erleben, ist der *Westcoast National Park* und nördlich davon die Gegend zwischen Lambert's Bay und Clanwilliam am Fuß der Cederbergen.

Das aride Inland-Plateau wird von typischer **Karoo-Vegetation** beherrscht: kleinen, niedrigen Büschen und Sukkulenten, die weit auseinanderstehen. Sobald es mehr regnet, entstehen großflächige Graslandschaften. Die einzigen Bäume in dieser Region kommen an den wenigen Wasserläufen vor.

In den Inlandgebieten der Eastern Cape Province herrscht **Grasland** vor, ebenfalls mit wenigen Bäumen. In den heißen und feuchten Sommern wächst das Gras sehr schnell, kommt dann im trockenen, kalten Winter in eine Ruheperiode. Das Grasland geht ohne klare Trennung in die halbwüstenhafte **Karoo** über. Sobald es trocken wird oder Gebiete von Vieh überweidet worden sind, breiten sich die Karoo-Büsche ins Grasland aus.

Die dicht besiedelten Küstenstreifen der östlichen *Western Cape Province* und der westlichen *Eastern Cape Province* waren einst dicht bewachsen mit **immergrünem Urwald**. In und um Knysna sind noch einige Bestände erhalten geblieben und geben einen guten Eindruck, wie die Gegend vor der Ankunft der ersten Europäer ausgesehen hat.

Geschichte
Von der Urzeit in die Gegenwart

Vor etwa 120.000 Jahren
Hinweise auf erste menschliche Siedlungen an der Langebaan-Lagune. Die dort entdeckten versteinerten Fußabdrücke sind die ältesten der Welt von aufrecht gehenden Menschen.

Vor etwa 70.000 Jahren
Im Dezember 2001 wurden in der Blombos-Höhle in der Nähe vom Cape Agulhas, Afrikas südlichstem Punkt, etwa 250 Kilometer östlich von Kapstadt, sensationelle neue archäologische Funde gemacht, ca. 70.000 Jahre alte Artefakte und Felsgravuren, die erneut bestätigen, dass die Wiege der Menschheit in Afrika lag. Zwei dort gefundene rote Ockerstücke, die abgeflacht und mit komplizierten, gekreuzten Mustern graviert worden waren, sind möglicherweise die ältesten jemals gefundenen Relikte menschlicher Kunst.

Vor etwa 30.000 Jahren
Skelette und Werkzeuge von steinzeitlichen Jägern und Sammlern wurden im Bereich von Foreshore, Maitland, Peers Cave in Fish Hoek, im südlichen Teil der Kaphalbinsel und in den Cape Flats entdeckt.

Um 700
Rinderknochen aus dieser Zeit werden in der gesamten südwestlichen Kap-Provinz entdeckt. Ein Hinweis auf frühe Viehzüchtung der Khoikhoi am Kap.

1488
Der portugiesische Seefahrer *Bartholomeu Dias* umsegelt das Kap der Guten Hoffnung. Auf seinem Weg von Europa nach Indien 1497 folgt ihm *Vasco da Gama*.

1503
Ein anderer portugiesischer Seefahrer, *Antonio de Saldanha,* gilt als der erste Europäer, der in der Tafelbucht südafrikanischen Boden betrat. Er taufte sie daraufhin, wenig bescheiden, *Saldania*. Nach dem Besteigen des Tafelberges wurde er in einer Auseinandersetzung mit Angehörigen der Khoikhoi verletzt und verließ das Kap. 1601 tauften die Holländer Saldania in „Tafelbucht" *(Tafel Baai)* um.

1510
Dom Francisco de Almeida, erster portugiesischer Vize-König von Indien, landete am Kap, um in der Nähe des heutigen Kapstadt an einem Fluss Trinkwasser aufzunehmen. Beim Versuch, in einem in der Nähe liegenden Khoikhoi-Dorf Rinder zu stehlen und Kinder zu entführen, werden er und die Hälfte seiner 150 schwer bewaffneten Männer von den Khoikhoi getötet.

1608
Die ersten holländischen Seefahrer führen einen Tauschhandel mit den Khoikhoi, um Frischfleisch für ihre Schiffsbesatzungen zu bekommen.

Niederländisches Schiff in der Table Bay

Geschichte

1652
Jan van Riebeeck und seine Frau Maria de la Quellerie kommen im Auftrag der holländischen *Verenigde Oost-Indische Compagnie* (VOC) ans Kap und gründen mit Auswanderern die erste permanente europäische Siedlung. Eine Tagebuchaufzeichnung spricht von Schnee auf dem Tafelberg bei der Ankunft und von Khoikhoi, die den Neuankömmlingen Nahrung verweigerten, worauf diese gezwungen waren, Vogeleier zu sammeln und Pinguine von Robben Island zu fangen, zu schlachten und zu essen.

1666
Es wird mit dem Bau des Kastells *Goode Hope* (Castle of Good Hope) begonnen.

1688
Hugenotten flüchten vor religiöser Verfolgung in Frankreich auf holländischen Schiffen ans Kap. Sie lassen sich in Franschhoek, der „französischen Ecke" nieder, wo sie Weinreben anpflanzen und Trauben keltern.

1693
Nachdem er in Java einen Aufstand organisiert hatte, wird Scheich Yusuf ans Kap exiliert. Er ist einer von vielen Moslems, die in der Folgezeit ans Kap geschickt werden und die Wurzeln der moslemischen Gemeinde legen.

1713
Eine Pockenepidemie tötet Tausende von Menschen in Kapstadt. Weitere Ausbrüche folgen 1755 und 1767.

1750
Kapstadt besteht mittlerweile aus etwa 1200 Gebäuden und einer Bevölkerung von 2500 Bürgern, freien Schwarzen und Sklaven. Die Straßen sind schlammig und voller Abfall und Fäkalien, die nachts dorthin anstatt ins Meer gekippt werden. Haustiere und Zugochsen laufen frei herum.

1756
Das *Burgherwacht Huys* wird fertiggestellt. Es heißt heute *Old Town House* und ziert noch immer den Greenmarket Square.

Old Town House

1780–1783
Vierter Englisch-Holländischer Krieg. Französische Truppen werden ans Kap geschickt, um die Holländer gegen die Briten zu verteidigen. Kapstädter werden von der französischen Mode stark beinflusst.

1795
Erste britische Besetzung des Kaps. Nach Schlachten in Muizenberg und am Wynberg Hill etablieren sich die Engländer und führen einige britische Traditionen in Kapstadt ein, wie Tageszeitungen, Cafés und Pferderennen.

1806
4000 britische Soldaten landen nördlich der Tafelbucht und schlagen die Holländer in der Schlacht von Blouberg. Sie ernennen Kapstadt zur Hauptstadt

Die beiden Haupt-Touristenattraktionen Kapstadts: Tafelberg und Victoria & Alfred Waterfront

ihrer Kapkolonie (die Engländer hatten bereits 1620 formell das Kap annektiert, aber keine Siedler geschickt, um den Anspruch zu untermauern). Zwischen 1795 und 1803 hatten sie das Kap kurz besetzt. Nun kamen sie, um zu bleiben.

1838

Am 1. Dezember endet offiziell die Sklaverei am Kap. Alle Sklaven erhalten ihre Freiheit.

1860

Sträflinge bauen Kapstadts Wellenbrecher und die Alfred Docks in der Tafelbucht. Nach dem Zweiten Weltkrieg ging die Bedeutung Kapstadts als Hafen deutlich zurück. Erst in den 1990er Jahren begannen sich die aufwendigen Hafenkonstruktionen richtig auszuzahlen: die neue Touristenattraktion **Victoria & Alfred Waterfront** entstand.

1864

Die Fertigstellung der Eisenbahnlinie zwischen Kapstadt und Wynberg beschleunigte das Wachstum der südlichen Vororte. 1885 wurde Kapstadt mit Kimberley verbunden, 1892 mit Johannesburg.

1879

Obwohl Kapstadt bis in die 1950er Jahre als Südafrikas liberalste Stadt galt, nahm die Trennung der Rassen im späten 19. Jahrhundert rapide zu – in Krankenhäusern, Gefängnissen, Schulen, Hotels und Theatern.

1899

Der Beginn des Englisch-Burischen Krieges.

1901

In Kapstadt bricht die Beulenpest aus. Die Kapregierung nutzt die Epidemie als Begründung, um eine räumliche Rassentrennung für Schwarze, die hauptsächlich betroffen waren, einzuführen.

1902

Die African Political Organisation (APO) wird bei einem Treffen in Claremont gegründet. Sie ist die erste wichtige politische Partei mit mehrheitlich *Coloureds* als Mitglieder. Vorsitzender zwischen 1905 und 1940 war Dr. Abdullah Abdurahman, er wurde 1904 zum ersten farbigen Stadtrat gewählt.

1950–1991
Der *Group Areas Act* – das Gesetz der räumlich getrennten Entwicklung – zerstört natürlich gewachsene Gemeinden. Die *National Party* entfernt gewaltsam Hunderttausende von Menschen aus ihren Häusern und Wohnungen. Der multiethnische, historische Stadtteil District Six wird 1966 mit Bulldozern dem Erdboden gleichgemacht.

1960
Nach zwei Wochen Anti-Pass-Protesten und -Streiks marschieren 30.000 schwarze Bewohner der beiden Townships Langa und Nyanga in die City zur Polizeistation am Caledon Square. Eine spontane Reaktion auf die einige Tage vorher erfolgte Erschießung von streikenden Arbeitern. Die Polizei gibt vor, ein Treffen mit der Regierung zu organisieren, worauf sich die Menge beruhigt und auflöst. Zwei Tage später werden die Streikführer verhaftet und der Ausnahmezustand erklärt.

1961
Südafrika verlässt den Commonwealth, wird Republik.

1967
Christiaan Barnard führt die erste Herztransplantation der Welt im Kapstädter Groote-Schuur-Krankenhaus durch.

1985
Die Aufhebung der Passgesetze führt dazu, dass Kapstadt zu einer der am schnellstwachsenden Städte der Welt wird. Etwa 6000 verarmte Schwarze aus ländlichen Gebieten strömen pro Woche auf der Suche nach Arbeit in die Stadt. Schul- und Universitätsproteste nehmen ebenso zu wie Aufstände in den Townships. Die National Party dehnt den Ausnahmezustand auf die Kap-Provinz aus.

1989
Ein Jahr „illegaler" Proteste, Demonstrationen und Märsche in der Kapstädter City und an den Stränden, die immer noch nach Hautfarben getrennt sind.

1990
Nach 27 Jahren Haft steht *Nelson Mandela* kurz nach seiner Entlassung aus dem Gefängnis von *Robben Island* auf dem Balkon der City Hall vor einer gigantischen Menschenmenge. Seine Anhänger wollen Rache, doch der große alte Mann ruft zur Versöhnung und zum friedlichen Nebeneinander aller Rassen auf, ohne das es keine Zukunft für Südafrika geben könne. Ein Wendepunkt in der Geschichte des Landes.

Nelson Mandela

1994

One man, one vote. Die ersten demokratischen Wahlen gewinnt, wie zu erwarten, der *ANC* mit großer Mehrheit. Der ehemalige Staatsfeind Nummer eins, Nelson Mandela, wird der erste schwarze Staatspräsident Südafrikas.

1996

Die Wahrheits- und Versöhnungskommission *(Truth and Reconciliation Commission),* ins Leben gerufen, um die Apartheidverbrechen öffentlich zu machen, beginnt mit ihren im Fernsehen übertragenen Anhörungen von Opfern und Tätern. Die neue, liberale und föderale Verfassung wird Gesetz. Die letzten Gefangenen und Wärter verlassen Robben Island.

1997

Mandela tritt als ANC-Präsident zurück und übergibt das Amt an seinen Nachfolger, *Thabo Mbeki.*

1999

Der ANC gewinnt die zweiten demokratischen Wahlen mit noch größerer Mehrheit als 1994. Robben Island wird UN-Weltkulturerbe *(UN World Heritage Site).*

2003

Nelson Mandela ruft, und internationale Top-Musiker, von Bono bis Queen, von Peter Gabriel bis Eurythmics, von Jimmy Cliff bis Ladysmith Black Mambazo, aus aller Welt kommen, um in einem Aids-Benefiz-Konzert in Kapstadt aufzutreten. Das Motto der gigantischen Veranstaltung ist „46664", Mandelas Gefängnisnummer auf Robben Island.

2004

2004 Südafrika feiert zehn Jahre Demokratie. Bei den dritten demokratischen Wahlen im April erzielt der ANC wieder einen Erdrutsch-Sieg und gewinnt auch in den Provinzen. Präsident Thabo Mbeki tritt seine zweite Amtszeit an.

Der 15.05.2004 ist ein weiteres historisches Datum in der Geschichte des Landes: Südafrika erhält den Zuschlag für die Austragung der **Fußballweltmeisterschaft** 2010, nachdem sich Nelson Mandela persönlich in Zürich dafür eingesetzt hatte. Erstmals seit Gründung der FIFA vor 100 Jahren finden die Spiele auf dem afrikanischen Kontinent statt. Tagelange Feiern folgen Sepp Blatters Verkündung.

2006

Helen Zille von der Democratic Alliance (DA) schnappt bei den Provinzwahlen mit einer mutigen Koalition aus gegensätzlichen Mini-Parteien dem ANC das Bürgermeisteramt in Kapstadt weg und deckt sofort diverse Korruptions-Deals ihrer ANC-Vorgängerin auf. Tsotsi erhält als erster südafrikanischer Film in Los Angeles den Oscar für die beste ausländische Produktion.

2007

Im Oktober wurden zwei neue Grenzübergänge nach Namibia, Mata Mata und Sendelingsdrift, geöffnet. Südafrika gewinnt nach 1995 zum zweiten Mal die Rugby-Weltmeisterschaft.

2008

September: Schwerste politische Krise der Republik Südafrika seit dem Ende der Apartheid. Rücktritt von Präsident

Mbeki, Interimspräsident wird *Kgalema Mothlanthe*, im ANC entbrennt ein Machtkampf. Der Rand fällt auf ein historisches Tief.

2009
Jacob Zuma, ANC, wird zum Präsidenten gewählt

2010
Die FIFA-Fußballweltmeisterschaft wurde, trotz anfänglicher Skepsis, vom 11. Juni bis 11. Juli mit vollem Erfolg in Südafrika ausgetragen.

2011
Starke Regenfälle sorgen im Norden Südafrikas für Überschwemmungen. Dabei kommen über 100 Menschen ums Leben.

2012
Bei den Olympischen Spielen in London gewinnen die Südafrikaner 3 Gold-, 2 Silber- und 3 Bronzemedaillen.

Der 360 Millionen Jahre alte Tafelberg wird zu einem der sieben weltweiten Naturwunder gewählt.

2013
Südafrika ist Gastgeber für den Fußball-Africa Cup of Nations. In Durban findet die Gipfelkonferenz der BRICS-Staaten statt, denen auch Südafrika angehört.

Am 5. Dezember stirbt der Nationalheld Nelson Mandela im Alter von 95 Jahren.

2014
Die *New York Times* und *The Guardian* wählen Kapstadt zum Reiseziel Nummer Eins weltweit. Kapstadt wird dieses Jahr zum *World Design Capital* ernannt.

Am 7. Mai finden die südafrikanischen Parlamentswahlen statt. Der ANC gewinnt in acht der neun Provinzen. Im Western Cape siegt die Democratic Alliance (DA).

Am 21. Oktober wird der international bekannte Paralympics-Star Oscar Pistorius wegen fahrlässiger Tötung seiner Freundin, dem Model Reeva Steenkamp, zu fünf Jahren Gefängnis verurteilt.

May God protect our people.
Nkosi Sikelel' iAfrika.
Morena boloka setjhaba sa heso.
God seën Suid-Afrika.
God bless South Africa.
Mudzimu fhautshedza Afurika.
Hosi katekisa Afrika."

Reise-Highlights

⭐ Afrikanische Erlebnisgastronomie

Wer hätte gedacht, dass es in Kapstadt verhältnismäßig wenig afrikanische Restaurants aus dem riesigen Kontinent gibt? Wer einen Streifzug durch die afrikanische Küche machen möchte sollte im **Gold Restaurant** einen Tisch reservieren. Vor dem Essen trommelt man sich (gegen Aufpreis) eine halbe Stunde und unter der Anleitung eines westafrikanischen Trommelmeisters auf der Bechertrommel *djembe* warm. Anschließend wird ein dreigängiges Menü mit 13 Spezialitäten aus verschiedenen afrikanischen Ländern serviert und von traditionellen Tänzern und Sängern begleitet. Bezaubernde Atmosphäre in modern-afrikanischem Ambiente.

Gold Restaurant, 15 Bennett Street, Green Point, Tel. 021-4214653, www.goldrestaurant.co.za

Im **Africa Café** wird ebenfalls ein afrikanisches Menu aufgetischt und am Ende des Abends singt und trommelt die komplette Belegschaft.

Africa Café, 98 Shortmarket St, Tel. 021-4220221, www.africacafe.co.za

⭐ Cape Town Carnival

Dies ist die südafrikanische Miniversion des Karnevals in Rio. Jedes Jahr im März zieht eine Parade von etwa 2000 buntgeschmückten und leichtbekleideten Schönheiten, begleitet von aufwendig dekorierten Umzugswagen, über die Kapstädter Fanmeile in Green Point. Trommler und Tänzer feuern die Parade an. Tausende von Zuschauern kommen jährlich, um sich dieses farbenprächtige Spektakel anzuschauen und am Ende des Umzuges an der After-Party teilzunehmen.

Fan Walk, Somerset Road, Green Point, www.capetowncarnival.com

⭐ Kap der Guten Hoffnung

Die Kaprunde gehört zu den schönsten Tagestrips in Südafrika. „Oben ohne" in einem Cabrio oder im Sattel eines Motorades lässt sich der Ausflug besonders intensiv genießen. Am besten die Kaphalbinsel im Uhrzeigersinn abfahren, also auf der (östlichen) False Bay-Seite beginnen und vom Kap der Guten Hoffnung am Atlantik entlang über Hout Bay, Llandudno und Camps Bay nach Kapstadt zurückfahren. Der berühmte *Chapman's Peak Drive* ist

Cape Town Carnival

Cape Point, Blick auf den Dias Beach

dann von der Nachmittagssonne wunderschön beleuchtet. Highlights auf der 180 km langen Rundtour (in Reihenfolge): Muizenbergs Art-déco-Hausfassaden, die bunten Umkleidekabinen in St James, die Trödelläden von Kalk Bay, die Pinguin-Kolonie bei Simon's Town, die beiden Kaps Cape Point und Cape of Good Hope, die kurvenreiche Küstenstraße zwischen Scarborough und Kommetjie und natürlich Südafrikas bekannteste Küstenstraße, der erwähnte Chapman's Peak Drive. Zum Sonnenuntergang dann die Tour in einem der vielen Restaurants an der Strandpromenade von Camps Bay ausklingen lassen.

★ Tafelberg per Seilbahn oder zu Fuß

Kapstadts größte Sehenswürdigkeit ragt unübersehbar über 1000 Meter hoch hinter der City empor. 2012 wurde der Tafelberg zu einem der sieben Neuen Weltwunder gewählt. Am 10. Dezember 2013 bestieg der 23-Millionste Fahrgast seit der Eröffnung der Seilbahn im Jahr 1929 die Gondel. Bei den Khoikhoi hieß das riesige flache Sandstein-Monument *hoeri 'kwaggo* – Meeresberg. 1503 kletterte der portugiesische Seefahrer Antonio de Saldanha nach oben und nannte ihn *Tábua do Cabo*. Der Name blieb hängen. Heute stehen über 300 verschiedene Routen nach oben zur Verfügung – von der anstrengenden Wanderung bis zur extremsteilen Kletterpartie.

Bequemer geht es mit der modernen Seilbahn, die sich während der Fahrt einmal um 360 Grad dreht und 65 Fahrgäste aufnehmen kann.

Tipp: zum Sonnenuntergang hochfahren. Die glitzernde Stadt im Abendlicht, die einem von oben und bei der Rückfahrt dann praktisch zu Füßen liegt, ist ein wunderbarer Anblick.

Tafelberg-Info, Tel. 021-4248181, www.tablemountain.net

★ Sightseeing mit dem Doppeldecker-Bus

Eine Tour mit dem roten Doppeldecker-Bus ist ideal, um einen ersten geografischen Überblick von Kapstadt und der Umgebung zu erhalten. Während der Fahrt erfährt man über Kopfhörer in verschiedenen Sprachen allerlei Historisches und Wissenswertes über die Stadt, während einem auf dem Oberdeck die Meeresbrise um die Nase weht. Zur

Mit der Gondel auf den Tafelberg

Stadtrundfahrt

Auswahl stehen die *City-/Tafelberg-Tour*, die *Mini-Peninsula-Tour* über Hout Bay mit Abstecher zu ausgewählten Weingütern in Constantia sowie die *Sunset-Tour* zum Signal Hill. Der Bus hält an allen Sehenswürdigkeiten, die Fahrgäste können aus- und wieder zusteigen. Hauptzusteigepunkt mit Ticketverkauf ist vor dem Two Ocean Aquarium an der Waterfront und beim Long Street Tour Office (81 Long Street), täglich von 9–17 Uhr. Tickets und weitere Infos auf: www.citysightseeing.co.za

★ Neighbourgoods Market

Die alte Keksfabrik The Old Biscuit Mill in Woodstock ist eine Institution für Feinschmecker. Dort trifft sich samstags die Kapstädter Schickeria. An über 100 Marktständen – die so appetitlich aufgemacht sind, dass einem schon beim bloßen Anblick das Wasser im Mund zusammenläuft –, gibt es köstliche Leckereien und Getränke aller Art und Variationen. In der Markthalle dienen alte Holztüren, mit Blumenvasen geschmückt, als Tische, im Innenhof sitzt man rustikal auf Strohballen.

The Old Biscuit Mill,
373-375 Albert Road, Woodstock,
www.neighbourgoodsmarket.co.za

★ Robben Island

Noch berühmter als Alcatraz in San Francisco ist Kapstadts kleine Gefängnis-Insel Robben Island (siehe Exkurs S. 94). Nelson Mandela verbrachte dort, in Sichtweite der Stadt, fast zwei Jahrzehnte seines Lebens. Seit 2000 ist die Insel Weltkulturerbe der UNESCO (*world heritage site*) mit höchstem internationalen Schutzstatus.

Besucher setzen von der Waterfront vom *Nelson Mandela Gateway* mit einem der beiden Schnellboote über. Nach der Ankunft im Hafen werden sie mit Bussen über die Insel chauffiert. Zu sehen gibt es sowohl das Gefängnis mit Mandelas zwei Quadratmeter beengten Zelle als auch den Kalksteinbruch, in dem er und die anderen politischen Häftlinge arbeiten mussten. Die Tourguides sind meist ehemalige Häftlinge.

Die Insel ist außerdem ein beeindruckendes Naturschutzgebiet, mit Elen-Antilopen, Spring-, Stein- und Buntböcken. Immer mehr Seehunde siedeln sich an, auch die Pinguin-Kolonie wird ständig größer und die Möwen-Brutkolonie ist die größte in der südlichen Hemisphäre.

Für die insgesamt dreieinhalbstündige Tour zahlen Erwachsene 280 Rand,

Neighbourgoods Market

Robben Island Eingangstor

Kinder (bis 17) 140 Rand. Abfahrten in der Waterfront um 9, 11, 13 und 15 Uhr (wetterabhängig). Es kommt öfter mal vor, dass die Fähre Verspätung hat!

Robben Island Museum,
Tel. 021-4134220/1. Um Enttäuschungen zu vermeiden, vorab Tickets online buchen: www.robben-island.org.za

★ Sundowner

Ein vor allem im Sommer in Südafrika oft zelebriertes Ritual: Man nehme einen besonders schönen Platz mit Blick aufs Meer oder ein von wilden Tieren umringtes Wasserloch (dann aber bitte im Auto bleiben), eine Flasche Wein, Sekt oder Bier und trinkt dann der meist eindrucksvoll untergehenden Sonne zu.

In und um Kapstadt, am Tafelberg (die letzte Seilbahn fährt im Sommer um 22 Uhr herab!), am Lion's Head, Signal Hill, in den Kirstenbosch Botanical Gardens, am Chapman's Peak Drive oder einem der vielen Strände (hier vor allem der von Llandudno mit seinen gewaltigen Granitfelsen) wird der Sundowner gerne mit einem Picknick kombiniert. Auf der Camps Bay Promenade reiht sich ein Restaurant an das andere mit Tischen auf dem Bürgersteig und überall werden Cocktails serviert. Hier kann man sich zurücklehnen, die flanierenden Passanten beobachten und zwischen den Palmen die Sonne im Meer untergehen sehen. Die besten Aussichten auf den Tafelberg und die Tafelbuch hat man vom

Restaurant *Blue Peter* in Blouberg, www.bluepeter.co.za, Tel. 021-5541956

Tolle Aussichten bis Robben Island bieten sich an der Granger Bay westlich der Waterfront vom Deck des Hotels

Radisson Blu Hotel, www.radissonblu.com/hotel-capetown, Tel. 021-4413000 und vom *The Grand Café & Beach Restaurant*, Tel. 021-4250551

★ Swartberg Pass

Eine Fahrt über Südafrikas schönsten geschotterten Bergübergang, den Swartberg Pass, der die Große Karoo mit der Kleinen Karoo verbindet, ist ein Ausflug in die automobile Vergangenheit. Ein Meisterwerk des südafrikanischen Straßenbau-Künstlers Thomas Bain, auf dessen Konto 23 weitere Passprojekte am Kap gehen. Der am 10. Januar 1888 nach vier Jahren Bauzeit eröffnete Swartberg Pass war sein Abschlussprojekt. Anstelle von Maschinen benutzten die etwa 200 zwangs-

Sundowner *Swartberg Pass*

verpflichteten Sträflinge Pickel, Spaten, Hämmer, Meißel, Schubkarren und Schießpulver. Größere Felsbrocken wurden mit Feuern erhitzt und dann mit kaltem Wasser abgeschreckt, was sie förmlich explodieren ließ. Mit Hämmern zerkleinerten sie das Gestein weiter und schichteten es am Wegesrand als Trockenmauern auf. Diese können heute noch bewundert werden. Die Mauern sind Meisterwerke, gebaut zu einer Zeit, als noch niemand an eine motorisierte Fortbewegung dachte.

Selbst heute ist die Pass-Überquerung noch ein kleines Abenteuer. Eng schmiegt sich die Trasse an die Verwerfungen und Falten im Sedimentgestein. Die Aussicht vom meist windigen, 1585 m hohen Pass ist grandios. Mit jeder Kehre die es nun wieder hinuntergeht ändert sich der Blickwinkel. Die wild verformten Gesteinsschichten sehen vor allem im letzten Tageslicht aus wie von innen beleuchtet.

Infos: Prince Albert Tourism Bureau, Church Street, Tel. 023-5411366, www.patourism.co.za, organisierte Trips auf den Swartberg Pass.

Schmusekatzen

★ Safari in einem privaten Wildnis-Camp

Die Nonplusultra-Safari in Südafrika. Mit Ranger im offenen Geländewagen und nur einer Handvoll Mitfahrer auf Pirschfahrt. Ein zwar teures, aber garantiert unvergessliches Erlebnis. Die meisten der im Buch beschriebenen luxuriösen Lodges in privaten Wildschutzgebieten liegen in der Eastern Cape Province, die den Vorteil hat, malariafrei zu sein. Im hohen Übernachtungspreis der exklusiven Lodges sind zwei Pirschfahrten pro Tag und alle Mahlzeiten enthalten.

★ Tsitsikamma National Park

Innerhalb des Garden Route National Parks befindet sich die wildromantische *Tsitsikamma Section*. Hier am Indischen Ozean regnet es wesentlich öfter als im Inland, deshalb nannten die Ureinwohner des Khoi-San Stammes die Gegend *tsitsikamma* – „wasserreicher Platz". Ein absolutes Muss ist der etwa ein Kilometer lange Wanderweg *Mouth Trail* über Holzstege, der sich durch den Urwald bis zur *Storms River*-Flussmündung schlängelt. Auf drei Hängebrücken kann der Fluss überquert werden und von hier bietet sich einerseits eine sagenhafte Aussicht in die tiefe Schlucht die der Storms River über Millionen von Jahren in das Gestein gefräst hat und andererseits auf den Indischen Ozean. Mit etwas Glück sieht man den für die Garden Route bekannten Vogel *Knysna Lourie*. Wer fit ist, kann nach der Überquerung der 77 Meter langen Hängebrücke zum *Bakenkop* hinaufsteigen, ein schöner Aussichtspunkt, der das Rest Camp, die Hängebrücke und das Meer überblickt. Je nach Saison können Delfine und Wale beobachtet werden.

Reise-Highlights

Walmutter mit Kalb

★ Wal-Bekanntschaften in der Walker Bay

Die Walker Bay, an der u.a. **Hermanus** liegt (ca. 110 km südöstlich von Kapstadt), wurde vom World Wide Fund for Nature (WWF) zu einer der besten Walbeobachtungs-Regionen der Welt erklärt. Nur ein paar hundert Meter vom Festland entfernt lassen sich Buckelwale, Glattwale und etwas seltener auch Killerwale mit dem bloßen Auge beobachten. In der Walsaison zwischen Juni und November läuft ein Walsichtungs-Ausrufer *(whale crier)* mit Seetanghorn durch die Straßen von Hermanus. Auf seiner umgehängten Tafel sind die neuesten Walsichtungen vermerkt. In letzter Zeit wurde die Tafel immer voller, jährlich kommen mehr und mehr Wale in die Bucht. Ein Klippenpfad schmiegt sich auf einer Länge von etwa 12 Kilometern die Küste entlang. Im *Old Harbour* ist ein Teleskop für Walbeobachter montiert.

Im September/Oktober wird in Kleinmond und in Hermanus das jährliche Walfestival gefeiert. Es gibt Kunsthandwerk, Essen, Theateraufführungen, Freiluftshows und das immer gut besuchte Oldtimertreffen *Whales and Wheels*.

Mit einem Privatflugzeug lassen sich auf einem 30-minütigen Rundflug über die Bucht die Wale aus der Vogelperspektive beobachten, Infos auf www.africanwings.co.za

Besonders hautnah erlebt man die sanften Riesen von einem Katamaran aus (www.southernrightcharters.co.za) oder mit einem Kajak (www.walkerbayadventures.co.za).

Hermanus Tourism Bureau,
Old Station Building, Mitchell Street,
Tel. 028-3122629, www.hermanus.co.za

Infos zum Walfestival:
Tel. 028-3130928, www.whalefestival.co.za

Weitere Wal-Infos unter der gebührenfreien MTN Whale-Hotline 0800-228222 oder auf www.whalecoast.co.za

★ Weinprobe

Südafrikas Weine gehören zu den besten der Welt und sollten natürlich mindestens einmal vor Ort verkostet werden. In *Constantia* begann im 17. Jahrhundert der südafrikanische Weinbau. Wer die Weingüter in Constantia abklappern möchte, kann mit dem roten

Weinprobe

Doppeldeckerbus fahren, der an der Waterfront startet. Folgende Weingüter werden angefahren: **Groot Constantia** (Südafrikas ältestes Weingut), **Eagles' Nest** und **Beau Constantia.**

Infos auf www.citysightseeing.co.za/wine-tour und zur Constania Weinroute: www.constantiavalley.com

Ein Trip ins Wineland mit dem Besuch der Städte Paarl, Stellenbosch und Franschhoek ist an einem Tag zu schaffen. Die meisten Besucher werden aber wahrscheinlich in einem der gemütlichen Bed & Breakfasts oder stilvollen Landgüter „hängenbleiben". Dann kann nicht nur probiert, sondern auch „richtig" getrunken werden …

Beste Vorbereitung zum Weinland-Trip ist die folgende, sehr ausführliche und gut gemachte Website: www.wine.co.za, die jedes Weingut detailliert auflistet. Sinnvoll ist außerdem der Erwerb der jährlich neu aufgelegten „Weinbibel" von John Platter, einfach der „Platter" genannt, mit ausführlichen Bewertungen aller südafrikanischer Weine.

Reise Know-Hows Restaurant-Favoriten

★ **Café Paradiso,** Kapstadt (S. 109)
★ **Catharina's at Steenberg,** Constantia (S. 130)
★ **Gold Restaurant,** Green Point (S. 111)
★ **Kitima,** Hout Bay (S. 153)
★ **Mzolis,** Gugulhethu (S. 162)
★ **Voorstrand Restaurant,** Paternoster, Westküste (S. 312)
★ **Ristorante Enrico,** Keurboom Strand, Garden Route (S. 276)
★ **The Foodbarn,** Noordhoek (S. 148)
★ **The Goatshed at Fairview,** Paarl (S. 182)
★ **The Pot Luck Club,** Woodstock (S. 102)
★ **Umi,** Camps Bay (S. 157)

Reise Know-Hows Übernachtungs-Favoriten

★ **Agulhas Rest Camp,** Cape Agulhas (S. 210)
★ **Birkenhead House,** Hermanus (S. 202)
★ **Grand Daddy,** Kapstadt (S. 106)
★ **HillsNek Safaris,** Amakhala Game Reserve (S. 299)
★ **Hog Hollow Country Lodge,** Plettenberg Bay (S. 276)
★ **Phantom Forest Eco-Reserve,** Knysna (S. 268)
★ **Red Mountain Private Reserve,** Calitzdorp (S. 234)
★ **Schoone Oordt Country House,** Swellendam (S. 229)
★ **The Dune Guest Lodge,** Wilderness (S. 260)
★ **Twelve Apostles Hotel,** bei Camps Bay (S. 110)

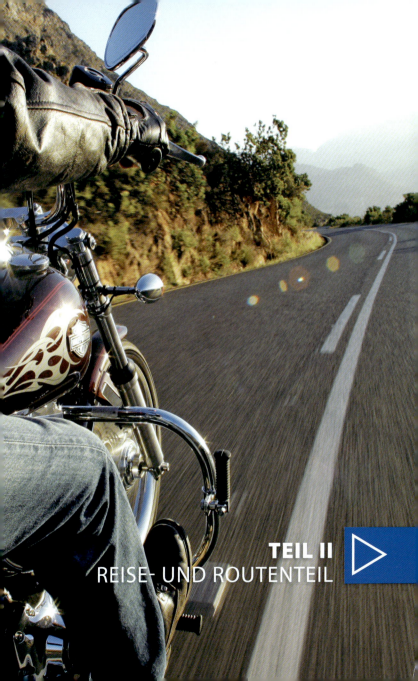

TEIL II
REISE- UND ROUTENTEIL

Kapstadt

Geografisches

Der mitten in der Stadt über 1000 m aufragende *Table Mountain* mit dem *Devil's Peak* ist der nördlichste Ausläufer einer Bergkette, die sich die gesamte Kaphalbinsel nach Süden zieht, um dann beim *Cape of Good Hope* im Meer zu verschwinden. Die auf den Tafelberg folgenden Küsten-Felsformationen heißen (unpassend) „*Twelve Apostles*", denn es sind mehr als zwölf Gipfel. Die Orte entlang der Atlantikküste und auch der östlichen *False Bay* liegen alle auf einem relativ schmalen Küstensaum.

Die *Cape Flats* sind sandige Ebenen, dahinter ragen die Hottentots Holland-Berge auf. In deren Tälern liegen die bekanntesten Weinorte Südafrikas, Stellenbosch, Paarl und Franschhoek. Hinter der nächsten Bergkette geht es auf das etwa 1000 m hohe *Great Southern African Plateau* und in die Halbwüste der Karoo.

Menschliches

Südafrika ist ein multiethnisches Land, auch manchmal, nach einem von Nelson Mandela geprägten Begriff, als „Rainbow Nation" bezeichnet, wegen seiner „regenbogenbunten" Bevölkerung. In Kapstadt stellen die **Xhosa,** deren historisches Siedlungsgebiet das Eastern Cape ist, die Bevölkerungsmehrheit. Zweitgrößte Gruppe sind die **Coloureds,** Menschen unterschiedlicher ethnischer Herkunft, nämlich Nachfahren aus Verbindungen erster europäischer Einwanderer mit versklavten Arbeitskräften und den in der Kapregion

ursprünglich lebenden San und Khoikhoi (Buschmänner). Drittgrößte Bevölkerungsgruppe sind die Weißen, deren Wurzeln bis 1688 zurückreichen, als in Wellen Holländer, Franzosen (Hugenotten), Engländer und Deutsche ans Kap auswanderten. Eine größere Community stellen auch Asiatischstämmige (Malayen). Dazu zieht es seit den ersten demokratischen Wahlen 1994 verstärkt Migranten aus aller Welt ans Kap, vor allem Arbeitssuchende aus Zimbabwe, Angola und dem Kongo.

„Mother City"

Südafrikas älteste und gleichzeitig „Mutterstadt" ist nicht nur die schönste des afrikanischen Kontinents, sondern auch eine der attraktivsten Metropolen der Welt. Die 1652 zunächst nur als Versorgungsstation für holländische Schiffe etablierte Siedlung ist eine großartige Kombination aus multiethnischer Gesellschaft und grandioser Naturkulisse.

Table Mountain National Park Die Wildnis beginnt nur wenige Minuten vom quirligen Stadtzentrum entfernt. Der über 1000 Meter hohe Tafelberg, auf dem mehr Pflanzenarten gedeihen als in ganz Großbritannien, ragt direkt hinter der Stadt auf und liegt bereits im **Table Mountain National Park.** Er strahlt eine gelassene Ruhe aus, die sich über die gesamte Stadt ausbreitet und die neben dem mediterranen Klima dafür verantwortlich ist, dass hier alles sehr relaxt abläuft – Geschäfte machen mit *Capetonians,* Kapstädtern, treibt *Gauties,* den Bewohnern der Provinz Gauteng mit den Städten Johannesburg und Pretoria oft fast in den Wahnsinn … Bei Verabredungen gilt afrikanische „Gummi"-Zeit, Pünktlichkeit ist etwas „Uncooles", und zum Mittagessen fehlt selten bereits eine Flasche Wein, damit der Nachmittag ein bisschen gemütlicher wird … In Johannesburg wird so richtig Geld verdient, in Kapstadt wird gelebt. Am Beach, am Berg und in einem der vielen Cafés. Solange man mit Kapstädtern keine Geschäfte machen muss, ist das alles prima.

Constantia Im parkähnlichen, mit Eichen und Nadelbäumen bewachsenen Stadtteil **Constantia** wurden Südafrikas erste Weinreben angepflanzt. Heute gedeihen dort einige der besten Tropfen des Landes. Auf dem Weg ans Kap reiht sich ein einsamer Sandstrand an den nächsten, entweder am eiskalten Atlantik oder an der leicht besser temperierten False-Bay-Seite. Wer es belebter mag, sucht die „in"-Strände Kapstadts auf: In **Camps Bay** und **Clifton** räkeln sich muskelbepackte Jungs und formvollendete Girls in der Sonne.

Cape Flats Die andere Seite Kapstadts liegt etwas außerhalb: In den auf den ersten Blick trostlos wirkenden **Cape Flats,** die sich bis zur False Bay erstrecken, leben Schwarze und Coloureds eng nebeneinander. Hier prallen „Erste" und „Dritte" Welt direkt aufeinander.

Kapstadt

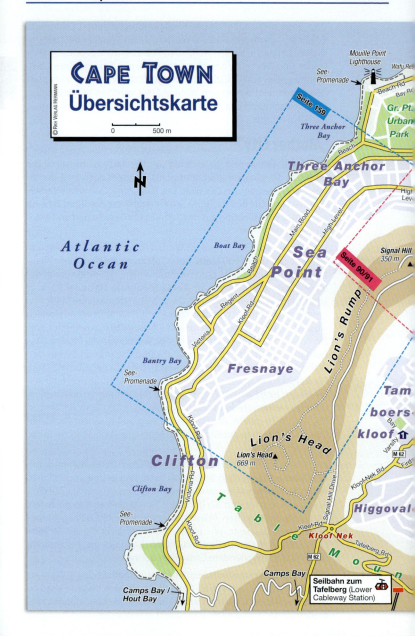

Township-Tour

Unbedingt empfehlenswert für Besucher ist eine von einem Einheimischen geführte **Township-Tour** (siehe Exkurs 161). Das aufstrebende Kleinunternehmertum, die Lebensfreude und der Optimismus von Menschen, die wenig besitzen, steckt an und lässt eigene „Probleme" plötzlich als nichtig erscheinen … hier spürt man, dass sich etwas tut in Südafrika.

Sicherheit

Zum Thema **Sicherheit:** Kapstadt ist eine der sichersten Großstädte im Land. Spaziergänge in der Innenstadt sind dank Kameraüberwachung und deutlich aufgestocktem Sicherheitspersonal erheblich risikoloser geworden. Der seit der WM angelegte 2,6 km lange „Fan Walk" verbindet die Innenstadt auf markierten Fußwegen mit dem Green Point Urban Park. Potenziell gefährliche, dunkle Ecken wurden entschärft, die Polizeipräsenz erhöht. Die Waterfront selbst ist rund um die Uhr ein sicheres Shopping- und Bummelziel. Vorsichtig sein sollte man nach wie vor nach Einbruch der Dunkelheit am Aussichtspunkt **Signal Hill.**

Während zu Beginn des Südafrika-Reisebooms Kapstadt eher Endpunkt einer Rundreise durch das Land war, ist es heute bei den meisten Besuchern der Drehpunkt. Ohne Zeitverschiebung zu Mitteleuropa fällt der lästige Jetlag weg, was auch einen kürzeren Städtetrip zum Einkaufen, Essen und Weintrinken angenehm macht. Selbst wer mehr als eine Woche in Kapstadt bleibt, dem bietet sich jeden Tag etwas Neues.

In der Long Street

Feste

Auskünfte und Übersicht zu Festen und Festival auf
- www.aboutcapetown.com/events.htm
- www.capetownmagazine.com/annual-events

Tickets bei www.computicket.co.za

Januar

Kaapse Klopse Carnival (auch *Tweede Nuwejaar* oder *Coon Carnival* oder *Ministrel Carnival* genannt) Umzüge Anfang Januar zwischen dem Gebiet des ehemaligen District Six und der Wale Street, gefolgt von einem Sängerwettbewerb im Greenpoint Stadium. Eines der ältesten Festivals der Stadt, das bis zum 19. Jh. zurückdatiert.
Infos: Cape Ministrels Association, Tel. 021-4653919

Shakespeare at Maynardville
Shakespeare-Festival (Jan–Feb) im Freiluft-Theater des Maynardville-Parks im Stadtteil Wynberg. Picknick auf dem Rasen vor dem See, bevor die Aufführungen beginnen.
Infos: www.maynardville.co.za

J&B Metropolitan Horse Race
Wichtigstes Pferderennen Südafrikas an der Kenilworth-Pferderennbahn, wo die Reichen und Schönen ihre Klamotten und ihren Schmuck ausführen.
Infos: www.jbmet.co.za

Februar

Eröffnung des Parlaments
(Opening of Parliament)
Sehen, wer noch oder wieder in der Regierung sitzt, was die Politiker so anhaben, von Stammestracht bis Armani. Vor allem bei den Kopfbedeckungen versuchen sich die Frauen jedes Jahr zu übertrumpfen. Fahrzeug-Korso von Newlands bis zum Parlament in der City, Salutschüsse und Air-Force-Präsenz.
Infos: Cape Town Tourism, Tel. 021-4876800

Kaaps Klopse Carnival

März

Cape Argus Pick 'n Pay Cycle Tour
Das **größte Fahrradrennen der Welt** mit über 38.000 Teilnehmern. Die Streckenlänge beträgt 109 km und geht um die Kaphalbinsel. Während des Rennens kommt es entlang der Strecke zu erheblichen Verkehrsbehinderungen!
Infos: Tel. 021-6814333, www.cycletour.co.za

Cape Town Carnival
Kapstadts Innenstadt verwandelt sich dabei in einen einzigen Rummelplatz, der dem Straßenkarneval in Rio gleichkommt. Natürlich in etwas kleinerem Ausmaß! Während der Parade gibt es fantastische afrikanische Kostüme zu sehen.
Infos: Tel. 021-4465296,
www.capetowncarnival.com

Cape Town International Jazz Festival
Das Cape Town International Jazz Festival (früher: African Harvest North Sea Jazz Festival) findet Ende März/Anfang April in Kapstadts Convention Centre statt. Das zwei Tage dauernde Festival kombiniert internationalen Jazz mit afrikanischen Rhythmen.
- Tages-/Wochenendkarten gibt es bei Computicket, www.computicket.com.
- Programme und News unter *www.capetownjazzfest.com*

April

Old Mutual Two Oceans Marathon
Ein 56-km-Rennen auf einer spektakulären Ultra-Marathon-Strecke. 3Südafrikas wichtigster Lauf.
Infos: Tel. 021-6719407,
www.twooceansmarathon.org.za

Oyster & Champagne Festival
Bloemendal Wine Estate, M13, Tygerbergvalley Road, Durbanville. Am Osterwochenende kann man auf dieser schön gelegenen Weinfarm außerhalb Kapstadts Austern bis zum Abwinken schlürfen und mit Sekt hinunterspülen.
Infos: Tel. 021-9762682,
www.bloemendalwines.co.za

SA Cheese Festival
Ende April/Anfang Mai dreht sich in Sandringham zwischen Kapstadt und Paarl an der N1 (Ausfahrt 39) alles um den Käse. Verkaufsstände, Ess-Stände, Wein und Bier, Restaurants, Kinderprogramm und Livemusik. Es gibt sogar eine Mini-Waterfront.
Infos: Tel. 021-9754440/1/2/3,
www.cheesefestival.co.za

Mai

Cape Gourmet Food Festival
Zwei Wochen lang zeigen die besten Restaurants in Kapstadt und Umgebung was sie zu bieten haben. Gastköche aus der ganzen Welt finden sich dann ebenfalls am Kap ein, um ihre Stile mit denen der lokalen *chefs* zu fusionieren.
Infos: Tel. 021-4659445, ww.gourmetsa.com

Juni

Wacky Wine Weekend Robertson
Anfang Juni wird im immer beliebteren Robertson-Weingebiet mit Musik, Kunst, Kinderprogrammen, Wein und gastronomischen Ereignissen gefeiert.
Infos: Tel. 023-6263167,
www.wackywineweekend.com

Juli

Franschhoek Bastille Festival
Am Wochenende, das dem 14. Juli am nächsten liegt, findet dieses Festival zum Gedenken an den Sturm der Bastille während der Französischen Revolution statt. Straßenparaden, Weinproben und Spezialitäten in den Restaurants.
Infos: Tel. 021-8763603

Jahresübersicht Feste und Veranstaltungen

Franschhoek Bastille-Festival

August

Hout Bay Snoek Derby
Karneval-Atmosphäre beim jährlichen Snoek-(Fisch)Festival in Hout Bay. Wer den größten Snoek fängt, gewinnt. Viele Stände, natürlich auch mit geräuchertem Snoek.
Infos: Tel. 021-7901264

Clanwilliam Wild Flower Show
In dem kleinen Städtchen Clanwilliam in den Cederbergen wird die historische Kirche in ein Blumenhaus verwandelt. Etwa 360 verschiedene Wildblumen werden ausgestellt. Marktstände und Livemusik.
Infos: Tel. 027-4822024,
www.clanwilliam.info/info/infoflowers.htm

September

Cape Town One City Festival
Einwöchiges Kunst- und Kulturfestival an der Grand Parade und in den Company's Gardens.
Infos: Tel. 021-4884911,
www.capetownfestival.co.za

Oktober

The Color Run
Auf einer 5 km langen und markierten Strecke durch Greenpoint bewerfen sich die weiß bekleideten Teilnehmer mit buntem Puder und laufen dann kunterbunt durchs Ziel. Ein farbenfrohes Ereignis. Color Runs werden auch in Hermanus, Mossel Bay und Plettenberg Bay veranstaltet.
Infos: www.thecolorrun.co.za/cape-town

Cape Times Southern Life Big Walk
Das größte Geh-Rennen der Welt mit über 30.000 Teilnehmern, Streckenlänge zwischen 10 und 90 km; Zieleinlauf an der Grand Parade.
Infos: Tel. 021-4884008, www.bigwalk.co.za

November

Dragon Boat Race
Eine farbenfrohe Regatta mit asiatischen Drachenbooten, in denen Trommler sitzen, die die Bootsbesatzungen anfeuern. Internationale Teams nehmen an dem 500-Meter-Rennen im Victoria-Becken der Waterfront teil.
Infos: Tel. 021-4253238,
www.dragonboat.org.za

Dezember

Mother City Queer Project Party
Jedes Jahr verkleiden sich Tausende von Teilnehmern zu einem anderen Thema und feiern die ganze Nacht durch. Die Veranstaltung hat mittlerweile Kultstatus erreicht und ist eine der größten Feten der Stadt.
Infos: Tel. 021-4265709, www.mcqp.co.za

Highlights

Die absoluten Highlights sind: Trip auf den **Tafelberg,** bequem mit der Seilbahn oder anstrengend zu Fuß, Bummeln durch die **Waterfront** und eine Bootsfahrt nach **Robben Island**. Sobald mehr Zeit zur Verfügung steht, sollte ein Spaziergang entlang der historischen **Long Street** in der City folgen. Und, falls das Wetter schlecht sein sollte (was im Süd-Sommer selten vorkommt), kann eines oder alle der unten aufgelisteten **Museen** besucht werden. Ein Großteil der Kapstädter Museen sind unter dem Namen „iziko" organisiert, Website: www.iziko.org.za

Erstmal eine Stadtrundfahrt machen, um sich einen Überblick zu verschaffen. Am besten hierzu eignet sich der doppelstöckige rote „City Sightseeing Cape Town"-Bus. Es gibt vier Rundtouren, die „Red City Tour" (Kapstadt, Tafelberg, Camps Bay, Sea Point), die „Wine Tour" (Constantia Valley), die Mini Peninsula Tour (Kaphalbinsel bis Hout Bay) und die „Night Tour" (Sea Point, Clifton, Camps Bay, Signal Hill). Tickets gibt es vor dem Two Oceans Aquarium in der V&A Waterfront, offizieller Startpunkt der Bustouren. Der Bus hält bei allen Highlights, um Passagiere aufzunehmen oder aussteigen zu lassen. Infos auf www.citysightseeing.co.za

TIPP: My Citi-Bus

Während eines Aufenthaltes in Kapstadt kann man sich das Geld für einen Mietwagen sparen: Das öffentliche **MyCity**-Busnetz wird immer weiter ausgebaut und die modernen Busse fahren nicht nur an den Sehenswürdigkeiten vorbei, sondern auch zum Flughafen und in die meisten Vororte Kapstadts. Infos auf www.myciti.org.za. Dort sind pdf-Downloads von Stadtbereichen, z.B. der Innenstadt (Central City), Camps Bay oder Hout Bay, möglich. Die Streckenpläne hängen aber auch an jedem Busstop des MyCity-Netzes aus, in der Karte „Cape Town City Bowl" sind sie als „H" eingezeichnet.

Unterwegs in Kapstadt

City

Nach der Rundfahrt dann ein Rundgang durch Kapstadt, der, um die wichtigsten Highlights der City zu tangieren, folgendermaßen aussehen könnte: Start bei Cape Town Tourism in der Burg Street (Ecke Castle St). Gegenüber beim deutschen Buchladen von Ulrich Naumann die Süddeutsche, FAZ oder den Spiegel kaufen und dann in eines der Cafés am Greenmarket Square setzen. Cappuccino trinken und das Geschehen an einem der umtriebigsten Plätze Kapstadts auf sich wirken lassen. Nach einiger Zeit kommen fliegende Händler, die von Uhren über Sonnenbrillen und frischen Blumen alles Erdenkliche – *„Good price for you, mister, missie"* – anbieten. *Bergies,* die Clochards Kapstadts, schieben Einkaufswagen, die ihren gesamten

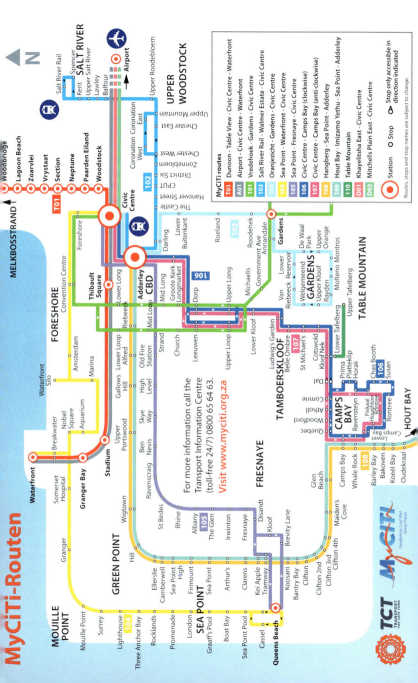

Besitz beinhalten, ratternd über das Kopfsteinpflaster. Straßenmusikanten spielen, oft in den Satinkostümen der *Kaapse Klopse.* Und Schwarze aus ganz Afrika verkaufen Kunsthandwerk an vielen kleinen Ständen. Eingerahmt wird der Greenmarket-Platz von den schönsten Baubeispielen der Art-déco-Architektur in Kapstadt.

Church Street
Long Street

Die Burg Street trifft auf die **Church Street,** in der täglich außer sonntags ein Trödelmarkt mit Ständen im Freien stattfindet. Es ist außerdem die Straße mit den meisten **Antikläden** in der City. Nach rechts gehend führt sie in die bereits erwähnte **Long Street,** in deren Second-Hand-Buchläden man alleine schon ein paar Stunden verbringen könnte. Es gibt außerdem Restaurants, Bars, Trödel-Läden, Internet-Cafés, Buchungsbüros für „Adrenalin"-Sportarten, Roller-Vermietungen und die größte Dichte an Backpacker-Unterkünften und -Reisebüros.

Company's Gardens

Am Ende der Long Street, in Richtung Tafelberg, beim türkischen Bad links halten und nach der Tankstelle links hinunter zu den **Company's Gardens** gehen. In der grünen, friedlich ruhigen Lunge der Stadt mit Blick auf den Tafelberg kann man die müden Füße eine Weile ausruhen. Rund um den Park liegen mit **South African Museum, South African National Gallery, Cape Holocaust Centre** und **Bertram House** einige der besten Museen der Stadt.

Die Government Avenue ist Fußgängerzone und führt, wie der Name bereits andeutet, zum **Parlamentsgebäude,** das ebenfalls besichtigt werden kann (nur nach Voranmeldung). An ihrem Ende links (Wale Street) steht die beeindruckende **St. George's Cathedral,** in der Erzbischof Desmond Tutu einst gegen die Apartheidpolitik gepredigt hat.

Gegenüber befindet ein anderes lohnenswertes Museum mit vielen interessanten Exponaten zur Kulturgeschichte Südafrikas. Es ist im zweitältesten Gebäude der Stadt, den einstigen Sklavenquartieren – **Slave Lodge** (früher South African Cultural Museum genannt).

District Six Museum

Über die Plein- und Barrack- dann in die Buitenkant Street, wo sich mit dem **District Six Museum** das wohl eindrucksvollste der Stadt präsentiert. Hier wird an das historische Viertel im Herzen Kapstadts erinnert, das 1966 zu Apartheidzeiten plattgewalzt worden ist. Dass Menschen aller Hautfarben friedlich nebeneinander leben konnten, passte nicht in das Weltbild der Burenregierung. Auf dem Fußboden der ehemaligen Kirche ist ein großer Plan von District Six, in dem einstige Bewohner ihre Erinnerungen bei einem Besuch im Museum eintragen können – eine oft sehr emotionale Angelegenheit. Ein anderes Detail sind die District-Six-Schilder mit den Straßennamen. Ein Mann war damit beauftragt, diese, bevor die Bulldozer anrückten, abzuschrauben und ins Meer zu werfen. Er versteckte sie allerdings über 20 Jahre lang in seinem Haus und brachte sie dann ins Museum.

Im District Six Museum

Castle of Goode Hope Von hier ist Südafrikas ältestes europäisches Gebäude noch ca. 300 m entfernt. Die einstige Festung, das zwischen 1666 und 1679 erbaute **Castle of Good Hope,** beherbergt heute noch eine Militäreinheit, kann aber zum größten Teil besichtigt werden. Beim Eingang (kleiner Glockenturm) gibt es einen genauen Lageplan, der auch die drei Museen im Castle-Komplex – **Good Hope Gallery, Military Museum** und **William Fehr Collection** – näher beschreibt.

Bo-Kaap

Im ältesten Stadtteil mit seinen steilen, oft kopfsteingepflasterten Straßen und den kleinen, vorwiegend bonbonbunt gestrichenen Häuschen aus dem 19. Jahrhundert lebt Kapstadts Moslemgemeinde. Sie sind die Nachfahren ehemaliger Sklaven und Opponenten, die die Holländer im 16. und 17. Jahrhundert von Niederländisch-Indonesien (Java) ans Kap geschafft hatten. Die kollektive Bezeichnung für sie war *Cape Malays*, Kapmalaien, was man heute auch noch ab und zu hören kann, obwohl der Begriff irreführend ist. Nur ein Prozent aller Sklaven kamen tatsächlich aus (dem heutigen) Malaysia.

Bunte Häuser im Viertel Bo-Kaap

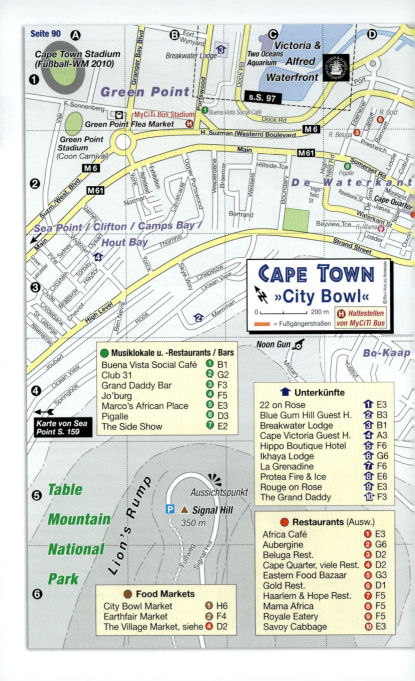

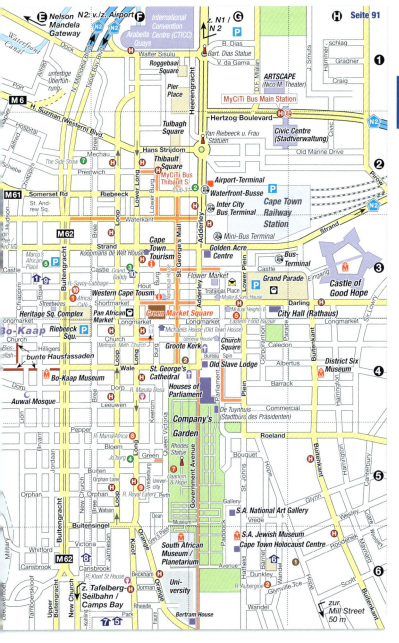

Das Bo-Kaap-Viertel jenseits der Buitengracht Street an den Hängen des Signal Hill („Bo-Kaap" heißt „oberhalb Kapstadts") lässt sich am besten mit einer organisierten Tour besichtigen. Dann besteht auch die Möglichkeit, Südafrikas älteste Moschee, die 1797 erbaute **Auwal Mosque** zu besuchen. Die Rundgänge mit einem Guide, der in Bo-Kaap lebt, starten meist am **Bo-Kaap Museum** in der Wale Street.

Touren in Bo-Kaap Zwei-Stunden-Rundgang mit Bo-Kaap Guided Tours, Tel. 021-4221 554 oder 082-4236932, www.bokaap.co.za/bokaap-guided-tours-walking-tours.

Tafelberg · Lion's Head · Signal Hill

Von den drei Möglichkeiten, Kapstadt aus der Vogelperspektive zu erleben, ist der 1086 Meter hohe Tafelberg natürlich die beliebteste. Mit den aus der Schweiz im-portierten Gondeln, die 1997 installiert worden sind, geht es flott nach oben, während sich die Kabine einmal um 360 Grad dreht, um allen Passagieren den Rundumblick zu ermöglichen. Deutlich anstrengender ist es, einen der über 300 Wanderwege nach oben zu wählen. Genaue Karten und Wanderführer gibt es bei den CNA-Läden und Exclusive Books in den großen Einkaufszentren, wie Waterfront, Cavendish, Constantia oder Canal Walk.

Lion's Head Auf den **Lion's Head** geht es nur zu Fuß. An den steilen Stellen sind Ketten angebracht, an denen man sich hochhangeln muss. Bei Vollmond findet sich halb Kapstadt auf dem relativ kleinen Gipfelplateau ein, um dessen Aufgang zu feiern.

Blick vom Tafelberg auf Kapstadt, im Hintergrund Robben Island

Signal Hill Vom Kreisverkehr an der Kreuzung zwischen Kloof- und Tafelberg Road führt eine sehr schöne Straße auf den **Signal Hill.** Von den Haltebuchten entlang der ca. 3 km langen Zufahrtsstrecke lassen sich die besten Fotos von Kapstadt mit dem Tafelberg im Hintergrund machen. Vom Parkplatz am Ende der Straße hat man hervorragende Blicke auf Sea Point, die Waterfront, den Hafen, die Tafelbucht und Robben Island. Den Namen hat der Berg von der Kanone, die früher dazu benutzt wurde, mit den in der Bucht ankernden Schiffen zu kommunizieren. Zum Gedenken daran feuert die **Noon Gun** jeden Tag um Punkt 12 Uhr einen überall in der Stadt zu hörenden Salutschuss ab, der bis heute die Tauben in der City erschreckt auffliegen lässt.

Robben Island

Seit 1999 ist das ehemalige Hochsicherheitsgefängnis der Apartheid-Ära UN-Weltkulturerbe. Mit einem Tragflächenboot geht es in nur 30 Minuten von der Waterfront von der Ablegestelle am Clocktower-Platz auf die elf Kilometer entfernte und sechs Quadratkilometer große Insel. Die Besucher kommen, wie einst die Sträflinge, in Murray's Bay an, um dann eine Busrundfahrt um die mit niedrigem Buschwerk bewachsene Insel zu machen, gefolgt von einer geführten Tour durch das Gefängnis. Natürlich steht auch Nelson Mandelas winzige, zwei Quadratmeter kleine Zelle in der B-Sektion mit auf dem Programm, in der er fast zwei Jahrzehnte seines Lebens verbracht hat. Interessant ist auch die Foto-Ausstellung in Section D. Die Bilder stammen von Häftlingen, die Kameras wurden Ende der 80er Jahre ins Gefängnis geschmuggelt. An den fröhlichen Gesichtern der Fotografierten ist zu erkennen, dass diese spürten, dass die Apartheidpolitik an ihrem Ende angelangt war. In der Hochsaison besichtigen täglich bis zu 1800 Besucher die ehemalige Gefängnisinsel, jährlich gut 400.000.

Überfahrt nach Robben Island

Robben Island – Die „Mandela Universität"

Der prominenteste Gefangene Robben Islands war zweifellos Nelson Mandela. Aber schon lange bevor das Apartheid-Regime politische Gefangene auf die Gefängnisinsel in der Tafelbucht verbrachte, benutzten frühere Machthaber am Kap die kleine Insel als Sträflingskolonie. Bereits im 17. Jahrhundert wurden die Häuptlinge der verschleppten Sklaven aus Asien sowie Angehörige des Khoikhoi-Stammes, den Ureinwohnern der Kapregion, auf die unbebaute Insel verbannt. Schon damals mussten die Gefangenen im Steinbruch harte Zwangsarbeit leisten um Steine und Kalk für den Bau des ältesten Gebäudes Kapstadts, des Castle of Good Hope, zu gewinnen.

Historische Bilder von Robben Island

Robben Island liegt sieben Kilometer vom Festland entfernt und war somit eine ideale Gefängnisinsel. Jeglicher Fluchtversuch war von vornherein zum Scheitern verurteilt. 1819 wurde der Xhosa-Anführer *Makana* von der britischen Kolonialmacht auf die Insel verbannt, nachdem er es gewagt hatte, einen Aufstand gegen die Herrschaft der Briten anzuzetteln. Makanas Fluchtversuch endete tragisch, er ertrank kurz vor dem Erreichen des Festlandes.

Zwischen 1806 und 1820 diente der kleine Hafen der Insel als Anlaufstelle für Walfänger. 1843 wurde das Gefängnis geschlossen und Isolierplatz für Lepröse. Die von der Krankheit Befallenen lebten in kleinen separaten Dörfern, Frauen und Männer getrennt. In einem kleinen Wäldchen trafen sich aber die Todkranken und setzten unerwartet eine Handvoll Kinder in die Welt, der Weg dorthin wird heute „Lover's Lane" (Liebesweg) genannt. Die Leprakranken erbauten sogar eine kleine Kapelle, und noch heute existieren halbverfallene Grabsteine.

Kurz vor dem Ausbruch des Zweiten Weltkriegs wurde eine Militärbasis auf der Insel errichtet. Die Geschütze sind heute noch zu sehen. Ab 1961 wurde die Insel

Hochsicherheitstrackt, Section B

18 Jahre verbrachte Nelson Mandela in dieser 4,5 m² kleinen Gefängniszelle

dann wieder als Gefängnis benutzt. Südafrika internierte hier zu Apartheidszeiten vor allem politische Gefangene, unter anderem den Staatsfeind Nummer Eins, Nelson Mandela, der wegen seines Kampfes gegen das Apartheidregime zu lebenslanger Haft verurteilt worden war, wovon er 18 Jahre auf Robben Island absaß. Robben Island wurde zum gefürchtetsten und berüchtigtsten Gefängnis Südafrikas. Die Sträflinge mussten im heißen Sommer im gleißenden Licht der Sonne und im Winter nur dünn bekleidet harte Arbeit im Kalksteinbruch leisten. Der Speiseplan fiel im Hochsicherheitstrakt für politische Häftlinge, der „Section B", wesentlich dünner aus als im gewöhnlichen Teil des Gefängnisses, der „Section A", in der die „weniger gefährlichen" Kriminellen inhaftiert waren. In den winzigen Einzelzellen schliefen die ausgemergelten Gefangenen auf dünnen Strohmatten, die auf dem Steinfußboden ausgerollt wurden.

In den 1970er Jahren protestierten und streikten die Gefangenen und forderten von der Regierung humanere Bedingungen. Das Rote Kreuz spendete Bettgestelle und Matratzen und die Gefangenen durften einen Gemüsegarten anlegen. Vor allem Nelson Mandela, der ANC-Rebellenführer und spätere Friedensnobelpreisträger, setzte es nach jahrelangen Forderungen durch, dass die Sträflinge in der Freizeit lernen durften und Bücher und Schreibutensilien zur Verfügung gestellt wurden. Von nun an wurde Robben Island auch „Mandela University" genannt. Die ersten Kapitel von Mandelas Memoiren „Long Walk to Freedom" (Der lange Weg zur Freiheit) entstand hier und wurde von Sträflingen, die in die Freiheit entlassen wurden, aufs Festland geschmuggelt. Am 11. Februar 1990 lies der damals amtierende Präsident Frederik de Klerk alle politischen Gefangenen frei und das Hochsicherheitsgefängnis wurde aufgelöst. Nach insgesamt 27 Jahren Gefängnisstrafe wurde 1994 Nelson Mandela von seinem jubelnden Volk zum ersten schwarzen Präsidenten Südafrikas gewählt. Heute ist Robben Island ein Kulturdenkmal, ein Naturschutzgebiet und ein Museum und seit 1999 auch UNESCO-Weltkulturerbe.

Infos zum Besichtigen der Insel auf www.robben-island.org.za.

Tipp: Vor dem Besuch der Insel die DVD-Filmbiographie *Mandela – Long Walk to Freedom* (2013) ansehen.

Victoria & Alfred Waterfront

Die Waterfront ist mit Abstand Südafrikas meistbesuchte Touristenattraktion, alljährlich kommen Millionen Besucher. Kein Wunder, dürfte es doch weltweit die wohl gelungenste Revitalisierung eines einst heruntergekommenen Hafenviertels sein (die „Victoria & Alfred Waterfront" leitet ihren Namen von den beiden so heißenden Hafenbecken ab, Prinz Alfred war der Sohn der englischen Königin Victoria).

Bevor das Projekt Anfang der 90er Jahre in Angriff genommen wurde, reisten Architekten und Planer um die Welt, um aus den Fehlern anderer, ähnlicher Sanierungen zu lernen. Bis heute werden die ehemaligen Hafenanlagen ständig um neue Attraktionen erweitert. Letzte Ergänzungen sind das **Clocktower-Viertel** rund um das gleichnamige, älteste Gebäude der Waterfront, die **Waterfront Marina,** extrem teure Apartments mit Yachtanlegeplatz, das superelegante und extrem teure One & Only Hotel und der von ihr Richtung zum **Cape Town International Convention Centre (CTICC)** an der Foreshore führende **Roggebaai Canal,** dessen Befahrung mit Taxibooten möglich ist („Hop On-Hop Off-Canal Cruise", www.citysightseeing.co.za/canal-cruise). Weiter geplant ist der Umbau des historischen und 57 Meter hohen Getreidesilos in ein ultramodernes Kunstmuseum, dem *Zeitz Museum of Contemporary Art Africa (MOCAA)*, das Ende 2016 eröffnet werden soll.

Bei den Visitor Centres ist ein detaillierter, dreidimensionalen Plan erhältlich, der das Waterfront-Gelände mit allen Details und Sehenswürdigkeiten zeigt (auch auf Deutsch). Am jeder Ecke finden sich außerdem Wegweiser und Infotafeln mit genauem Standort.

Was die Waterfront so attraktiv macht, ist, dass nach wie vor regulärer Hafenbetrieb herrscht, sie also kein steriles Kunstgebilde ist. Bei allen neuen Gebäuden, vor allem der großen Einkaufsmalls mit

Musik und Spaß im Amphitheatre

Unterwegs in Kapstadt

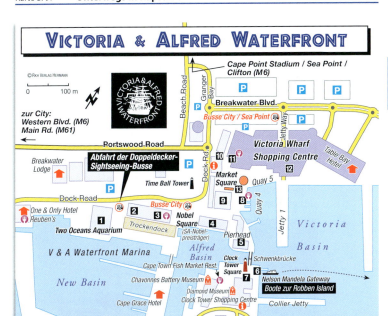

1. **Two Oceans Aquarium**
2. The Watershed
3. Market on the Wharf
4. V&A Hotel und Alfred Shopping Mall
5. Old Port Captain's Building
6. **Nelson Mandela Gateway** (Robben Island Info-Centre, Fährschiffe nach Robben Island)
7. **Clock Tower**
8. Quay 4 m. Rest. »Quay 4« u. »Harbour House«
9. Iziko Maritime Museum
10. Information Centre
11. Food Court
12. **Victoria Wharf Shopping Centre**
13. **Amphitheatre und Riesenrad**

Läden, Boutiquen, Bars und Restaurants, wurden viktorianische Stilelemente in die Architektur mitaufgenommen. Deshalb wirkt auch alles so homogen und echt. In erster Linie ist die Waterfront mit ihren über 240 Geschäften heute ein Shopping-Paradies, es gibt aber auch einige exzellente Restaurants, Nightlife-Lokalitäten und mehrere Kinos.

Clocktower Zu den historischen Gebäuden in der Waterfront gehört der unter Denkmalschutz stehende **Clocktower,** der 1882 als Büro für den Hafenmeister gebaut wurde. Der achteckige Bau mit gotisch anmutenden Fenstern besteht aus drei mit einer Teak-Wendeltreppe verbundenen Zimmern, die übereinander liegen und im spätviktorianischen Stil renoviert worden sind. Der Spiegelraum im zweiten Stock ermöglichte dem Hafenmeister, alle Dock-Aktivitäten zu beobachten ohne sein Büro zu verlassen. Selbst die alte Uhr auf der Spitze, hergestellt von Ritchie & Son in Edinburgh, funktioniert noch.

Clocktower

Ein paar Jahre später zog der Hafenmeister vom Clocktower in das auf der anderen Seite der **Schwingbrücke** liegende, 1904 erbaute **Old Port Captain's Office** mit seinen beeindruckenden Giebeln. Die Schwingbrücke ermöglicht Besuchern, den Kanal zwischen Clocktower und Pier Head zu überwinden und großen Schiffen die Passage vom Alfred-Hafenbecken ins offene Meer.

Zwischen Schwingbrücke und **Nelson Mandela Gateway,** dem monumentalen Ablege-Terminal der Robben-Island-Fähre, lebt eine Mini-Kolonie dicker Pelzrobben. Der Platz zwischen dem **Market on the Wharf** und Victoria & Alfred Hotel wurde am 16. Dezember 2005 zum **Nobel Square** ernannt. Hier stehen Südafrikas vier berühmte Friedens-Nobelpreisträger in Bronze: der verstorbene Häuptling *Albert Luthuli* (1960), Erzbischof *Desmond Tutu* (1984) und die beiden Ex-Präsidenten *Frederik de Klerk* und *Nelson Mandela* (beide gemeinsam 1993).

Kapstadts Märkte und Souvenirläden

Souvenirs, Souvenirs. Es ist immer das Gleiche: Für sich selbst oder für jene, die zu Hause geblieben sind, gilt es ein Andenken, natürlich möglichst etwas typisch südafrikanisches, mit heimzubringen. Unzählige Kunsthandwerks- und Flohmärkte bieten eine unendliche Auswahl an Souvenirs.

In der City, zwischen Short- und Longmarket Street, liegt der kopfsteingepflasterte **Greenmarket Square,** der von Montag bis Samstag zwischen 9 und 16.30 Uhr geöffnet ist. Das Angebot umfasst afrikanische Masken, Kunsthandwerk, Perlenarbeiten, Schmuck, Klamotten, Lederwaren, Trommeln und bunt bedruckte Stoffe. Zwischen Burg- und Long Street findet in der Church Street täglich außer sonntags der **City Antique Market** statt, hier wird hauptsächlich alter Schmuck und Porzellan verhökert.

Im **Pan African Market** in der Long Street gibt es 35 verschiedene Geschäfte auf drei Stockwerke verteilt – mit sehr schön gemachten Dingen aus ganz Afrika. Südafrika ist mit viel Blech- und Township-Art vertreten. Entlang der Adderley Street verkaufen Straßenhändler ihre afrikanischen Souvenirs. Ende Dezember bis Anfang Januar ist die festlich mit Lichtern geschmückte Adderley Street abends für den jährlichen Weihnachtsmarkt gesperrt.

In der Waterfront gibt es zwei Zentren für Kunsthandwerk mit vielen Ständen, den **Red Shed Craft Workshop** in der Victoria Wharf und den *Waterfront Watershed* neben dem Aquarium mit seinen über 150 verschiedenen Ständen. An der **Kaphalbinsel** empfiehlt sich ein Blick auf die Holz- und Steinskulpturen am **Redhill Street Market,** vom Kap kommend kurz vor Scarborough rechts. Direkt bei den Herstellern kauft man im **Khayelitsha Craft Market,** der auf einer organisierten

Souvenirverkäuferin am Greenmarket Square

Pan African Market

Township-Tour besucht werden kann.

Am Wochenende finden einige Flohmärkte statt: Der **Constantia Craft & Farmers Market** jeden Samstag am oberen Ende der Kendal Road, der **Muizenberg-Flohmarkt** samstags und sonntags und der **Hout Bay Flohmarkt** am Village Green, auch sonntags. Ebenfalls in Hout Bay findet freitags von 17–21 Uhr und Sa/So 9.30–16 Uhr der beliebte **Bay Harbour Market** am Ende des Hafens statt. Hier gibt es Schmuck, Kunsthandwerk, Klamotten, Essensstände, frischgezapftes Bier und Live-Musik.

Alleine im Western Cape sind etwa 18.000 Kunsthandwerker beschäftigt, mit Glasblasen, Perlenarbeiten oder Kunstproduktionen aus Abfällen, der Township-Art. Ausschau halten nach besonderen Souvenirs, wie z.B. Perlenarbeiten von **Monkey Biz** (Tel. 021-4260145, www.monkeybiz.co.za), deren Erlöse komplett zu den etwa 180 weiblichen Erzeugern in die Townships zurückfließen. Streetwires (Tel. 021-4262475, www.streetwires.co.za) produziert funktionale und dekorative, handgearbeitete Drahtobjekte, wie Motorräder, Autos und Radios.

Die Xhosa-Frauen des **Philani-Projekts** (Tel. 021-3875124 bedrucken Stoffe mit grellbunten Motiven aus der Werbung, machen handgefertigtes Papier, Perlen- und Webarbeiten.

Die wunderbar gestalteten Bestecke und Haushaltsgegenstände aus Zinn, Aluminium und Edelstahl der Südafrikanerin **Carrol Boyes** sind Kunst zum Anfassen (Waterfront, Tel. 021-4180595, www.carrolboyes.co.za). **Clementina Ceramics**, hauchdünnes Porzellan, künstlerisch bemalt (Old Biscuit Mill, 375 Albert Road, Woodstock, Tel. 021-4471 398, www.clememtina.co.za). Eine große Auswahl an ausgesuchten Souvenirs gibt es im **Kirstenbosch Shop** (Tel. 021-7622510). Passt in jedes Handgepäck: wunderschöner, kunstvoller Perlenschmuck vom **Beloved Beadwork Studio** im Montebello Design Centre in Newlands, Tel. 076-1429157.

Haie und Gelbschwanz-Thunfische im Two Oceans Aquarium

Two Oceans Aquarium Die Hauptsehenswürdigkeit in der Waterfront ist ganz klar das **Two Oceans Aquarium,** das mit seiner Backstein-Fassade gut zum restlichen Waterfront-Image passt. Hier wird das marine Leben der Kap-Provinz anschaulich dargestellt. Es gibt einen Rundgang durch die neun Galerien, die im Erdgeschoss mit dem „Indischen Ozean" beginnen. Die verschiedenen Tanks sind so naturnah wie möglich, von Quallen bis Seepferdchen ist alles geboten, was sich vor den Küsten Südafrikas im Meer bewegt. Es gibt außerdem ein mit dem Hafenbecken verbundenes Pelzrobben-Display, ein Pinguingehege und den gewaltigen, runden **Haitank,** in den Mutige mit Lizenz abtauchen können.

Kapstadts Studentenviertel: Woodstock und Observatory

In den alten Stadtteilen **Woodstock** und **Observatory** (oder lässiger „Obs") östlich des Stadtzentrums leben, im Gegensatz zu den meisten anderen Stadtgebieten, in winzigen viktorianischen Häuschen bunt gemischt Schwarz, Weiß und Coloured. In der Lower Main Street, die sich durch Woodstock und Observatory zieht, gibt es zahlreiche Secondhand- und Trödelläden, alternative Kneipen, Restaurants und Tanzklubs. Kreuzberg auf afrikanisch eben. Kein Wunder, Kapstadts Universität liegt praktisch um die Ecke in Rondebosch. Vor allem abends ist hier in beiden Stadtteilen immer etwas los. Der Charme liegt im teilweise bröckelnden Putz der Fassaden und der eben nicht klinisch-reinen Atmosphäre, wie sie Camps Bay oder die Waterfront vermitteln.

Heart Of Cape Town-Museum Etwas Interessantes zu besichtigen gibt es ebenfalls in der Gegend: das **„Heart Of Cape Town"-Museum** im Groote Schuur Hospital liegt etwa 10 Fußminuten vom Obs-Zentrum entfernt. Hier wird

Das Groote Schuur Hospital

Professor Christiaan Barnards erste Herztransplantation im Operationsaal von 1967 originalgetreu nachgestellt, und nach dem Trubel in der City lohnt sich ein Abstecher zum schön gelegenen *Rhodes Memorial* am Fuße des Tafelberges.

Sehenswert

Heart of Cape Town Museum, Groote Schuur Hospital, Tel. 021-4041967, www.heartofcapetown.co.za, geführte Touren täglich um 9, 11, 13 und 15 Uhr. Von der Stadt auf der M3 kommend Abfahrt UCT (University of Cape Town) nehmen, an der T-Junction links und auf dem Woolsack Drive zum Krankenhaus.

Rhodes Memorial, Rhodes Avenue, Tel. 021-6870000, www.rhodesmemorial.co.za. Das Monument entstand auf dem Gelände, das der britische Kapitalist Cecil John Rhodes 1906 Südafrika vermacht hatte. Erworben hatte er die östlichen Tafelberghänge 1895, um diese unberührte Wildnis zu erhalten. Das Granitdenkmal ist, wie zu erwarten, monumental, die Aufgangstreppe wird von bronzen Löwen flankiert. Die meisten Besucher kommen mehr aufgrund der hier startenden Wanderungen auf den Tafelberg und der grandiosen Aussicht auf die *Cape Flats* und die am Horizont aufragenden *Hottentots Holland Mountains*. Das **Rhodes Memorial Restaurant** (tägl. 9–17 Uhr) ist ein guter Platz, um Kaffee oder Tee zu trinken und dazu das typisch englische, brötchenartige Buttergebäck *Scones,* serviert mit Sahne und Marmelade, zu probieren.

The Old Biscuit Mill, 375 Albert Rd, Woodstock, Tel. 021-4478194, www.theoldbiscuitmill.co.za. Toll renovierte historische Keksfabrik mit ungewöhnlichen Läden und Restaurants. Jeden Samstag zwischen 8 und 14 Uhr findet hier auch der berühmte **Neighbourgoods Market** statt (siehe Highlights S. 72)

Restaurants

The Pot Luck Club (RRR), The Silo, The Old Biscuit Mill, 375 Albert Rd, Woodstock, Tel. 021-4470804, www.thepotluckclub.co.za
Lunch und Dinner, sonntags Ruhetag. Eines der coolsten und beliebtesten

Restaurants der Stadt. Vom sechsten Stockwerk des ehemaligen Getreidesilos überblickt man Stadt und Hafen. Ausgezeichnete Tapas in eleganter und ausgelassener Atmosphäre, Reservierung unbedingt erforderlich.

Café Ganesh (R), 46 Trill Rd/Ecke Lower Main Rd, Tel. 021-4483435

Dieses pulsierende Studentenrestaurant bietet günstiges und leckeres afrikanisches Essen – und vor allem große Portionen fürs Geld! Ab und zu steht auch Livemusik auf dem Programm.

Obz Café Restaurant and Theatre (R), 115 Lower Main Rd, Observatory, Tel. 021-4485555, www.obzcafe.co.za

Diese „in"-Kneipe bietet eine Plattform für lokale musikalische Künstler und jeden Montag findet die „DOC-LOVE Nacht" statt. Lokale Dokumentarfilme werden gezeigt und anschließend mit dem Regisseur diskutiert. Günstiges Essen, ofenfrische Pizzen, Burger und Fassbier. **Tipp:** Montags und Mitt-wochs kostet die „Big Daddy Pizza Special" (48 cm Durchmesser) nur die Hälfte.

A Touch of Madness, (R), 12 Nuttal Rd, Observatory, Tel. 021-4482266

Restaurant in einem viktorianischen Gebäude mit weinrotfarbenen Wänden, Kronleuchtern und offenem Kamin. Idealer Platz für einen winterlichen Abend. Livemusik und Literaturabende.

Barmooda, 86 Station Rd/Ecke Lower Main Rd, Observatory, Tel. 021-4476752, www.barmooda.co.za

Umtriebige Bar mit stilvollem Interieur. Jeden Donnerstag Livemusik.

Don Pedro's, 113 Roodebloem St, Woodstock, Tel. 021-4474493

War schon immer ein Treffpunkt weißer Liberaler, heute finden sich hier die neuen Yuppies von Woodstock und Observatory ein.

Cool Runnings, 96 Station St, Observatory, Tel. 021-4487656, www.coolrunnings.co.za

Vor die Reggae-Bar wurde sackweise Sand hingekarrt, um etwas Beach-Feeling zu erzeugen, das Insel-Design setzt sich im Innern mit Strohhütten-Dekor fort, witziger Platz.

Alter Stadtteil Observatory

Ständig über neue Clubs oder Veranstaltungen in bestehenden Clubs informiert die Website von Clubbers Guide, www.clubbersguide.co.za. Über Veranstaltungen informiert auch Cape Town Today, www.capetowntoday.co.za.

Markt

Obs Holistic Lifestyle Fair, Observatory Community Centre, Tel. 021-7888088
Ein Paradies für Vegetarier, Yogies und Gesundheitsapostel. Hier gibt es eine riesige Auswahl an Bio-Lebensmittel, glutenfreien Brötchen, Bergkristallen, Räucherstäbchen und Claire Voyantes lesen aus der Hand. Jeden ersten Sonntag im Monat von 10–16 Uhr.

Canal Walk · Ratanga Junction · Grand West Casino

Wer mit den Sehenswürdigkeiten Kapstadts durch ist, kann sich wie nachfolgend beschrieben weiter vergnügen: ist das größte Einkaufszentrum Afrikas und sieht von außen aus wie ein orientalischer Palast. Das Innendekor ist ebenfalls sehr stilvoll gemacht. Auf einem Kanal kann man per Boot nach Ratanga Junction schippern, einem Vergnügungspark mit afrikanischem Thema. Nicht nur Kinder haben auf den teilweise wilden Fahrgeschäften ihren Spaß. Am adrenalinförderndsten ist die *Cobra*, eine Achterbahn, in der Passagiere mit freibaumelnden Füßen eingehängt werden, um dann zunächst 34 Meter hoch und dann anschließend mit bis zu 100 km/h und vierfacher Schwerkraft die 910 Meter lange Bahnstrecke entlangzurasen … Ratanga Junction ist nur an langen Wochenenden und in den Schulferien geöffnet.

Grand West Casino Von der N1, die aus **Canal Walk** Richtung Paarl hinausführt, ist das **Grand West Casino** in Goodwood ausgeschildert. Auch Nichtzockern dürfte die Architektur gefallen. Der gesamte Komplex besteht aus Nachbauten berühmter Kapstädter Gebäude, die heute nicht mehr existieren: Altes Postamt, Bahnhof, Tivoli Music Hall und Grand Hotel (in dem heute wieder stilvoll übernachtet werden kann), wurden nach Original-Plänen hier wieder aufgebaut – eine clevere Idee. Genau wie „The District": Mit kopfsteingepflasterten Straßen und vor den Fenstern hängender Wäsche sowie künstlichem Sternenhimmel wurde das Ambiente eines alten Kapstädter Stadtviertels nachempfunden. In den Replika-Straßen finden sich einige sehr gute Restaurants.

Bitte schreiben oder mailen Sie (verlag@rkh-reisefuehrer.de), wenn sich in Südafrika Dinge verändert haben oder Sie Neues wissen. Besten Dank!

Informationen Kapstadt

Tourismusbüros

- **Cape Town Tourism, City Visitor's Centre,** Pinnacle Building, Ecke Castle- u. Burg Street, Tel. 021-4876800, www.capetown.travel, central@capetown.travel
- **Kirstenbosch National Botanical Garden,** Tel. 021-7620687, kirstenbosch@capetown.travel
- **Cape Town International Airport,** Tel. 021-9341949, airport@capetown.travel
- **V&A Waterfront,** Dock Rd, Tel. 021-4087600, info@waterfront.co.za

Das sehr freundliche Personal in den diversen Info-Büros empfiehlt und reserviert Unterkünfte und Mietwagen aller Preisklassen. Ausführliche Informationen über Kapstadt und Umgebung zu Aktivitäten wie Wandern, Haitauchen, Bootsfahrten, Veranstaltungen usw., zahllose Info-Broschüren und Landkarten.

South African National Parks (SANP) hat ebenfalls einen Buchungsschalter, wo Unterkünfte in den Nationalparks reserviert werden können. Außerdem Internet-Café, Souvenirs und Postkarten.

Telefonische Auskünfte bietet das Cape Town Tourism Call Centre täglich von 8–21 Uhr. Tel. 021-4876800/086-1322223

Unterkunft

City

Cactusberry Lodge (RR), 30 Breda St, Oranjezicht, Tel. 021-4619787, www.cactusberrylodge.com
Kleines, gemütliches und stilvoll dekoriertes, trotzdem für Kapstädter Verhältnisse überraschend günstiges B&B mit sechs Zimmern in einem ruhig gelegenen, historischen Haus. Barbara und Guido, das deutsche Besitzerpärchen, sind 2006 nach Kapstadt ausgewandert.

Tipp: die leckeren Frühstücks-Pfannkuchen.

Villa Flores (RR-RRR), 15 Varsity St, Tamboerskloof, Tel. 021-4246320, www.villaflores.co.za
Weltenbummler Raymonda und Steffen Blume haben dieses Haus in ein asiatisch angehauchtes B&B mit viel Flair umgewandelt.

Alta Bay (RR-RRR), 12 Invermark Cresent, Higgovale, Tel. 021-4878800, www.altabay.com
Schickes Viersterne-B&B mit tollem Blick auf die City. Ruhig gelegen mit großem Garten und Kochnischen für Selbstversorger.

Company's Garden, Delville Wood-Memorial (1. Weltkrieg) vor dem South African Museum

La Grenadine (RRR), 15 Park St, Gardens,
Tel. 021-4241358, www.lagrenadine.co.za
Nettes kleines Gästehaus mit nur fünf Zimmern im französischen Stil. Im Garten wird an kleinen Bistrotischen Café au Lait unter dem Grenadinenbaum serviert. Zum Frühstück gibt es frische Croissants, Pain au Chocolat, Baguette und Musik von Edith Piaf …

The Grand Daddy (RRR), 38 Long St,
Tel. 021-4247247, www.granddaddy.co.za
Das verrückteste Hotel Kapstadts. Knüller sind sieben restaurierte und aufpolierte amerikanische Airstream-Wohnwagen, die per Kran auf das Dach des historischen Hotels geliftet wurden. Jeder von ihnen wurde von einheimischen Künstlern individuell dekoriert.

Protea Hotel Fire & Ice (RRR), 60 New Church St, Tel. 021-4882555, www.protea hotels.com/protea-hotel-fire-ice!.html
Ultra-cooles Hotel in zentraler Lage, alle 189 Zimmer sind mit LCD-Flatscreen, Bose-Hifi-Anlagen und freiem Internet-Anschluss versehen.

Ikhaya Lodge (RRR-RRRR),
Dunkley Square, Gardens, Tel. 021-4618880, www.ikhayalodge.co.za
Übernachtungen im Safari-Lodge-Stil mitten in Kapstadt, stilvolle ethnisch-afrikanische Einrichtung, von einigen Zimmern Tafelberg-Blick.

Hippo Boutique Hotel (RRRR),
5–9 Park Rd, Gardens, Tel. 021-4232500, www.hippotique.co.za
In einem aus einem Dornröschenschlaf erwachten City-Straßenzug steht dieses trendige Boutique-Hotel im zen-minimalistischen Stil, alle 20 Zimmer mit edler Mini-Küche im stilvollen Schrank, Satelliten-Fernsehen, Computer mit kostenlosem 24 Stunden ADSL-Internet-Anschluss, DVD-Spieler, Musikanlage und Safe, in den ein Laptop passt; sicheres Parken, prima Restaurants im Haus und in Gehweite in der Kloof- und Long Street.

Green Point

Bluegum Hill Guest House and Apartments (RR), 13 Merriman Rd,
Tel. 021-4398764, www.bluegumhill.co.za
Günstiges Gästehaus in ruhiger Lage am Fuße des Signal Hills mit Blick auf die Tafelbucht, den Hafen, die Waterfront und Robben Island. Fünf Minuten mit dem Auto zur Waterfront und 10 Minuten in die City.

Antrim Villa (RRR), 12 Antrim Rd,
Tel. 021-4332132, www.antrimvilla.com
Ein viktorianisches Privathaus aus dem späten 18. Jahrhundert wurde mit viel Liebe in ein Gästehaus mit tropisch-afrikanischem Dekor verwandelt, mit Salzwasser-Pool und nur 10 Fußminuten an die Green Point Promenade.

Cape Victoria Guest House (RRR),
Ecke Wigtown/Torbay Road,
Tel. 021-4397721, www.capevictoria.co.za
Luxuriöses viktorianisches Gästehaus mit Blick auf Robben Island, Table Bay und Signal Hill. 15 Minuten zu Fuß zur Waterfront.

The Cape Standard (RRRR), 3 Romney Rd,
Tel. 021-4303060, www.capestandard.co.za
Elegantes und modernes Gästehaus mit schönem Garten und Pool in ruhiger Lage. Zentral gelegen.

Waterfront

The Breakwater Lodge (RR),
Portswood Rd, Tel. 021-4061911,
www.breakwaterlodge.co.za
Gehen sie in das Gefängnis, begeben Sie sich direkt dorthin … kleine Zimmer in den Zellen des alten Gefängnisses in der Waterfront, günstiger lässt es sich in der Waterfront nicht übernachten.

Cape Grace (RRRRR), Tel. 021-4107100,
www.capegrace.co.za
Geschickt in das Gesamtbild der Waterfront integriertes, relaxt-luxuriöses Hotel, das von drei Seiten mit Wasser umgeben ist. Große, freundliche Zimmer mit Espressomaschinen bieten Tafelberg- oder Hafenblick.

Bo-Kaap

22 on Rose (RRR), 22 Rose St,
Tel. 021-4243813, www.22onrose.co.za
Hübsches kleines B&B mitten im pulsierenden Bo-Kaap. Supermoderne Zimmer, Dach-

terrasse. Idealer Ausgangspunkt, um zu Fuß Kapstadt zu erkunden.

Rouge on Rose (RRR-RRRR), 25 Rose St, Tel. 021-4260298, www.rougeonrose.co.za
Zwischen den bunt angemalten Häusern steht das verspielt eingerichtete Boutique Hotel. Frühstück und Lunch werden im hauseigenen Bistro serviert.

Essen & Trinken

Restaurants im Stadtzentrum

Afrikanisch

Addis in Cape (RRR), 41 Church St,
Ecke Long/Church Sts, Tel. 021-4245722,
www.addisincape.co.za,
Lunch Mo–Sa 12–2.30 Uhr,
Dinner Mo–Sa 18.30–23 Uhr.
Würzige Currys aus Äthiopien werden mit köstlichem, dünn ausgerolltem Fladenbrot serviert. Ideal auch für Vegetarier. Hier darf man ganz offiziell mit den Fingern essen.

Africa Café (RRR), 108 Shortmarket St, Tel. 021-4220221, www.africacafe.co.za, Mo–Sa Dinner, Lunch im Lunch@Africa Café, Mo–Fr 8–16, Sa 8–14 Uhr.
Afrikanische Erlebnisgastronomie. Nach der traditionellen „Handwaschzeremonie" wird ein Menü, bestehend aus 16 verschiedenen Gerichten vom gesamten schwarzen Kontinent, aufgetischt. Von den Favoriten darf der Gast zu einem Festpreis so oft nachbestellen wie er möchte. Die attraktiven Bedienungen tragen wunderbar bunte, traditionelle Kleidung und zum Abschluss singt und trommelt die ganze Belegschaft. Ein typisches Touristenziel, das man aber trotzdem nicht missen sollte.

Mama Africa (RRR),
178 Long St, Tel. 021-4248634,
www.mamaafricarestaurant.co.za,
täglich ab 18.30 Uhr, sonntags Ruhetag.
Seit Jahren eine feste Institution und sowohl bei Einheimischen als auch bei Touristen beliebt. Auf der Speisekarte werden Wild, Fisch, Currys und vegetarische Gerichte angeboten. Ab 20 Uhr treten regelmäßig Marimba-Bands auf. Super Stimmung.

Asiatisch

Bukhara (RRR), 33 Church St,
Tel. 021-4240000, www.bukhara.com,
Mo–Sa Lunch, Mo–So Dinner.
Immer voll, immer eng, immer halbdunkel, aber garantiert auch immer erstklassiges indisches Essen. Bei Kapstadts bestem Inder muss unbedingt reserviert werden!

Eastern Food Bazar (R),
96 Longmarket St, Tel. 021-4612458,
www.easternfoodbazaar.co.za
Ein orientalischer „Ess-Tempel" mit bunt gemischtem Publikum. In einer langgezogenen Markthalle gibt es Essstände mit duftenden Currys, türkischen Kebabs und vegetarische Köstlichkeiten zu sehr günstigen Preisen. Um die Mittagszeit ist hier richtig viel los, das Geschnatter der Kundschaft vermischt sich mit orientalischer Musik. Selbstbedienung. Das Essen ist koscher, also kein Schweinefleisch und kein Ausschank alkoholischer Getränke.

Saigon (RRR),
Ecke Kloof/Camp St, Tel. 021-4247670,
Lunch So–Fr, Dinner Mo–Sa.
Vietnamesisches Restaurant mit toller Aussicht auf den Tafelberg. Exzellentes Essen und aufmerksamer Service.

South China Dim Bar (RR),
289 Long St, Tel. 078-8463656,
Di–Fr 12.30–15, Sa 11–15 Uhr,
Dinner Di–Sa 18.30–10 Uhr.
In dem kleinen und modernen Restaurant mit Kung Fu-Postern an den Wänden können asiatischen Delikatessen selber zusammengestellt werden.

Takumi (RRR), 3 Park Rd,
Tel. 021-4248879, www.takumi.co.za,
Di–Fr 12–14 und Mo–Sa 18–22 Uhr.
Sushichef Hatsushiro Muraoka bereitet köstliches Sushi und andere japanische Spezialitäten zu.

Italienisch

Bacini's (RRR), 177 Kloof St, Gardens,
Tel. 021-4236668, täglich 12–22 Uhr.
Alteingesessener Italiener, hier herrscht immer Betrieb und im Sommer kann man im Freien sitzen.

Auf gut Deutsch

Heimweh? Entzugserscheinungen? Mal wieder Lust auf eine Bockwurst oder ein Stück Käsekuchen? In Kapstadt leben mittlerweile mehr als 40.000 Deutsche, die zwar nicht unbedingt Heimweh haben, aber doch ab und zu Gelüste auf eine traditionelle deutsche Mahlzeit verspüren. Hier einige Anlaufadressen:

Café Extrablatt, Exhibition Building, 79 Main Road, Green Point, Tel. 021-2860460, www.cafe-extrablatt.co.za, täglich geöffnet. Ganz in der Nähe des WM-2010-Stadions hat das „Café Extrablatt" sein Domizil auf zwei Stockwerken. Unter anderem werden Schweinshaxe, Rouladen, Schnitzel mit Pommes und im Winter auch Gulaschsuppe serviert. Leckeren Apfelstrudel und Käsekuchen gibt es auch.

Dinkel German Bakery, 91 Kloofnek Road, Tamboerskloof, Tel. 021-4243217, www.dinkel.co.za, Mo–Fr 8–17 Uhr, Sa 8–13 Uhr.
Diese niedliche kleine Bäckerei mit Kaffeestube befindet sich in einem alten viktorianischen Haus. Blechkuchen, Käsekuchen, Brezeln, Laugenstangen, Vollkornbrot und Roggenbrot. Im Café werden belegte Brötchen und Kaffee & Kuchen serviert.

Euro Haus Bakery, 210 Loop Street, Tel. 021-4220168, www.eurohaus.co.za
Riesenauswahl an Kuchen, Gebäck und süßen Stückchen, gebacken vom deutschen Bäcker. Außerdem guter und günstiger Mittagstisch.

Raith Gourmet, Gardens Centre, Mill Street, Tel. 021-4652729 und High Constantia Centre, Constantia Road, Tel. 021-7941706, www.raithgourmet.com
Metzgermeister Helmut Raith wanderte 1989 nach Kapstadt aus und betreibt neben seiner Metzgerei auch zwei Bistros. Im High Constantia Centre an der Zugangsstraße zum Weingut Groot Constantia sitzt man wunderschön unter schattigen Ahornbäumen und hier gibt es so ziemlich alles, was das deutsche Herz begehrt: herzhaft deftige Schnitzel, Leberkäse, Bratwürste, Weiß-

würste, Schinkenplatten und dazu ein Weißbier. Zum Abschluss dann eine superleckere Auswahl an frischgebackenen Kuchen aus der hauseigenen Bäckerei. Auch ideal, um seinen Picknickkorb mit vakuumverpackten Leckereien für die Weiterreise aufzufüllen. Beide Geschäfte haben täglich von 8–18 Uhr geöffnet.

Deutscher Verein Kapstadt, 6 Roodhek Terrace, 105B Hope Street, Tel. 021-4626601, www.deutschervereinkapstadt.co.za
Alteingesessener Club mit Restaurant und Veranstaltungsraum. Fußballfans können hier Bundesliga und internationale Spiele unter Gleichgesinnten auf einer großen Leinwand miterleben. Das Clubhaus-Restaurant serviert Wurstsalat, Rindergulasch mit Rotkohl und Knödel, Jägerschnitzel mit Pilzrahmsauce und Bratkartoffeln, Geschnetzeltes mit Sahnesauce und Spätzle, Erbseneintopf mit Bockwurst und Bauernbrot, Leberkäse mit Spiegelei und Bratkartoffeln und vieles mehr. Und Bier vom Fass gibt es selbstverständlich auch.

Bierfest, Newlands Brewery, 3 Main Road, Newlands, Tel. 021-8243132, www.bierfest.co.za
In Kapstadt wird Münchens Riesengaudi nicht im Oktober, sondern im November gefeiert. Großes Brauerei-Bierfest mit „Oompah" Brass (Blasmusik) und Bedienungen im Dirndl, die frisch gezapftes deutsches Bier, Bratwürste, Brezeln und anderes servieren.

Bardelli's (RRR), 18 Kloof St, Gardens, Tel. 021-4231502, täglich Lunch und Dinner. Gemütlicher Italiener mit teilweise exotischen Pizzen.

Café Paradiso (RR), 110 Kloof St, Tel. 021-4238653. Mo–Fr, Sa/So 10–23 Uhr
Das alteingesessene Café Paradiso hat ein komplettes Facelift mit „bohemian touch" erhalten. Jetzt gibt es eine eigene Bäckerei im Haus und auf der großen Terrasse werden Sandwiches, Antipasti, Salate und diverse Pastagerichte serviert. **Tipp:** Der Lammsalat „Café Paradiso" ist köstlich!

Mitico (RRR), 71 Kloof St, Gardens, Tel. 021-4222261,
täglich außer sonntags Lunch und Dinner. Einer der beliebtesten Italiener der Stadt. Authentische Pizza mit hauchdünnem Boden nach altem Familienrezept. Im Sommer draußen sitzen.

Bistros & Delis & Cafés

Bistrot Bizerca (RR-RRR), Heritage Square, 98 Shortmarket St, Tel. 021-4238888, www.bizerca.com. Lunch Mo–Fr 12–15 Uhr, Dinner Mo–Fr 18.30–22 Uhr.
Ultraschickes Restaurant mit Bistro-Ambiente. Im Sommer kann man zwischen Kräutergarten und Springbrunnen im gepflasterten Innenhof sitzen.

Café Mozart (RR), 37 Church St, Tel. 021-4243774,
Frühstück, Lunch, Kaffee & Kuchen Mo–Sa. Mitten in der Fußgängerzone zwischen Flohmarktständen und unter schattigen Bäumen kann man prima die Passanten und Straßenmusikanten beobachten. Günstiges Lunch-Büffet.

Cru Café (RR), Cape Quarter, 27 Sommerset Rd, Tel. 021-4186293, www.thecrucafe.com
Coole, moderne Atmosphäre. Fisch, Fleisch und vegetarische Gerichte und Tapas. Sensationelle Weinkarte mit über 120 Weinen. Im Sommer kann man auch draußen sitzen.

Dear Me (RR),165 Longmarket St, Tel. 4224290, www.dearme.co.za
Minimalistisch eingerichtetes Bistro in der Innenstadt und ideal für Besucher mit Allergien. Hier gibt es unter anderem leckere gluten-, laktose- und weizenfreie Gerichte.

Haarlem & Hope (RR),
The Company's Garden, Queen Victoria St, Tel. 021-4232919, Mo–So 7.30–17 Uhr, www.haarlemandhope.com
Im ältesten botanischen Garten Kapstadts liegt dieses schicke neue Restaurant mitten im Grünen. Frühstück, leichte Gerichte, Salate, Karoo-Lamm, frisch gepresste Fruchtsäfte. Kaffee und Kuchen werden auch auf der großen Terrasse serviert.

Kauai Juice (R-RR), 39b Long St, Tel. 021-4215642 und Shop 26, Lifestyles on Kloof, 50 Kloof St, City, Tel. 021-4261575, www.kauai.co.za
Hervorragende Sandwiches mit verschiedenen Brotsorten und eine gigantische Auswahl an Frucht- und Powerdrinks, oder „power smoothies", wie man hier sagt. Für schnelle, aber gesunde mittägliche Snacks.

Knead (R-RR), Lifestyle Centre Building, 50 Kloof St, Tel. 021-6717915, www.kneadbakery.co.za
Bäckerei, Pizzeria und Café. Täglich geöffnet.

Manna Epicure (RR), 151 Kloof St, Tel. 021-4262413
Eine Institution in Kapstadt, hier trifft sich die Crème de la Crème, und ab und zu werden hier auch internationale Schauspieler gesichtet. Elegantes Dekor, alles in Weiß gehalten. Frühstück, Brunch, Gourmet-Salate, Tapas und Risottos. Montag Ruhetag.

Melissa's (RR), 94 Kloof St, Tel. 021-4245540, www.melissas.co.za
Eine Mischung aus Deli und Café. Leckere, abwechslungsreiche Frühstücke, prima Kaffee. Filialen in Newlands (Tel. 021-6836949) und im Constantia Village (Tel. 021-7944696).

Royale Eatery and Kitchen (RR), 273 Long St, Tel. 021-4224536, www.royaleeatery.com
Dieses beliebte Restaurant serviert die besten Hamburger in der City. Auf der Speisekarte stehen sage und schreibe 50 verschiedene Hamburger-Variationen zur Auswahl. Sonntag Ruhetag.

Raith Gourmet (R), 38 Gardens Centre, Mill St, Gardens, Tel. 021-4652729; www.raithgourmet.com
Der deutsche Edelmetzger, bei dem die meisten Verkäufer und Verkäuferinnen wie selbstverständlich Deutsch sprechen, offeriert eine gigantische Auswahl an Aufschnitt, Würsten und Fleisch. Es gibt einen Imbiss zum Probieren vor Ort. Weitere Highlights gegen Entzugserscheinungen: Laugenstangen, Brezeln, Weißwürste, Nutella, Spiegel, Focus und Süddeutsche …).

Vida-e-Caffe (R), 34 Kloof St, Tel. 021-4610424, www.vidaecaffe.com
Filialen in der Waterfront, Greenpoint, Greenmarket Square und in der City am Thibault Square. „Leben und Kaffee" ist eine nüchtern-spartanisch eingerichtete portugiesische Café-Bar, die einen der besten Kaffees der Stadt serviert. Die gigantischen Muffins, ständig frisch aus dem Backofen, mit süßer und pikanter Füllung sind eine Mahlzeit für sich und ein idealer „schneller" Lunch.

Gourmet-Restaurants

Aubergine (RRR), 39 Barnet St, Gardens, Tel. 021-4654909, www.aubergine.co.za
Harald Bresselschmidts Restaurant ist seit Jahren preisgekrönt und gehört zu den Top-Restaurants Kapstadts. In einem historischen Gebäude werden Straußenfleisch und Kalahari-Trüffel serviert. Der Service ist mustergültig. In einer lauen Sommernacht empfiehlt es sich, einen Tisch unter der Palme im Innenhof zu reservieren.

Carne (RRR), 70 Keerom St, Tel. 021-4233460, www.carne-sa.com
Der italienische Gastronom Giorgio Nava eröffnete zusätzlich zu seinem erfolgreichen Restaurant „95 Keerom" (www.95keerom.com) sein neues, elegantes „Carne". Die Speisekarte wird, wie der Name schon verrät, vor allem von auf der Zunge zergehenden Fleischgerichten dominiert.

Savoy Cabbage (RRR), 101 Hout St, Tel. 021-4242626, www.savoycabbage.co.za, Mo–Fr 12–14.30, Mo–Sa 19–22.30 Uhr
Ein sehr gutes Restaurant, kühles Industrie-Design mit Backsteinwänden in den ehemaligen Unterkünften der weiblichen Sklaven Kapstadts. Einfallsreiche Küche, sowohl für Vegetarier als auch für Fleischliebhaber.

Kaffee & Kuchen

Euro Haus Bakery (R), 210 Loop St, Tel. 021-4220168, www.eurohaus.co.za
Riesenauswahl an Kuchen, Gebäck und süßen Stückchen, gebacken vom deutschen Bäcker.

Limnos Bakery (R), 34 Somerset Rd, Green Point, Tel. 021-4251456
Europäisches Kaffeehaus mit gigantischer Auswahl an Kuchen, Torten und süßen Stückchen.

Dinkel (R), 91 Kloofnek Rd, Tamboerskloof, Tel. 021-4243217
Traditionelle deutsche Bäckerei mit niedlichem Café und Hinterhof.

Haas (R), 67 Rose St, Bo-Kaap, Tel. 021-4224413
Elegantes Café, das mit seiner schwarzen Fassade aus den typisch buntbemalten Häusern in Bo-Kaap aus der Reihe tanzt. Hier gibt es eine kleine Auswahl an leckeren Kuchen und die teuerste Kaffeesorte der Welt, *Kopi Luwak*.

High Tea

Belmond Mount Nelson Hotel (RRRR), 76 Orange St, Gardens, Tel. 021-4831000, www.belmond.com/mount-nelson-hotel-cape-town
Hier wird in eleganter Umgebung der ultimative „High Tea" serviert. Neben verschiedenen Teesorten gibt es selbstverständlich auch Kaffee, süße Stückchen, Torten, Lachsbrötchen, Roastbeef-Schnitten und andere „Kalorienbomben".

Twelve Apostels Hotel (RR), zwischen Camps Bay und Llandudno gelegendes Hotel, Tel. 021-4379000, www.12apostleshotel.com
Hier wird täglich zwischen 10 und 16 Uhr „Tea by the Sea" serviert. Auf einem dreistöckigen Teller werden leckere Süßwaren und delikate kleine Gourmet-Sandwiches gereicht. Am schönsten lassen sich die Leckereien mit Kaffee oder Tee auf der Veranda mit herrlichem Blick über das Meer verzehren.

Märkte

City Bowl Market on Hope,
www.citybowlmarket.co.za,
Do 16.30–20.30, Sa 9–14 Uhr.
Markthalle mit köstlichen Leckereien, frischem Obst und Gemüse zum dort essen oder mitnehmen.

Restaurants in Green Point

Café Dijon (R-RR), 15 Napier St,
Tel. 021-4183910, www.cafedijon.co.za
Modernes, französisches Bistro mit Innenhof und mediterraner Küche. Spezialitäten wie Boeuf Bourguignon und Coq au Vin. **Tipp:** Angus Beef Burger.

Giovanni's (RR), 103 Main Rd,
Tel. 021-4346893
Hier wird in der Regel deutlich mehr Italienisch gesprochen als Englisch; der Mann hinter der Theke umpft meist Unverständliches in sehr tiefer Tonlage, schaut aus wie die Nebenbesetzung zu einer Paten-Neuverfilmung und man erwartet eher eine abgesägte Schrotflinte – stattdessen werden erstklassige Espressos mit samtiger Crema serviert.

Beluga (RRR-RRRR), The Foundry, Prestwich St, Greenpoint,
Tel. 021-4182948, www.beluga.co.za;
Mo–Sa Lunch, Mo–So Dinner.
Eine Mischung aus New Yorker Restaurant und Pariser Café. In dem roten Backsteingebäude einer ehemaligen Gießerei finden 160 Leute Platz. **Tipp:** Sushi-Specials vor 19 Uhr.

Gold Restaurant (RRR), 15 Bennett St, Green Point, Tel. 021-4214653,
www.goldrestaurant.co.za
Serviert wird ein schmackhaftes dreigängiges Menü mit 13 Spezialitäten aus verschiedenen afrikanischen Ländern. Zwischen den Gängen treten afrikanische Tänzer und Sänger auf. Wer möchte, trommelt vor dem Essen eine halbe Stunde unter der Anleitung eines westafrikanischen Trommelmeisters. Bezaubernde Atmosphäre in modern-afrikanischem Ambiente.

Tobago's Restaurant im Radisson Blu
(RRRR), 100 Beach Rd, Granger Bay,
Tel. 021-4413000, www.radissonblu.com,
täglich 12.30–15 u. 18.30–22.30 Uhr.
Elegantes Fünfsterne-Restaurant direkt am Meer mit Ausblick auf Robben Island und die Waterfront. Afrikanische und internationale Gerichte. Tadelloser und freundlicher Service. Große Terrasse, Bar.

Restaurants in der Waterfront

Asiatisch

Haiku (RRR), Upper Level Victoria Wharf,
Tel. 021-4185700
Japanische, Koreanische und Chinesische Gerichte werden in Tapaportionen serviert.

Willoughby & Co (RR-RRR),
Victoria Wharf Shop 6132, Tel. 021-4186115,
www.willoughbyandco.co.za
Seit 1992 eines der besten japanischen Restaurants in Kapstadt. Das Sushi ist unschlagbar. Reservierungen werden leider nicht entgegengenommen, deshalb rechtzeitig zum Mittag- oder Abendessen kommen, um die lange Warteschlange zu vermeiden.

Fischspezialitäten

Ocean Basket (RR),
Victoria Wharf Shop 222, Tel. 021-4259596
Vor allem bei den Einheimischen ein beliebtes Kettenrestaurant. Fangfrischer Fisch, Krustentiere und Muscheln auf mozambikanische und portugiesische Art und Weise zubereitet. Lecker, günstig und manchmal recht laut, effizienter Service. Von der Terrasse im ersten Stock überblickt man Waterfront und Tafelberg.

Cape Town Fish Market (RRR),
Shop G12, Clock Tower, Tel. 021-4182012
Ende 2014 neu eröffnetes Restaurant mit super Aussicht auf die Waterfront. Fangfrischer Fisch und Sushi. Es gibt unter der Woche an bestimmten Tagen Ermäßigungen. Info unter www.ctfm.co.za

Baia Seafood Restaurant (RRRR),
Victoria Wharf, Shop 6262,
oberes Stockwerk, Tel. 021-4210935,
www.baiarestaurant.co.za
Edles Meeresfrüchte-Restaurant mit Aussicht

auf Tafelberg und Waterfront (versuchen, Tisch „20" zu reservieren, von dort ist die Aussicht am besten).

Italienisch

Café Balducci (RR-RRR), Victoria Wharf, Shop 6162, Tel. 021-4216002 o. 4216003, www.balducci.co.za
Mo–So Frühstück, Lunch & Dinner.
Erstklassiges, stilvolles Restaurant mit Bar, meist sehr attraktives Publikum, sehr aufmerksame Bedienungen. **Tipp:** Straußenfilet mit Cajun-Gewürzen, dazu Risotto, gerösteter Kürbis und eine reichhaltige Cabernet-Sauvignon-Soße.

Kneipen

Ferryman's Tavern (RR), Dock Rd, Victoria Wharf, Tel. 021- 4197748, www.ferrymans.co.za
Den typisch englischen Pub gab es bereits vor Waterfront-Zeiten, damals war er nur von Hafenarbeitern und Seeleuten frequentiert; heute kommen natürlich hauptsächlich Touristen, um frischgezapfte englische Fassbiere zu geniessen und sich Pub-Lunches einzuverleiben.

Quay Four Tavern (R-RR) & Quay Four Upstairs (RR-RRR). Victoria Wharf, Tel. 021-4192008, www.quay4.co.za
Auf dem rustikalen Holzdeck der Quay Four-Taverne lässt sich bei frischgezapftem Bier und leckeren Fisch & Chips das bunte Treiben an der Waterfront beobachten und von 20–24 Uhr spielen Live-Bands. Im oberen Stockwerk geht es etwas gediegener zu. Hier gibt es eine große Auswahl an Fleisch- und Fischgerichten.

Gourmet-Restaurants

Reuben's (RRRR), One & Only Hotel, Tel. 021-4315888, www.reubens.co.za
Reuben Riffel, einer der bekanntesten und beliebtesten Starköche Südafrikas, eröffnete sein erstes Restaurant 2004 in Franschhoek und beglückt nun seine Fans neuerdings in seinem eleganten Restaurant im luxuriösen One&Only an der Waterfront. Wegen großer Beliebtheit unbedingt vorher reservieren.

Harbour House (RR-RRRR), Quay 4, Tel. 021-4184744, www.harbourhouse.co.za
Vom oberen Aussichtsdeck lässt sich prima das emsige Geschehen der Waterfront überblicken. Täglich Lunch und Dinner, speziell Fischspezialitäten und Sushi.

Mondiall (RRR), Alfred Mall, Tel. 021-4183003
Schickes Restaurant in einem der ältesten Gebäude der Waterfront. Täglich Frühstück, Lunch und Dinner. Seafood, Tapas und Brasserie, internationale Küche.

Außerhalb

Shimmy Beach Club (RRR), 12 South Arm Rd, Tel. 021-2007778, www.shimmybeachclub.com
Mo–Fr 11–24 Uhr, Sa 9–24 u. So 9–18 Uhr.
Künstlich aufgeschütteter Sand, Palmen, ein geheizter Pool aus Glas, Musik, verschiedene Bars, ein Riesenrestaurant – und das alles am Ende des Hafens, direkt am Wasser. Man hat das Gefühl sich auf einem Luxusdampfer zu befinden. Der Club wird hauptsächlich vom jungen Puplikum frequentiert, Motto: Sehen und gesehen werden.

Märkte

The V&A Market on the Wharf (RR), Mi–So 9.30–18 Uhr.
Markthalle mit großem Angebot an verschiedenen Essständen.

Kaffee und Kuchen

Mugg & Bean (R-RR), Shop 7117, Tel 021-4196451, www.themugg.com
Endlos viele Kaffeesorten, dazu Kuchen oder Muffins.

Vovo Telo (RR-RRR), Market Square, Dock Rd, Tel. 021-4183750, www.vovotelo.com
Bäckerei mit gemütlichem Café. Ausgezeichnete Backwaren, Pasta, Salate und leckerer Kaffee.

High Tea

Table Bay Hotel (RR-RRR), Quay 6, Victoria & Alfred Waterfront, Tel. 021-4065000, www.suninternational.com/table-bay

In eleganter Atmosphäre wird hier traditioneller High Tea in vier Varianten angeboten: *Sinful Delight*, kleine Auswahl vom High Tea-Büffet (günstig); *High Tea*, 3-gängiges High Tea-Menü mit „dekadenten" kleinen Sandwiches, Mini-Quiches, süßen Stückchen und drei verschiedenen Teesorten; *Tea Royal*, 3-gängiges High Tea-Menü inklusive südafrikanischem Sekt: *Tea Royal Premium*, 3-gängiges High Tea-Menü inklusive französischem Champagner (nicht ganz billig).

Nightlife

City

Mama Africa, Restaurant & Bar,
178 Long St, Tel. 021-4248634,
ww.mamaafricarestaurant.co.za
Das Dinner (RRR) von Mo–Sa serviert, die Bar besteht aus einer 12 m langen Theke, die einer grünen Mamba nachempfunden ist, darüber hängt ein gigantischer Kronleuchter aus alten Coca-Cola-Flaschen, und aus der Wand ragt ein halber Lkw. Abends spielen Live-Marimba-Bands und die Bar ist gerammelt voll.

Club 31 (das ehemalige „Hemisphere"),
31. Stock, ABSA-Gebäude, 2 Riebeeck St,
City Centre, Tel. 021-4210581,
www.hemisphere.org.za;
Di–Fr ab 16.30 Uhr, Sa ab 21 Uhr, bis spät.
Kann mit seinem eleganten Innendekor mit den besten Clubs der Welt konkurrieren und hebt sich schon deshalb deutlich von anderen Bars ab, da sie im 31. Stockwerk liegt, mit grandioser 180-Grad-Aussicht über das nächtliche Kapstadt. Das Publikum ist 25+.

Jo'burg, 218 Long St, City Centre,
Tel. 021-4220142, tgl. 17–4 Uhr.
Ein Original Long Street-Laden, der noch immer jeden Abend vollgepackt ist mit Studenten, Backpackern, Künstlern und Partyfreunden, ein originales Stück Kapstadt-Life. Pretoria-Dance-Floor und Installation-Bar im 1. Stock komplettieren diese Long Street-Erfahrung.

The Reserve, 111 St Georges Mall,
City Centre,Tel. 076-1540758,
www.club.the-reserve.co.za
Der neueste Edelschuppen in der City. Hier treffen sich die Reichen und Schönen und nippen an eisgekühlten Sektgläsern.

The Side Show, 11 Mechau St, City Centre,
Tel. 082-0770315, www.thesideshow.co.za
Marokkanisches Ambiente in dem Indie Electro, Dub Step und Drum 'n Bass gespielt wird. Im dazugehörigen Brasserie-Restaurant wird für Hungrige vorgesorgt. Junges Publikum.

Rafiki's, 13b Kloof Nek Rd, Tamboerskloof,
Tel. 021-4264731, http://rafikis.co.za
Relaxter Platz, um ein paar Drinks einzunehmen, großer Balkon, Livemusik, cooles Dekor und Kunst an den Wänden. Außerdem leckere Pizza.

Green Point/De Waterkant

Pigalle, 57A Somerset Rd, Tel. 021-4214848, www.pigallerestaurants.co.za
(Eingang Highfield Rd, am Somerset Sq parken.)
Dieses Kapstädter Pendant ist nach dem berühmt-berüchtigten Pigalle in Paris benannt. Ein elegantes Tanzlokal, extravagante Einrichtung mit Kronleuchtern und Schwarzweiß-Fotos. Berühmt für exzellente Fischgerichte und Steaks. Nach einer üppigen Mahlzeit kann man zu Swing, Jazz und Salsa, gespielt von top-südafrikanischen Musikern, tanzen. Zigarren- und Cognac-Lounge, sonntags Ruhetag.

Buena Vista Social Club Café, 12 Portswood Rd, Tel. 021-4182467/68,
www.buenavista.co.za, tgl. 2–12 Uhr.
Benannt nach der berühmten kubanischen Rentnerband und dem gleichnamigen Film; Tapas-Menü, große Zigarrenauswahl und viele schöne Menschen.

Waterfront

Jou Ma Se Comedy Club (RRRR),
The Pumphouse, Tel. 021-4188880,
www.joumasecomedy.com
Erlebnisgastronomie mit wechselnden lokalen und internationalen Komödien.

Jazz-Szene Kapstadt

All that Jazz. In den letzten zehn Jahren hat sich Kapstadt zur Jazz-Metropole Südafrikas entwickelt, Kapstadt ist mittlerweile so jazzig wie New Orleans. Wie in Amerikas berühmter Hafenstadt auch ist der Jazz wesentlicher Bestandteil des kulturellen Lebens am Kap. Gleich zwei große Jazz-Festivals finden jährlich statt: das *Cape Town International Jazz Festival* (www.capetownjazzfest.com) und das *Standard Bank Jazzathon* (www.jazzathon.co.za). Es gibt zwei Radiostationen, die nur Cape Jazz spielen (Live Audio Streaming übers Internet möglich): *Fine Music Radio* (http://fmr.co.za/) und *P4 Radio* (www.p4radio.co.za).

Südafrikas Jazz-Szene entwickelte sich zeitgleich mit dem US-amerikanischen Jazz-Mainstream und fusionierte dessen Stil mit südafrikanischen Traditionen, was in einer typisch lokal kolorierten Musik resultierte.

Die Musiktradition am Kap hat viele Ursprünge: Westafrikanischer Sklavenimport, malaiische Einflüsse, die Kap-Minnesänger-Tradition, Khoi-Khoi-Sounds und die Tanzhallen-Kultur der 1940er Jahre von District Six, kombiniert mit populären südafrikanischen Musikstilen wie Marabi und Kwela. Einer der berühmtesten südafrikanischen Jazz-„Exporte" ist ohne Zweifel *Abdullah Ebrahim* (der sich früher Dollar Brand nannte). Sein Stil ist eine Melange aus Duke Ellington, Thelonius Monk und John Coltrane, gemischt mit Malay, Kwela, Marabi, Cape Ministrel und sogar indischen Klangkonzepten. Die jungen Jazzmusiker von heute schöpfen aus dieser reichen Tradition.

Eine gute Adresse, um mit professioneller Beratung afrikanischen Jazz auf CD einzukaufen, ist der **African Music Store** in der Long Street 134 (Tel. 021-4260857 www.africanmusicstore.co.za), Mo–Fr 9–18 Uhr, Sa 9–14 Uhr.

Jazz-Lokale in Kapstadt

Asoka, 68 Kloof Street, Tel. 021-4220909. Hier treffen sich, vor allem dienstags, dem einzigen Tag an dem Jazzmusiker im Asoka-Restaurant auftreten, die Einheimischen, bestellen Tapas und rücken zusammen. Live-Musik ab 21 Uhr. Es empfiehlt sich, frühzeitig einen Platz zu ergattern.

The Crypt Jazz Restaurant, The Crypt, St George's Cathedral, 1 Wale Street, Tel. 079-6834659, www.thecryptjazz.com
In der Krypta unterhalb der St George's Cathedral befindet sich einer der ungewöhnlichsten Jazz-Clubs der City. Es werden bei Kerzenlicht Tapas, Fish & Chips und eine große Auswahl an Spirituosen angeboten, während lokale und auch internationale Jazzmusiker auf der runden Bühne auftreten. Di–Sa von 20–23 Uhr.

The Piano Bar, 47 Napier Street, De Waterkant, Tel. 081-8516000, www.thepianobar.co.za
Außer Jazz wird hier auch Blues und Funk geboten. Musiker treten täglich ab 20 Uhr auf.

Straight No Chaser, 79 Buitenkant Street, Gardens, Tel. 076-6792697, www.facebook.com/straightnochaserclub
Jazz, afrikanischer Funk und andere Musikrichtungen werden in diesem Club, der dem bekannten New Yorker Club „The Village Vanguard" nachempfunden ist, gespielt. Dienstags bis samstags zwischen 20.30 und 22 Uhr. Es gibt nur wenige Sitzplätze, also unbedingt einen Tisch vorbestellen.

Westend Jazz Club, Cine 400 Building, College Rd, Rylands, Tel. 021-6379132/3
Abseits der touristischen Pfade befindet sich dieser Club, immerhin seit 1978. Viele Kapstädter Musiker begannen hier ihre Karriere. Jeden Freitag von 17 Uhr bis spät in die Nacht treten lokale und internationale Größen auf und dazu kann man auch das Tanzbein schwingen.

Hanover Street, Grand West Casino, 1 Vanguard Dr, Tel. 021-5057777, www.grandwest.co.za
Dieser Club ist im Stil des alten, in der Apartheidzeit plattgewalzten Stadtteils District Six aufgemacht. Die Hanover Street war eine der bekanntesten Straßen im District Six. Verschiedene Musikrichtungen, aber hauptsächlich populärer Jazz. Die Bands wie N2 und Sabre sind sehr professionell, spielen aber Cover-Versionen populärer Jazzhits, keine eigenen Kreationen. Manchmal treten auch südafrikanische Stars auf.

Studio 7, 213 High Level Rd, Sea Point, Tel. 083-3993334
Klein aber fein. Sich auf bequemen Sofas zurücklehnen und regionalen Musikern lauschen. Hier sind schon Zolani Mahola, Vusi Mahlasela, Arno Carstens und Albert Frost aufgetreten.

The Independent Armchair Theatre, 135 Lower Main St, Observatory, Tel. 021-4471514, www.armchairtheatre.co.za
In diesem alternativen Theater, Kabarett-Club und Live-Musik-Veranstaltungsort gibt es jeden Donnerstagabend Jazz. Gemütlicher Platz mit vielen bequemen Sofas, hier treffen sich vor allem Studenten.

Dizzy's Jazz Café, 39 The Drive, Camps Bay, Tel. 021-4382686, www.dizzys.co.za, 11.30–3 Uhr. Coole Jazzbar mit sehr relaxter Atmosphäre.

Winchester Mansions Hotel, 221 Beach Road, Sea Point, Tel. 021-4342351, www.winchester.co.za
Das *Sunday Jazz Brunch* ist sowohl bei Einheimischen als auch bei Touristen ein beliebtes Sonntags-Event, um sich zurückzulehnen, Jazzklängen zu lauschen und sich dabei drei Stunden lang vom leckeren Brunch-Büffet zu bedienen. Schöner Innenhof. Sonntags 11–14 Uhr, Reservierung empfehlenswert.

Making Music Productions hat eine informative Website, www.music.org.za, die viele Jazzkünstler mit Biografien, Stories und Konzertdaten auflistet.

Adressen der Sehenswürdigkeiten

Tafelberg & Table Mountain Aerial Cableway, Lower Station, Tafelberg Rd, Tel. 021-4248181, www.tablemountain.net. Den Schildern von der oberen Kloof Street aus folgen.

Tafelberg-Fahrplan: Abfahrtszeiten der Gondeln von der Talstation. In Klammern die letzte Gondel bergabwärts.

16.–31. Januar	8.00–20.00 Uhr (21.00 Uhr)
1.–28. Februar	8.00–19.30 Uhr (20.30 Uhr)
1.–31. März	8.00–18.30 Uhr (19.30 Uhr)
1.–30. April	8.00–17.30 Uhr (18.30 Uhr)
1. Mai–15. September	8.30–17.00 Uhr (18.00 Uhr)
16. Sept.–31. Okt.	8.00–18.00 Uhr (19.00 Uhr)
1.–30. November	8.00–19.00 Uhr (19.00 Uhr)
1.–15. Dezember	8.00–20.00 Uhr (21.00 Uhr)
16. Dez.–15. Januar	8.00–20.30 Uhr (21.30 Uhr)

Hin- und Rückfahrt: Erwachsene 215 Rand, Kinder (4–17) 105 Rand. Die Seilbahn auf den Tafelberg fasst 65 Passagiere, die Gondel dreht sich auf dem Weg nach oben einmal um 360 Grad. 2 km Pfade zu Besichtigungspunkten. Essen kann man im *Table Mountain Café* (Selbstbedienung).

Tipp: Wer Geld sparen möchte, bucht die Tickets online auf www.tablemountain.net. Bitte beachten Sie, dass die Tafelberg-Gondel jährlich von Ende Juli bis Anfang August wegen Wartung geschlossen bleibt.

Robben Island: Museum und Informationszentrum Tel. 021-4134220, info@robben-island.org.za, www.robben-island.org.za
Täglich Überfahrten vom Nelson Mandela Gateway am Clocktower Precinct der V&A Waterfront nach Robben Island um 9, 11, 13 und 15 Uhr. Preis für die 3,5-stündige, geführte Tour mit Insel-Schiffspassage 250 Rand, Kinder bis 17 Jahren 120 Rand. Online buchen, um lange Wartezeiten zu vermeiden!

Two Oceans Aquarium, Dock Rd, V&A Waterfront, Tel. 021-4183823, aquarium@aquarium.co.za, aquarium@aquarium.co.za, www.aquarium.co.za; tägl. 9.30–18 Uhr
Sehr gut gemachter Aqua-Komplex. Erw. 118 R, Kinder (14–17) 92 R, Kinder (4–13) 58 R, Kinder bis 4 Jahre frei.

Tipp: Günstiger sind die Tickets online: www.aquarium.co.za/shop.

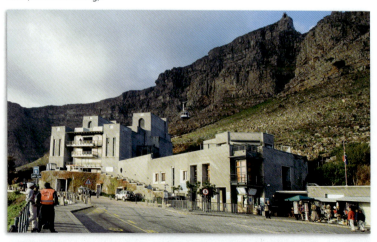

Seilbahn-Talstation zum Tafelberg

City Hall

Castle of Good Hope, Ecke Darling- u. Castle Street, Tel. 021- 7871082/3/4, www.castleofgoodhope.co.za, tgl. 9–16 Uhr.
Geführte Touren um 11, 12 und 14 Uhr. Erw. 25 R, Rentner 15 R, Kinder 10 R. Der Grundstein für Südafrikas ältestes Gebäude wurde 1666 gelegt.

Houses of Parliament, Parliament St, Tel. 021-4032266, www.parliament.gov.za
Geführte Touren nur auf Anfrage. Eintritt frei, allerdings zwei Wochen vorher buchen. Debatten der Nationalversammlung können ebenfalls angehört werden, Reisepass mitbringen.

Planetarium, South African Museum, Queen Victoria St, Tel. 021-4813900, www.iziko.org.za/planetarium, Erw. 25 R, Kinder 10 R.
Tolle Shows (Themen wechseln monatlich) zum afrikanischen Nachthimmel.

St. George's Cathedral, Ecke Queen Victoria- u. Wale Street, Tel. 021-4247360, Mo–Fr 8.30–17 Uhr und bei Gottesdiensten.
Eine der ältesten Kathedralen im Land, der erste Gottesdienst fand hier 1834 statt.

Bertram House, Hiddingh Campus, Orange St, Tel. 021-4813940, www.iziko.org.za/bertram, Di–Do 10–16 Uhr, Eintritt frei.
Georgianisches Stadthaus mit zeitgenössischen Möbeln, Silber und Porzellan.

Bo-Kaap Museum, 71 Wale St, Tel. 021-4813939, www.izikos.org.za/bokaap, Mo–Sa 10–17 Uhr, Eintritt 10 R, Kinder bis 16 frei.
Das moslemische Erbe Kapstadts wird in einem der wenigen noch erhaltenen, ersten kaphölländischen Häusern ausgestellt.

Cape Holocaust Centre, 88 Hatfield St, Gardens, Tel. 021-4625553, www.ctholocaust.co.za, So–Do 10–17, Fr 10–14 Uhr, freier Eintritt.
Ein sehr beeindruckendes Museum, das einzige jüdische Holocaust-Zentrum in Afrika, die Präsentationen und der didaktische Aufbau sind außergewöhnlich gut gelungen. Neben dem District Six Museum das beste der Stadt.

District Six Museum, 25a Buitenkant St, Tel. 021-4667200, www.districtsix.co.za, Mo 9–14.30 Uhr, Di–Sa 9–16 Uhr, Eintritt 20 R; Kinder und Rentner 5 R.

Die Cobra-Achterbahn, Rataga Juction

Fotos, Gegenstände und Präsentationen zeigen die Geschichte von District Six.

Iziko Slave Lodge, 49 Adderley St, Tel. 021-4608240, www.iziko.org.za/slavelodge, Mo–Sa 10–16 Uhr, Eintritt 20 R, Kinder frei. Die verschiedenen kulturellen Einflüsse, die Südafrikas zu dem gemacht haben, was es heute ist, werden hier anschaulich dargestellt.

Iziko South African Museum, 25 Queen Victoria St, Gardens, Tel. 021-4813800 www.iziko.org.za/sam, Eintritt 20 R, Kinder unter 18 frei. Das bekannteste Museum der Stadt, u.a. mit gigantischem Wal-Skelett über mehrere Stockwerke und Walgesängen.

Iziko South African National Gallery, Government Avenue, Gardens, Tel. 021-4674660, www.iziko.org.za/sang, Di–So 10–17 Uhr, Eintritt 20 R, Rentner 10 R und Kinder unter 18 frei. Die Nationalgalerie zeigt beeindruckende Werke südafrikanischer Künstler, der Museums-Shop verkauft außergewöhnlich schönes Kunsthandwerk.

Grand West Casino, Goodwood, Vanguard Drive (von der N1 und der N2, ausgeschildert), Tel. 021-5057777, Fax 5341278, www.grandwest.co.za Casino tägl. 24 Std., Restaurants, großer Kino-Komplex, Shops usw., tägl. 10–23 Uhr, Eintritt frei, Parken 10 R. Die Eisbahn hat olympische Ausmaße: The Ice Station, Tel. 021-5352260, www.icerink.co.za

Century City, an der N1 Richtung Paarl, Ausfahrt 10, Tel. 021-5553377, www.centurycity.co.za Der riesige Komplex entstand in unglaublich kurzer Zeit in einem vorher ungenutzten Sumpfgebiet neben der N1. Heute steht hier eines der größten Einkaufszentren der Südhalbkugel, Canal Walk (www.canalwalk.co.za) mit über 400 Geschäften und der afrikanisch angehauchte Vergnügungspark, Ratanga Junction (www.ratanga.co.za). Eintritt 162 R (Personen die größer als 1,3 Meter sind) und 80 R (Personen unter 1,3 Meter). Der „Fun Pass" kostet 55 R, beinhaltet das Live-Programm und die Boots- und Zugfahrt innerhalb Ratanga Junctions.

Shopping
Einkaufszentren und Malls

Victoria & Alfred Waterfront, Dock Rd, Tel. 021-4087500, www.waterfront.co.za, Mo–Sa 9–21, So 10–21 Uhr. Kapstadts beliebtestes Einkaufszentrum, neben Touristen kommen auch viele Einheimische hierher. Zwei Kinokomplexe. Eine Vielfalt von Boutiquen, Läden, Märkten, Restaurants, Cafés, Kinos, Museen und historischen Sehenswürdigkeiten.

Canal Walk, Sable Rd, Century City, Tel. 021-5299699, www.canalwalk.co.za, tägl. 9–21 Uhr. Einkaufszentrum mit 121.000 m^2 Verkaufsfläche. Architektonisch interessante Kuppelbauten. Über 400 Geschäfte, diverse Restaurants und der größte Kino-Komplex der Stadt; mit dem Auto etwa zehn Minuten vom City-Zentrum entfernt auf der N1 Richtung Paarl, Abfahrt „Ratanga Junction/Canal Walk"; Zubringerbusse von verschiedenen Punkten in der City, Tel. 021-5299799.

Tipp: Wer sich nach dem gewaltigen Einkaufsbummel erholen möchte, geht nebenan zu Intaka Island, einem 16 ha großen Feuchtbiotop mit einheimischer Vegetation und vielen Vogelarten. Tel. 021-5526889, www.intaka.co.za

Cavendish Square, Cavendish Square, Claremont, Tel. 021-6743050, www.cavendish.co.za
Elegante und stilvolle Stadt-Mall auf mehreren Ebenen; hier finden sich selten Touristen, vielmehr gut betuchte Kapstädter ein. Ein Muss für Shopping-Fans, nicht ganz einfach zu finden, großes Parkhaus.

The Old Biscuit Mill, 373-375 Albert Rd, Woodstock, Tel. 021-4478194, www.theoldbiscuitmill.co.za
Originelle Trödelläden, Kunsthandwerk, Galerien und Cafés im Innenhof der ehemaligen Keksfabrik Kapstadts.

Cape Quarter Lifestyle Shopping Mall, Green Point. THE PIAZZA: 72 Waterkant Street; THE SQUARE: 27 Somerset Road, Tel. 021-4211111, www.capequarter.co.za, Mo–Fr 9–18 Uhr, Sa 9–16 Uhr, So 10–14 Uhr. Stilvolles Einkaufszentrum mit viel Flair. Innenhöfe mit plätschernden Brunnen laden zum Bummeln ein. Cafés, Restaurants, Galerien, afrikanisches Kunsthandwerk und Mode. Sonntags von 10–15 Uhr findet der „Village Market" hier statt.

Besondere Läden

Pan African Market, 76 Long St, Tel. 021-4264478, www.panafrican.co.za
Wer sich für afrikanisches Kunsthandwerk interessiert, kommt um diesen Laden nicht herum: In einem alten historischen Haus findet sich hier auf zwei Stockwerken ganz Afrika ein, mit Masken, Textilien, Trommeln, Township-Art und einem wahrhaft panafrikanischen Sprachgewirr; unbedingt in einen Long Street-Spaziergang einbauen.

Imagenius, 117 Long St, Tel. 021-4237870, www.imagenius.co.za
Auf drei Stockwerken gibt es eine ausgefallene Kollektion an Handtaschen, Schmuck, Klamotten, Kunsthandwerk und Blechspielzeug.

SAM, 107 Bree St, Tel. 079-8080641.
SAM steht für South African Market, hier gibt es ausgefallene Klamotten von südafrikanischen Modedesignern, Schmuck, Schuhe und Kunsthandwerk.

The Diamond Works, Ecke Lower Long Street/CTICC, Tel. 021-4251970, www.thediamondworks.co.za

Vier südafrik. Friedensnobelpreisträger: Albert Luthuli, Desmond Tutu, F.W. de Klerk und Nelson Mandela

Toll aufgemachter Schmuckladen mit historischen Exponaten. Durch eine Glasscheibe können Goldschmiede beobachtet werden und es gibt eine grandiose Auswahl an Diamantenschmuck und anderen Edelsteinen.

African Music Store, 134 Long St, Tel. 021-4260857, Mo–Fr 9–18 Uhr, Sa 9–14 Uhr.
Der Laden hat sich auf afrikanische Musik spezialisiert, von traditionellem Jazz bis Afro-Rock aller afrikanischer Interpreten; gute Beratung und Probehören.

Vaughan Johnson, Wine & Cigar Shop, Dock Rd, Waterfront, Tel. 021-4192121, www.vaughanjohnson.co.za
Einer der besten Weinläden Kapstadts, permanent Weinproben, sehr gute Beratung, weltweiter Versand, große Auswahl an Whiskies und Zigarren, sonntags geöffnet. In seiner übersichtlichen Website listet Vaughan die besten Tropfen des Landes mit Preis pro Flasche.

Kunstgalerien

AVA – Association for Visual Arts, 35 Church St, Tel. 021-4247436, www.ava.co.za, Mo–Fr 10–17 Uhr, Sa 10–13 Uhr.
Hier wird vor allem moderne südafrikanische Kunst präsentiert und verkauft. Die Ausstellung wechselt monatlich.

iArt Gallery, 71 Loop Street, Tel. 21-4245150, Mo–Fr 9–17.Uhr, Sa 10–14 Uhr.
Eine der bekanntesten Galerien im Land. Umbedingt sehenswert.

João Ferriera Gallery, 80 Hout Street, Tel. 021-4232136, www.joaoferreira.co.za
In dieser modernen Galerie werden Einzelausstellungen für die bekanntesten und erfolgreichsten Künstler Südafrikas präsentiert.

The Cape Gallery, 60 Church Street, Tel. 021 423 5309, www.capegallery.co.za, Mo–Fr 9.30–17 Uhr, Sa 10–14 Uhr.
Inmitten der Fußgängerzone befindet sich diese alteingesessene Galerie und spezialisiert sich vor allem auf kontemporäre afrikanische Künstler.

Young Blood Gallery, 70–72 Bree St, Tel. 021-4240074, www.youngblood-africa.com. Mo–Fr 9–17 Uhr, am 1. und 3. Samstag des Monats von 10–17 Uhr.
Großartige Galerie, gegründet von Roger Jungblut. Hier wird nicht nur Kunst gefördert und ausgestellt, sondern es werden auch Workshops und Vorträge angeboten. Im Erdgeschoss befindet sich das minimalistisch eingerichtete Restaurant *Beautifull Food*.

Tipp: Jeden ersten Donnerstag im Monat haben etwa 25 Galerien, Läden und Restaurants in der Innenstadt bis spätabends geöffnet. Eine tolle Gelegenheit, sich in ausgelassener Atmosphäre Kunstwerke anzuschauen. Detaillierte Karten zum Rundgang liegen bei den meisten Galerien aus.

www.first-thursdays.co.za

Filmkulisse Kapstadt: Afrikas Hollywood

Afrikas Hollywood. Zwischen Oktober und April tummeln sich Regisseure, Produzenten und Fotografen in Kapstadt. Und Touristen treffen dann vor allem an Wochenenden in der City auf Schilder mit der Aufschrift *„Filming in Progress"* – Achtung Filmaufnahmen! Das Wetter ist genial gut, das weiche Licht traumhaft und die Natur-Kulissen grandios. Einige Straßenzüge in der City erinnern mit ihren mehrstöckigen Art-déco-Gebäuden an Manhattan. Dazu ein amerikanischer Schlitten, ein Hot-Dog-Stand und etwas Dampf aus einem Kanaldeckel, und schon glaubt der Zuschauer, den Big Apple live im Bild zu haben. Andere Straßen, wie z.B. die Wale Street, ziehen sich durch die gesamte Stadt Richtung Signal Hill. Sie werden an ihrem Ende so steil, dass sie locker als „San-Francisco-Doubles" herangezogen werden können. Neben Werbespotproduktionen entscheiden sich immer mehr Hollywood-Produzenten für die Kap-Location, vor allem seit der Eröffnung der ultramodernen Cape Town Film Studios (www.capetownfilmstudios.co.za).

In einem Zwei-Stunden-Radius um Kapstadt finden sich eine Vielzahl von Landschaften: vom „australischem" Outback bis zum „texanischen" Highway, vom „fremden Planeten" zum „kalifornischen Surfbeach", von einer einsamen Hütte in den „Rocky Mountains" bis zum Weinort in der „Provence". Die jährlichen Ausgaben im Film- und Fotosektor liegen bereits in Milliarden Höhe (Rand) – Tendenz steigend. Dazu kommen die Ausgaben der Filmcrews für Unterkünfte, Restaurants, Automieten und Souvenirs. Viele Kapstädter arbeiten in der Filmindustrie, vom Caterer bis zum Autopolierer, vom Statisten bis zum Kameramann.

Folgende Filme wurden in den letzten Jahren in und um Kapstadt herum verfilmt:

Urlaubsreif (engl. Titel: Blended) mit Adam Sandler und Drew Barrymore, 2014
Safe House mit Denzel Washington, 2012
Dredd mit Karl Urban und Olivia Thirlby, 2012
Dark Tide mit Halle Berry, 2012
Chronicle – wozu bist du fähig? Mit Michael Kelly und Dane DeHaan, 2012
Unbezwungen (engl. Titel: Invictus) mit Matt Damon und Morgan Freeman, 2009
Amelia mit Hilary Swank und Richard Gere, 2009
Blood Diamond mit Leonardo DiCaprio und Jennifer Connolly, 2006

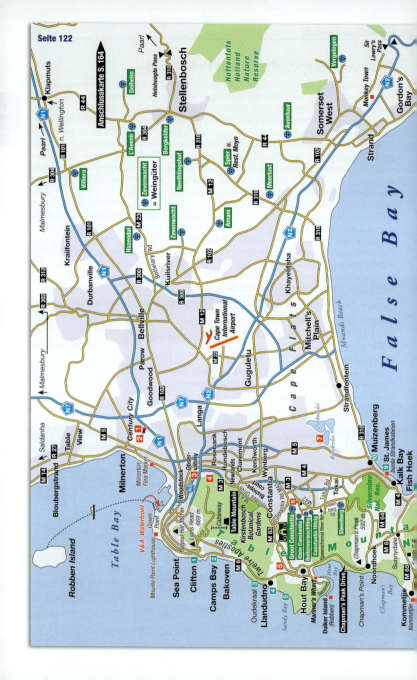

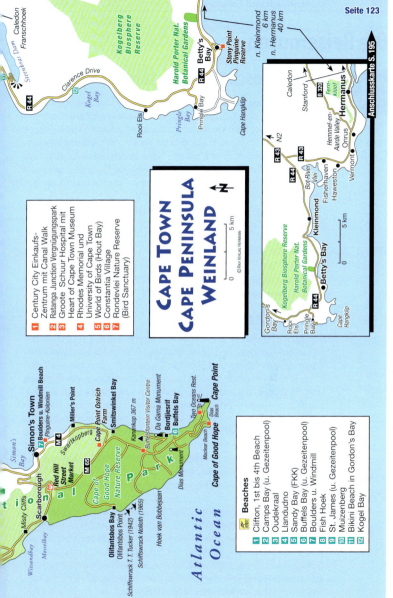

Die Reiserouten

Kirstenbosch und Constantia

*Der **Kirstenbosch Botanical Garden** gilt als einer der schönsten Botanischen Gärten der Welt, fantastisch am Fuße des Tafelberges gelegen mit einer einzigartigen Vielfalt an Pflanzen und Bäumen. Von hier ist es nur ein Katzensprung zum **Constantia Valley**, dem ältesten Weinanbaugebiet Südafrikas. Es liegt nur eine halbe Stunde östlich von Kapstadt unterhalb des Constantiaberges und es wird von Einheimischen auch gerne das „Beverly Hills" von Kapstadt genannt, denn zwischen den historischen und ultramodernen Weinfarmen und den exklusiven Restaurants befinden sich luxuriöse Villen, hier residiert die Crème de la Crème Kapstadts.*

 Route (ca. 100 km, 1–2 Tage)

Kapstadt M3 – M63 Kirstenbosch Botanical Garden – M63 – Constantia Neck – M41– Constantia – M42/Spaanschemat River Road – Tokai-Steenberg Road – M3 – Kapstadt

Kirstenbosch

Der Kirstenbosch Botanical Garden geht nahtlos in den Table Mountain National Park über. Von den Gärten führen zwei steile Wege, *Nursery Ravine* und *Skeleton Gorge,* nach oben auf den Tafelberg. Wer hochwandert, kann bis zur Seilbahnstation weitergehen und mit dieser runterfahren, um dann im Taxi zurück nach Kirstenbosch zu gelangen – oder umgekehrt. In der Sommersaison (November bis März) finden regelmäßig am späten Sonntagnachmittag bis nach Sonnenuntergang klassische, afrikanische oder eher rockige Konzerte im Freien auf der großen Rasenfläche statt. Kapstädter und Touristen bringen ihre Picknick-Körbe, breiten ihre Decken aus und genießen Essen, Wein und Musik. Links ragt das Tafelberg-Massiv auf, rechts glitzern die Lichter der Stadt. All das schafft eine bezaubernde Atmosphäre.

Etwa 9000 der insgesamt 22.000 im südlichen Afrika vorkommenden Pflanzen gedeihen hier, natürlich auch Südafrikas Nationalblume, die Protea mit ihren vielen Arten. In einem temperaturkontrollierten Treibhaus wachsen die typischen Wüstenpflanzen des Nordens: Affenbrot- und Köcherbäume. Weitere Highlights im Botanischen Garten sind Teile der Original-Dornenhecke, die der erste Kap-Gouverneur Jan van Riebeeck 1660 pflanzen ließ, um Angriffe der einheimischen Khoi-Bevölkerung abzuwehren. Ein Duftgarten, dessen

Gewächse erhöht eingepflanzt wurden, um sie besser riechen zu können, ein Braille-Pfad für blinde Besucher und eine Sektion, wo Medizinalpflanzen, *muti,* gedeihen, die von afrikanischen Naturheilern, *sangomas,* heute noch mit Erfolg bei bestimmten Krankheiten eingesetzt werden. Neu ist der 2014 eröffnete **Tree Canopy Walkway,** ein 130 Meter langer Laufsteg aus Stahl und Holz, der sich wie eine Schlange durch die Baumwipfel windet.

Information **Kirstenbosch Botanical Gardens,** Rhodes Drive, Bishopscourt,
Tel. 021-7998783, www.sanbi.org.za, Sept–März 8–19 Uhr, Apr–Aug 8–18 Uhr
Infos zu den Kirstenbosch Summer Concerts unter Tel. 021-7612866,
Buchungen bei www.webtickets.co.za

Restaurants in Kirstenbosch **Kirstenbosch Tea Room** (R-RR), Gate 2, Tel. 021-7974883
Täglich geöffnet, Frühstück, Lunch, Kaffee & Kuchen. Traditionelles Bobotie, Burger, Fish & Chips.

Moyo Kirstenbosch (R-RRR), Tel. 021-7629585, www.moyo.co.za
Täglich 9–21 Uhr Frühstück, Lunch, Kaffee & Kuchen, Snacks und Dinner. Große Terrasse mit herrlichem Blick auf Kirstenbosch und Tafelberg.
Tipp: Sonntagnachmittags gibt es ein Büfett mit exotischen Salaten und verschiedenen warmen Speisen.

Märkte **Kirstenbosch Craft Market,** Rhodes Drive, Tel. 021-7998800
Am letzten Sonntag im Monat findet zwischen Januar und Mai ein Markt mit knapp 200 Ausstellern gegenüber des Haupteingangs zum Kirstenbosch Garten statt. Zu kaufen gibt es Sovenirs, Kunsthandwerk, Klamotten, Keramiken und Essbares.

*Schöne Aussichten –
Tree Canopy Walkway*

Kirstenbosch Garten

Der Kirstenbosch-Garten am Fuße des Tafelbergs ist zweifellos einer der schönsten botanischen Anlagen der Welt. Jan van Riebeeck, der Befehlshaber der Niederländischen Ostindien-Kompanie, stellte 1652 die Wälder oberhalb des Gartens unter Schutz, um die Versorgung der damalige Kolonie mit Bau- und Schiffsholz sicherzustellen. Im 17. Jahrhundert wurde das Areal dann von J.F. Kirsten verwaltet, er ist der Namensgeber für die heutige Bezeichnung des Gartens. 1806, nach der zweiten englischen Besetzung des Kaps, kauften Kolonialsekretär Henry Alexander und sein Oberst Christopher Bird das große Grundstück. Letzterer ließ sich einen herrlichen kleinen Felsenpool bei der Quelle im Dell-Tal bauen, um sich nach einem heißen Sommertag abkühlen zu können. Unter schattenspendenden Farnen, sprudelt hier auch heute noch das glasklare Wasser in das Steinbecken *(Colonel Bird's Bath)*.

Dell-Tal, der älteste Teil des Gartens

1895 erwarb Premierminister Cecil Rhodes das Grundstück für 9000 Pfund und legte die Kampfer-Allee *(Camphor Avenue)* an, um Kapstadts Vorort *Newlands* mit dem Küstenort *Hout Bay* zu verbinden. Den Garten vermachte Cecil Rhodes nach seinem Tod 1902 dem südafrikanischen Staat. Der 36 ha große Kirstenbosch Garden wurde 1913 gegründet, um die einzigartige und faszinierende heimische Artenvielfalt der Kapregion zu erhalten und vor der Urbanisierung zu schützen. Das Grabsteinkreuz des ersten Direktors Harold Pearson steht heute noch unter einer gigantischen nordafrikanischen Zeder.

Warnschilder wie „Betreten des Rasens verboten" gibt es hier zum Glück nicht. Die Einheimischen besuchen vor allem am Wochenende gerne die Anlage und breiten sich mit ihren mitgebrachten Picknickkörben und Decken auf einer der vielen Rasenflächen unter einem schattigen Baum aus.

2014 wurde zum hundertjährigen Jubiläum der *Tree Canopy Walkway* (Baumwipfelpfad) eröffnet. Eine elegant in die Natur eingepasste Konstruktion aus Stahl und Holz windet sich über eine Strecke von 130 Metern wie eine Schlange durch die Baumwipfel des Arboretums, des Baumparks. Vom höchsten Punk der Brücke, 11 Meter über dem Waldboden, öffnet sich der Blick über einer Lichtung und von hier liegt einem der Garten in seiner ganzen Pracht zu Füßen. Im Hintergrund steigen imposant die verschiedenen Gipfel des Tafelbergmassives auf.

Kirstenbosch Garten

Heute umfasst der Kirstenboschgarten und das angrenzende Naturschutzgebiet insgesamt 528 ha und es wachsen hier etwa 30 Prozent der über 22.000 in Südafrika vorkommenden Pflanzenarten. Der Garten ist in verschiedene Sektionen mit thematischen Schwerpunkten aufgeteilt, u.a. gibt es den Fynbos-Garten, Protea-Garten, Duft-Garten, Erika-Garten, Feuchtgarten, Skulpturen-Garten und sogar einen Unkraut-Garten. Die besondere Strelitzia „Mandela's Gold" mit ihren goldgelben Blüten wurde zu Ehren des ehemaligen Präsidenten Nelson Mandela benannt und kann zwischen dem Haupteingang und der Kampferallee bewundert werden.

In einem Gewächshaus sind gefährdete Pflanzen und Bäume des südlichen Afrikas zu sehen, darunter ein Affenbrotbaum, Köcherbäume und die älteste Pflanze der Welt, die Welwitschia aus der namibischen Wüste.

Besucher sollten sich 3–4 Stunden für den Garten Zeit lassen. Es gibt zwei Restaurants innerhalb des Parks und ein Café am Haupteingang. Montags bis Samstags werden um 10 Uhr kostenlose Führungen durch den Garten angeboten, Treffpunkt am Eingang bei der Information. Ein absolutes Muss ist eines der Freilichtkonzerte zu besuchen, die zwischen Ende Oktober und Anfang April sonntags von 17.30-18.30 Uhr stattfinden.

Weitere Infos: www.sanbi.org/gardens/kirstenbosch

Foto-Tipp: Am besten schon morgens um 8 Uhr den Park besuchen, bevor die Touristenbusse anrücken. Der Garten mit dem im Hintergrund in der Morgensonne aufleuchtenden Tafelbergmassiv lässt sich dann besonders schön fotografieren.

Open-air Konzert

Weiterfahrt nach Constantia

Dem Rhodes Drive (M63) folgen, der sich kurvenreich bis zum Constantia Nek hochschlängelt. Beim Kreisverkehr am Constantia Nek lohnt sich ein Abstecher zur Kunstgalerie im Wald, **Art in the Forest.** Anschließend gleich die erste Ausfahrt wieder nach links und hinunter ins Tal Richtung Constantia auf der Main Road (M41). Ein braunes Schild mit weißer Schrift weist auf die „Constantia Wine Route" hin. Das erste Weingut gleich nach dem Kreisverkehr rechts ist das hochmoderne *Beau Constancia*, gefolgt von *Constantia Glen* und *Eagles Nest*. Erst unten im Tal befinden sich die berühmten historischen Weingüter *Groot Constantia, Klein Constantia, Buitenverwachting, Constantia Uitsig* und zum Schluss *Steenberg*, die allesamt preisgekrönte Weine produzieren. Wer unbesorgt die Weine genießen möchte, sollte diese Tour mit dem roten Sightseeing-Doppeldeckerbus unternehmen.

Constantia

Jan van Riebeeck pflanzte neben der Dornhecke, dem damaligen Pendant zum Stacheldraht, noch etwas anderes, für das er wesentlich berühmter werden sollte: Ihm glückte es, in der relativ windgeschützten Gegend um Constantia, nach etlichen misslungenen Versuchen, an den südwestergepeitschten Hängen des Tafelberges die ersten Kapreben anzupflanzen, Ableger auf Schiffen angelieferter Rebenstecklinge aus Frankreich. Doch erst nach seiner Abberufung gelang es französischen Hugenotten 1688, trinkbaren Rebensaft zu keltern.

Heute werden in der Region Spitzenweine erzeugt, was eine Weinprobentour durch das **Constantia Valley** eindrucksvoll beweist.

Constantia-Landschaft (Glen Wine Estate)

Kirstenbosch und Constantia

Nachdem man Groot Constantias mächtige kapholländische Häuser mit ihren wunderschönen Giebeln besichtigt hat, auf der Main Street bis zur übernächsten Kreuzung weiterfahren wo es nach rechts zum **Constantia Village** mit seinen Shops und Restaurants geht.

An der nächsten Ampel zweigt nach rechts die landschaftlich reizvolle *Spaanschemat River Road* ab, die parallel zu den Constantiabergen verläuft. Wer nach all den Weinproben etwas frische Luft schnuppern möchte, sollte im Stadtteil Tokai beim Kreisverkehr rechts in die Tokai Road abbiegen, die genau auf das alte Tokai Manor Haus zuführt.

Tokai Arboretum

Dann links auf eine Schotterpiste zum **Tokai Arboretum**: ein Baumgarten, der 1885 unter der Leitung von Joseph Lister als Forschungsprojekt angelegt wurde. Es sollte damals getestet werden, welche Baumarten im Kapstädter Klima überleben würden. Auf einem Rundgang durch den Wald können Sie exotische Bäume aus allen Teilen der Welt bewundern. Im *Lister's Tea Room* gibt es Erfrischungen, Kaffee und leichte Gerichte unter Bäumen. Zurück auf der Hauptstraße geht es am Kreisverkehr rechts weiter auf der Steenberg Road, wo zum Abschluss das wunderschöne historische **Steenberg Wine Estate** mit seinem hochmodernen Weinhaus und seiner fantastischen Aussichtsterrasse liegt.

Information Constantia Valley Wine Route, Tel. 021-7940542, www.constantiavalley.com
Infos zu Weingütern, Restaurants und Unterkünften in Constantia.

Constantia-Restaurants

Bistros/Cafés La Belle Café & Bakery (R-RRR), Alphen Dr, Constantia, Tel. 021-7956336, www.alphen.co.za, tgl. 7–21 Uhr.
In einem der renovierten Gebäude des historischen Alphen Hotels gibt es eine Riesenauswahl frischer Salate, leichte Gerichte, Kuchen, Torten und frischgepresste Säfte. Terrasse mit schönem Blick auf die historischen Gebäude.

Melissa's (R), Constantia Village, Tel. 021-7944696, www.melissas.co.za
Tägl. Frühstück und leichte Lunches, reichhaltiges Büfett mit Salaten und verschiedenen mediterranen Gerichten zur Auswahl, leckere Sandwiches und prima Kaffee.

River Café (RR), Constantia Uitsig Farm, Spaanschemat River Rd,
Tel. 021-7943010, www.constantia-uitsig.com,
Frühstück tgl. 8.30–11 Uhr, Lunch 12.30–17 Uhr.
Die Eggs Benedict haben mittlerweile Kultstatus erreicht, idealer Platz für das erste oder zweite Frühstück oder leichten Lunch.

Bistro Sixteen 82, (RR-RRR), Steenberg Estate, Tokai, Tel. 021-7132211, www.steenberghotel.com, tägl. Tgl. 9–20 Uhr.
Supermodernes Bistro in den Weinbergen, berühmt für Tapas. Mit einer Weinprobe beginnen und sich anschließend die Häppchen auf der Zunge zergehen lassen. Große Terrasse.

Lister's Tea Room (R), Tokai Road, Tokai Arboretum,
Tel. 021-7154512. Täglich 9–17 Uhr, Montags Ruhetag.
Kleine Gerichte, Kaffee und Kuchen werden unter den schattigen Bäumen serviert.

Fischspezialitäten
Cape Town Fish Market (RRR), Steenberg Village Shopping Centre, Reddam Avenue, Tel. 021-7020965, www.ctfm.com
Fischspezialitäten und Sushi am Laufband. Essen mit tollem Blick auf die Weinberge.

Gourmet-Restaurants
Peddlars on the Bend (RR-RRR), Spaanschemat River Rd, Tel. 021-7947747
Eines der ältesten und beliebtesten Restaurants in Constantia. Großer Biergarten unter schattigen Bäumen, schickes Restaurant und eine Bar.

Buitenverwachting (RRRR), Klein Constantia Rd, Tel. 021-7943522,
Fax 7941351, www.buitenverwachting.com; im Winter Di–Sa und im Sommer Mo–Sa ab 12 Uhr Lunch, ab 15 Tapas und ab 19 Uhr Dinner.
Italienisch-französische Spitzenküche, die bereits mehrfach preisgekrönt wurde. Besonders empfehlenswert sind die Langusten und Impala. Die Weinliste hat von Diners Club einen Diamond Award, die höchst mögliche Bewertung erhalten, die Weine des Gutes sind fair gepreist und sowohl in Flaschen als auch per Glas erhältlich.

Catharina's Restaurant (RRR-RRRR), Steenberg Estate, Tokai,
Tel. 021-7132222, www.steenberghotel.com. Tgl. 7–22 Uhr.
Elegantes Restaurant mit super Service und tollem Blick auf die Weinberge. Feinschmecker können sich von der Speisekarte Gerichte zusammenstellen oder ein Gourmetmenü bestellen. Terrasse unter schattigen Eichenbäumen und sonntags gibt es das beliebte „Sunday Jazz Lunch". Reservierung empfehlenswert.

Sehenswert

Art in the Forest, Tel. 021-7940291, Rhodes Drive, Constantia Nek,
www.lightfromafricafoundation.co.za
Eine modern Kunstgalerie mitten im Wald. Am Constantia Nek-Kreisverkehr rechts auf die Waldpiste abbiegen. Mo–Fr 9.30–16.30 Uhr, Sa 10–15 Uhr.

Vin de Constance

Zu süß, um wahr zu sein.
Der bekannteste Süßwein des 18. und 19. Jahrhunderts.

Traubenlese

Vin de Constance aus Constantia, dessen Wurzeln mehr als 300 Jahre zurückgehen, wurde von Napoleon noch auf seinem Totenbett auf seiner Exilinsel St. Helena getrunken, und auch Bismarck hat ihn nachweislich geliebt. Und Jane Austen und Charles Dickens haben ihn literarisch gelobt. Jahrelang stand der Muskateller Constantia gleichberechtigt neben Sauternes und Madeira, Tokajer und Beerenauslese. Europäische Adels- und Bürgerhäuser delektierten ihn. Dann kam das abrupte Ende: Ende des 19. Jahrhunderts zerstörte die Reblaus die südafrikanischen Weinreben. Viele Weinbauern gingen bankrott und das Weingut Constantia wurde aufgeteilt.

1980 kaufte der südafrikanische Weinhändler Duggie Jooste einen Teil davon, das verlassene *Klein Constantia*. Er hatte eine Idee, ging durch die alten Aufzeichnungen und engagierte einen Muskateller-Traubenspezialisten, den in Deutschland ausgebildeten Ross Gower. 1990 wurde sein Traum Wirklichkeit: Nach einer knapp hundertjährigen Produktionspause erfreuten sich Weinliebhaber erstmals wieder an einem *Vin de Constance*.

Allerdings nicht in der EU. Der „süße Südafrikaner" verstieß gegen deren Gesetze, nach denen ein Wein nicht mehr als 15 Volumenprozent Gesamtalkohol (vorhandenen plus Restzucker) haben darf. Der Vin de Constance, gewonnen aus eingetrockneten Trauben, erreicht einen Alkoholgehalt von 14% und einen Restzucker von 100 g je Liter. In Deutschland wurde bezweifelt, dass so etwas überhaupt auf natürlichem Wege möglich sei. Aber die EU ließ sich belehren. Mittlerweile darf Südafrika 42 Millionen Liter Wein zollfrei in die EU einführen, und der weiße Muskateller wurde ebenfalls „verkehrsfähig", darf also jetzt auch nach Deutschland exportiert werden. Im Gegenzug verpflichtete sich Südafrika, die geschützten original-europäischen Namen *Port* und *Sherry* in den kommenden Jahren nicht mehr für seine Produkte zu verwenden.

Vin de Constance-Weine lagern in 500-Liter-Eichenfässern für mindestens zwei Jahre, anschließend wird er in Flaschen abgefüllt. Der süße Tropfen zählt weltweit zu den besten seiner Art und wird immer wieder mit Preisen ausgezeichnet. Bis in die 1980er Jahre wurden noch Vin de Constance-Jahrgänge aus der Mitte des 18. Jahrhunderts für horrende Summen auf internationalen Weinauktionen verkauft. Heute sind die Weine wieder erschwinglich und können auf dem historischen Klein Constantia Weingut probiert und gekauft werden (www.kleinconstantia.com).

Tokai Arboretum, Tokai Road, Tel. 021-7122844
Baumgarten mit über 150 exotischen Bäumen am Fuße des Constantiaberges.

Unterkunft

Steenberg Country Hotel (RRRRR), Steenberg Estate, Tel. 021-7132222, Fax 7132251, info@steenberghotel.com, www.steenberghotel.com
Elegantes Hotel im ehemaligen kapholländischen Herrenhaus der ältesten Weinfarm (1682) Südafrikas, 24 Zimmer und Wellnessbereich.

Hampshire House Guest Lodge (RRR), 10 Willow Rd, Tel. 021-7946288, www.hampshirehouse.co.za
Nettes Gästehaus mit 6 Zimmern, einer Ferienwohnung und Pool. Zum Frühstück werden ofenfrische Muffins serviert.

Constantia Stables Guest House (RRR), 8 Chantecler Lane, Tel. 021-7943653, www.constantiastables.co.za
Die Gästezimmer dieses charmanten Viersterne-Gästehauses sind in umgebauten und renovierten Stallungen untergebracht. Ruhige Lage in einer Sackgasse. Herzhaftes Frühstück, wunderschöner Garten mit Pool.

Allandale (R-RR), 72 Swaanswyk Rd, Tokai, Tel. 021-7153320, www.allandale.co.za
Günstige und einfache Familienunterkunft für Selbstversorger in ruhiger Sackgasse, zwischen Steenberg Golfplatz und Tokai Forest. Pool und Tennisplatz.

Weingüter

Beau Constantia, Constantia Main Road, Tel. 021-7948632, www.beauconstantia.com, tägl. 10–16.30 Uhr.
Nur ein paar Meter unterhalb von Constantia Nek befindet sich dieses kleine und ultramoderne Weingut, das jedes Jahr nur eine Handvoll exklusiver Boutiqueweine keltert. Die Aussicht von dem eleganten, vergläserten Weinhaus und der Terrasse ist gigantisch. Es wird auch Sushi serviert.

Constantia Glen, Glen Alpine, Constantia Main Rd, Tel. 021-7956100, www.constantiaglen.com
Weinproben und -verkauf Mo-Fr 10–17 Uhr, Sa 9–16 Uhr.
Das Weingut produziert nicht nur erstklassige Weine, sondern serviert auch herzhaften Käse und Schinkenplatten, die man in dem wunderschönen Restaurant mit seiner großen Terrasse genießen kann.

Eagles Nest, Constantia Main Rd, Tel. 021-6830487, www.eaglesnestwines.com, Weinproben und -verkauf Mo–So 10–16.30 Uhr.
Das Weingut mit den steilsten Weinbergen im Western Cape ist auf Rotweine spezialisiert.

High Constantia, Tel. 021-7947171, www.highconstantiawines.co.za, Weinproben und -verkauf tägl. 8–17 Uhr.
Ursprünglich Teil von Groot Constantia, nun ein eigenständiges und aufwendig restauriertes Weingut mit hervorragenden Weinen.

Groot Constantia Estate, Tel. 021-7945128, www.grootconstantia.co.za, Weinproben und -verkauf tägl. 9–18 Uhr, Okt–Sept. 9–17 Uhr.
Groot Constantia produziert seit Jahren preisgekrönte Weine. Historisches

Museum mit Anton Anreith's Bildhauerei im Giebelfries. Herrenhaus, zwei Restaurants.

Klein Constantia, Klein Constantia Rd, Tel. 021-7945188, www.kleinconstantia.com, Weinproben und -verkauf Mo–Fr 9–17, Sa 9–13 Uhr, Kellertouren nach Vereinbarung.
Probieren: den legendären, süßen Dessertwein *Vin de Constance,* den Napoleon noch auf seinem Totenbett getrunken haben soll.

Buitenverwachting, Tel. 021-7945190, www.buitenverwachting.com, Weinproben/-verkauf Mo–Fr 9–17, Sa 10–15 Uhr, Kellertouren nach Vereinb.
Probieren: die leckeren Marmeladen, hergestellt aus Cabernet, Chardonnay und Sauvignon Blanc.

Steenberg Vineyards, Tel. 021-7132211, www.steenberg-vineyards.co.za, Weinproben und -verkauf Mo–Sa 9–18, So 10–18 Uhr, Kellertouren nach Vereinbarung.
Catharina's Restaurant und Bistro Sixteen82, Fünfsterne-Hotel, Weltmeisterschafts-Golfplatz.

Märkte

Porter Estate Produce Market, Tokai Road, Tel. 082-3345434.
Mitten im Tokai-Wald findet bei gutem Wetter jeden Samstagvormittag zwischen 9 und 13 Uhr ein Markt unter freiem Himmel statt. Die verschiedenen Stände bieten Oliven, Pfannkuchen, „moer koffie" (gemahlene Kaffeebohnen werden in einem Leinensack stundenlang gekocht und dann traditionell mit viel Zucker und Kondensmilch getrunken), farmfrische Gerichte und allerlei Klamotten und Handarbeiten an.

Constantia Waldorf Night Market, Spaanschemat River Rd, www.constantiawaldorfnightmarket.co.za
An jedem letzten Freitag im Monat (außer während der Schulferien) verwandelt sich die große Rasenfläche der Waldorfschule ab 17 Uhr in einen Markt mit Essständen, Feuerkörben und Livemusik, und das alles mit den Weinbergen im Hintergrund. Tolle Atmosphäre!

Wine Tasting auf Constantia Glen

Kap-Halbinsel

*Das absolute Highlight einer Südafrika Reise. Auf der schönen Rundfahrt erleben und sehen Sie Pinguine, herrliche Sandstrände, das sagenumwobene **Kap der Guten Hoffnung**, den weltberühmten **Chapman's Peak Drive** und die Robbeninsel in **Hout Bay**. Krönender Abschluss: bei Sonnenuntergang eine Fischplatte in einem der vielen trendigen Restaurants in Camps Bay genießen – absolut genial!*

 Route (ca. 200 km, 1 Tag)

Von Kapstadt auf die M3 – Muizenberg – St. James – Kalk Bay – Fish Hoek – Glencairn – Simon's Town – Boulders Beach/Pinguin-Kolonie – Miller's Point – Smitswinkel Bay – Cape of Good Hope Nature Reserve – Cape Point und Cape of Good Hope – Scarborough – Kommetjie – Noordhoek – Chapman's Peak Drive – Hout Bay – Llandudno – Camps Bay – Clifton – Sea Point – Mouille Point – Waterfront Kapstadt

Muizenberg

Die Strandpromenade von **Muizenberg** mit ihren schönen Art déco-Hausfassaden wurde in den letzten paar Jahren renoviert und ist mit ihren Cafés, Restaurants und Surfer-Läden wieder ein Treffpunkt, vor allem an den Wochenenden. Wunderschön lässt es sich nach einem leckeren Frühstück im Restaurant Knead in der Morgensonne direkt zwischen Meer und Bahnlinie auf dem „Muizenberg St James Catwalk" der Küste entlang bis nach St James gehen. Danach mit dem Zug nach Muizenberg zurückfahren.

Die berühmten bunten Strandhütten von Muizenberg

Strände am Kap

Die Strände am Kap sehen mit ihren tükisfarbenen Buchten einfach unwiderstehlich einladend aus, vor allem dann, nachdem sich der Südoster ausgeblasen hat. Wer sich wundert, warum die beliebtesten Strände in der Hauptsaison von Sonnenanbetern zwar gut besucht sind, aber relativ wenige sich in die Wellen stürzen, liegt an den Temperaturen des Atlantiks: eisige 10–15 Grad! In der riesigen False Bay-Bucht wärmt sich das Meer im Sommer immerhin schon auf 17–22 Grad auf. Und wer das „sei kein Frosch" nicht länger hören kann, sollte sich erst ab dem Cape Agulhas, dem südlichsten Punkt des Kontinents, ins Wasser wagen. Hier treffen sich Atlantik und Indischer Ozean. Nicht nur der Name hört sich wärmer, sondern das Meer ist tatsächlich wärmer. Die Agulhas-Strömung transportiert wärmere Wassermassen von Mozambiques Küste Richtung Südwesten und lässt die Wassertemperatur auf 24–28 Grad ansteigen. Südafrika ist das erste Land Afrikas, wo besonders saubere, erstklassige und durch Rettungsposten überwachte Strände mit dem internationalen Umwelt-Gütesiegel „Blue Flag Beach" ausgezeichnet wurden.

Die „coolsten" Strände am Atlantik:

Big Bay, Blouberg: einer der schönsten Strände Kapstadts, ein bisschen windig, daher paradiesische Verhältnisse für Windsurfer.

Bikini Beach, Gordon's Bay: Der Mini-Strand des kleinen Ortes ist an heißen Tagen gut besucht.

Boulders Beach, Simon's Town. Wenn fast überall der berüchtigte Southeaster bläst, kann man hier in türkisfarbenem Wasser, geschützt von riesigen, abgerundeten Granitfelsen, prima baden, meist zusammen mit den Pinguinen des benachbarten Reservats. Der Strand gehört zum Table Mountain National Park, deshalb wird ein Eintrittsgeld fällig.

Camps Bay: Direkt an der palmengesäumten Flaniermeile Kapstadts, beliebt bei Beach-Volleyball-Spielern, Sonnenschirme und Liegestühle sind mietbar.

Clifton: Vier einzelne und miteinander verbundene, kleine und geschützte Strände, auf steilen Treppen erreichbar. Besonders beliebt wenn der Südoster bläst, denn die Strände liegen windgeschützt.

Am Strand von Camps Bay

Die kleinen Strandbuchten von Clifton

Fish Hoek: sicherer (mit Hainetz), breiter Sandstrand für Surfer, Body Boarder und Schwimmer.

Gordon's Bay Main Beach: idealer Familienstrand mit viel Platz.

Grotto Beach, Hermanus: endlos langer Sandstrand, ideal für Wanderungen. Dieser mit der Blue Flag geadelte Strand ist nicht nur der längste in Hermanus, sondern auch einer der saubersten Strände des Landes. Mit etwas Glück lassen sich Flamingos in der Lagune beobachten.

Kogel Bay, an der R 44 nach Gordon's Bay: einer der besten Surfspots am Kap, super für einen Tagesausflug geeignet.

Llandudno: kleiner, geschützter Bilderbuch-Sandstrand zwischen gewaltigen Felsen und dem Millionärsort Llandudno; gut zum Sonnenbaden und für romantische Picknicks in den Felsen.

Muizenberg: gut zum Surfen, Kitesurfen, Angeln und für lange Spaziergänge.

Noordhoek: perfekt für lange Spaziergänge oder Ausritte (in Noordhoek gibt es einige Pferdehöfe), keine Wertsachen mitnehmen, da der Strand sehr abgelegen ist.

Onrus: 10 km vor Hermanus, kleiner Strand mit Lagune, gut geeignet für Familien und Body Boarder.

Sandy Bay: der einzige FKK-Strand am Kap. Er ist abgelegen und kann nur zu Fuß (15 Minuten) erreicht werden. Hier trifft sich auch gerne die Schwulen-Szene Kapstadts. Wegen der Abgeschiedenheit sollte man aus Sicherheitsgründen hier nur am Wochenende baden gehen.

Oudekraal: Oudekraal Beach liegt innerhalb des Table Mountain National Parks zwischen Camps Bay und Llandudno. Wunderschöne kleine Buchten, umgeben von gigantischen Granitfelsen.

St. James: der Gezeiten-Pool vor den buntbemalten, viktorianischen Umkleidekabinen an der False Bay ist gut temperiert und bietet sichere Bademöglichkeiten.

Strand: Familienstrand, perfekt für Kinder und Angler.

Voelklip, Hermanus: der trendige Strand in Hermanus, hierher zieht es die Einheimischen im Sommer.

Windmill Beach, neben Boulders Beach in Simon's Town: ein winziger Strand zwischen Granitfelsen mit schattenspendendem Baum. Von der M4 in die Bellevue Road und links in die Crescent, am Ende der Straße führt ein Fußweg an den Strand.

Die schönsten Badestrände am Indischen Ozean:

Arniston Beach, östlich vom Cape Agulhas: Lädt nicht nur zum Schwimmen und Sonnenbaden ein, sondern auch um auf einem Klippenpfad die schöne Küste zu erkunden.

Brenton Beach, Brenton-on-Sea bei Knysna: Paradiesischer langer Sandstrand mit interessanten Felsformationen und Felsenpools.

Sedgefield Beach: sechs Kilometer langer und fast unberührter Sandstrand. Bei Ebbe sehr schön zu gehen.

Dias Beach: drei Kilometer langer Sandstrand in der geschützten Buch von Mossel Bay.

Die Mond: völlig unberührter Sandstrand im Die Mond-Naturreservat östlich vom Cape Aghulas. Zu Fuß gelangt man auf einem Wanderweg zur entlegenen Flussmündung (ca. 30 Minuten) mit herrlich weißem Sandstrand, der angeblich der längste Sandstrand auf der Südhalbkugel sein soll.

Kariega Beach in Kenton-on-Sea im Eastern Cape: unglaublich attraktiver Strand mit bizarren Felsformationen an einer Lagune in einem kleinen, verschlafenen Ort.

Keurboom Strand, östlich von Plettenberg Bay: Abseits vom Touristenrummel liegt diese kleine geschützte Bucht.

Natures Valley Beach: Hier endet der berühmte, fünftägige Otter Trail. Wunderschöner Strand zwischen zwei Lagunen.

Noetzie Beach, außerhalb von Knysna: Hier kann man zwischen echten Burgen seine eigene Sandburg bauen.

Robberg Beach in Plettenberg Bay, südlich vom Beacon Island Hotel: Hier machen vor allem gerne die Einheimischen Urlaub. An dem endlos langen weißen Sandstrand findet man selbst in der Hauptsaison noch einen Platz, um sein Handtuch auszubreiten.

Storms River Mouth Beach, in der Tsitsikamma Section des Garden Route National Parks: Winziger Strand mit glasklarem Wasser, ideal zum Schwimmen und Schnorcheln.

Victoria Bay Beach zwischen George und Wilderness: wunderschöne Strand, eingebettet zwischen Steilküsten und auf einer kurvenreichen Zufahrtstraße erreichbar.

Wilderness Beach: inmitten des Garden Route National Parks gelegen und lädt dieser Strand zu ausgedehnten Strandspaziergängen ein.

Felsen und Wasser: Oudekraal

Restaurants Muizenberg	**Primi Piatti** (RR), Sidmouth Rd, Tel. 021-7887130, www.primi-world.co.za, täglich ganztägig geöffnet. Beliebter Italiener, knusprige Pizzen und vorzügliche Pastagerichte mit flottem und freundlichen Service.
	Knead, 82 Beach Rd, Tel. 021-7882909, www.kneadbakery.co.za Surfer beobachten und dabei ofenfrische Pizzen auf superdünnem Boden genießen. **Tipp:** hier frühstücken und dann zu Fuß am Meer entlang bis Kalk Bay laufen und mit dem Zug zurückfahren.
	Luckyfish (RR), Beach Rd, www.harbourhouse.co.za/luckyfish. Tägl. 9–21 Uhr. Moderner Fish & Chips-Imbiss direkt an der Promenade.
	Casa Labia Café, 192 Main Rd, Tel. 021-7886062, www.casalabia.co.za. Di–So 10 –16 Uhr. Die direkt am Meer gelegene, prachtvolle italienische Villa von 1929 wurde nach zwei Jahre dauernder Renovierung 2010 wieder eröffnet. Italienische Küche, Kulturzentrum und geschmackvolle Galerie.
Tipp für Surfer	**Gary's Surf School,** 34 Beach Rd, Tel. 021 788 9839, www.garysurf.co.za. Die Surfschule gibt es seit 1989. Surfboardverleih, Einzel- und Gruppenunterricht.

Kalk Bay

Die Küstenstraße M4 bringt Sie weiter zu dem schönen kleinen Strand von **St. James Beach** mit seinen bunt angemalten, viktorianischen Umkleidekabinen, die allemal ein Foto wert sind. Badesicher ist der Gezeitenpool.

In **Kalk Bay** lohnt sich ein längerer Stopp, hier verkaufen viele Kunstgalerien und Geschäfte sowohl „richtige" Antiquitäten als auch Trödel und Krimskrams. Aber auch wegen dem Bilderbuchhafen und, ja, dem *Ice Café* in der Main Street, das hausgemachtes italienisches und belgisches Eis verkauft, das unwiderstehlich gut schmeckt.

Faszination Weißer Hai

Am Wochenende tummeln sich Hunderte Surfer, Badegäste und Sonnenanbeter am Strand von Muizenberg an der False Bay. Wenn die „Hai-Sirene" ertönt, schwimmen und paddeln alle schnellstens aus den Wellen zurück an den sicheren Strand. Innerhalb von fünf Minuten ist das Meer menschenleer und alle starren gespannt in die Fluten. Kinder deuten mit ausgestreckten Fingern in die Ferne: „Ist das dort eine Haiflosse?"

Oberhalb der Bucht auf dem Boyes Drive sind die Shark Spotters (www.sharkspotters.org.za), sogenannte Haibeobachter stationiert, ausgestattet mit Fernglas und Funkgerät. Von hier aus überblickt man die ganze False Bay, aber Haie können nur bei ruhigen und klaren Wasserverhältnissen gesichtet werden. Zwischen Cape Point und Seal Island, der einzigen Insel in der False Bay, herrscht dichter Haiverkehr, denn die Weißen Haie jagen dort Pelzrobben, ihr bevorzugtes Futter.

An den Stränden von Muizenberg, St. James, Kalk Bay und Fish Hoek flattert zwischen 8 und 18 Uhr eine der vier Haiflaggen im Wind:

Grüne Flagge: Klare Aussicht, kein Hai wurde gesichtet.
Schwarze Flagge: Schlechte Sichtverhältnisse, die Shark Spotters haben Schwierigkeiten, Haie ausfindig zu machen.
Weiße Flagge: Vorsicht! Zur Zeit schwimmt ein Hai in der Bucht.
Rote Flagge: Innerhalb der letzten Stunde wurde ein Hai gesichtet und ist nun außer Sichtweite. Schwimmen auf eigene Gefahr.

Auf keinen Fall sollte man im Meer schwimmen, wenn Pinguine, Delfine oder Robben in der Nähe sind, man eine Verletzung hat oder blutet. Außerdem nicht in der Nähe einer Flussmündung baden und es ist auch nicht ratsam, nachts schwimmen zu gehen.

170 km weiter östlich, im Küstenort Gansbaai bei Hermanus an der Walker Bay, gibt es das weltweit größte Aufkommen von Weißen Haien. Hier bieten verschiedene Tourveranstalter Bootsfahrten zur vorgelagerten Insel Dyer Island an. Auch hier lebt eine Pelzrobbenkolonie und deshalb ist diese Stelle bei den Haien besonders beliebt.

Das Tauchabenteuer mit dem Weißen Hai dauert drei bis fünf Stunden. Es gibt Infos zum Haiverhalten und seiner Rolle im marinen Ökosystem. Die Veranstalter schütten eine Mixtur aus Fischabfällen und Blut ins Wasser, um die Haie anzulocken. Der Weiße Hai hat einen hervorragenden Geruchssinn und kann einen im Wasser verdünnten

Tropfen Blut aus über 100 Meter Entfernung wahrnehmen. Kunden werden mit Neoprenanzug, Tauchermaske und Schnorchel ausgestattet und können dann in einen Metallkäfig klettern, der an der Seite eines Bootes befestigt ist. So können die Haie aus nächster Nähe beobachtet und fotografiert werden. Wem das zu „haarig" ist, kann den Tieren in sicherem Abstand vom Boot aus zusehen.

Peter Benchleys Roman „Jaws" (Der Weiße Hai) wurde zum Bestseller und 1975 unter der Regie von Steven Spielberg verfilmt, auf diese Weise bekam dieser Hai das Image eines Menschenfressers aufgestempelt. Menschen sind natürlich nicht die bevorzugte Beute dieses Raubfisches, es kommt jedoch ab und zu vor, dass ein besonders hungriger Hai einen Surfer mit einer Robbe verwechselt. Er greift ohne Vorwarnung mit einem einzigen Biss an, der zu schweren Verletzungen führen kann. Das liegt an den scharfen, dreieckig gezackten Zähnen, dem sogenannten „Revolvergebiss", bei dem die Zähne zeitlebens nachwachsen. Kleinere Beutetiere, wie zum Beispiel Vögel oder Fische, werden ganz geschluckt. Robben hingegen meistens von unten attackiert, wobei der Schwung beim Angriff den torpedoförmigen Hai manchmal komplett aus dem Wasser katapultiert. Verfehlt der Hai seine Beute, verfolgt er sie weiter an der Wasseroberfläche und sie wird dort auch sofort verschlungen. Sind andere Haie in der Nähe, wird die Beute in die Tiefe gezogen und dort gefressen.

Der Weiße Hai, auch als Weißhai oder Menschenhai bezeichnet, ist der größte Raubfisch der Meere und gehört mit einer maximalen Länge von sieben Metern zu den größten Haiarten. Die Weibchen werden deutlich größer als die Männchen. Das Gewicht kann bis zu drei Tonnen betragen. Die Lebenserwartung liegt bei etwa 30 Jahren. Der Weiße Hai ist einer der ältesten überlebenden Fischarten im Ozean, Haie existierten bereits vor 400 Millionen Jahren. Er hat, wie alle anderen Haie auch, ein zusätzliches Sinnesorgan, die Lorenzinischen Ampullen. Sie helfen ihm beim Aufspüren der Beute. Jedes Lebewesen sendet ein elektrisches Signal aus. Der Hai registriert jede Feldstörung, die durch ein Lebewesen verursacht wird. Sogar einen im Sand vergrabenen Rochen kann der Hai mit Hilfe dieses Sinnesorganes ausfindig machen. Kein anderes Tier in der gesamten Tierwelt hat diese einzigartige Ortungsinstrument. Die beste Jahreszeit Weiße Haie zu beobachten ist zwischen Juni und September.

Veranstalter

- *Great White Shark Tours,*
  Tel. 028-3841418,
  www.sharkcagediving.net
- *African Shark Eco-Charters,*
  Tel. 021-7851947,
  www.ultimate-animals.com
- *Shark Diving Unlimited,* Tel. 028-3842787, www.sharkdivingunlimited.com
- *Shark Lady,* Tel. 028-3123287,
  www.sharklady.co.za
- *White Shark Adventures,* Tel. 028-3841380, www.whitesharkdiving.com
- *White Shark Diving Co.,* Tel. 021-6714777, www.sharkcagediving.co.za
- *Shark Zone,* Tel. 082 894 4979,
  www.sharkzone.co.za
- *White Shark Projects,*
  Tel. 021-4054537 oder 028-3841774,
  www.whitesharkprojects.co.za

Kap-Halbinsel

Restaurant in Kalk Bay

Das Geschäft war zuvor ein ordinärer Eckladen und als die neuen Besitzer diverse Lagen von Werbeplakaten der vergangenen Jahrzehnte von den Wänden und Fassaden gekratzt hatten, kam ein echtes Art-Nouveau-Juwel zum Vorschein. Also auch für Nicht-Eisesser sehenswert.

Kalk Bay ist neben Hout Bay der einzige Ort an der Kaphalbinsel, wo Coloured-Fischer während der Apartheid-Jahre nicht zwangsumgesiedelt worden sind, was gewachsene, unzerstörte und selbstbewusste Gemeinden zur Folge hatte und bis heute viel zur relaxten und legeren Atmosphäre beider Orte beigetragen hat.

Unterkunft **The Inn At Castle Hill** (RRR), 37 Gatesville Rd,
Tel. 021-7882554, www.innatcastlehill.co.za
Attraktive edwardinische Villa oberhalb von Kalk Bay mit Aussicht auf Ort, Hafen und Meer; sehr nette Besitzerin, fünf Zimmer, englisches oder gesundes Frühstück erhältlich.

Restaurants **The Annex** (RR), Majestic Village, 124 Main Rd, Tel. 021-7882453
Das Bistro bietet mediterranes Frühstück, Lunch und Dinner an. Von der Terrasse die Aussicht auf den Hafen genießen.

Olympia Café & Deli (R-RR), Main Rd, Tel. 021-7886396
Frühstück, Lunch & Dinner. Keine Reservierung möglich, aber die Kunden warten hier gerne; tägl. wechselndes, mediterran angehauchtes Menü. Günstige Preise und die hauseigene Bäckerei locken Hungrige von nah und weit.

La Parada, Main Rd, Tel. 021-7883992, ganztägig von Di–So geöffnet.
Die Köchin aus Sevilla spricht nur gebrochenes Englisch, aber ihre Tapas, Paellas und der von der Decke der modernen Bodega baumelnde und importierte Serrano-Schinken ist köstlich.

Harbour House (RRRR), Kalk Bay Hafen,
Tel. 021-7884133, www.harbourhouse.co.za
Das eleganteste Restaurant im Ort, um Fisch zu essen, direkt vom Boot auf den Grill oder in die Pfanne – köstlich! Ein Schönwetter-**Tipp:** der einzeln im Freien,

auf einem winzigen „Balkon" hoch, aber direkt über den Wellen stehende Tisch Nr. „40" – das ist „Erlebnisgastronomie pur". Vor allem von September an, wenn sich die Glattwale in der False Bay tummeln. Im selben Gebäude befinden sich weitere vier Fischrestaurants in verschiedenen Preiskategorien.

Cape to Cuba (RR-RRR), 165 Main Rd,
Tel. 021-7881566, www.capetocuba.com
Super-Lage am Hafen mit Blick über die Bahnlinie aufs Meer, kubanische Gerichte in echt kubanischem Ambiente (alle Einrichtungs- und Dekorationsstücke sind käuflich).

Galerien

Artvark, 48 Main Rd, Tel. 021-7885584, www.artvark.org.
Eine außergewöhnliche Galerie mit Kunsthandwerk und Bildern einheimischer Künstler.

Kalk Bay Modern, 136 Main Rd, Tel. 021-7886571, www.kalkbaymodern.com
Die Galerie über dem Olympia Café stellt die besten Künstler der Umgebung vor und verkauft verrückten Schmuck, afrikanische Stoffe und Keramik der besonderen Art.

The Studio, 122 Main Rd, www.thestudiokalkbay.co.za
Galerie mit wechselnden Ausstellungen und einem kleinem Restaurant. Die Künstlerin Donna McKellar bietet hier Kunstkurse an.

Märkte

Kalk Bay Village Market, neben The Trading Post, Tel. 082-6654071
Jeden Samstag und Sonntag findet im Ortskern ein kleiner Markt statt. Hier findet man Trödel, alte Schallplatten, Bücher, Schmuck und mehr.

Weiterfahrt

Der nächste Ort ist der krasse Gegensatz zu Kalk Bay. **Fish Hoek** besteht lediglich aus einer Hauptstraße mit ein paar konventionellen Läden und wird außerdem „Dry" (trockenes) Fish Hoek genannt. Es gibt keinen einzigen Laden in dem Alkohol gekauft werden kann. Als in alten Zeiten die Kutscher auf ihrer langen holprigen Fahrt von Kapstadt nach Simonstown Ware ausliefern sollten blieben sie in Fishhoek im Weinhaus hängen und kamen betrunken in Simonstown an. Daraufhin wurde 1818 ein Alkoholverbot eingeführt. Mittlerweile wird aber in Restaurants und Bars Alkohol ausgeschenkt. Der schöne Badestrand von Fish Hoek ist einen Besuch wert.

Simon's Town

Weiter die False Bay und an der Bahnlinie entlang führt die Straße nach **Simon's Town.** An der *Historical Mile* reiht sich ein denkmalgeschütztes Haus an das andere. Der Ort ist nach wie vor Südafrikas wichtigster Marine-Stützpunkt. Am Hafen hat sich eine nette kleine Waterfront entwickelt. Und am **Jubilee Square,** wo das Denkmal der Dänischen Dogge „Just Nuisance" steht, die einst Marine-Maskottchen war, verkaufen Dutzende von afrikanischen Händlern Kunsthandwerk. Sowohl für Kinder als auch für Erwachsene lohnt sich der

Kap-Halbinsel

Die historischen Häuser von Simon's Town

Besuch des Spielzeugauto-Museums **Warrior Toy Museum** in der St. George's Street. Neben Zinnsoldaten eine riesige Auswahl an alten Automodellen von Matchbox und Dinky Toys, auch Verkauf von Automodellen. Tägl. 10–16 Uhr, Tel. 021-7861395.

Ähnlich wie in Kalk Bay gibt es auch in Simon's Town einige Trödelläden und Boutiquen zum Durchstöbern. Doch die Hauptattraktion des Ortes sind seine beiden südlichsten Strände, zu denen man auf der Weiterfahrt ans Kap gelangt. Es gibt zwei Zufahrten und Parkplätze, beide nach links, die Seaforth Street zum *Seaforth Beach*, die Bellevue Street zum *Boulders Beach*.

Boulders Beach

Geschützt von mächtigen, abgerundeten Granitblöcken lebt am **Boulders Beach** (Eintritt), der zum Table Mountain National Park gehört, eine von zwei Brillenpinguin-Festlandkolonien Südafrikas (die andere ist gegenüber, auf der anderen Seite der False Bay bei Stoney Point). Ein Teil des Strandes am *Foxy Beach* ist ausschließlich für die etwa **3000 Pinguine** reserviert, die von erhöhten Holzstegen und -plattformen beobachtet und fotografiert werden können. Am südlichsten Beach darf windgeschützt in türkisfarbenem Wasser gebadet werden – manchmal auch zwischen den Pinguinen!

Information **Simon's Town Cape Town Tourism Simon's Town**,
111 St. George's Street, Tel. 021- 7868440.
Infos zu Übernachtungen, Restaurants, Wanderungen im Silver Mine Naturreservat; außerdem gibt es hier das *„Historical Mile Book"* (20R), in dem die denkmalgeschützten Gebäude beschrieben werden.

Restaurants **Penguin Point Café** (RR), Boulders Beach, 4 Boulders Place;
Terrassen-Restaurant mit Blick aufs Meer, neben leichten Gerichten auch guter, hausgemachter Kuchen und leckerer Cappuccino.

The Meeting Place, Café, Deli und Décor (RR),
St Georges Street, Tel. 021-7861986, Montags Ruhetag.
Gemütliches Café, ofenfrische Croissants und leckere Kuchen.

Bertha's (RR-RRR), Quayside Centre, Tel. 021-7862138 o. 7862148
Frühstück, Lunch & Dinner; Fischgerichte mit Blick auf den pittoresken Hafen, bei schönem Wetter unbedingt im Freien sitzen.

Unterkunft

Boulders Beach Lodge (RR), 4 Boulders Place,
Tel. 021-7861758, www.bouldersbeach.co.za
Nettes B&B am Boulders Beach mit freundlichen Besitzern und zwölf schön eingerichtete Zimmer.

Mariner Guesthouse (RR), 12 Harbour Heights,
Tel. 021-7864528, www.marinerguesthouse.co.za
Modernes Gästehaus oberhalb des Hafens.

Quayside (RRR), St. George's St, neben Jubilee Square,
Tel. 021-7863838, www.relaishotels.com
Hotel mit 26 Zimmern und maritimem Thema in Simon's Towns Waterfront bietet sehr schöne Ausblicke auf die False Bay und den Hafen.

Weiterfahrt

Beim Start am Parkplatz von Boulders Beach darauf achten, dass sich keines der befrackten Kerlchen unter dem Auto versteckt hat. Zurück auf der M4 geht es dann nach links weiter zum Kap.

Miller's Point

Wer noch nicht zu Mittag gegessen hat, dem bietet sich bei **Miller's Point** eine weitere Chance. Das Restaurant *Black Marlin* gibt es schon seit vielen Jahren, die Aussicht auf die False Bay ist prima, was (leider) viele Ausflugsbusse ebenfalls zu schätzen wissen.

Auf diesem Streckenabschnitt sollten die Autofenster beim Anhalten besser geschlossen bleiben. Die hier heimischen Bärenpaviane haben sich beim Jagen und Sammeln auf Mietwagen spezialisiert, die sie blitzschnell ausräumen, wobei deren Inneres mehr oder weniger in Mitleidenschaft gezogen wird.

Kap der Guten Hoffnung

Kurz hinter *Smitswinkel Bay,* einer Ansammlung von Ferienhäusern die nur zu Fuß erreicht werden kann, da sie tief unten am Fuß der Steilküste liegt, geht es nach links in den südlichsten Teil des Table Mountain National Parks, ins *Cape of Good Hope Nature Reserve.* Nach Zahlung eines Eintrittsgeldes erhält man eine gute Landkarte des Schutzgebietes, auf der auch Wanderwege und Strände eingezeichnet sind. Da die Fynbos-Vegetation nicht sehr nährstoffreich ist, leben nicht massenhaft Tiere im Park. Die meisten Besucher werden, vor allem auf den Nebenstrecken, Strauße, Elen-Antilopen, Buntböcke, Zebras und natürlich Paviane beobachten können.

Cape Point und Kap der Guten Hoffnung

Hauptattraktionen des Nature Reserves sind die beiden Leuchttürme am **Cape Point** und das berühmte **Kap der Guten Hoffnung** *(Cape of Good Hope)*, an dem jeder Tourist sein obligatorisches Foto schießt. Das Cape of Good Hope ist der südwestlichste Punkt Afrikas. Zu ihm geht es, kurz bevor Cape Point erreicht ist, rechts ab. Um es richtig schön „atemberaubend" betrachten zu können, empfiehlt sich eine kurze Wanderung bergauf über einen hölzernen Steg.

Was das Kap so gefährlich macht, ist die Kombination aus tückischen Strömungen und extrem starken Winden. Der Grund, weshalb es der portugiesische Seefahrer Dias zunächst „Kap der Stürme – Cabo Tormentoso" taufte. Der damalige portugiesische König Johann II. taufte es jedoch nach Dias' Rückkehr in *Cabo de Boa Esperanca*" um, „Kap der Guten Hoffnung", denn es war der Beweis erbracht worden, dass Atlantischer und Indischer Ozean miteinander verbunden waren und jenseits des Kaps eine neu zu entdeckende Welt lag ...

Vom Parkplatz geht es zu Fuß oder mit einer Bergbahn hoch zum alten Leuchtturm und Aussichtspunkt. Der neue Leuchtturm ist auf einem kurzen Klippenpfad nur zu Fuß zu erreichen. Warum zwei Leuchttürme? Im Jahr 1914 wurde 87 Meter über dem Meeresspiegel ein neuer Leuchtturm errichtet, weil der obere bei Nebel nicht mehr zu sehen war, mit oft fatalen Folgen! Das sturmumtoste Kap hat mindestens 24 Schiffe versinken lassen. Die Reste von fünf von ihnen sind noch an den Stränden auszumachen, die anderen liegen auf dem Grund des Meeres.

Am Kap der Guten Hoffnung

Vorsicht vor den am Parkplatz herumlungernden Pavianen! Sie sind die aufdringlichsten Südafrikas! Keinesfalls die Autoscheiben offen lassen und Vorsicht beim Essen. Die Kap-Primaten klauen alles, von der Coladose bis zum Sandwich. Spezielle Affenwärter versuchen sie ständig, mit Stöcken zu vertreiben.

Dort, wo die Bergbahn-Linie endet, findet sich das südwestlichste Internet-Café Afrikas – ein guter Platz für ein garantiert neiderweckendes eMail nach Hause …

Der Aussichtspunkt am Leuchtturm ist zweifellos fantastisch. Aber obwohl der überall in Kapstadt auftauchende Begriff „Two Oceans" – zwei Ozeane – den Zusammenfluss von Atlantischem und Indischem Ozean suggeriert, ja manche Reiseleiter versuchen, ihren Gästen die „verschiedenfarbigen Wasser" zu erläutern, ändert das nichts an der Tatsache, dass sich beide Weltmeere erst 300 Kilometer weiter südöstlich, nämlich am Cape Agulhas, Afrikas südlichstem Punkt treffen.

Weniger bekannt und besucht als Cape Point und Cape of Good Hope sind andere, nicht weniger landschaftlich reizvolle Strände und idyllische Picknickplätze im Park, wie Olifantsbos, Platboom Beach, Maclear Beach, Dias Beach und Buffels Bay.

Tipp! Um das Kap weitab vom Touristenrummel zu erleben, bei Olifantsbos parken und an einsamen Stränden entlang zum Thomas T. Tucker Schiffswrack (1942) wandern, ca. 2 km.

Information **Cape of Good Hope/Cape Point Cape of Good Hope Nature Reserve,** Tel. 021-7809010,
www.sanparks.org/parks/table_mountain oder www.capepoint.co.za
Der Park ist von Sonnenauf- bis Sonnenuntergang geöffnet.

Restaurants **Two Oceans Restaurant** (RR-RRRR), Cape Point, Tel. 021-7809200,
www.two-oceans.co.za
Modernes Restaurant, Sushi Bar und überdachte Terrasse. Sagenhafter Meerblick.
Tipp: SMS mit dem Wort „table" an Tel. 43366 senden, bis 20 Min. kommt ein Rückruf.

Cape Point mit dem Kap der Guten Hoffnung über dem weißen Dias Beach

Black Marlin (RR-RRR), Main Rd, Miller's Point, Tel. 021-7861621, www.blackmarlin.co.za; tägl. Lunch u. Dinner.

Eine Kapstadt-Institution mit großer Seafood-Auswahl und grandioser Aussicht. Beide Restaurants sind in der Hochsaison mit Bustouristen überflutet, ausgebucht und laut.

Tipp: lieber in Kalk Bay (s.S. 138) oder im Cape Farmhouse Restaurant (s.S. 148) essen.

Cape of Good Hope Hiking Trail

Zweitägige Wanderung durch das wunderschöne Naturreservat mit Übernachtung in einer Hütte. An der Küste entlang bieten sich atemberaubenden Aussichten, es ist die beste Art und Weise, das Kap kennenzulernen. Kühltasche, Gepäck und Schlafsack am Parkeingang hinterlassen. Gegen geringe Gebühr wird das Gepäck zur Hütte gebracht.

Buchung www.sanparks.org/parks/table_mountain/tourism/overnight_hikes.php; 2-Tages-Wanderung (34 km), 210 R/p.P. inkl. Übernachtung in einer 6- oder 12-Mann Hütte.

Rückfahrt vom Cape of Good Hope

Bei der Fahrt zurück zur Einmündung in die M65 folgt man dieser nach links, Richtung Norden. Links stehen einige Stände mit Kunsthandwerk und ein Stückchen weiter auf der rechten Seite ist die **Cape Point Ostrich Ranch,** eine Straußen-Schaufarm (Tel. 021-7809294, www.capepointostrichfarm.com). Täglich von 9.30–17.30 Uhr geführte Touren, auch auf Deutsch, mit interessanten Fakten zum Vogel Strauß. Shop mit Straußen-Souvenirs. Teegarten, der kleine Gerichte, Brunch und Sundowner anbietet.

Nach acht Kilometern wird eine weitere T-Junction erreicht. Geradeaus geht es über die Red Hills nach Simon's Town, links nach Scarborough. Doch bevor man dorthin weiterfährt, sollte man sich die interessanten Steinskulpturen aus Zimbabwe, die rechts der Straße im **Red Hill Street Market** ausgestellt sind, ansehen. Sie sind teilweise wunderschön und der weltweite Versand der teilweise etwas sperrigen Stücke klappt erfahrungsgemäß sehr gut. Hier ist auch die Einfahrt zum Cape Farmhouse Restaurant.

Scarborough

Scarborough ist ein etwas verschlafener Ort. Vor Jahren verströmten alle Gemeinden entlang der Kaphalbinsel dieses relaxte Atmosphäre. Scarborough konnte es sich bis heute erhalten. Die an den Hang gebauten Holzhäuser tragen zum Alt-Hippie-Ambiente bei, neuerdings werden aber auch ganz moderne Häuser dazwischengebaut.

Restaurant **Cape Farmhouse Restaurant** (RR-RRR), Tel. 021-7801246, www.capefarmhouse.co.za, tägl. 9.30–17 Uhr.
Afrikanisch angehauchte Küche, Gemüse aus dem eigenen Garten und samstags Live-Konzerte.

Misty Cliffs **Misty Cliffs,** gleich hinter Scarborough, trägt seinen Namen zu Recht. Selbst im Sommer legt sich fast immer ein feiner Gischtnebel von der Brandung des Atlantiks über die Straße. An deren Rand stehen die Autos der Surfer, die hier bevorzugt Wellenreiten.

An der nächsten Kreuzung auf alle Fälle geradeaus weiterfahren, Richtung Kommetjie. So wie die nächsten vier Kilometer haben früher alle Straßen hier ausgesehen: Eng, holprig und nur mit ein paar weiß angemalten Steinen vor dem steilen Abgrund gesichert. Vorbei am Slangkop-Leuchtturm geht es nach Kommetjie, kurz und cool „Kom" genannt.

Kommetjie

In den letzten Jahren hat hier ein Immobilien-Boom eingesetzt. Viele Kapstädter und ausländische Besucher haben sich in dem pittoresken Küstenort eingekauft und die Preise nach oben getrieben. Mit der Wiedereröffnung des Chapman's Peak Drive verstärkt sich dieser Trend noch.

Noordhoek

Der Ort ist bekannt für seine Gestüte und den ewig langen Sandstrand. Es gibt einige Möglichkeiten, Ausritte zu buchen. Die Cape Point Weifarm verkauft nicht nur vorzügliche Weine sondern von der Anhöhe lässt sich der ganze Ort und die Bucht überblicken.

Restaurants **Foodbarn Restaurant (RRR),** Noordhoek Farm Village, Tel. 021- 7891390, www.thefoodbarn.co.za. So/Mo nur Lunch, Di–Sa Lunch und Dinner.
Hier kocht der mehrfach ausgezeichnete französische Küchenchef Franck Dangereux. Das Essen hier ist himmlisch. Besonders schön ist, dass dieses Fünfsterne-Restaurant nicht einen auf schickimicki macht, sondern hier eine ganz entspannte Atmosphäre herrscht.

Red Herring & Skebanga's Sunset Bar (RR),
Ecke Beach- u. Pine Road, Tel. 021-7891783, www.theredherring.co.za,
Mo 14–23.30 Uhr, Di–So 11–23.30 Uhr
Rustikales Restaurant mit Pub und Meerblick von der Dachterrasse; Pizzen, Sandwiches und Salate.

Noordhoek Farm Village (R-RRR), Main Road/Ecke Village Lane,
kurz bevor der Chapmans Peak Drive beginnt, Tel. 021-7892812,
www.nordhoekvillage.co.za, tägl. geöffnet.
Hier gibt es eine Auswahl an gemütlichen Pubs, Restaurants und Cafés, außerdem eine Info, verschiedene Läden und einen Spielplatz.

Nordhoek Cape Point Winery	**Cape Point Vineyards Restaurant** (RRR), Silvermine Rd, Tel. 021-7890900, www.cpv.co.za Di, Mi, Fr, Sa u. So Lunch von 12–14.30, Mi, Fr u. Sa Dinner von 18.30–20.30 Uhr. Hervorragende mediterrane Küche, super Aussicht.
Tipp!	Jeden Donnerstag zwischen 16.30 und 20.30 Uhr findet hier der Noordhoek Community Market statt. An den Marktständen kauft man sich diverse Gerichte und Getränke und setzt sich dann an einen der vielen Tische im Freien oder auf den Rasen und genießt den Sonnenuntergang über dem Meer.
Strandausritt	Mit einem Pferd am einsamen Noordhoek Beach entlangzureiten ist ein unvergessliches Erlebnis, sowohl für Anfänger wie auch Erfahrene. Buchungen bei *Sleepy Hollow,* Sleepy Hollow Lane, Tel. 021-789234, www.sleepyhollowhorseriding.co.za

Chapman's Peak Drive

Dann kommt er, der absolute Höhepunkt der Kaphalbinsel-Tour, der seit seiner Eröffnung im Jahre 1922 als eine der schönsten und spektakulärsten Küstenstraßen der Welt gilt: der Chapmanspeak Drive, von Einheimischen liebevoll „Chappy" genannt.

Wegen massiven Steinschlägen begannen im Oktober 2002 Renovierungsarbeiten der Küstenstraße und verschlangen über 145 Millionen Rand. Steinschläge ereignen sich jedoch nach wie vor. Autofahrer beschweren sich über zertrümmerte Windschutzscheiben, und das nach Jahren im März 2004 wieder über den Chapman's Peak Drive verlaufende Cape-Argus-Radrennen musste wegen eines – glücklicherweise vor dem Rennen – heruntergekommenen Steinschlags

Chapman's Peak Drive

eine halbe Stunde unterbrochen werden. Die Schilder „Befahren auf eigene Gefahr" wurden deshalb schnell wieder aufgestellt.

Nicht nur Naturschützer beklagen die massiven Eingriffe, wie riesige, weithin sichtbare Stahlnetze, mit Beton großflächig überspritzte Felswände und Tunnel. Dazwischen überall Kameras. Die vielen kleinen Sundowner-Buchten wurden ebenfalls zubetoniert, wahrscheinlich um zu vermeiden, dass Besucher umdrehen um die Mautgebühr zu sparen, da nur auf der Hout-Bay-Seite Kassenhäuschen stehen. Der Meerblick ist jedoch immer noch sehr schön, vor allem im späten Nachmittagslicht, wenn die Felsen rot glühen, die Lichter von **Hout Bay** glitzern und der Sentinel sich als Schattenriss gegen den Horizont abhebt.

Die restlichen Kilometer bis Hout Bay sind ebenfalls kurvenreich, aber nicht mehr so eng, und es geht auch nicht mehr ganz so steil bergab.

East Fort

Am **East Fort** wurden die alten Kanonen wieder in Betrieb genommen, zur Erinnerung an ein historisches Ereignis: Um 1782 einen eventuellen englischen Angriff auf Hout Bay abzuwehren, bauten die mit den Holländern verbündeten Franzosen versteckte Kanonen-Batterien in die Felsen oberhalb der Bucht. 1795 kam es tatsächlich zu einer Auseinandersetzung: Die kleine britische Fregatte „Echo" sollte die Verteidigungsbereitschaft der Bucht auskundschaften. Die 20 Kanonen am East Fort schossen gleichzeitig ihre 9 Kilo schweren Eisenkugeln ab. Erstaunlicherweise traf keine einzige, aber die Engländer hauten erst mal wieder ab. Die „Schlacht von Hout Bay" war zu Ende. Und die Kanonen waren zum ersten und letzten Mal im Ernstfall abgefeuert worden.

Tipp! Wer in Hout Bay übernachtet, sollte zum Sonnenuntergang mit einer guten Flasche Wein an einem der Picknickplätze zuschauen, wie die spektakuläre Bucht von Hout Bay ins Abendlicht getaucht wird. An der Mautstation einen „Day-" oder „Picknick Pass" verlangen – der ist kostenlos.

Hout Bay

Bei der Einfahrt nach Hout Bay („Holzbucht") liegt gleich auf der rechten Seite das berühmte *Chapman's Peak Hotel,* links geht es auf die Straße, die direkt am Strand entlangführt. Hier gibt es viele Parkplätze, wo das Auto sicher abstellt werden kann. Gegenüber, auf der anderen Seite der Bucht, liegt der Hafen von Hout Bay, wo man mit dem eigenen Wagen bis auf den äußersten Pier fahren darf. Im Hafen gibt es neben einer kleinen Waterfront, **Mariner's Wharf,** auch die besten Fish & Chips am Kap, und zwar bei *Fish & Chips on the Rocks.* Die gelbrote „Imbissbude" ist praktisch auf die Felsen am Ende des Hafens gebaut.

Duiker Island Diverse Charter-Gesellschaften bieten Bootstouren zur hinter dem Sentinel liegenden Robbeninsel **Duiker Island** an. Auf dem 1500 m² großen Felsen leben über 4000 Seehunde – eine geruchs- und lärmintensive Erfahrung. Manche Boote fahren noch etwas weiter um die Ecke herum, zum Wrack eines riesigen, französischen Pipeline-Legeschiffs, das dort 1994 während eines heftigen Sturmes aufgelaufen ist. Im Hafen reiht sich ein Charter-Unternehmen an das andere. Abfahrt nur vormittags zwischen 8.30 und 11 Uhr.

- Nauticat, www.nauticatcharters.co.za
- Tigger Too Charters, www.tiggertoo.co.za
- Drumbeat Charters, www.drumbeatcharters.co.za
- Circe Launches, www.circelaunches.co.za

World of Birds Lohnenswert ist auch ein Besuch des Vogelparks **World of Birds.** Besucher gehen in Freigehegen hautnah an Vögeln aller Art vorbei, was ein „naturnahes" Erleben der verschiedenen Vögel und Primaten möglich macht. Außerdem gibt es noch Stachelschweine, Erdmännchen, Schildkröten und Wallabies zu beobachten.

World of Birds, Valley Road, Tel. 021-7902730,
www.worldofbirds.org.za, tägl. 9–17 Uhr.

Ein tolles Beispiel, wie kreativ und innovativ Südafrikaner sein können, offenbart ein Besuch von **Original T-Bag Designs.** Auf gebrauchte und getrocknete Teebeuteln werden in Handarbeit wunderschöne Muster gepinselt. Hier lassen sich die ungewöhnlichsten Karten und Souvenirs kaufen. Klein Kronendal (neben dem Kitima-Restaurant), 144 Main Road, Tel. 021-7900887, www.tbagdesigns.co.za

Hout Bay-Info

Tobi Information Centre, Tel. 021-7901194, Beach Cresent (gegenüber First National Bank), www.houtbaytourism.com, Mo–Fr 8–18 Uhr, Sa 8–17 und sonntags 9–13 Uhr. Infos zu Unterkünften, Restaurants und Bootstouren nach Duiker Island.

Hout Bay Museum, Andrews Rd, Tel. 021-7903270. Interessante Exponate und Fotos zur Geschichte von Hout Bay und zur Konstruktion des Chapman's Peak Drive.

Tipp: Outdoor-Fotoworkshop buchen, und im pittoresken Hout Bay zu lernen wie ein Profi zu fotografieren (s.S. 23)

Restaurants

Dunes, 1 Beach Rd, Tel. 021-7901876, www.dunesrestaurant.co.za
Eine Institution am Strand von Hout Bay. Die Sanddünen, nach denen das Lokal benannt ist, hat der Wind mittlerweile weggeblasen, was den Vorteil hat, dass man nun auch vom Erdgeschoss prima die Bucht überblicken kann. Ganztägig geöffnet, Frühstück, Lunch und Dinner, Fischgerichte, Pizza und Bier vom Fass in relaxter Atmosphäre.

Spiro's (RR), 30 Main Rd, Tel. 021-7913897
Griechische Taverne mit geschütztem Innenhof, hier kann man auch im Freien sitzen, wenn der berüchtigte Südoster bläst. In diesem Familienrestaurant wimmelt es von Kindern, wer es etwas ruhiger möchte, bucht einen Tisch im „White Room".

Ragafellows (RR-RRR), 35 Main Rd, Tel. 021-7908955, www.ragafellows.co.za

Ein neueröffnetes Restaurant mit skurriler Einrichtung. Die Wände sind in dunklen Farben gestrichen und die Bedienungen erinnern an Zirkusdarsteller. Es gibt eine große Auswahl an Gourmet-Hamburgern und Weizenbier vom Fass und dazu einen Biergarten. Montag Ruhetag.

Hout Bay Beach

Posticino (RR-RRR), 6 Main Rd, Tel. 021-7911166. www.posticino.co.za
Das italienische Restaurant direkt neben dem Chapman's Peak Restaurant serviert leckere traditionelle Pizzen und Pasta-Gerichte. Ein idealer Platz, um von der Terrasse aus den Sonnenuntergang zu genießen. Tägl. 12.30–22 Uhr.

The Lookout Deck (RR-RRR), Quayside Hout Bay Harbour,
Tel. 021-7900900, www.thelookoutdeck.co.za
Windgeschützt auf einem rustikalen Holzdeck direkt am Wasser sitzen mit Blick auf den Hafen und den Chapman's Peak. Wer sich zurücklehnen möchte, kann auch innen gemütlich im Restaurant speisen. Riesenauswahl an leckeren Fisch- und Fleischgerichten, Sushi und Pizza. Beliebt bei Einheimischen und wesentlich besser als das Mariner's Wharf Restaurant am Strand, das als Touristenfalle gilt.

Kitima (RRR), Kronendal Estate, 142 Main Rd,
Tel. 021- 7908004, www.kitima.co.za, So Lunch, Di–Sa Dinner.
Vor allem bei Einheimischen beliebtes und immer gut besuchtes, elegantes asiatisches Spitzenrestaurant im historischen kapholländischen Kronendal-Herrenhaus, das 2014 zum besten asiatischen Restaurant des Landes preisgekrönt wurde. Die Inneneinrichtung wird sowohl der Geschichte des Hauses als auch dem thailändischen Thema gerecht. Exzellente Essensqualität und erstklassiger Service bei erstaunlich günstigen Preisen.

Chapman's Peak Restaurant (RRR), Main Rd,
am Ortsausgang Richtung Chapmans Peak/Noordhoek, Tel. 021-7901036, www.chapmanspeakhotel.co.za
Restaurant mit riesiger Terrasse und schönem Blick auf die Bucht von Hout Bay und den Sentinel. Portugiesische Spezialitäten wie Kalamari und zarte Filetstücke, wunderbare Bar-Lounge mit Bier vom Fass und einer riesigen Wein- und Spirituosen-Auswahl – kein Wunder, der dazugehörige **Chapman's Peak Liquor Store** um die Ecke ist einer der bestsortierten am Kap. Livemusik und Blues jedes Wochenende (Fr/Sa ab 21 Uhr).

Fish & Chips **Fish on the Rocks** (R), am Ende der Harbour Road, Tel. 021-7900001, www.fishontherocks.co.za, tägl. 10–20.30 Uhr.
Bilderbuch-Fish & Chips, ein langjähriger Favorit im Hafen, direkt auf den Felsen am Meer, für Einheimische und Touristen, die Hout Bay besuchen; auch Garnelen und Kalamari.

Muriels Munchies (R), direkt im Hafen, Tel. 021-7911024, www.munchie.co.za
Leckere Fish & Chips und Kalamari kann man hier in einem ausgebauten Container bestellen. Eine Holztreppe führt auf das Dach des Containers, von hier überblickt man den ganzen Hafen und bekommt das Gefühl auf einem Schiff zu sitzen. Der deutsche Besitzer Walter serviert nun auch Espresso und Frühstück.

Unterkunft

Froggs Leap (RR-RRR), 15 Baviaanskloof Rd,
Tel./Fax 021-7902590, www.froggsleap.co.za
Fünf Zimmer in einem karibisch anmutenden Haus, ruhig gelegen, mit umlaufender Veranda und einem Blick auf die Bucht. Deckenventilatoren und koloniale Rattanmöbel tragen zum relaxten Karibik-Ambiente bei. Alle Zimmer mit Bad, TV und Kühlschrank. Auch vom Pool hat man eine prima Aussicht.

Balau Villa (RR-RRR), 51 Andrews Rd, Tel 021-7904281, www.balauvilla.de
Drei sehr schöne Selbstversorger-Apartments (für 2–4 Personen) in einem schmucken, riedgedecktem Haus mit Super-Aussicht auf Hout Bay, das Meer und die Berge. Zwei große Swimmingpools, Kontakt auf Deutsch.

Uli's Guesthouse, (RR-RRR), 4 Perrault Rd,
Tel. 021-7904380, www.ulisguesthouse.co.za
Sonnendurchflutetes Gästehaus mit Pool und Panoramablick auf die Berge. Die vier Zimmer haben alle Balkon oder private Terrassen, deutsche Besitzer.

Hout Bay View (RRR), „A view with a room", 19 Pondicherry Avenue,
Tel. 072-2900729, www.houtbayview.co.za
Ein kleines, modernes Dreisterne-Gästehaus mit Meerblick, Pool und Jacuzzi.

Bayview Lodge (RRR), 19 Luisa Way, Tel. 021-7906868, www.bvlodge.co.za
Ein Viersterne-Gästehaus mit 7 Zimmern, alle mit Balkon bzw. Terrasse und Blick auf die Bucht und die umliegenden Berge. Außerdem gibt es eine Ferienwohnung für max. 4 Personen. Freundlicher Empfang, Pool. Airport Shuttle auf Anfrage.

African Family Farm (RRR), Riverside Terrace,
Tel. 071-5577320, www.african-family-farm.com
2009 sind Sabine and Stefan Schreiner mit ihren vier Kindern nach Südafrika ausgewandert und haben eine kinderfreundliche Ferienfarm mit Pool, Spielplatz und Streichelzoo aufgebaut.

Chapmans Peak Hotel (RRRR),
Tel. 021-7901036, www.chapmanspeakhotel.co.za
Das historische Gebäude liegt am Ortsausgang Richtung Chapman's Peak Drive direkt am Meer. 10 charmante Zimmer im Altbau, 22 elegante Neubau-Zimmer plus zwei exklusive Penthouse-Suiten. Restaurant, Bar und Pool.

The Tarragon (RRRR), 21 Hunters Way,
Tel. 021-7914155, wwwthetarragon.com
Nur fünf Minuten vom Ortskern entfernt in Richtung Constantia befindet sich diese absolut ruhig gelegende Unterkunft für Selbstversorger.

CUBE Guest House (RRRR-RRRRR), 20 Luisa Way,
Tel. 071-4418161, www.cube-guesthouse.com
Elegantes Gästehaus mit sechs Zimmern und Blick auf Berge und Meer. Das herzhafte Frühstück mit Nespresso wird auf der Terrasse serviert und entspannen kann man sich unter Palmen am Pool.

Hout Bay Manor (RRRRR), Baviaanskloof Road,
Tel. 021-7900116, www.houtbaymanor.co.za
In diesem historischen Hotel hat sich ein Interieur-Designer so richtig ausgetobt. Farbenfroh und luxuriös präsentiert sich die Neuauflage des Klassikers. Das elegante Restaurant **Pure** (RRRR) befindet sich im Haus.

Märkte

Bay Harbour Market, 31 Harbour Road, www.bayharbour.co.za
Die geschmackvoll renovierte Markthalle im Hafen bietet afrikanisches Handwerk, Kunst, Kultur, Klamotten, Schmuck, Essstände, frischgezapftes Bier, Livemusik und Kinderbetreuung. Freitags 16–21, Sa/So 9.30–16 Uhr.

Hout Bay Craft Market, bei gutem Wetter jeden Sonntag von 10–16 Uhr, gegenüber vom Postamt auf einer Rasenfläche. An den vielen Ständen werden Klamotten, Schmuck, Keramik, Kunst, afrikanisches Kunsthandwerk und vieles mehr angeboten.

Aktivitäten

Hochseeangeln	Mit dem Boot zum **Hochseeangeln** aufs offene Meer hinausdüsen. *Hooked on Africa,* Tel. 021-7905332.
Schnorcheln	**Seal Snorkeling,** am Hafen, Tel. 079-4885053, www.animalocean.co.za Vor der Robbeninsel zwischen Oktober und April mit Robben schnorcheln. Hier im Atlantik gibt es im Gegensatz zur False Bay zum Glück äußerst selten Weißen Haie.
Rundtour	Die erfahrene deutschsprachige Reiseleiterin Jacqui Bräunlich bietet fantastische und maßgeschneidert Touren um die Kaphalbinsel an. Zurücklehnen und genießen. *Cape by Design,* Tel. 021-7908665, www.tours-capetown.co.za

Ein Bewohner von Duiker Island

Hout Bay – Kapstadt

Auf einer gut ausgebauten, steilen Straße geht es von Hout Bay hoch zum *Hout Bay Nek*. Links liegt **Llandudno** mit seinem schönen, von abgerundeten Granitfelsen flankierten Strand, der vor allem bei Surfern beliebt ist. Hierher sollte man allerdings früh kommen und etwas zum Essen und Trinken mitbringen. Es gibt keine Restaurants oder Läden und nur wenige Parkplätze. Die Bewohner der millionenschweren Villen und Häuser in Llandudno haben sich mehrheitlich gegen jegliche Kommerzialisierung des Orts ausgesprochen.

Von hier schwingt die Küstenstraße in sanften Kurven und vorbei an *Oudekraal*, einer geschützten kleinen Bucht mit dem fantastisch gelegenen *Twelve Apostles Hotel* bis nach **Camps Bay.**

Camps Bay

Rechts ragt die im Tafelberg endende Bergkette der zwölf Apostel in den (meist) blauen Himmel, links brandet der Atlantik an Kies- und Sandstrände. Auf dem letzten Parkplatz vor Camps Bay links finden sich bei gutem Wetter Dutzende von Händlern ein, die Stoffe, Muscheln und Kunsthandwerk feilbieten, wie bemalte Straußeneier, afrikanische Masken und aus Holz geschnitzte Giraffen.

Die **Victoria Road** ist die Flaniermeile von Camps Bay. Zwischen Meer und „in"-Restaurant-Zeile zieht sie sich entlang. Hier wird auf der Harley oder im Cabrio entlanggetuckert. Der „Sehen-und-Gesehen-werden-Teil" beginnt an der Kreuzung mit dem Camps Bay Drive, der von der City bzw. vom Kloof Nek herunterkommt. Rechts ist ein Gebäudekomplex, der sich bis zum Bay Hotel zieht. In ihm befinden sich einige gute Restaurants. Bei schönem Wetter kann man bei allen im Freien sitzen. Der ideale Platz, um den Sonnenuntergang über dem Meer zu beobachten.

Restaurants

Ocean Basket (RR), 53 Victoria Rd, Tel. 021-4380062, www.oceanbasket.com
Günstige Fischspezialitäten, nach portugisischer Art zubereitet. Unbedingt im oberen Stockwerk am Fenster sitzen, um den Ausblick auf den Strand genießen zu können.

Col'Cacchio Pizzeria (RR-RRR), Ecke Victoria Rd/The Meadway,
Tel. 021-4382171, www.colcacchio.co.za, tägl. von 12–23 Uhr.
Lebhaftes Familienrestaurant im 1. Stock mit Meerblick. Es gibt eine Riesenauswahl verschiedener Pizzen, Pastas und Salate. Freundliche Bedienung und lockeres Ambiete. Als Tischdecke dient braunes Packpapier.

Café Caprice (RR-RRR), 37 Victoria Rd, Tel. 021-4388315, www.cafecaprice.co.za
In dieser ultracoolen Kneipe werden Tapas, Sandwiches und sagenhaft gute Hamburger serviert. Das Motto hier lautet: Sehen und gesehen werden. Sogar Stars wie Robbie Williams, Leonardo DiCaprio und Paris Hilton sind hier schon aufgetaucht.

Camps Bay

Paranga (RRR), The Promenade, Victoria Rd,
Tel. 021-4380404, www.paranga.co.za
Täglich Frühstück, Lunch und Dinner. Hinsetzen und sich wohlfühlen, hier kommt Urlaubsstimmung auf. Fisch- und Fleischgerichte vom Feinsten und große Auswahl an Cocktails zum Sonnenuntergang.

Zenzero (RRR), The Promenade, Victoria Rd,
Tel. 021-4380007, www.zenzerorestaurant.co.za
Stilvolles italienisches Restaurant mit neoklassizistischem Ambiente. Weiße Tischdecken und professioneller Service (Zenzero = Ingwer).

The Kove, The Promenade, Victoria Rd, Tel. 021-4380004, www.thekove.co.za
Edles Restaurant, spezialisiert auf gegrilltes Fleisch und Fischgerichte, Blick auf die Promenade und das Meer. Das Motto hier lautet: „The Art of Grilling". Gelegentlich treten Jazzmusiker und neue lokale Talente auf.

Blues (RRR-RRRR), The Promenade, Victoria Rd,
Tel. 021- 4382040, www.blues.co.za; tägl. von 12 bis spätnachts.
Für Kapstadt sehr ungewöhnlich: Nach über 20 Jahren im Geschäft ist das „Blues" immer noch Spitze, tolles Essen, nette Bedienungen, prima Aussicht.

Tipp! In der Passage hinter dem Blues-Restaurant verkauft *Addictions Ice Cream Emporium* superleckeres Eis.

Umi (RRR-RRRRR), The Promenade (im Obergeschoss), Victoria Rd,
Tel. 021-4371802, www.umirestaurant.co.za
Täglich 12 Uhr bis Mitternacht. Im neueröffneten japanischen Restaurant treffen sich die Trendsetter der Metropole. Superschickes Interieur, riesige Kronleuchter strahlen auf die endlos lange Bar und die Aussicht von der Terrasse ist grandios. Spezialisiert auf asiatische Tapas und Sushi. Am Wochenende von 16–19 Uhr mixen DJ's coole Musik.

Unterkunft

Primi Sea Castle (RR-RRRR), Ecke Victoria/Strathmore Rds,
Tel. 021-4384010, www.primi-seacastle.com
Preisgünstiges Hotel direkt an der Beachfront am nördlichen Ortsausgang. 10 individuell ausgestattete Zimmer, Internet, Pool, Frühstücksraum mit Meerblick.

The Anchorage (RR-RRR), 6 Houghton Rd,
Tel. 021-4388910, Cell 072-417279, bonnieclyde@mweb.co.za
Ein echter Geheimtipp: Schön ausgestattetes Garten-Apartment in einem Privathaus für max. 4 Personen. Blick aufs Meer und die Berge, Pool, in Gehentfernung zum Strand.

The Twelve Apostles Hotel (RRRR), Victoria Road
(auf halber Strecke zwischen Hout Bay und Camps Bay),
Tel. 021-4379000, www.12apostleshotel.com
Die Position des erstklassigen Hotels ist unschlagbar: Es liegt direkt an der Küste mit dem Tafelbergmassiv im Hintergrund. Zimmer und Suiten mit Meer- oder Bergblick, Frühstücksbüffet mit Sekt und Austern. Zwei Pools, zwei Restaurants, Bar, Wellneszentrum und ein kostenloser Bustransfer stündlich nach Camps Bay und zur Waterfront.

Ambiente Guest House (RRRR), 58 Hely Hutchinson Avenue,
Tel. 021-4384060, www.ambiente-guesthouse.com
Marion und Peter, die deutschen Gastgeber, bieten drei große Suiten und ein Doppelzimmer, alle sehr schön in afrikanischem Stil eingerichtet und mit außergewöhnlichen Badezimmern. Vom Haus aus hat man einen beeindruckenden Blick auf Atlantik, Lions Head, Tafelberg und die Zwölf Apostel.

Sea Five Boutique Hotel (RRRRR), 5 Central Dr,
Tel. 021-4380743, www.seafive.co.za
Exklusives Gästehaus, 7 Zimmer, nur 300 Meter vom Strand entfernt in ruhiger Lage. Alle Suiten mit Balkon und Meerblick oder Aussicht auf Tafelberg und Zwölf Apostel. Pool, super Ausstattung, bequeme Betten und herzlicher Service. Nur drei Minuten Fußweg zur Camps Bay-Promenade.

Camps Bay – Clifton

Die Victoria Road folgt weiter dem Küstenverlauf, passiert dabei die vier absolut trendigen Mini-Strände von **Clifton** und erreicht dann die „Cote d'Azur" Südafrikas, **Bantry Bay.** Die Grundstücks- und Apartmentpreise haben hier Weltmarktniveau, was sowohl an der Aussicht als auch daran liegt, dass man diese selbst bei überall sonst an der Atlantikküste fauchendem Southeaster nahezu windfrei genießen kann. Des Rätsels Lösung: Bantry Bay liegt im Windschatten vom Lion's Head.

Restaurant The Bungalow (RRR), Second Beach St, Clifton, Tel. 021-4382018, www.thebungalow.co.za. Eine Topadresse für die Kapstädter Schickeria. Die Position direkt am Meer ist phänomenal und die Sonnenuntergänge von der großen Terrasse sind atemberaubend. Die Speisekarte bietet eine große Auswahl an Fisch, Sushi und Fleischgerichten. Cocktails ohne Ende. Der ideale Platz, um einen sonnigen Tag ausklingen zu lassen.

Sea Point

Sobald die Victoria Road in die Queens Road übergeht, ist Kapstadts am dichtest besiedelter City-Stadtteil erreicht, **Sea Point.**

Clifton Beach

Kap-Halbinsel

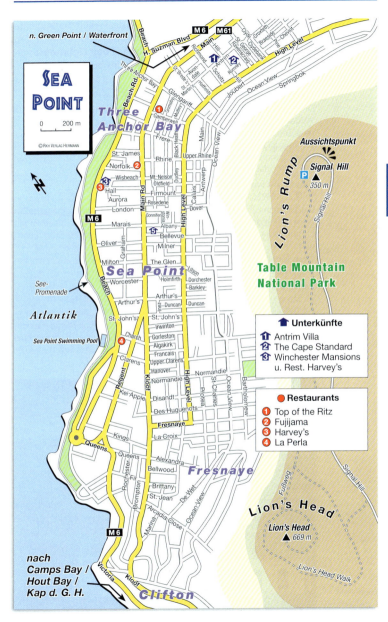

Die Beach Road folgt der Küste, die wegen der Freiluft-Trimmgeräte und vieler Jogger an den kalifornischen Venice Beach erinnert. An Südafrikas ältestem Leuchtturm, dem **Green Point Lighthouse** vorbei, geht es durch den Stadtteil **Mouille Point** bis zur Waterfront.

Restaurants **La Perla** (RR-RRR), Ecke Church- u. Beach Road,
Tel. 021-4342471, www.laperla.co.za, Mo–So Lunch & Dinner.
Eine Institution italienischen Essens in Kapstadt, La Perla gibt es seit den 1960er Jahren, hier sind alle Bedienungen von Beruf Kellner, was nostalgische Gefühle beim Essen aufkommen lässt; interessant zu beobachtendes Stammpublikum, das man in anderen Kapstädter Restaurants so nicht zu sehen bekommt. Gute traditionell-italienische Küche, was natürlich keine Pizzen beinhaltet, dafür ausgezeichneten Kaffee und Espresso.

Harvey's at Winchester Mansions (RR-RRRR) 221 Beach Rd,
Tel. 021-4342351, www.winchester.co.za
Das viktorianische Gebäude liegt direkt an der Sea Point-Promenade. Zur Wahl stehen der mit Palmen gesäumte, spanisch anmutende Innenhof mit Brunnen oder die Terrasse mit Blick auf den Atlantik. Täglich Frühstück, Lunch und Dinner.
Tipp: Sonntags Jazz-Brunch von 11–14 Uhr. Wegen großer Beliebtheit unbedingt reservieren.

Top of the Ritz Revolving Restaurant (RRR-RRRR),
21. Stock im Ritz Hotel, Ecke Camberwell/Main Rds,
Tel. 021-4396988, www.ritzrestaurants.co.za. Tägl. 18–22.30 Uhr.
Alle 75 Minuten dreht sich das Restaurant um 360 Grad mit atemberaubender Aussicht auf die glitzernde Küstenlinie. Neben Fisch- und Fleischgerichten stehen traditionelle Speisen wie Chateaubriand und Crêpes Suzette auf der Speisekarte.

Green Point Lighthouse

Townships

Kapstadts afrikanisches Herz. Neben der modernen Hi-Tech-Glitzerwelt hat Kapstadt noch eine andere Seite: Über zwei Millionen Menschen leben in **Townships**, etwa viermal so viel wie rund um den Tafelberg. Einst waren sie „No-go"-Areas für Touristen, heute sollte der Besuch in der „Dritten Welt" auf jedem Tourplan stehen, Tourguides, Restaurants und Bed & Breakfasts haben sich etabliert. In den meisten Townships leben die Menschen auf engem Raum zusammen, das Gemeinwohl steht über dem des Individuums. Zwischen selbstgebauten Hütten aus Wellblech, Ziegeln und Sperrholz grasen Kühe, Menschen transportieren ihre Habseligkeiten in Schubkarren.

In den *Shebeens* und *Taverns*, den Township-Kneipen, wird viel diskutiert, über Sport und Politik. Es gibt praktisch keine offiziellen Geschäfte. Alles, von Lebensmitteln bis zum Autogetriebe, wird in informellen *Spaza Shops* feilgeboten. Friseure preisen ihre Fertigkeiten auf selbstgemalten, bunten Schildern an, und auf den Open-air-Fleischmärkten grinsen einem Schafschädel (Spitzname: *smileys*) entgegen. Menschen verkaufen von ihren Häuschen, Hinterhöfen und aus Schiffscontainern heraus. In **Khayelitsha**, dem großen Townships südlich der N 1 an der False Bay, beherbergt einer dieser Container die lokale Radiostation „Radio Zibonele" *(Zibonele* ist Xhosa und bedeutet: *„See for yourself"*. Spätestens in den Townships wie *Langa, Gugulethu* und *Khayelitsha* wird Besuchern klar, dass Kapstadt nicht „Out of Africa" ist. Kapstadt war und ist das Tor zum „Schwarzen Kontinent".

Information

Cape Town Tourism,
Tel. 21-4876800, www.capetown.travel.
Cape Town Tourism bucht Township-Touren und Übernachtungen in den Townships sowie Transfers dorthin.
Internet-Infos zu Kapstadts Townships: www.etownship.co.za
Achtung: Nicht auf eigene Faust im eigenen Wagen in die Townships fahren!
Gugulethu Visitor Information Centre,
Sivuyile College, Mo–Fr 9–17.30, Sa 9–14 Uhr.
Tourist Information mit Verkauf von traditionellem Kunsthandwerk, Töpfereien und anderen Souvenirs.

Ein inyanga, „Kräuterdoktor"

Restaurants

Mzolis, NY115, Shop 3, Gugulethu, Tel. 021-6381355
In diesem populären Restaurant wird mariniertes Fleisch und Geflügel auf Blechtellern serviert. Livemusik. Ein gastronomisches Erlebnis, das man nicht verpassen sollte! Richtig Stimmung herrscht hier sonntags, dann spätestens um 11.30 Uhr da sein.

Lelapa (RR), 49 Harlem Av., Langa, Tel. 021-6942681
Tägl. Frühstück, Lunch & Dinner nach vorheriger Vereinbarung (Minimum sechs Leute), Büffet mit afrikanischen Gerichten, heißem Brot, mit Ingwer abgeschmeckte Butternut-Suppe. Lokale Künstler stellen ihre Werke aus.

Unterkunft

Kopanong B&B, C329 Velani Crescent, Khayelitsha, Tel. 021-3612084 o. 082-4761278, www.kopanong-township.co.za.
Thope Lekau führt dieses B&B mit ihrer Tochter.

Malebo's B&B 18 Mississippi Way, Khayelitsha, Tel. 021-3612391 o. 083-4751125
Fünf Zimmer und Restaurant, Gastgeberin ist Lydia Masoleng.

Ma Neo's Township B&B, Zone 7 No 30, Langa, Tel. 021-6942504. Zwei Schlafzimmer.

Radebe's Bed and Breakfast & Coffee Shop, 23 PW Mama Way, Settlers Place, Langa, Tel. 021-6950508 u. 082-3933117.
Drei Zimmer, Frühstück, Lunch und Dinner.

Alle B&B-Unterkünfte organisieren Transfers, Township-Touren und Mahlzeiten.

Einkaufen

Khayelitsha Craft Market, Harare, Khayelitsha, Mo–Fr 9–16, Sa/So nach Vereinbarung, Tel. 021-3615246
Afrikanische Lederarbeiten, Puppen und andere in den Townships hergestellte Souvenirs.

Organisierte Township-Touren

Touren kosten je nach Veranstalter und Zeitdauer 250–300 Rand p.P. (siehe Websites). Am besten im Kapstädter Tourismusbüro oder über das Hotel/B&B, in dem übernachtet wird, buchen. Oder direkt bei den Anbietern:

Cape Rainbow Tours, Tel. 021-5515465, www.caperainbow.com.

City Sightseeing Cape Town – Township Tour, Tel. 021-5116000, www.citysightseeing.co.za

Grassroute Tours, www.grassroutetours.co.za

Bonani Our Pride Tours, Tel. 082-4467974, www.bonanitours.co.za

Andulela, Hout Bay, Tel. 021-7902592, www.andulela.com
Veranstaltet sonntags ungewöhnliche Township-Touren, u.a. Gospel Tours.

Township Music Tours, Tel. 021-7908255

Siviwe Tours, www.townshiptourscapetown.co.za
Trip zum ältesten Township Kapstadts, Langa.

Other Side of Cape Town Tours, Diep River, Tel. 021-7154740, www.andytours.co.za

Nomvuyo's Tours, Handy 083-3729131

Township Gugulethu

3 Weinland

*Eine Rundreise für Liebhaber erlesener Weine, delikater Gourmet-Menüs und grandioser Landschaften. Sie führt zunächst direkt ins Zentrum des Weinlands östlich von Kapstadt. Nach der „Pflicht" mit den bekannten Orten **Franschhoek, Stellenbosch** und **Paarl** folgt die „Kür", mit deutlich weniger häufig besuchten Orten wie **Wellington, Tulbagh, Riebeek-Kasteel** und **Riebeek-West**.*

Route (ca. 330 km, 2–3 Tage)

Somerset-West – N2 Sir Lowry's Pass – R321 Grabouw – Theewaterskloof Dam – R45 Franschhoek – R310 Boschendal – Helshoogte Pass – Stellenbosch – R44 Paarl – R303 Wellington – R303 Bain's Kloof Pass – Wolseley – Tulbagh – Nuwekloof Pass – Hermon – Bartholomeus Klip – Riebeek-Kasteel – Riebeek-West

Für den Ausgangspunkt der Weinland-Tour fährt man zunächst vom Zentrum Kapstadts etwa 40 km auf der N2 Richtung Somerset-West, vorbei am Flughafen und den Wellblechhütten der Cape Flats. An der Ausfahrt Nr. 43, „Helderberg/Broadway Boulevard", verlassen wir die N2 und halten uns links Richtung Somerset-West auf der R44. Nach einem Kilometer an der Ampel rechts fahren, Richtung Somerset-West (das Hotel Lord Charles liegt links). Nach der nächsten Ampel, etwa 1,5 km später, links in die Lourensford Road einbiegen. Etwa 3,5 km weiter steht rechts an der Wand ein Wegweiser zu unserem Ziel **„Vergelegen"**.

Traubenernte

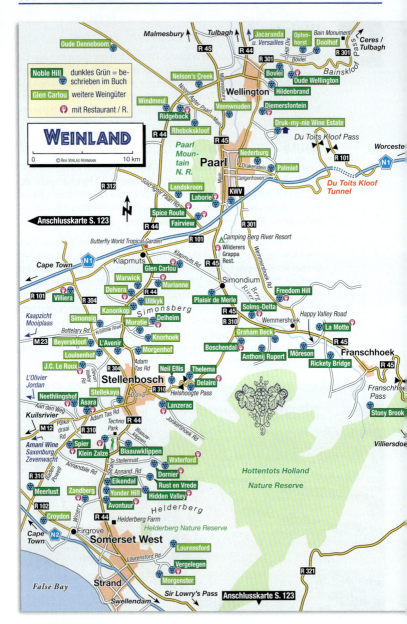

Vergelegen

Auf diesem kapholländischen Weingut wird nicht nur sehr guter Wein angebaut, es gibt auch eines der schönsten Beispiele kapholländischer Baukunst zu besichtigen. Und einen riesigen Garten mit den immergrünen, ältesten Kampfer-Bäumen im südlichen Afrika! Ein schöner Einstieg in die Weinlandreise also.

Die vor dem Herrenhaus in den Himmel ragenden, mächtigen Kampfer-Bäume wurden vom Weingut-Gründer *Willem Adriaan van der Stel* zwischen 1700 und 1706 gepflanzt. Alle fünf stehen seit 1942 unter Denkmalschutz. Am besten lassen sie sich von der großen Rasenfläche aus fotografieren. Dann bilden sie einen Rahmen für das historische Herrenhaus. Dahinter ragt, äußerst fotogen, die schroffe Bergkette der *Helderberg Mountains* auf.

Restaurants **Stables at Vergelegen** (RR), Tel. 021-8472156, www.vergelegen.co.za/stables. Täglich 9.30–16 Uhr. Modernes, kinderfreundliches Bistro.

Camphors at Vergelegen (RRRR), Tel. 021-8471346, www.vergelegen.co.za/camphors. Lunch Mi–So 12–15 Uhr, Dinner nur Fr/Sa 18.30–21 Uhr. Sehr exklusives und elegantes, preisgekröntes Restaurant. Ein kenntnisreicher Sommelier schlägt die passenden Weine zum Essen vor.

Die Alternative zum Restaurantbesuch ist ein **Picknick** im gegenüber und auf der anderen Seite des Herrenhauses liegenden idyllischen Kampfwäldchen, wo Tische, Bänke und Sonnenschirme aufgestellt sind. Picknickkörbe-Verkauf nur in der Saison von November bis April, 12–13.30 Uhr, Tel. 021-8471346, www.vergelegen.co.za/picnic

Vergelegen mit seinen Kampfer-Bäumen

Weingüter Tel. 021-8813714, info@wineroute.co.za, www.helderbergwineroute.co.za; Infos zu den über 40 produzierenden Weingütern der Helderberg-Region.

Vergelegen Wine Estate, Lourensford Rd,
Tel. 021-8471334, www.vergelegen.co.za. Weingut-Touren Nov.–April tägl. 10.30, 11.30 u. 15 Uhr. Weinproben und -verkauf tägl. 9.30–16.30 Uhr.

Avontuur Estate, R44 zwischen Stellenbosch und Somerset-West,
Tel. 021-8553450, www.avontuurestate.co.za
Weinproben und -verkauf Mo–Fr 8.30–17 Uhr, Sa und So 9–16 Uhr.

Weiterfahrt zum Sir Lowry's Pass

Die Stadt Somerset-West selbst bietet ansonsten nicht viel mehr, so fahren wir zurück zur N2, Richtung Sir Lowry's Pass.

Monkey Town Nach wenigen Kilometern, noch im Industrie-Gebiet von Somerset-West, weist ein Schild nach links zu **Monkey Town.** Ein lohnenswerter Stopp, nicht nur, aber vor allem wenn Kinder mit dabei sind. Es gibt Affen und Primaten in großen Freigehegen mit genauen Erklärungen ihrer Lebensweise. Entweder von einem Guide, der einen begleitet, oder von den informativen Farbtafeln vor den Gehegen. Zum Abschluss können noch ein Bauernhof-Streichelzoo, ein Schimpansen-Kinderzimmer und keksklauende Papageien besucht werden. Danach zurück auf die N2, um nun endgültig den knapp 400 Meter hohen *Sir Lowry's Pass* in Angriff zu nehmen.

Monkey Town, Mondeor Rd, 3 km außerhalb von Sommerset West auf der N2 Richtung Caledon, Tel. 021-8581060, www.monkeys.co.za; tägl. 9–17 Uhr. Große Affen-Freigehege und ein Streichelzoo für Kinder.

Sir Lowry's Pass / Grabouw

Sir Lowry's Pass Der **Sir Lowry's Pass** hat den gleichen Ursprung wie viele andere Bergübergänge in den Kap-Provinzen auch: Ganz zu Anfang war es ein Wildpfad, dann nutzten ihn Buschmänner. Sehr viel später folgte eine staubige Kutschenpiste, und heute eine breit ausgebaute Asphaltstraße.

Wer zu schnell unterwegs ist, verpasst kurz darauf die Abzweigung nach links, auf die R321 nach **Grabouw.**

Direkt an der Kreuzung rechts liegt einer dieser für die Kap-Provinz typischen *Farm Stalls,* wo neben farmfrischen Produkten auch Kunstgewerbe, Cappuccino, kleine Gerichte, frisches Brot usw. verkauft werden.

Restaurant **Orchard Restaurant & Farmstall** (R-RR), Ecke N2 u. R321,
Tel. 021-8592880, www.theorchard.co.za
So–Do 7.30–18, Fr–So 7.30–18.30 Uhr.
Gemütliches Restaurant mit großem Farmladen (Picknick-Körbe, Bäckerei, Frischtheke) zu Beginn des Elgin-Apfel-Tales.

Grabouw liegt zentral im *Elgin-Tal,* einem der wichtigsten Apfelanbaugebiete Südafrikas. Die Straße R321 führt manchmal recht eng und kurvenreich über den *Viljoens Pass* bis zum *Theewaterskloof Dam,* der die umliegenden Farmen im Sommer mit Wasser versorgt. Eine Brücke führt über ihn, und an ihrem Ende geht es gleich nach links ab auf die R45 zum **Franschhoek Pass.**

Weiterfahrt zum Franschhoek Pass

Zunächst am Ufer des Stausees entlang und dann stetig bergauf durch eine teilweise schroffe Berglandschaft schlängelt sich die Straße, die eindeutig zur Kategorie „Traumstrecke" gehört. Auf der Passhöhe ist ein Parkplatz, von dem sich das gesamte, idyllisch-liebliche *Franschhoek-Tal* überblicken lässt. Kein Wunder, dass sich die 1688 von Frankreich ans Kap geflohenen Hugenotten hier, in der „französischen Ecke", niedergelassen haben. Die Weinberge sind geschützt, es gibt genug Wasser und der Boden ist fruchtbar. Kühle Winter und heiße Sommer bringen größtenteils ausgezeichnete Weine hervor.

Franschhoek

Der kleine Ort entwickelt sich zu einem Gourmet-Mekka in Südafrika. Dutzende von stilvollen Übernachtungsmöglichkeiten laden zum Stopover ein und so verwundert es nicht, dass gerade Franschhoek-Besucher ihren Aufenthalt häufig verlängern. Wer sich für die interessante Geschichte der Hugenotten interessiert, sollte nach der Pass-Abfahrt die beiderseits der Straße gelegenen zwei Gebäude des Huguenot Memorial Museum mit dem hohen Hugenotten-Monument besuchen. Sehr informativ.

Franschhoek Hugenotten-Denkmal

168 Weinland

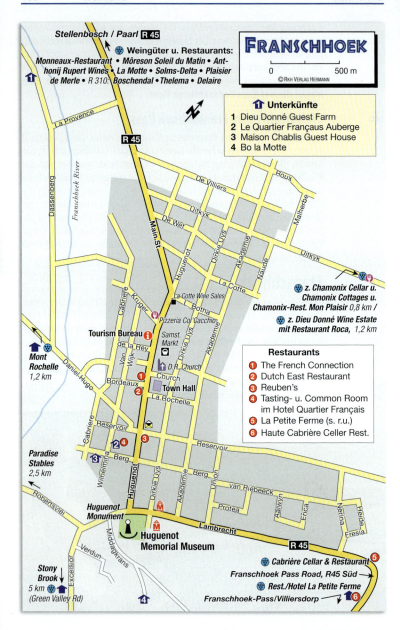

Huguenot Memorial Museum	**Huguenot Memorial Museum,** Lambrecht St, Tel. 021-8762532, www.hugenoot.org.za, Mo–Fr 9–17 Uhr, Sa 9–13 u. 14–17 Uhr, So 14–17 Uhr, Eintritt (das Ticket aufheben, es gilt für beide Gebäude).

An der Kasse sind interessante Broschüren über die Geschichte der Hugenotten erhältlich, auch in Deutsch. Im Gebäude über der Straße weitere Exponate und ein Souvenir-Laden. Vor dem Museum steht das *Huguenot Monument* in einer separaten Gartenanlage.

Jeden Samstag von 9–14 Uhr findet in Ortsmitte unter schattigen Bäumen der **Franschhoek Village Market** statt. An Marktständen werden neben Frühstück und Lunch auch Oliven, Ingwerbier, afrikanisches Kunsthandwerk, Schmuck, Lederwaren und vieles mehr verkauft.

Sightseeing in Franschhoek besteht ansonsten darin, die Hauptstraße mit ihren kleinen Geschäften, Restaurants und Bistros, die sich in teilweise sehr schön renovierten, historischen Gebäuden befinden, auf- und ab zu flanieren (die gutsortiere Tourist-Info befindet sich, von Stellenbosch/Kapstadt kommend, auf der rechten Seite).

Um die weit auseinander liegenden Weingüter zu besuchen, muss dann wieder ins Auto gestiegen werden. Es gibt so viele Weingüter in der Umgebung Franschhoeks, dass es sich empfiehlt, nur ein paar davon zu besichtigen, sonst müsste man eine ganze Woche in Franschhoek verbringen!

Boschendal	**Boschendal,** das wohl bekannteste und schönste von ihnen, liegt weit außerhalb Richtung Stellenbosch, so dass sich dessen Besuch erst auf dem weiteren Weg dorthin empfiehlt. Dabei das Abbiegen von der R45 nach links auf die R310 nicht verpassen. Kurz darauf taucht auf der linken Seite das 1855 erbaute, kapholländische Herrenhaus von Boschendal auf. Das Hauptgebäude ist heute ein Museum, wo es Broschüren und einen Lageplan des gesamten Komplexes gibt. Damit man ohne Umwege zu den Restaurants bzw. zur Weinprobe findet.

Information Franschhoek

Franschhoek Wine Valley & Tourist Association, 70 Huguenot Rd,
Tel. 021-8763603 für allgemeine Infos und
Tel. 021-8762861 für Auskünfte zum Weingebiet,
info@franschhoek.org.za, www.franschhoek.org.za
Informative Karten und Broschüren, die netten Damen der Information buchen Unterkünfte und empfehlen Weingüter und Restaurants, an den Wänden sind mit Fotos Dutzende von B&Bs und Gästehäuser zu sehen, um die Entscheidung leichter zu machen.

Vignerons de Franschhoek, 68 Huguenot Rd,
Tel. 021-8762861, www.franschhoekwines.co.za
Infos zu den 42 produzierenden Weingütern Franschhoeks (Weinproben, Öffnungszeiten, Übernachtungen, Restaurants).

Franschhoek Bastille Festival
Dieses Festival zum Gedenken der Erstürmung der Pariser Bastille während der Französischen Revolution 1789 findet alljährlich immer an dem Wochenende statt, das dem 14. Juli am nächsten liegt: Straßenparaden, Weinproben und Spezialitäten in den Restaurants. Infos Tel. 021-8763603.

Restaurants

Da die meisten Übernachtungsplätze in Südafrikas kulinarischem Nukleus Franschhoek exzellente Dinner (und natürlich Weine) servieren, werden viele Besucher dort zu Abend essen, wo sie später auch schlafen werden. Alternativen gibt es jedoch genügend, reservieren ist empfehlenswert.

Col'Cacchio (RR-RRR), 66 Huguenot St,
Tel. 021-8764222, www.colcacchio.co.za
Die wohl beste Pizzeria im Franschhoek-Tal! Pizzen in verschiedenen Sorten, natürlich vom Holzofen. Alternativen sind frische Pasta, leichte Salate und verführerische Desserts, bei schönem Wetter im Freien unter den Bäumen.

The French Connection Bistro (RRR), Ecke Huguenot/Bordeaux St,
Tel. 021-8764056, www.frenchconnection.co.za
Tägl. Lunch und Dinner; simplifizierte und preiswerte französische Küche in einem umtriebigen Bistro mit ländlichem Ambiente. Kleine Veranda. Geheimnis des Chefkochs: beste Zutaten und limitierte Geschmacksrichtungen auf dem Teller. Die belegten Baguettes sind prima.

Dutch East Restaurant (RR-RRRR), 42 Huguenot St,
Tel. 021-8763547, www.dutcheast.co.za
Tägl. für Frühstück, Lunch und Dinner geöffnet. Mix aus traditionellen und asiatischen Speisen. Fisch- und Fleischgerichte werden in ungezwunger Atmosphäre serviert. **Tipp:** Hausgeräucherter Speck.

The Tasting Room & The Common Room at Le Quartier Français (RR-RRRR), 16 Huguenot St, Tel. 021-8762151, www.lqf.co.za
Eines der Top 50 Restaurants weltweit. Innovative Küche von vielfach preisgekrönter Chefköchin Margot Janse, die täglich neue Gerichte kreiert. The Common Room bietet Tapas an – die homöopathisch kleinen Häppchen sind sehr lecker, aber teuer. Von der Terrasse aus lässt sich das bunte Treiben auf der Straße beobachten.

La Petite Ferme (RRR), Vom Franschhoek Pass kommend links,
Tel. 021-8763016, www.lapetiteferme.co.za
Delikate, südafrikanisch und französisch angehauchte Gerichte, vor allem auf der Veranda mit Blick ins Franschhoek Valley ein Genuss; der hauseigene, im Eichenfass gereifte Chardonnay ist sehr empfehlenswert.

Haute Cabrière Cellar Restaurant (RRRR), Lambrecht Rd,
Tel. 021-8763688, www.hautecabriere.com, tägl. Lunch & Dinner.
Vom Franschhoek Pass rechts in den Berg gebauter Weinkeller mit Restaurant. Chefkoch Matthew Gordon ist über die Grenzen Südafrikas für seine feinen Kreationen bekannt, die frische Zutaten aus dem Tal (selbst die Schokolade zum Kaffee kommt von dort) mit den Weinen von Clos Cabrière-Gutsbesitzer Achim von Arnim kombinieren. Alle Gerichte gibt es auch als halbe Portionen.

Mon Plaisir @ Chamonix (RRR), Uitkyk Street, in den Weinbergen,
Tel. 021-8762393, www.monplaisir.co.za
Gutes Restaurant mit freundlichem Service und stilvollem Ambiente, täglich wechselnde Menüs, diverse Sushi-Gerichte, eigene Weine und selbstdestillierte Schnäpse in großer Auswahl. Zum Übernachten nach der Schnapsprobe gibt es 7 gemütliche, freistehende und vollausgestattete und auch preisgünstige Gästehäuschen für Selbstversorger (RR).

Außerhalb **Monneaux Restaurant** (RRRR), an der R45 Richtung Paarl/Stellenbosch, linke Straßenseite, Franschhoek Country House and Villa,
Tel. 021-8763386, www.fch.co.za
Guest House und Garten mit toskanischem Ambiente, interessante und ausgefallene Gerichte. Täglich Lunch und Dinner.

Bread & Wine Vineyard Restaurant (RR), Môreson Wine Farm,
Happy Valley Road, R45 Richtung Paarl/Stellenbosch links,
Tel. 021-8763692, www.moreson.co.za
Wie der Name schon vermuten lässt, schmeckt bereits das ofenfrisch-dampfend an den Tisch gebrachte Brot mit seiner dicken Kruste ausgezeichnet; Foccacia gibt es mit verschiedenen Dips, wie Mandel-, Basilikum- und Tomatenpesto oder geröstete gelbe Paprika, Feta und Joghurt. Auch die Pasta und der Basilikum-Lachs (seared salmon scented with basil) sind prima.

Boschendal's Restaurant & Le Café (RR-RRR), Pniel Rd, an der R310 Richtung Stellenbosch, Groot Drakenstein, tägl. Lunch, Reservierung notwendig,
Tel. 021-8704274, www.boschendalwines.com
Das Hauptrestaurant befindet sich im historischen Herrenhaus und Le Café beim Eingang unter den Eichenbäumen. Im Sommer ist es überaus beliebt, sich dort einen üppig bestückten Gourmet-Picknick-Korb zu kaufen und damit ein lauschiges Plätzchen auf dem Weingut aufzusuchen.

Weingut Boschendal

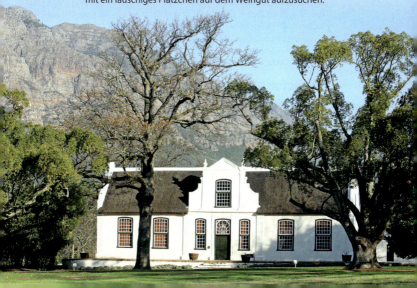

Unterkunft

Chamonix Guest Cottages (RR), Uitkyk St,
Tel. 021-87 62488, www.chamonix.co.za
13 voll ausgestattete, gemütliche Chalets für Selbstversorger mitten auf der gleichnamigen Weinfarm, umgeben von Weinbergen.

Bo la Motte (RR-RRR), Middagkrans Rd, Tel. 021-8763067, www.bolamotte.com
In der Nähe des Huguenot Monuments und nur 10 Gehminuten vom Zentrum Franschhoeks entfernt liegt diese historische Weinfarm aus dem Jahre 1672. Fünf gemütliche Ferienhäuser für Selbstversorger stehen zur Auswahl.

Dieu Donné (RRR), 2 km außerhalb von Franschhoek Richtung Stellenbosch, von der R45 in die La Provence Road abbiegen,
Tel. 021-8762131, www.dieudonne.co.za
Gästehaus mit 7 Zimmern inmitten der Weinberge mit Aussicht über das Tal. Pool und Jacuzzi.

La Petite Ferme (RRRR), Pass Rd, zwischen Ort und Franschhoek Pass rechts der Straße gelegen, Tel. 021-8763016, www.lapetiteferme.co.za
Luxuriöse, separate Häuschen im Weinberg, jedes mit eigener Terrasse und Pool. Dank der exponierten Lage kommt hier noch das späte Nachmittagslicht hin, alle Zimmer mit offenem Kamin.

Le Quartier Français Auberge (RRRRR), Wilhelmina St,
Tel. 021-8762151, www.lequartier.co.za
Eine der luxuriösesten Übernachtungsmöglichkeiten in Franschhoek. Die Suiten gruppieren sich um einen Swimmingpool in einem idyllischen, dicht bewachsenen Garten. Günstiger ist das neue und angrenzende (RR-RRR), www.delicioushotel.com

Mont Rochelle Hotel (RRRRR), Robertsvlei Road. Von der Huguenot kommend nach Westen in die Bordeaux und dann links in die Cabriere mit Wegweiser nach La Rochelle, Tel. 021-8762770, www.montrochelle.co.za
Luxuriöses Hotel etwas außerhalb des Ortes auf einer Anhöhe mit toller Aussicht, minimalistisch, mit zurückhaltendem afrikanisch-ethnischem Touch, beste Aussicht von Zimmer 18 im ersten Stock.

Einkaufen

La Cotte Wine Sales, Ecke Main Road/Louis Botha Street,
Tel. 021-8763775, www.lacotte.co.za
Eine große Auswahl an Weinen der Region und ein außergewöhnlich umfangreiches Käse-Sortiment, einschließlich einiger leckerer Frankreich-Importe, zusammen mit frischem Brot eine gute Picknick-Grundlage.

Weingüter in der Region

Boschendal, Pniel Road, Groot Drakenstein, an der R310 zwischen Franschhoek und Stellenbosch, Tel. 021-8704200,
www.boschendal.com und www.boschendalwines.co.za
Das über 300 Jahre alte Weingut gehört zu den schönsten Beispielen kapholländischer Architektur im Weinland. Weinproben und -verkauf Mai–Okt tägl.

9–16.30 Uhr, Nov–Apr 10–18.30 Uhr. Kellertouren 10.30 u. 11.30 Uhr (unbedingt reservieren). Museum und Restaurant, Picknicks.

Chamonix Wine Farm, Uitkyk St,
Tel. 021-8762494 o. 8762494, www.chamonix.co.za
Weinproben und -verkauf tägl. von 9.30–16.30 Uhr, auch Fruchtschnaps- und Eau de Chamonix Mineralwasser-Proben.

Cabrière, Lambrecht Rd, Tel. 021-8768500, www.cabriere.co.za
Weinverkauf Mo–Fr 9–17 Uhr, Sa 10–16 Uhr, So 11–16 Uhr.
Kellertouren und Sabrage (Flaschenkopf-Abschlagen mit dem Säbel) mit Achim von Arnim jeden Samstag um 11 Uhr. Weinproben mit Tour Mo–Fr 11 u. 15 Uhr.

Mont Rochelle Hotel & Mountain Vineyards, Daniel Hugo Rd,
Tel. 021-8763000, www.montrochelle.co.za
Weinverkauf und -proben tägl. 10–18 Uhr, Kellertouren nach Vereinbarung.

La Motte, an der R45 von Franschhoek kommend rechts,
Tel. 021-8763119, www.la-motte.com
Restaurant, Kunstgalerie, Weinverkauf und -proben Mo–Sa 9–17 Uhr.

Anthonij Rupert Wines (L'Ormarins), an der R45 von Franschhoek kommend links, Tel. 021-8749000, www.rupertwines.com
Weinverkauf/-proben Mo–Fr 9–16.30 Uhr, Sa 10–15 Uhr. Die schönste Oldtimer-Ausstellung Südafrikas, das Franschhoek Motor Museum (www.fmm.co.za), befindet sich auf dem Gelände der Weinfarm.

Môreson Soleil du Matin, an der R45 von Franschhoek kommend links, Tel. 021-8763055, www.moreson.co.za
Weinproben und -verkauf tägl. 11–17 Uhr. Kellertouren nach Vereinbarung.

Plaisir de Merle, Simondium (ca. 15 km auf der R45 Richtung Paarl),
Tel. 021-8741071, www.plaisirdemerle.co.za
Weinproben und -verkauf Mo–Fr 9–17 Uhr, Sa 10–14 Uhr.

Stony Brook Vineyards, in Franschhoek südlich,
Tel. 021-8762182, www.stonybrook.co.za
Weingut mit ungewöhnlichen Weinen außerhalb, sehr ländlich an einem Damm gelegen. Fünf neue Selbstversorger-Unterkünfte mit offenem Kamin (RR). Weinverkauf und -proben: Mo–Fr 10–16 Uhr, Sa 10–13 Uhr.

Solms-Delta, an der R45 von Franschhoek kommend rechts, Delta Road, Tel. 021-8743937, www.solms-delta.co.za
Weinverkauf und -proben tägl. 9–17 Uhr. Eine Vorzeige-Weinfarm, bei der die Beschäftigten am Umsatz beteiligt sind. Mit historischen Gebäuden, Restaurant, Museum, Farmtouren und verschiedenen Festivals im Programm.

Aktivitäten

Paradise Stables, Robertsvlei Road,
Tel. 021-8762160, www.paradisestables.co.za
bietet eine Weintour zu Pferd an. Der vierstündige Ausritt besucht die Weingüter *Rickety Bridge Winery* und *Mont Rochelle* und kostet inkl. Weinproben 600 R/p.P. Mo–Sa 8.45–13.15 u. 13.15–17.45 Uhr. Keine Kreditkarten, nur Barbezahlung.

Weiterfahrt nach Stellenbosch

Kurz nach dem Verlassen von Boschendal, dem letzten Gut der Franschhoek-Weinroute, taucht rechterhand mit **Thelema Mountain Vineyards** bereits das erste der Stellenbosch-Weinroute auf. Direkt gegenüber, links der Straße, befindet sich **Delaire**, ein weiteres Weingut, dort ist das Restaurant *Graff* empfehlenswert. Die Aussicht von den Tischen im Freien ins Tal ist absolut fantastisch und auf dem Menü stehen Spezialitäten wie geräucherter Aal, Straußenfilet mit Portwein und Ochenzunge mit Wachteleiern.

Der früher als „höllisch steil" bezeichnete, 336 Meter hohe **Helshoogte Pass** ist mittlerweile völlig entschärft und vierspurig ausgebaut. In weit ausladenden Kurven, sonntags ein Mekka Kapstädter Motorradfahrer, geht es hinunter nach **Stellenbosch.**

Stellenbosch

Stellenbosch ist nach Kapstadt der zweitälteste von europäischen Einwanderern gegründete Ort Südafrikas. Deshalb gibt es hier eine Fülle von historischen Gebäuden zu besichtigen. Die mächtigen, von den ersten holländischen Siedlern vor Jahrhunderten gepflanzten Eichen spenden willkommenen Schatten und ermöglichen selbst in den sehr heißen Sommern weitgehend hitzschlagfreie Spaziergänge. Stellenbosch zählt heute 150.000 Einwohner und entsprechend stark ist der Verkehr.

Sehenswert ist das **Village Museum,** das vier verschiedene historische Gebäude umfasst, die innen und außen besichtigt werden können, und das Puppenmuseum **Toy and Miniature Museum** im alten Pfarrhaus hinter der Information. Und natürlich der 1904 eröffnete und heute berühmte „Tante-Emma-Laden" **Oom Samie se Winkel** in der historischen **Dorp Street.** In der Church Street steht nicht nur die älteste Kirche Stellenboschs, die **Moederkerk** mit ihrer strahlend weißen Fassade, sondern es reihen sich hier Boutiquen, Souvenirläden, Kunstgalerien, Restaurants und Cafés, in denen sich Touristen, Einwohner und vor allem Studenten treffen. Die alteingesessene *Universität Stellenbosch* ist eine der höchstangesehenen Universitäten Südafrikas, hier studieren an zehn Fakultäten knapp 30.000 Studenten. Das historische, neoklassizistische Uni-Gebäude „Ou Hoofgebou" entstand 1886. Ansonsten geht es in Stellenbosch hauptsächlich um eines: um Wein. Über 200 Weingüter sind in Stellenboschs Umgebung verteilt.

Information Stellenbosch

Stellenbosch Tourism & Information Bureau, 36 Market St,
Tel. 021-8833584, boschtourism.co.za, www.stellenboschtourism.co.za

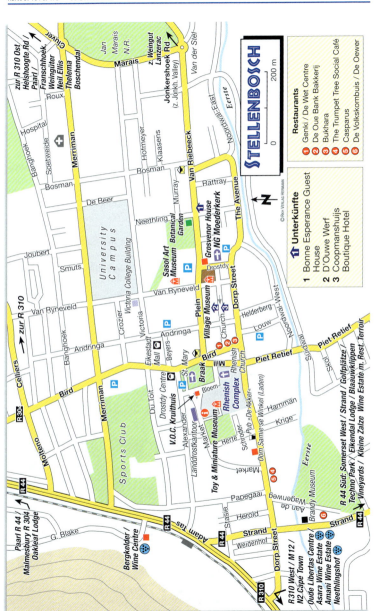

Gut sortiert, alle Informationen. Für Besichtigungen kostenlosen Stadtplan auf Deutsch besorgen und losgehen oder sich einem geführten Stadtrundgang anschließen. Die gut gemachte farbige Karte zur Stellenbosch-Weinroute ist ebenfalls empfehlenswert, speziell, um die im Anschluss empfohlenen Weingüter zu finden.

Stellenbosch Wine Route, Tel. 021-8864310, www.wineroute.co.za
Infos zu den über 200 Weingütern in der Umgebung Stellenboschs.

Sehenswert

Toy & Miniature Museum, im Garten hinter dem Tourist Information, Market St, Tel. 021-8872948, Mo–Sa 9.30–17 Uhr, So 14–17 Uhr.
Historische Puppen-Kollektion, Automodelle, Puppenhäuser mit teilweise sehr detaillierter Innenausstattung, große Modelleisenbahn-Anlage mit Mini-Blue Train, der durch ein liebevoll gestaltetes Weinland-Diorama bis in die trockene Karoo fährt. Am „Horizont" ist Matjiesfontein einschließlich Lord-Milner-Hotel auszumachen.

Village Museum, 37 Ryneveld St,
Tel. 021-8872948, www.stelmus.co.za, Mo–Sa 9.30–16.45, So 14–16.45 Uhr.
Der Komplex besteht aus vier Original-Häusern verschiedener Stadt-Epochen – Schreuder-, Bletterman-, Grosvenor- und O.M. Bergh-Haus –, die alle besichtigt werden können.

Dorp Street, die historische und mit Eichen gesäumte Straße steht in ihrer gesamten Länge unter Denkmalschutz.

Oom Samie se Winkel, 82–84 Dorp Street, Tel. 021-8870797, Mo–So 9–17 Uhr.
Ein alter Kolonialwarenladen in der historischen Dorp Street; ein Teil der viktorianischen Atmosphäre ist erhalten geblieben. Es gibt einen gut sortierten Weinhandel, der international verschickt, und ein günstiges Restaurant mit Garten.

Oom Samie se Winkel

Open Air Oude Libertas Amphitheater, außerhalb,
über die R310 West, Papegaaiberg, Ecke Adam Tas/Oude Libertas Rd,
Tel. 021-8097380/021-8097473, www.oudelibertas.co.za
Auf diesem historischen Weingut kann man im Sommer unter freiem Himmel Tanz- und Musikvorführungen erleben.

Märkte

Stellenbosch Fresh Goods Market, Oude Libertas Estate, Ecke Adam Tas/Oude Libertas Rd. Jeden Samstag von 9–16 Uhr.
Hier treffen sich Hippies und Diven, um an den duftenden Marktständen Farmkäse, frischgebackene Croissants, Proteen, Kosmetik und Weine zu kaufen. Livemusik, Essstände.

Aktivitäten

Route 360, 36 Market St (Tourist-Info),
Tel. 021-8833584, www.stellenbosch.travel/route360
Organisierte Touren ins Weingebiet und die lebhaften Townships.

Kunstgalerien

Art on Church, 38 Church St, Tel. 021-8833790, www.artonchurch.co.za
Kontemporäre Kunstgalerie im Herzen Stellenboschs.

Vincent Da Silva Gallery, 38 Church St,
Tel. 074-1724359, www.vincentdasilva.co.za
Der junge Künstler Vincent Da Silva stellt hier seine sagenhaften und in ganz Südafrika bekannten Bronze-Tierskulpturen aus.

Restaurants

In der Stadt   **De Oude Bank Bakkerij** (RR), Ecke Church/Bird Street, Tel. 021-8832187.
Di–Sa 9–15 Uhr, So 9–13, Mi und Sa ab 18 Uhr Dinner mit Livemusik.
In einem historischen Bankgebäude untergebrachter Markt mit viel Holzgebälk und französischem Flair. An Bistrotischen oder auf dem Bürgersteig werden allerlei delikate Gerichte und Kaffee & Kuchen aus der hauseigenen Bäckerei serviert. Selbst wer nicht hungrig ist, sollte hier mal reinschauen, es lohnt sich.

The Trumpet Tree Social Café (RR), 84 Dorp St, Tel. 021-8838379.
Ein vor allem bei den Studenten beliebtes Restaurant. Hier werden großzügige Portionen an Pastas, Pizzen, Hamburgern und Currys serviert. Lauschiger Biergarten.

D'Ouwe Werf (RR), 30 Church St (s. Unterkunft),
Tel. 021-8874608, www.ouwewerf.co.za, tägl. Frühstück, Lunch & Dinner.
Populäres historisches Hotel mit Restaurant, das vor allem im Sommer empfehlenswert ist, wenn man im schattigen Garten sitzen kann. Umfangreiche Speisekarte, von leichten Lunches bis zu deftigen, traditionellen südafrikanischen Gerichten.

Casparus (RRR), 59 Dorp St, Tel. 021-8828124, Lunch und Dinner Di–Sa.
Das Gebäude sieht aus, als hätte ein Riese Mikado gespielt. Durchgeknallte Architektur und ungewöhnliche Speisen.

Genki (RRR), De Wet Centre Courtyard, Ecke Church/Bird Sts, Tel. 021-8875699.
Tapas, Sushi und andere asiatische Speisen.

De Volkskombuis (traditionell) und **De Oewer** (im Freien) (RRR),
Aan de Wagenweg, von der Dorp Street abgehend, Tel. 021-8872121
(De Oewer Tel. 021-8865431), www.volkskombuis.co.za,
Lunch Mo–So, Dinner Mo–Sa.
Authentische Kap-Küche in einem von Südafrikas berühmtesten Architekten, Sir Herbert Baker, entworfenen Haus oder unter schattigen Bäumen im Garten am Ufer des Eerste River.

Außerhalb **Dornier Bodega Restaurant** (RRR), Dornier Wine Estate,
R44 – Blaauwklippen Road, Tel. 021-8800557, www.dornier.co.za/restaurant,
Lunch Mi–So 11.30–16 Uhr, Tapas Mi–So 15–17 Uhr.
Mitten im pittoresken Blaauwklippen Valley bietet das Restaurant farmfrische Gerichte an und während des Essens können verschiedene Weine des Weinguts probiert werden.

Raphael's at Asara (RRR), Asara Wine Estate, Polkadraai Road R310,
Tel. 021-8888000, www.asara.co.za/food-and-drink
Täglich Lunch und Dinner. In einem pompös eingerichteten Speisesaal mit schweren Ledersofas und samtüberzogenen Sesseln oder auf der Terrasse mit toller Aussicht auf die Weinberge werden europäische Gerichte mit Zutaten aus dem eigenen Garten serviert.

Overture Restaurant (RRRR), Hidden Valley Wines, R44 – Annandale Road,
Tel. 021-8802721, www.dineatoverture.co.za
Lunch Mi–So, Dinner Do–Sa ab 19 Uhr. Preisgekröntes, elegantes Restaurant mit exzellentem Essen. Super Aussicht von der Terrasse.

Terroir (RRRR), Kleine Zalze Wine Estate, Strand Road (R44),
Tel. 021-8808167, www.kleinezalze.com
In relaxter Atmosphäre unter alten Eichenbäumen zelebriert Chefkoch Michael Broughton Gerichte die auf der Zunge zergehen. Täglich wechselnde Speisekarte, die auf einer Schiefertafel annonciert wird. **Tipp:** Von April bis September gibt es das günstige „Green Season Menue".

Unterkunft

Bonne Esperance Guest House (RR-RRR), 17 van Riebeeck St,
Tel. 021-8870225, www.bonneesperance.com
Viktorianische Villa von 1901 im Herzen Stellenboschs. 15 Zimmer und Pool.

D'Ouwe Werf (RRR), 30 Church St, Tel. 021-8874608, www.ouwewerf.com
Stilvolles Hotel, angeblich das älteste Südafrikas in einem mit Antiquitäten eingerichteten, historischen Haus.

Paradyskloof Guest House (RRR), Kabouterbos Farm, Paradyskloof,
Tel. 021-8802538, www.paradyskloofguesthouse.co.za
Nur fünf Fahrminuten südöstlich des Stadtzentrums liegt das Gästehaus idyllisch inmitten der Weinberge. Es gibt fünf Zimmer mit privaten Terrassen. Bei schönem Wetter draußen frühstücken und den Blick auf die Berge genießen. Die benachbarten Weinfarmen sind zu Fuß erreichbar.

Coopmanshuijs Boutique Hotel (RRRR), 33 Church Street,
Tel. 021 883-8207, www.coopmanhuijs.co.za,
Stilvoller lässt es sich im Herzen der Stadt kaum übernachten. Das historische Haus wurde 1713 erbaut und die Zimmer sind geschmackvoll renoviert.

Lanzerac Manor (RRRR-RRRRR), Lanzerac Road,
Tel. 021-8871132, www.lanzerac.co.za
Sehr fotogenes kapholländisches Landgut, in dem heute ein exklusives Hotel untergebracht ist. Kaum zu glauben, dass hier früher die Studenten auf der Theke getanzt haben. Restaurant im Haus.

Weingüter in der Region

Amani, M12, 10 km westlich von Stellenbosch,
Tel. 021-8813930, www.amani.co.za,
Weinverkauf und -proben Mo–Fr 9–16 Uhr, Sa 10–14 Uhr und So 11–15 Uhr. Galerie mit ganzjährigen Kunstausstellungen. In der Architektur des Weingutes werden die afrikanischen Wurzeln sichtbar: statt kapholländischem gibt es ethnisch-kontemporäres Design mit grobverputzten Wänden in wüstenhaften Erdfarben, dazu Wellblechdächer und Stahlfenster im Township-Look.

Die Bergkelder Wine Centre, an der R44,
Tel. 021-8098280, www.bergkelder.co.za,
Weinverkauf und -proben Mo–Fr 8–17, Sa 9–14 Uhr. Kellertouren Mo–Fr 10, 11, 14 Uhr, Sa 10, 11 und 12 Uhr, inkl. Diashow in sechs Sprachen.
In den Papegaaiberg gegrabener, großer Weinkeller. Bergkelder vermarktet das Weingut Fleur du Cap. In der Vinoteque gibt es eine große Auswahl an perfekt temperierten Weinen zu erstaunlich günstigen Preisen. www.vinoteque.co.za

Delaire Graff Estate, Jonkershoek Road, Tel. 021-8858160, www.delaire.co.za. Weinproben und -verkauf Mo–Sa 10–17 Uhr, So 10–16 Uhr, Kellertouren nach Vereinbarung.
Exklusives „State of the Art"-Hotel und Spa. Das Restaurant ist allerdings total überteuert.

Weingut Lanzerac

Weinland

Delheim, die R44 ca. 7 km nördlich, Knorhoek Rd, gut ausgeschildert,
Tel. 021-8884600, www.delheim.com,
Weinproben und -verkauf tägl. 9–17 Uhr. Kellertouren plus Weinprobe tägl.
10.30 und 14.30, Gartenrestaurant (RR), tägl. 9.30–16.30 Uhr.

Lanzerac Farm & Cellar, Tel. 021-8865641, Lanzerac Road,
www.lanzeracwines.co.za. Weinverkauf und -proben tägl. 9–16 Uhr.
Kellertouren nach Vereinbarung. Sonntags Lunch im Freien.

L'Avenir Vineyards, auf der R44 6 km nach Norden,
Tel. 021-8895001, www.lavenirestate.co.za, Weinverkauf und -proben
Mo–Fr 9–17 Uhr, Sa 9–17 Uhr, Kellertouren nach Vereinbarung.
Die Weinproben finden im Freien auf einer Terrasse statt mit tollem Ausblick
über das Weingut. Gute Atmosphäre und sehr freundliches Personal.

Meerlust Estate, R310 Baden Powell Drive (bei der N2),
Tel. 021-8433587, www.meerlust.co.za,.
Weinverkauf und -proben Mo–Fr 9–17 Uhr, Sa 10–14 Uhr.
Die Meerlust-Weine gehören zu den besten und teuersten des Landes.

Neethlingshof Estate, Adam Tas Rd/M12,
Tel. 021-8838988, www.neethlingshof.co.za
Bereits 1705 wurden auf diesem kapholländischen Weingut das erste mal
Weine gekeltert. Weinverkauf und -proben Mo–Fr 9–17, Sa/So 10–16 Uhr.
Lord Neethling Restaurant mit Palmenterrasse.

Neil Ellis Wines, R310 Helshoogte Rd, Tel. 021-8870649, www.neilellis.com,
Weinverkauf und -proben Mo–Fr 9.30–16.30, Sa 10–14 Uhr.
Wunderschön in einem Seitental von Stellenbosch am Berg gelegenes Gut.

Rust & Vrede Estate, R44 südlich von Stellenbosch, Annandale Rd,
Tel. 021-8813881, www.rustenvrede.com,
Weinverkauf und -proben Mo–Sa 9–17 Uhr.
Historische Gebäude, Restaurant und ökologischer Weinanbau.

Spier, R310 Baden Powell Drive (bei der N2),
Tel. 021-8091143, www.spier.co.za. Weinverkauf u. -proben tägl. 9–16.30 Uhr.
Spier ist so etwas wie das „Wein-Disneyland" mit Bahnhof für den alten Dampfzug aus Kapstadt, Geparden-Gehege, mehreren Restaurants und Geschäften sowie einem Amphitheater, wo regelmäßig Konzerte stattfinden. Ein Muss für Eltern, die mit Kindern reisen. Das Spier Hotel besteht aus mehreren kleinen und verschiedenartig gestylten Häuschen, was dem ganzen das Aussehen eines Straßenzuges in einer kleinen Stadt verleiht. Eine Kleinigkeit essen kann man sowohl beim Ladengeschäft als auch auf dem Picknick-Rasen.

Thelema Mountain Vineyards, R310 Helshoogte Rd,
Tel. 021-8851924, www.thelema.co.za,
Weinverkauf und -proben Mo–Fr 9–17, Sa 10–15 Uhr.
Schön am Berg gelegen mit toller Aussicht, die Weine sind so beliebt, dass sie, obwohl sie nur in kleinen Mengen abgegeben werden, fast immer ausverkauft sind.

Paarl

Paarl ist die dritte Stadt im berühmten südafrikanischen Weindreieck, sie kann es vom Stadtbild her aber nicht mit Stellenbosch und Franschhoek aufnehmen. Zum einen ist der Ort sehr langgestreckt, was Spaziergänge praktisch unmöglich macht, zum anderen gibt es deutlich weniger historische Gebäude als in Stellenbosch oder Franschhoek. Dafür finden sich hier einige sehr schöne Weingüter, hervorragende Restaurants und stilvolle Übernachtungsmöglichkeiten.

Taal Monument An den südlichen Hängen des Paarlberges ragt das weiße **Taal Monument** (tägl. 9–17 Uhr) eindrucksvoll in den meist blauen Himmel. *Taal* ist Afrikaans und bedeutet „Sprache". Das Denkmal erinnert an den 8. Mai 1925, als Afrikaans nach Englisch die zweite, offizielle Sprache Südafrikas wurde. Die Säulen und Spitzen des Monuments symbolisieren die verschiedenen Einflüsse, die zur Entstehung der einzigen in Afrika entstandenen Sprache germanischen Ursprungs geführt haben: Einflüsse der westlichen Welt durch die Holländer und Deutschen, afrikanische Elemente durch die einheimischen Khoisan und asiatisches Wortgut durch die ans Kap gebrachten Sklaven aus Indonesien. In Paarl wurde hier die erste Zeitung in der neuen Sprache gedruckt, *Die Afrikaanse Patriot*. Mehr darüber im

Taal Monument

Afrikaans Language Museum (Afrikaans Taal Museum), Pastorie Ave, Tel. 021-8723441, www.taalmuseum.co.za, April–Nov. tägl. 8–17 Uhr, Dez–März tägl. 8–20 Uhr. Regelmäßige Live-Konzerte.

Tipp! Vollmond-Picknick (Infos und Termine auf der Website unter „Picnic venue").

Paarl Rock Westlich von Paarl erhebt sich das Paarl Mountain Nature Reserve mit dem 543 m hohen Paarl Rock, einem Aussichtspunkt.

Paarl Ommi Berg Festival Das beliebte zweitägige **Paarl Ommi Berg Festival** findet Anfang März statt und wird seit Jahren in verschiedenen Weingütern und im Naturreservat oberhalb Paarls zelebriert. Wein, Essen und Livemusik
Infos Tel. 021-8634886, www.ommiberg.co.za.

Information Paarl

Paarl Publicity Association, 216 Main St,
Tel. 021-8723829 o. 8724842 o. 8729376, www.paarlonline.com,
Mo–Fr 8–17 Uhr, Sa 9–14 Uhr, So 10–14 Uhr.
Freundliches Personal, das Unterkünfte in Paarl buchen und Restaurants empfehlen kann.

Paarl Wine Route, www.paarlwine.co.za,
Infos zu ausgesuchten Weingütern Paarls.

Restaurants

The Restaurant at Pontac (RRR), 16 Zion St,
Tel. 021-8720445, in der Saison Mo–So Lunch & Dinner.
Das kleine, gemütliche Restaurant mit afrikanisch-ethnischem Design ist in den ehemaligen Stallungen des historischen Landgutes, von den Tischen im Freien hat man eine großartige Aussicht auf die berühmten Granitfelsen der Stadt. Die Speisekarte glänzt durch einfallsreiche und raffinierte Gerichte.

Bosman's (RRRR), The Grande Roche Hotel, Plantasie St,
Tel. 021-6835100, tägl. Frühstück, Lunch & Dinner.
Die Tatsache, dass die Lokalität das einzige Relais Gourmand Hotel-Restaurant in Afrika ist, spricht für sich – exzellente Küche, Weinkeller mit über 6000 erlesenen Weinen – ein Besuch im Bosman's ist **etwas für besondere Anlässe!**

Außerhalb **Freedom Hill Restaurant,** R301 Wemmershoek Road,
Tel. 021-8670963, www.freedomhillrestaurant.co.za,
Sept.–April tägl., Mai–Aug. Mi–So. Lunch, Tapas, Sundowners und Dinner.
Gourmet Restaurant im Grünen, spektakuläre Aussicht über das Berg Valley. Asiatische und italienische Küche.

The Goatshed (R-RR), Fairview Wine Estate, Suid Agter Paarl Rd,
Tel. 021-8633609, www.fairview.co.za,
Top-Außenrestaurant, tgl. Frühstück & Lunch 9–17 Uhr.

Paarl Rock

Benannt nach den 750 Schweizer Bergschafen, die auf dem Weingut leben und u.a. zur Produktion von 25 verschiedenen Käsesorten beitragen, die zusammen mit herrlich-frischgebackenem Brot auf den Tisch kommen. Natürlich gibt es nach der Wein- und Käseprobe beides auch im Laden zu kaufen.

Ristorante Papa Grappa (RR),
Wilderer's Distillery an der R45 Richtung Franschhoek,
Tel. 021-8633555, www.wilderer.co.za, Montag Ruhetag.
Wer gerne mal einen guten Schnaps trinkt, kommt nicht um Helmut Wilderers Brennerei herum. Er destilliert bekannt Edles wie Grappa, Trester, Williams, Aprikose, Pflaume und Obstler. Reminiszenz an Südafrika ist der Cape Fynbos Herb-Bitter, ein erdiger Digestif. Die Brände werden in attraktive Flaschen abgefüllt und in stilvoll afrikanisch dekorierte Holzkistchen verpackt – ideale Souvenirs. Und zu essen gibt es fantastische Flammkuchen nach elsässischem Rezept, Pizzen und Pastagerichte.

Unterkunft

Kleinplaas Country House (RR), 39 Upper Bosman St,
Tel./Fax 021-8631441, www.stayinsa.co.za/1929.htm
Drei geschmackvoll-rustikal eingerichtete B&B-Zimmer mit offenen Kaminen und ein renoviertes Cottage im Wald für Selbstversorger, am Hang des Paarl Mountains, über der Stadt.

Pontac Manor Hotel (RRR), 16 Zion St,
Tel. 021-8720045, www.pontac.com,
Stilvoll renoviertes, kapholländisches Anwesen, erbaut 1723; schöne Aussicht auf die Felsen von Paarl, ausgezeichnetes Restaurant.

De Wingerd Wijnland Lodge (RRR), 7 Waltham Cross St,
Tel. 021-8631994, www.wingerd.co.za
Fünf nette, freundliche Zimmer und ein Selfcatering-Apartment am Hang des Paarl Mountain Nature Reserves, oberhalb von Paarl, die belgischen Besitzer sprechen auch Deutsch. Dinner nach Voranmeldung.

Sehenswertes außerhalb

Spice Route, Suid Agter Paarl Road (neben Weingut Fairview),
www.spiceroute.co.za, tägl. 10–16.30 Uhr.
In einem sehr nett aufgemachten und dorfähnlichen Komplex kann man nicht nur Schokolade, Grappa, Biltong und Bier probieren, sondern auch Glasbläsern bei ihrer Arbeit zuschauen oder in einem der Restaurants einkehren.

Butterfly World Tropical Gardens, von der N1 Exit R44, Klapmuts.
In einem 1000 qm² großen, dschungelartigen Treibhaus flattern Hunderte von exotischen Schmetterlingen herum. Außerdem gibt es verschiedene Insekten, Spinnen und andere Krabbelviecher zu bewundern. Kleines Restaurant und Souvenirladen.

Weingüter in der Region

Fairview, Suid Agter Paarl Road, Tel. 021-8632450, www.fairview.co.za,
Weinverkauf und -proben tägl. 9–15 Uhr.
Kombinierte Käse- und Weinprobe, Qualitäts-Käserei und gutes Restaurant.

Glen Carlou Vineyards, R45 Richtung Franschhoek, rechts in die Klapmuts Road, Tel. 021-8755528, www.glencarlou.co.za
Weinverkauf u. -proben Mo–Fr 8.30–17 Uhr, Sa/So 10–14 Uhr, eigene Käserei.
Wieder ein Weingut, wo der Name für Qualität steht, egal, welche Rebsorte man wählt.

KWV Holdings & Wines, südliche Main Street in Paarl,
Tel. 021-8073911, www.kwv-wines.com,
Weinverkauf und -proben Mo–Sa 9–16.30 Uhr im Wine Centre,
Kellertouren um 10.15 Uhr (Deutsch), in Englisch um 10, 10.30 u. 14.15 Uhr.
Weinprobe, Brandy- und Schokoladenprobe. Die ehemalige, gigantisch große Weingenossenschaft wurde privatisiert. Der 1930 erbaute, domähnliche Weinkeller, einer der größten weltweit mit seinen riesigen Fässern, verziert mit Weinbau-Schnitzereien, ist einen Besuch wert.

Laborie Cellar, südliche Main Street in Paarl,
Tel. 021-8073390, www.laboriewines.com,
Weinverkauf und -proben Mo–Fr 9–17, Sa 10–15 Uhr.
Restaurant und Weinhaus, Picknick nach Vorbestellung.

Freedom Hill Wines, R301 Wemmershoek Road,
Tel. 8670085, www.freedomhill.co.za,
Weinverkauf und -proben Mo–Sa 10–17 Uhr, So 11–15 Uhr.
Von der Weinfarm aus sieht man das ehemalige Victor Verster Gefängnis, von hier hat Nelson Mandela am 11.2.1990 den ersten Schritt zurück in die Freiheit getan.

Ridgeback Wines, südlich der Noord Agter Paarl Road,
Tel. 021-8698068, www.ridgebackwines.co.za,
Weinverkauf und -proben tägl. 10–16 Uhr.
Mit Deck-Restaurant, tägl. 9.30–15 Uhr, wunderschön auf einem Holzdeck direkt an einem Damm gelegen. Während des Essens Vögel beobachten.

Villiera Wines, R101 nach Kapstadt, Tel. 021-8652002, www.villiera.com,
Weinverkauf und -proben Mo–Fr 8.30–17, Sa 8.30–15 Uhr,
Kellertouren in Eigenregie während der Probierzeiten.
Im Villiera Wildlife Sanctuary Pirschfahrten nach Vereinbarung.

Weiterfahrt nach Wellington

Wer mehr Zeit hat, sollte die typische Weinlandtour mit Franschhoek, Stellenbosch und Paarl etwas nach Norden und Westen erweitern: Von Paarl aus ist **Wellington** auf der R303 ganz schnell zu erreichen. Die Städte sind eigentlich schon fast zusammengewachsen.

Wellington

Wellington ist ein hübscher, kleiner Ort, der deutlich weniger auf Touristen eingestellt ist. Die netten Damen im Informationsbüro gleichen das mit viel Freundlichkeit aus. Neben Wein werden in Wellington auch hervorragende Oliven angebaut. Vorreiterin ist hier Reni Hildenbrand. Das von ihr auf ihrem **Hildenbrand Estate** produzierte

Olivenöl, sowohl das Tropföl als auch die erste Pressung sind von ausgezeichneter Qualität. Auf der R303 stadtauswärts rechts liegt **Oude Wellington.** Neben dem Weinanbau wird hier auch ein „atemberaubender" Grappa destilliert.

Information

Wellington Tourism Bureau, Tel. 021-8734604, www.wellington.co.za
Ausgesprochen freundliches und hilfreiches Personal, Empfehlungen zu Übernachtungen, Restaurants und Weingütern.

The Wellington Wine & Brandy Route, Tel. 021-8734604,
www.wellington.co.za. Infos zu ausgesuchten Weingütern Wellingtons.

Restaurants

D'Olives Restaurant & Tea Garden (RR), 41d Church St,
Tel. 021-8643762, Mo–Sa 8–22 Uhr, So 9–15 Uhr.
Nettes Restaurant in einer ruhigen Nebenstraße. Wie der Name bereits andeutet, dreht sich alles um Oliven, die in der Gegend angebaut werden, sie gibt es im Brot, Pesto, Salat und natürlich im köstlichen *Beef buttanesca*.

Oude Wellington (RR), an der Bain's Kloof Road,
im Oude Wellington Guest House, Tel. 021-8732262, www.kapwein.com,
Di–Sa Dinner u. Nachmittagstee, sonntags Lunch.

Die Köchin Susanna dos Santos serviert leichte, mediterrane Küche, dazu die Weine des Guts und nach dem Essen einen hausgebrannten Grappa.

Seasons Restaurant at Diemersfontein (RR), R301, Jan van Riebeeck Road,
Tel. 021-8645060, www.diemersfontein.co.za
Gemütliches Restaurant, gute Küche zu erschwinglichen Preisen.

Unterkunft

La Rochelle Guesthouse (RR), 13 Jan van Riebeek St,
Tel. 021-8734771/082-8028875, www.larochelleguesthouse.co.za
Ein Dreisterne-Gästehaus in einem 100-jährigen viktorianischen Haus im Herzen Wellingtons. Die Zimmer sind mit viel Liebe zum Detail eingerichtet, einige auch mit Kochnische. Günstiges Abendessen auf Vorbestellung, schöne Gartenanlage mit Pool.

Oude Wellington (RR), Bain's Kloof Pass Road,
Tel. 021-8732262, www.kapwein.com.
Gemütliche Zimmer in einem kapholländischen Weingut von 1790, Swimmingpool, Spielplatz, großes deutsches Frühstück.

Weingüter

Bovlei Winery, R303, Tel. 021-8731567, www.bovlei.co.za
Außerhalb Wellingtons auf dem Weg nach Tulbagh befindet sich die zweitälteste Wein-Cooperative Südafrikas.

Diemersfontein Wines, Tel. 021-8645050, www.diemersfontein.co.za
Weinverkauf und -proben tägl. 10–17 Uhr. Seasons Restaurant, Guesthouse, Reiterhof, Golf, Wandern.

Hildenbrand Wine & Olive Estate, Tel./Fax 021-8734115,
www.wine-estate-hildenbrand.co.za
Wein-, Oliven- und Olivenölverkauf sowie Proben, tägl. 10–16 Uhr. Historische Weinfarm mit herzlicher deutscher Besitzerin.

Wamakersvallei Cellars, Distillery Road, Tel. 021-8731582
Direkt übersetzt im „Tal der Kutschen", hier wurden in alten Zeiten Kutschen repariert, die den weiten Weg von Kapstadt zurückgelegt hatten. Das Weingut ist bekannt für seine Rotweine. Weinproben Mo–Fr 8–17 Uhr und Sa 8.30–12.30 Uhr.

Aktivitäten

Auf einer gemütlichen, drei bis viertägigen geführten Wanderung von Weingut zu Weingut das Wellington-Weingebiet zu Fuß kennenlernen: www.winewalk.co.za

Weiterfahrt nach Tulbagh

Bain's Kloof Pass Als nächstes steht das landschaftliche Highlight der Weinland-Tour, der wunderbar enge und kurvenreiche, historische **Bain's Kloof Pass** auf dem Programm. Hier wünscht man sich einen offenen Klassiker oder eine Harley, aber selbst mit normalen Mietwagen macht die Strecke Spaß. Mit Wohnmobilen kann es an manchen Ecken recht eng werden.

Tweede Tol Ein lohnenswerter Stopp ist einige Kilometer nach der Passhöhe erreicht. Bei **Tweede Tol** kann gegen Bezahlung in herrlichen, natürlichen Felsenbecken im Fluss gebadet werden. Hierzu fährt man mit dem Auto links in den Campingplatz auf einen Parkplatz und läuft dann unter der Straße durch, hinunter zum Fluss.

Bain's Kloof Pass

Tulbagh, Montpellier Wine Estate

Tulbagh

In **Tulbaghs** bekannter Church Street steht jedes der historischen Gebäude unter Denkmalschutz. Wenn man heute durch die mit Eichenbäumen gesäumte, ruhige Straße schlendert kann man sich nur schwer vorstellen dass die hübschen, weißgetünchten kapholländischen Häuser nach dem Erdbeben am 29 September 1969 in Trümmern lagen.

In Tulbagh wird jedes Jahr Ende Juni, wenn Schnee auf den umliegenden Berggipfeln liegt, Weihnachten vor- bzw. nachgefeiert, denn im Dezember steigen die Temperaturen in Tulbagh bis auf 35 Grad und da kommt nur wenig Weihnachtsstimmung auf. Die Church Street wird festlich geschmückt und die Restaurants bieten Weihnachtsmenüs an. Und mit etwas Glück sind die Bergspitzen mit Schnee bedeckt. Infos auf www.tulbaghtourism.co.za

Wer sich für die Geschichte des Ortes interessiert, sollte sich das **Oude Kerk Volksmuseum** (Old Church Museum) ansehen, gleich unterhalb des Tulbagh Tourism Bureau. Sie ist eine der ältesten Kirchen im Lande. Mo–Fr 9–17 Uhr, Sa 9–16, So 11–16 Uhr.

Tipp! Kulinarischer Tipp: *Moniki Chocolates* probieren, handgefertigte belgische Schokolade mit Kaffee oder Wein auf einer der schönsten Farmen in Tulbagh, der Schoonderzicht Farm außerhalb in den Witzenberg Mountains, Tel. 023-2300673.

Information Tulbagh

Tulbagh Tourism Bureau, 4 Church Street,
Tel. 023-2301348, www.tulbaghtourism.co.za

Tulbagh Wine Route, Tel. 023-2301348, www.tulbaghwineroute.com
Infos zu ausgesuchten Weingütern Tulbaghs.

In der Church Street

Restaurants

Plum (R-RR), 10 Church St, Tel. 023-2308005, tgl. 8-17 Uhr.
Leckere Frühstücke und Lunches, Dinner nur bei vorheriger Reservierung. Die Speisekarte bietet fast ausschließlich Gerichte aus ökologisch angebauten Zutaten und die Weinkarte listet die guten Tropfen von Tulbagh und andere. Hübscher Garten, um bei schönem Wetter im Freien zu essen.

Readers Restaurant (RR), 12 Church St, Tel. 023-23 00087,
Mi–So Frühstück, Lunch & Dinner.
Kleines, charaktervolles Restaurant in zwei Räumen im 1754 erbauten und damit ältesten Haus der Church Street; kleine Terrasse, tägl. wechselnde Gerichte, sowohl typisch südafrikanische als auch internationale Küche. Vorher reservieren.

The Belgian Kitchen (RR-RRR), 23 Church St, Tel. 023-2300242,
www.belgiankitchen.wozaonline.co.za,
Lunch Di–So 11–15 Uhr, Dinner Di–Sa 18–22 Uhr.
In einem 1821 erbauten, riedgedeckten und denkmalgeschützten Gebäude untergebrachtes Restaurant. Hier werden Klassiker, wie Chateaubriand und Beef Stroganoff, serviert. Lauschiger, weinrebenüberwachsener Innenhof. Unbedingt reservieren.

The Olive Terrace Bistro (RR-RRR), The Tulbagh Hotel, 22 Van der Stel St, Tel. 023-2300071, www.tulbaghhotel.co.za. Tägl. Frühstück, Lunch u. Dinner
Beliebtes Restaurant in einem kapholländischen Gebäude mit schattiger Terrasse. Zum Frühstück gibt es Eier von freilaufenden Hühnern. Zum Lunch oder Dinner u.a. Straußencarpaccio, Kudu-Filet und biologisch angebautes Gemüse.

Que Sear at Rijk's Country House (RRR), Main Rd, Tel. 023-2301006, www.rijks.co.za, tägl. Frühstück, Lunch & Dinner.
Entweder drinnen oder draußen auf der Terrasse mit Aussicht; beliebte Gerichte sind hier Rumpsteak. Ochsenschwanz-Ragout und Coq au vin.

Unterkunft

De Oude Herberg (RRR), 6 Church St, Tel. 023-2300260,
www.deoudeherberg.co.za
Wie in der Church Street nicht anders zu erwarten, ein historisches Haus mit vier gemütlichen Zimmern; Country-Restaurant mit Hausmannskost im Hause; Swimmingpool.

Villa Tarantal (RRR), Extension Van Der Stel St, Tel. 074-1948202,
www.villatarentaal.com
Am Stadtrand Tulbaghs im Grünen gelegen, in Gehweite zur historischen Church Street. Herzlicher Empfang, großzügige Zimmer, Pool und Massagen auf Wunsch.

Rijk's Country Hotel & Private Cellar (RRR), 2 km außerhalb von Tulbagh an der R44, Tel. 023-2301006, www.rijks.co.za
Neu im alten Stil gebauter Komplex auf einem Weingut, zwölf Zimmer und drei Cottages für Selbstversorger. Pool, Wanderwege, Weinproben.

Vindoux Guestfarm & Spa (RRR) Tel. 023-2300635, www.vindoux.com
Gemütliche Holzchalets auf einer Obstfarm fünf Kilometer nordwestlich von Tulbagh mit tollem Blick auf die Saronsberge. Kleines Restaurant, Wellnessbereich und Pool.

Weingüter

De Oude Drostdy, Aan-de-Wagen Road,
Tel. 021-8097000, www.drostdyhof.com
Weinverkauf und –proben, Mo–Fr 10–17, Sa 10–14 Uhr.
Historisches Weingut am Fuße der Witzenberg Mountains, Weinkeller und Museum.

Im Keller der Oude Drostdy

Montpellier Wine Estate, Tel. 023-2300656, www.montpellier.co.za
Weinverkauf und -proben, Mo–Fr 9–15 Uhr.
Ein über 300 Jahre altes Weingut, ursprünglich von zwei Franzosen aus Montpellier gegründet. Hier gibt es nicht nur ausgezeichnete Weine zu probieren, sondern auch eine hübsche Weinbergkapelle die gerne für Hochzeiten gebucht wird.

Twee Jonge Gezellen Estate, Tel. 023-2300680, www.tjwines.co.za
Weinverkauf und -proben Mo–Fr 9–15 Uhr. Historisches Weingut, seit 1710 in Familienbesitz. Berühmt für den exzellenten Sekt, genannt „Krone Borealis Brut", der im Geschmack und Geruch verblüffend nah an Champagner heranreicht und deshalb unbedingt probiert werden sollte.

Saronsberg Cellar, Tel. 023-2300707, www.saronsberg.com,
Weinverkauf und -proben Mo–Fr 8.30–17 Uhr, Sa 10–14 Uhr.
Modernes Weingut, das berühmt für seine Rotweine ist. Kunstgalerie und Kleinkunstbühne.

Weiterfahrt

Nuwekloof Pass

Der **Nuwekloof Pass,** wo fast immer Paviane am Straßenrand herumtollen, verbindet Tulbagh mit der R44 auf der anderen Seite der Berge. Von dort ist es nicht mehr weit nach **Bartholomeus Klip.**

Bartholomeus Klip

Die einstige Weizen- und Schaffarm bietet heute eine exklusive Übernachtungsmöglichkeit. Es gibt ein mehrere tausend Quadratmeter großes Naturschutzgebiet, das sich bis zu den zerklüfteten Bergen erstreckt, in dem Gäste unter Führung eines erfahrenen Rangers viel über die Flora und Fauna der Region erfahren. Unter anderem über die extrem seltene geometrische Schildkröte, die nur hier in den Restbeständen des sogenannten Renosterbusches vorkommt. Es gibt außerdem zwei interessante und auch erfolgreiche Aufzuchtprogramme. Bei dem einen ziehen friedvolle Jerseykühe oft „halbstark" sich aufführende Büffel auf. Da viele südafrikanische Büffel an der Maul- und Klauenseuche leiden, helfen die gesunden Bartholomeus-Büffel, Genbestände in anderen Gebieten des südlichen Afrika aufzufrischen.

Das zweite Projekt ist erheblich schwieriger. Die Rückzüchtung des ausgestorbenen *Quaggas,* ein nahezu streifenloses Zebra, dessen DNA nur noch in Hautform im Museum existiert. Wissenschaftler haben jedoch herausgefunden, dass das Quagga-Gen in einigen Bergzebras „versteckt" erhalten geblieben ist. Und so werden immer wieder vielversprechende Zebras, also jene mit möglichst wenig Streifen, miteinander gekreuzt, was bis dato einige am Hintern komplett streifenfreie Exemplare zur Folge hatte.

Unterkunft

Bartholomeus Klip Farmhouse (RRRRR), von der Wellington/Tulbagh Road, der R44, Abfahrt Bo-Hermon, dann 5 km unbefestigte Straße; Tel. 022-4481820, www.bartholomeusklip.com

Die historische Weizen- und Schaffarm bietet in ihrem stilvoll renovierten viktorianischen Farmhaus eine der schönsten Möglichkeiten auf dieser Route zu übernachten. Im Haupthaus gibt es nur vier Zimmer und eine Suite. Die Zimmerpreise beinhalten ein üppiges Frühstücksbüfett und ein ebenfalls absolut ausgezeichnetes, viergängiges Kerzenlicht-Dinner. Neu ist das Deck House und Olive House für Selbstversorger. Die einstige Farm ist heute ein viele Hektar großes Naturreservat, wo vom offenen Landrover aus Herden von Elen-, Oryx- und Kuhantilopen, Gnus, Springböcke, Rehböcke und Bergzebras beobachtet werden können. Der ehemalige Farmwassertank ist in einen willkommenen Swimmingpool umfunktioniert worden.

Riebeek-Kasteel

Die beiden Schwester-Dörfer **Riebeek-Kasteel** und **Riebeek-West** liegen nicht weit von Bartholomeus Klip entfernt und nahe beieinander. In dem Tal vor den Kasteelberg Mountains haben sich viele Aussteiger, vor allem aus Kapstadt, niedergelassen. Der attraktivere Ort ist Riebeek-Kasteel mit seinen urigen Kneipen, Läden und Kunstgalerien. Am Wochenende ist hier viel los, denn der Ort ist bei Kapstädtern ein beliebtes Ausflugsziel.

Information

Riebeek Valley Tourism, Tel. 022-4481545,
www.riebeekvalley.info. Mo–Sa 9–16 Uhr, So 10–14 Uhr.
Übernachtungs- und Restaurant-Tipps zu Riebeek-Kasteel.

Swartland Wine Route, Swartland Wine Route,
Tel. 022-4871133, www.swartlandwineroute.co.za
Infos zu ausgewählten Weingütern der Swartland-Region.

Restaurants

Bar Bar Black Sheep (RR), 7 Short St, Tel. 022-4481031, www.bbbs.co.za
Am Ende der engen Short Street liegt dieses urige kleine Restaurant mit seinen bunt zusammengewürfelten Tischen und Stühlen. Eine große Schiefertafel dient als Speisekarte.

Café Felix @ The Old Oak Manor (RR), Riebeek-Kasteel, 7 Church St,
Tel. 022-4481170, www.cafefelix.co.za,
Di–Sa Frühstück, Lunch & Dinner, So/Mo nur Frühstück und Lunch.
Frisches Landessen, französisch-italienisch beeinflusst, in einem historischen Guest House.

Kasteelberg Country Inn & Bistro (R-RR), 13 Fontein St, Riebeek-Kasteel,
Tel. 022-4481110, www.kasteelberg.com,
Mi–Mo Lunch & Dinner, So nur Lunch.
Mediterrane Gerichte, ausführliche Weinliste, schöne Terrasse, guter Espresso und Cappuccino. Die Speisekarte wechselt saisonal.

The Royal Restaurant (RR), 33 Main St, Riebeek-Kasteel,
Tel. 022-4481378, www.royalinriebeek.com
Stilvolles, koloniales Restaurant mit guten Gerichten im renovierten, historischen Royal Hotel.

In Riebeek-Kasteel gibt es urige Läden

Unterkunft

Riebeek Valley Hotel (RRR-RRRR), 4 Dennehof Street, Riebeek-West,
Tel. 022-4612672, www.riebeekvalleyhotel.co.za
Komfortables Hotel mit großem Swimmingpool, Wellness-Bereich, gute Küche; 28 Zimmer, fünf Suiten.

The Royal Hotel (RRRR), 33 Main St,
Tel. 022-4481378, www.royalinriebeek.com
Das über 150 Jahre alte koloniale Hotel wurde aufwendig restauriert und ist jetzt mit seinen 10 Zimmern (mit Minibar, SAT-TV, DVD, Aircon) ein Schmuckstück im Ort.

Shades of Provence, 24b Fontein St, Tel. 021-9134626,
www.shadesofprovence.com
Hübsches B&B, vier Zimmer und ein Apartment für Selbstversorger. Massagen im Haus. **Tipp:** Nacken- und Schultermassage mit Olivenöl aus der Region.

Galerien

The Gallery, Main Street, Tel. 083-6533697, www.galleryriebeek.co.za
Ausgesprochen gut sortierte Kunstgalerie die in ihren hellen Räumen Kunst, Keramiken und auserlesenen Schmuck anbietet.

Weingüter

Allesverloren Estate, Tel. 022-4612320, www.allesverloren.co.za
Weinverkauf und -proben Mo–Fr 8.30–17, Sa 8.30–14 Uhr.
Familienrestaurant. Bekannt für hervorragenden Shiraz.

Kloovenburg Wine & Olives, Kreuzung R46/R311,
Tel. 022-4481635, www.kloovenburg.com,
Weinverkauf und -proben Mo–Fr 9–16.30 Uhr, Sa 9–14 Uhr.
Außer Wein gibt es auch superleckere, in verschieden gewürzten Ölen eingelegte Oliven und Tapanaden zu probieren. Der auf der Farm produzierte Shiraz hat bereits internationale Auszeichnungen bekommen.

Meerhof Private Cellars, R46, Tel. 022-4872524, www.meerhof.co.za,
Weinverkauf und -proben Mo–Fr 8.30–16.30.
Kleines Weingut, das auf Rotweine und biologischen Weinanbau spezialisiert ist.

Swartland Wine Cellar, Tel. 022-4821134, www.swwines.co.za. Weinverkauf und -proben Mo–Fr 8–17, Sa 9–14 Uhr.
Derzeit „das" Weingut in der aufstrebenden und viel zukünftiges Potential versprechenden Weinregion Swartland.

Veranstaltungen

Das **Riebeek Valley Olive Festival** ist eines der besten Festivals im Western Cape. Anfang Mai verwandelt sich der pittoreske Ort in einen großen Markt mit Livemusik, Essständen und guter Stimmung.
Infos auf www.riebeekvalley.info

Unterwegs im Weinland

Walküste
Von Muizenberg zum De Hoop Nature Reserve

*Zwischen Muizenberg an der False Bay und dem **De Hoop Nature Reserve** südlich von Swellendam am Indischen Ozean sind zwischen Juli und November häufige Walsichtungen garantiert. Ein Trip entlang der landschaftlich sehr reizvollen Walküste Südafrikas lohnt sich allerdings auch außerhalb der Walsicht-Saison.*

Route (ca. 500 km, 2–4 Tage)

Muizenberg – R310 – Gordon's Bay – R44 – Rooi Els – Pringle Bay – Hangklip – Betty's Bay – Kleinmond – R43 Hermanus – Stanford – De Kelders – Gansbaai – Pearly Beach – Elim – Bredasdorp – R319 Cape Agulhas – Bredasdorp – R316 Arniston – Bredasdorp – De Hoop Nature Reserve – Malgas

Von Muizenberg aus folgt die R310 dem Verlauf der Küstenlinie entlang der False Bay. In der Ferne sind deutlich die gezackten Gipfel der Hottentots Holland Mountains zu sehen, die das Weinland dahinter von den oft starken Meereswinden schützen. Nach etwa 40 Kilometern trifft die R310 auf die Nationalstraße N2 auf die wir auffahren und sie etwa 10 km weiter nach **Strand** auf der R44 wieder verlassen. Die mit Palmen gesäumte Beach Road-Strandpromenade verläuft direkt am ewig langen weißen Sandstrand entlang. Danach führt die R44 führt nach **Gordon's Bay** und kurz nach dem kleinen Hafenbecken befindet sich der *Bikini Beach* mit seinem kristallklaren Wasser, einer der beliebtesten Strände an der False Bay.

Rooi Els

Die kurvenreiche und sehr gut ausgebaute R44 führt von Gordon's Bay ins Dörfchen **Rooi Els,** das vor allem aus Ferienhäusern besteht, auch hier lädt ein schöner Sandstrand zum Sonnenbaden ein. In den Parkbuchten entlang der Küstenstrecke stehende Autos mit fernglasbestückten Menschen sind ein sicheres Indiz für Wale, die sich in der False Bay oft sehr nahe an der Küste tummeln.

Pringle Bay und Cape Hangklip

Von hier aus geht die Straße ins Landesinnere. Eine Straße führt nach **Pringle Bay** und von dort als Piste zum **Cape Hangklip.** Der portugiesische Name des charakteristischen Felsens war *Cabo Falso* – falsches Kap. Beim Herumfahren erkennt man, was die frühen Seefahrer damit gemeint haben: Cape Hangklip hat eine verblüffende Ähnlichkeit mit Cape Point. Was dazu geführt hat, dass viele Schiffe zu früh „abgebogen" sind, in der Überzeugung, bereits das Kap der Guten Hoffnung umrundet zu haben …

Karte S. 195 **Walküste** 195

Stony Point Die Hangklip-Piste trifft wieder auf die R44 und kurz darauf geht es rechts ab zum **Stony Point,** wo sich eine der beiden Festland-Brillenpinguinkolonien in der Nähe Kapstadts befindet. Diese Kolonie ist wesentlich weniger von Touristen frequentiert als die in Simonstown auf der Kaphalbinsel. Der Eintrittspreis ist ebenfalls viel günstiger. Öffnungszeiten tägl. 9–17 Uhr.

Harold Porter National Botanical Gardens Danach folgt links von der R44 der sehenswerte **Harold Porter National Botanical Gardens.** Zwischen Meer und 370 Meter hohen Felswänden, geteilt von zwei Berggewässern, präsentiert sich hier Fynbos „vom Feinsten" – mit Königsproteen, Ericas und Restios. Am Eingang ist genauestens notiert, was gerade wo blüht.

Harold Porter National Botanical Gardens, R44, Ecke Clarence Drive/Broadwith Road, Tel. 028-2729311, Mo–Fr 8–16.30, Sa/So 8–17 Uhr. Rundwanderwege und kleine Wasserfälle.

Leopard's Kloof Restaurant (R-RR) im Harold Porter National Botanical Gardens. Tägl. Frühstück, Lunch sowie Kaffee und Kuchen.
Ein modernes Restaurant mit großen Fenstern mitten in einem wunderschönen Garten vor fynbosbedeckten Bergen.

Betty's Bay

Kogelberg Biosphere Reserve

Betty's Bay ist eine langgezogene Strandsiedlung und Ausgangspunkt zum **Kogelberg Biosphere Reserve.** Der staubige Weg führt in das aus zerklüfteten Bergen und abgelegenen Tälern bestehende, 300 km² große Reservat mit vielen Wanderwegen, 1600 Fynbosarten und 70 verschiedenen Säugetieren.

Kogelberg Biosphere Reserve,
Tel. 028-271479, www.kogelbergbiosphere.org.za
Das erste Unesco Biosphere Reserve im südlichen Afrika. Ein Paradies für Naturliebhaber. Wanderungen in den zerklüfteten Hottentots Holland Mountains und Schwimmen im Palmiet River.

Kleinmond

In Kleinmond lohnt ein Abstecher in die Harbour Road, hier reihen sich Tante-Emma-Läden, Fish & Chips-Buden, Boutiquen und Strandkneipen aneinander. Ein paar Kilometer weiter kann man am wunderschönen, einsamen Sandstrand spazierengehen und mit etwas Glück eine seltene Nautilus-Muschel finden. Mit einem Kanu lässt sich die Lagune erkunden und das von der Sonne erwärmte Lagunenwasser ist zum Baden angenehmer als der kalte Atlantik.

Information **Hangklip-Kleinmond Tourism Bureau,** Shop 1, Protea Centre, Main Rd, www.ecoscape.org.za. Mo–Fr 8.30–17 Uhr, Sa 9–14 Uhr, So 10–14 Uhr.

Restaurant **Europa Restaurant and Coffee Bar** (RR-RRR), 18 Harbour Rd, Tel. 028-2715107. Tägl. 9–22 Uhr.
Rustikale Strandkneipe direkt am Meer, hier kommt Urlaubsstimmung auf. An Wochenenden lange Wartezeiten.

The Potters's Garden Restaurant (RR-RRR), 14 Harbour Rd,
Tel. 028-2715505. Tägl. 8–17 Uhr.
Eine Töpferei mit Garten, hier gibt es leckere Hühnerpastete, traditionelle Bobotie, Quiche, Salate, Kaffee & Kuchen.

Unterkunft **Arabella Hotel & Spa** (RRRRR), Bot River Lagoon, R44 zwischen Kleinmond und Hermanus, Tel. 021-4305302, www.africanpridehotels.com
Luxus vom Feinsten mit 18-Loch-Golfplatz. 117 Zimmer, 28 Suiten. Mit Mosaikarbeiten dekoriertes Wellness-Zentrum.

Oudebosch Mountain Camp (RR-RRRR), Kogelberg Biosphere Reserve,
Tel. 021-4830190, www.capenature.co.za
Zwischen Betty's Bay und Kleinmond. 5 geschmackvoll eingerichtete Eco-Holzhäuser für Selbstversorger mit je 2 Schlafzimmern (die Hütte „Everlasting" hat den tollsten Blick in die Berge). Pool, Wandern, Schwimmen im Fluss.

Aktivitäten **Pleasure Boats,** Strand St, Kleinmond Lagune, Tel. 082-9648550.
Auswahl an Kanus und Booten zur Erkundung der Lagune.

Weiterfahrt

Dort, wo die R44 auf die R43 trifft, nach rechts abbiegen, in Richtung Hermanus. Kurz vor Hermanus, auf der Höhe des Vorortes Onrus, geht es links auf die R320, die, abschnittsweise unbefestigt, über den 366 m hohen *Shaw's Mountain Pass* bis nach Caledon an der N2 führt. Das Tal heißt *Hemel-en-Aarde Valley*. Von dort stammen die edlen Hermanus-Weine, u.a. von Hamilton-Russell und Bouchard-Finlayson.

Hemel-en-Aarde Village

Direkt an der Kreuzung, wo es auf die R320 abgeht, liegt linkerhand das **Hemel-en-Aarde Village** mit Geschäften und Restaurants. Und wer **Hermanus** und die davorliegende Walker Bay aus der „Vogelperspektive" erleben möchte, biegt ganz kurz vor dem Ortsschild von Hermanus noch einmal nach links ab, auf den **Rotary Way Uitsig Pad,** der hoch ins **Fernkloof Nature Reserve** führt.

Hermanus

Der Ort rühmt sich gerne als die „Wal-Metropole" Südafrikas, denn die Südlichen Glattwale legen vom Südatlantiks Hunderte von Kilometern zurück, um sich hier in den wärmeren Gewässer der Walker Bay fortzupflanzen und zu kalben. Deshalb hat Hermanus einen festangestellten „Walschreier" *(Whale Crier),* der in der Saison durch die Straßen zieht. Auf seiner Tafel sind die letzten Walsichtungen notiert, und wann immer ein neuer Wal in der Bucht gesichtet wird, bläst er in sein Seetanghorn. Am besten lassen sich die sanften Riesen von dem wunderschön angelegter Klippenpfad *(Cliff Walk)* aus beobachten. Der gut ausgeschilderte Pfad führt am Meer entlang über zerklüftete Felsformationen und vorbei an kleinen Buchten, Sitzbänke laden immer wieder zum Verweilen ein. Wale können auch vom Boot bzw. Kajak oder aus der Vogelperspektive aus beobachtet werden.

Durch das hohe Vorkommen der Wale hat sich das einst verschlafene Hermanus in einen typischen Touristenort mit zahlreiche Souvenirläden, Boutique-Hotels und Restaurants verwandelt. In der Wal-Saison muss mit einem erheblichen Besucherandrang gerechnet werden.

Wal-Stadt Hermanus, links der Cliff Path

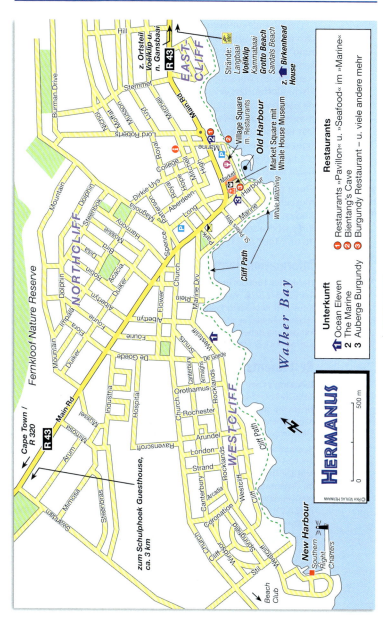

Das Informationsbüro ist im alten Bahnhof untergebracht und wer sich wundert, weshalb es keine Bahngleise dazu gibt, hier die Erklärung: Anfang des 20. Jahrhunderts verbrachte der Boss der südafrikanischen Eisenbahngesellschaft, William Hoy, seine Ferien gerne in Hermanus. Er war so angetan von der Abgeschiedenheit des kleinen Fischerdorfes, dass er veranlasste, den Ort nicht an das expandierende Eisenbahnnetz anzuschließen, um es dadurch von den Menschenmassen und der bevorstehenden Industrialisierung zu verschonen. Das Bahnhofsgebäude war zu dem Zeitpunkt allerdings schon fertiggestellt. Wer weiß, vielleicht ist es einer der Gründe, weshalb heute die besonders geräuschempfindlichen Wale diese abgeschiedene Bucht jedes Jahr aufs neue besuchen. Danke, Herr Hoy!

Whale House Museum

Einen Besuch wert ist das **Whale House Museum,** ein kleines Museum in einem der historischen Steinhäuschen am alten Hafenbecken. Zu sehen gibt es wissenschaftliche Illustrationen und Ausstellungsstücke zum Wal- und Hai-Thema. Mo–Sa 9–16.30 Uhr, So 12–16 Uhr, Tel. 028-3121475, www.old-harbour-museum.co.za

Information Hermanus

Hermanus Tourism Bureau, Old Station Building, Mitchell St,
Tel. 028-3122629, www.hermanus.co.za
Infos und Reservierungen für Unterkünfte und Walbeobachtungs- bzw. Haitauch-Touren; es gibt sehr viele B&Bs aller Preisklassen, Bilder der Unterkünfte können angesehen werden. Das nette Personal des Info-Zentrums checkt sofort, ob noch Zimmer frei sind und bucht auf Wunsch; Internet-Zugang.

Restaurants

Bientang's Cave (RR), unterhalb vom Marine Drive,
Tel. 028-3123454, www.bientangscave.com
Über eine steile Treppe erreicht man das rustikale, in einer Grotte in den Klippen befindliche Fischrestaurant. Aussicht und Essen ergänzen sich gut. Vor allem in der Walsaison speist man unglaublich nahe an den Ozeanriesen.

Seafood at the Marine (RRR), The Marine Hotel, Marine Drive,
Tel. 028-3131000, www.marine-hermanus.co.za/seafood-at-the-marine,
tägl. Lunch & Dinner.
Im Gegensatz zum ebenfalls im Marine Hotel befindlichen elegant-vornehmen „Pavillon Restaurant" ist das „Seafood" die deutlich relaxtere Angelegenheit; nichtsdestotrotz sind die angebotenen Gerichte ausgezeichnet zubereitet und *die* Adresse in Hermanus für Fisch- und Schalentiergerichte.

Burgundy Restaurant (RRR), Market Square, Harbour Road,
Tel. 028-3122800, www.burgundyrestaurant.co.za
Leichte, mediterrane Küche mit Schwerpunkt auf Fischgerichten; von den Tischen im Freien lassen sich die Wale in der Bucht beobachten.

Wal-Bekanntschaft

In den letzten Jahren kamen mehr und mehr Wale an die Küsten Südafrikas, vor allem an die rund ums Kap. Jedes Jahr zwischen April und Dezember zieht es vor allem **Glattwale** *(Southern right whales)* an die Küsten der Kap-Provinz, um zu kalben und ihre Jungen aufzuziehen. **Buckelwale** *(Humpback whales)* sieht man von Mai bis November auf ihrem Weg zu den Futter- und Paarungsgründen vor Mozambique und Angola. *Bryde's Whales* sind schwieriger zu beobachten, da sie sich meist weiter von der Küste weg in der False Bay aufhalten. Ein echter Glücksfall sind Sichtungen der wunderschönen, schwarzweißen **Killerwale** *(Orcas)*, die auch schon vor Bantry Bay gesehen worden sind. Die **beste Zeit** zum Walebeobachten liegt generell **zwischen Juli und November,** sowohl vom Land als auch vom Boot aus.

Die besten Beobachtungspunkte an der Kaphalbinsel sind:

- vom Chapman's Peak Drive, quasi aus der Vogelperspektive, über der Bucht von Hout Bay, in der sie sich oft tummeln
- von Kommetjie entlang der Main Road nach Scarborough
- in Smitswinkel Bay vom Parkplatz an der Straße aus
- Miller's Point, Simon's Town und Glencairn von der Küstenstraße aus ganz nahe am Strand
- in Fish Hoek vom Jager's Walk entlang der Küste aus
- von Clovelly von der Küstenstraße aus
- vom Boyes Drive aus vor Kalk Bay und St. James
- in Muizenberg vom Küstenwanderweg nach St. James aus

Zwischen Gordon's Bay und Hermanus kommen die Wale sehr nahe an Küste heran und können von den vielen Parkbuchten aus beobachtet werden. In Hermanus gibt es einen befestigten Klippenpfad mit Bänken. *Die Kelders, Gansbaai* und *Witsand* haben sehr gute Walbeobachtungsmöglichkeiten. **Der beste** und schönste **Platz** zum Wale-Gucken **ist das De Hoop Nature Reserve.** Da Wale häufig ihre Positionen wechseln, ist es sinnvoll, sich vorher zu erkundigen, wo die Chancen am größten sind.
Whale Watching Hotline: Tel. 028-3122629 o. 083-2121074.

Genauere Infos zu Walen, ihrem Verhalten und zur Walbeobachtung gibt es auf der sehr gut gemachten Website www.whaleroute.com.

Außerhalb **Dutchies** (RR), 10th Ave, Grotto Beach, Voelklip,
Tel. 028-3141392, www.dutchies.co.za
Diese urige Strandkneipe liegt ein paar Kilometer vom Zentrum entfernt Richtung Stanford an dem wunderbaren Grotto Beach, dem längsten Strand von Hermanus. Täglich Frühstück, Lunch und Dinner. Idealer Platz für einen Cocktail zum Sonnenuntergang.

B's Steakhouse & Grill (RRR), Hemel- und Aarde Valley,
vor Hermanus links, dort wo die Straße zu den Hermanus-Weingütern abgeht,
Tel. 028-3163625, Dinner Di–So.
Mehrfach preisgekröntes Steakhaus, exzellente Weinliste.

Unterkunft

Ocean Eleven (RRR), 11 Westcliff Rd,
Tel. 028 312 1332, www.oceaneleven.co.za
Modernes kleines Hotel im Kolonialstil mit gigantischer Aussicht auf die Walkerbay. Hier kann man direkt vom Hotel auf dem Klippenpfad in den Ort laufen. Pool.

Auberge Burgundy (RRR), 16 Harbour Rd,
Tel. 028-313 1201, www.auberge.co.za
Das stilvolle, pastellfarbene Gästehaus ist zwar nach dem Burgunder benannt, sieht aber so nach Provençe aus, dass es einer Filmkulisse entnommen zu sein scheint; schattige Innenhöfe, kleine Steinbalkone, 17 Zimmer und eine Penthouse-Suite. Das nicht weit entfernte, historische Burgundy-Restaurant gehört den gleichen Besitzern.

The Marine (RRRRR), Marine Drive,
Tel. 028-3131000, www.marine-hermanus.co.za
Das luxuriöseste Hotel vor Ort direkt am Meer, große Zimmer, jene mit Meerblick sind natürlich die Schönsten; bei offenem Fenster hört man in der Nacht die Gesänge der Wale.

Schulphoek Guest House (RRR), Sandbaai
(aus dem Zentrum auf der R43 ca. 5 km westlich), 44 Marine Drive,
Tel. 028-3162626, www.schulphoek.co.za
An der Schulphoek-Bucht mit tollem Meerblick gelegen. Dinner auf Wunsch, entweder mit Wild oder Fisch; Weinkeller mit über 2000 Flaschen!

Birkenhead House (RRRRR), Voelklip (aus dem Zentrum auf der R43 ca.
4,5 km östlich), 119 11th St, Tel. 028-3148000, www.birkenheadhouse.com
Eine der schönsten und exklusivsten Übernachtungsmöglichkeiten in der Western Cape Province. Direkt auf die Felsen an der Küste gebaut. Ethnische und Beach House-Elemente wurden geschickt und mit viel Stil gepaart. Perfekter Luxus. Gourmet-Menus am Abend. Fitness- und Wellnessbereich.

Festival

Whale Festival, Tel. 028-3130928, www.whalefestival.co.za
Seit vielen Jahren findet jedes Jahr Anfang Oktober das Walfestival in Hermanus statt, mit verschiedenen Marktständen, Veranstaltungen, Live-Musik und Ausstellungen.

Weingüter

Hamilton Russell Vineyards, Tel. 028-3123595,
www.hamiltonrussellvineyards.com,
Weinverkauf und -proben Mo–Fr 9–17, Sa 9–13 Uhr.
Auch kann Olivenöl verkostet und gekauft werden, schöne Aussicht ins pittoreske Hemel-en-Aarde-Tal. Die hier gekelterten Weine sind mehrfach national und international preisgekrönte Fünfsterne-Produkte. Dafür verantwortlich ist neben dem kühlen Walker-Bay-Klima der steinige, wenig nährstoffreiche und kalkhaltige Boden.

Bouchard Finlayson, Tel. 028-3123515, www.bouchardfinlayson.co.za
Weinverkauf und -proben Mo–Fr 9.30–17, Sa 9.30–12.30 Uhr.
Fynbos-Touren nach Vereinbarung.
Ebenfalls ausgezeichnete Weine; die *Pinot Noirs* konnten bereits mehrfach erfolgreich gegen Top-Burgunder bestehen.

Natur

Fernkloof Nature Reserve, Rotary Way Uitsig Pad, Tel. 028-3138000
Einheimischer Fynbos und Super-Aussicht auf Hermanus und die Walker Bay.

Walbeobachtung

Southern Right Charters, The Whale Shack, Hermanus New Harbour,
Tel. 082-3530550, www.southernrightcharters.co.za
Vom Katamaran aus Wale aus nächster Nähe beobachten.

Walker Bay Adventures, Tel. 082 739 0159, www.walkerbayadventures.co.za
Vom Kajak aus Wale, Delfine und Robben hautnah miterleben. Die Kajaktouren starten am alten Hafen in Hermanus. **Tipp:** Wer *Sea Kajak & Shark Dive Combo* bucht spart Geld.

African Wings, Tel. 028-3122701, www.africanwings.co.za
Auf dem 30-minütigen Rundflug *Flight of Giants* (Flug der Giganten) über die Walker Bay lassen sich Wale aus der Vogelperspektive beobachten, und bei klaren Wasserverhältnissen sehen die Fluggäste den kompletten Umfang der riesigen Meeressäuger.

Auf dem „Flug der Giganten" lassen sich Wale aus der Vogelperspektive beobachten

Weiterfahrt

Vom Stadtzentrum führt die R43 Richtung Osten nach Stanford. Bald erscheint rechter Hand der wunderschöne, 17 Kilometer lange Sandstrand *Grotto Beach* mit der Kleinriviersvlei-Lagune. 30 km hinter Hermanus erreicht die R43 Stanford.

Stanford

Stanford ist ein kleinet, hübscher Ort mit viktorianischen Häusern und Staubstraßen. Hier gibt es eine Handvoll außergewöhnlich guter Restaurants und ein paar Antik- und Trödelläden. Jeden Samstagmorgen findet in dem historischen Hotel im Ortskern der nette *Saturday Morning Market at the Stanford Hotel* statt.

Information

Stanford Tourism, 13 Queen Victoria St,
www.stanfordinfo.co.za, Mo–Fr 8.30–16.30 Uhr, Sa 9.30–16 Uhr.

Restaurants

Mariana's, 12 Du Toit Street, Tel. 028-3410272, Lunch Do–So.
Marianna ist eine begnadete Köchin, und Kapstädter fahren den ganzen Weg nach Stanford um dort sonntags Mittag zu essen. Ihre delikaten Lammbraten, Gruyère-Käsesoufflés und Hühnerpasteten sind besonders beliebt.

The Tasting Room (RRR), Stanford Hills,
Tel. 028-3410841, www.stanfordhills.co.za. Lunch Do–Mo.
Mezzeplatten, asiatisch angehauchte Gerichte und Schweinebauchbraten.

Havercrofts (RRR), R43, 500 Meter außerhalb Stanfords Richtung De Kelders, Tel. 028-3410603, Fr–So Lunch.
In diesem rustikalen Farmhaus werden außergewöhnliche Gerichte aufgefahren, wie zum Beispiel Schweinebauch mit Apfelsauerkraut. Wegen großer Beliebtheit reservieren.

Birkenhead Restaurant (RR), Birkenhead Estate an der R326, nur 500 m nach der Kreuzung, Tel. 028-3410183, www.walkerbayestate.com
Das erste Weingut Südafrikas das nicht nur Wein, sondern auch gleichzeitig Bier produziert. Weinproben und Bierproben in der Birkenhead Brauerei tägl. von 8 –17 Uhr. Das Restaurant ist Mi–So von 11–16 Uhr geöffnet.

Picknick **Klein River Cheese,** Tel. 028-3410693, www.kleinrivercheese.co.za,
tägl. 11–15 Uhr.
Die Käserei liegt 7 km westlich von Stanford an der R326. Käse-Picknick auf Holzbänken am Kleinrivier Fluss.

Unterkunft

The Stanford Hotel (RRR), 18 Queen Victoria St, Tel. 028-3410900
Historisches, viktorianisches Hotel im Ortskern mit Pub und Restaurant.

Stanford Hills Cottages (RRR), Stanford Bridge, Weltevreden Valley North, Tel. 028-3410841, www.stanfordhills.co.za
Wenige Kilometer außerhalb Stanfords auf einer Anhöhe gelegenes Weingut mit geschmackvoll eingerichteten Chalets. Frühstück auf Vorbestellung.
Mosaic Private Sanctuary (RRRRR),
Tel. 028-3132814, www.mosaicsouthafrica.com
Etwa 10 km westlich von Stanford an der Kleinriviersvlei-Lagune gelegen. Sagenhafte Unterkunft in der Lodge oder in Steinchalets direkt am Wasser. Der Preis beinhaltet Vollpension und alle Aktivitäten.

Weiterfahrt

Die R43 führt nach **De Kelders.** Dort steht mit **Grootbos** eine der schönsten Lodges der Gegend. Im privaten, traumhaft gelegenen Naturreservat gibt es begleitete Fynbos-Touren zu Fuß oder zu Pferd.

De Kelders / Gansbaai

De Kelders bietet von seinen Klippen aus mindestens genauso viele Walsichtungen wie Hermanus doch mit dem Unterschied, dass hier praktisch kaum Touristenrummel herrscht. In der **Klipgat-Höhle** im Walker Bay Naturreservat wurden Artefakte aus der Steinzeit gefunden. Bei Ebbe kann man die vielen Stufen zur Höhle hinuntersteigen und die spektakuläre Aussicht über die Walker Bay genießen. Ein weiteres Highlight ist das Beobachten der Weißen Haie in Gansbaai vom Boot aus, für Mutige auch unter Wasser aus einem Käfig heraus.

Klipgat-Höhle

Faszination Weißer Hai: entweder vom Boot aus oder vom Unterwasserkäfig

Unterkunft	**Kleinzee Oceanfront Guesthouse** (RRR) 59 Cliff St, De Kelders, Tel. 083-6505156, www.sa-venues.com/visit/kleinzeeoceanfront Gästehaus direkt am Wasser, alle drei Zimmer haben Meerblick. Sogar von der Dusche in der Honeymoon-Suite sieht man das Meer.
	Sea Star Lodge (RRR-RRRR), 19 Ingangstr, De Kelders, Tel. 028-3840012, www.gansbay.de Ultramodernes Gästehaus direkt an der Küste. **Tipp:** Vom „Rooftop"- Zimmer mit 40 qm großer Dachterrasse bietet sich ein 360 Grad Rundumblick über den Ort und den Atlantik.
	Grootbos Private Nature Reserve (RRRRR), auf der R43, 13 km hinter Stanford links ab, Tel. 028-3848000, www.grootbos.com Zur Auswahl stehen die ethnische Garden Lodge oder die ultramoderne Forest Lodge in einem 1500 Jahre alten Melkbos-Wald. Alle Suiten mit Aussicht über die False Bay, Preise inkl. aller Mahlzeiten und Aktivitäten.
Aktivitäten	Bootsausflüge und Tauchgänge mit den Weißen Haien in Gaansbaai. Siehe auch **Exkurs „Faszination Weißer Hai"** Seite 139.

Weiterfahrt

Danger Point

Die südwestlich von De Kelders liegende, äußerste Kapspitze heißt hier nicht umsonst **Danger Point.** Hier liefen schon einige Schiffe auf Grund. Das wohl berühmteste ist die *HMS Birkenhead,* die 1852 mit 600 englischen Soldaten auf dem Weg nach Algoa Bay war, um dort im 8. Grenzkrieg gegen die Xhosa zu kämpfen. Am 26. Februar lief sie auf den versteckten Klippen auf. Die Soldaten standen auf Deck Spalier und ließen die sieben Frauen und 13 Kinder zuerst in die beiden kleinen Rettungsboote. Die Zivilisten überlebten, 445 Soldaten kamen ums Leben. Und der Seenotspruch „Frauen und Kinder zuerst!" war geboren.

Die gefährlich zerklüftete Küste setzt sich bis zu Afrikas südlichstem Punkt **Cape Agulhas** fort, der Bau einer durchgehenden Küstenstraße ist geplant. Bis nach Pearly Beach ist die Straße asphaltiert und schnurgerade. Von **Pearly Beach** führt eine staubige Piste ins Landesinnere an verschiedenen Weingütern vorbei zum 1824 von Deutschen gegründete Missionsdorf **Elim** mit seinen hübschen, weißverputzten und riedgedeckten Häuschen und der historischen *Moravian Mission Church*. Vorbei an Farmland und Bauernhöfen ist das nächste Ziel **Bredasdorp**.

Bredasdorp

Bredasdorp ist mit 16.000 Einwohnern der Verwaltungssitz der Region. Hauptsehenswürdigkeit ist das hochinteressante Shipwreck Museum, untergebracht in einer ehemaligen Kirche. Dort wird die Schiffskatastrophe der „HMS Birkenhead" mit zahlreichen Fundstücken von Wracks eindrucksvoll beschrieben und greifbar. Außerdem viele andere Fundstücke von havarierten Schiffen und eine alte Scheune voller historischer Kutschen.

Shipwreck Museum, Independent Street,
Tel. 028-4241240, Mo–Fr 9–16.45 Uhr, Sa 10–16 Uhr, So 11–16 Uhr.

Information www.theoverberg.com

Restaurant **Bredasdorp Square** (RR) Ecke Lang St/Claredon St,
Tel. 028-4251420. Frühstück und Lunch von montags bis samstags.
In diesem gemütlichen Restaurant gibt es die leckersten Waffeln und Pfannkuchen in der Region Overberg. Von der Veranda aus überblickt man den Garten und den Marktplatz.

Im Garten des Shipwreck Museum in Bredasdorp

Unterkunft	**Firland House** (RR-RRR), 5 Fir Lane, Tel. 028-4252808, www.firlanehouse.co.za Geschmackvoll eingerichtetes und zentral gelegenes Gästehaus im Kolonialstil.
Shopping	**Kapula Candles,** Patterson Road/1st Avenue im Industriegebiet, Tel. 028-4242829, www.kapula.net Riesiger Laden mit handgemachten Kerzen in allen erdenklichen Farben und Formen. Nettes Café.
	Julian's, 22 All Saints Rd, Tel. 028-4251201, www.juliankeysceramics.co.za. Mo–Sa 9–21 Uhr. Textilien, Keramik und vieles mehr. Toller Laden mir Café, Restaurant und Biergarten.

Weiterfahrt

Von Bredasdorp führt die R319 direkt nach Süden über **Struisbaai** mit seinem pittoresken alten Hafen und bunten Fischerbooten bis zum zum südlichsten Punkt Afrikas. Der längste Sandstrand der südlichen Hemisphäre liegt zwischen Struisbaai und dem nordöstlichen Arniston wie auch das einsame **De Mond Nature Reserve** (s.u), ein Paradies für Naturliebhaber.

Cape Agulhas

Sehenswert ist der Leuchtturm mit der Touristeninformation und einem interessanten Museum zur Geschichte der Leuchttürme sowie eine Kunstgalerie. Der 1848 erbaute Leuchtturm ist neben dem im Kapstädter Stadtteil Green Point der älteste des Landes.

Information	**L'Agulhas Tourism Information,** im Leuchtturm, Tel. 028-4357185, www.discovercapeagulhas.co.za
	Cape Agulhas Lighthouse, Tel. 028-4356222, www.sanparks.org, Mo–Sa 9–16.15, So 9–14 Uhr.

Am Ende von Afrika

Nach einem Kilometer Piste ist der Parkplatz erreicht und von hier läuft man auf Holzstegen zum Aussichtspunkt mit dem steinernen Denkmal des **Cape Aghulas**, wo sich der Indische und Atlantische Ozean treffen. Hier schießen zahllose Besucher ihr obligatorisches „ich-bin-am-Ende-Afrikas-gewesen"-Foto.

Fünf Kilometer weiter westlich sind die Überreste des 1982 gestrandeten taiwanesischen Frachters *Meisho Maru* zu sehen, dessen Wrack immer mehr zerfällt. Die Piste führt weiter parallel am tosenden Meer entlang, bis nach weiteren fünf Kilometern der winzige Küstenort **Suiderstrand** mit seinen Kieselstränden und geschützten kleinen Buchten erreicht wird. Hier hört dann die Straße auf. Sollte die Küstenstraße R43 zum Cape Aghulas, die seit Jahren geplant ist, jemals fertiggestellt werden, würde sie genau hier anschließen und Suiderstrand mit Pearly Beach verbinden.

Im **Aghulas National Park** befindet sich das *Aghulas Rest Camp*, eine der schönsten staatlichen SAN-Park Unterkünfte.

Restaurants **Agulhas Country Lodge** (RRR), Marine Drive,
tägl. Frühstück, Lunch u. Dinner, Tel. 028-4357650
Fleisch und Fischgerichte; unbedingt einen Tisch direkt am Fenster buchen. Nach dem Dinner am besten in einem der schönen Zimmer übernachten.

Zuidste Kaap, 99 Main Rd, Tel. 028-4357838, tägl. Frühstück, Lunch u. Dinner.
Auf der Speisekarte des südlichsten Restaurants Afrikas stehen unter anderem fangfrischer Fisch und Eisbein.

Unterkunft **Pebble Beach B&B** (RR-RRR), Vlei Ave, Suiderstrand,
Tel. 028-4357270, www.pebble-beach.co.za
Wildromantisches, riedgedecktes Gästehaus mit nur drei Zimmern und einem separaten Ferienhaus (max. 6 Pers.) direkt am Meer, 10 km westlich vom Leuchtturm.

Agulhas Rest Camp (RR-RRR),
Tel. 028-4356222, www.sanparks.org/parks/agulhas
Das Rest Camp besteht aus 8 riedgedeckten Holzhäusern (2–6 Pers.) und dem historischen und renovierten Lagoon House (8 Pers.). Beide sind direkt an der Küste, etwa 10 km vom Leuchtturm entfernt. Verpflegung mitbringen.

Agulhas Ocean Art House (RRR), 4 Main Rd,
Tel. 028-4357503, www.capeagulhas-arthouse.com
Modernes Gästehaus direkt am Meer. Die ideale Unterkunft für Kunstliebhaber, deutsche Besitzer. Auch für Tagesbesucher gibt es Kaffee und Kuchen sowie Abendessen auf Vorbestellung.

Agulhas Country Lodge (RRR-RRRR), Marine Dr,
Tel. 028-4357650, www.agulhascountrylodge.com
Attraktives, am Hang gelegenes Gästehaus aus Natursteinen der Umgebung, tolle Sicht aufs Meer; sehr gute Küche mit Schwerpunkt auf frisch gefangenem Fisch; Bar mit marinem und Luftfahrt-Thema.

Weiterfahrt

Um in den nächsten Küstenort **Waenhuiskrans** (oder **Arniston**) zu gelangen, auf der R319 zurück Bredasdorp fahren und dann auf der R316 in Richtung Südosten.

Die Mond Nature Reserve

Nach nur wenigen Kilometern zweigt eine Stichstraße Richtung Meer zum selten besuchten **Die Mond Nature Reserve** ab. Hier kommen Naturliebhaber voll auf ihre Kosten. Auf einer langen Holzbrücke wird der *Heuningnes River* überquert und dann geht es auf dem sieben Kilometer langen *Sterna Trail,* immer am Fluss entlang, bis zur Flussmündung. Unterwegs sieht man mit etwas Glück seltene Vogelarten wie den *Black Oyster Catcher* oder den *Blue Crane*. Zwischen der völlig naturbelassen Flussmündung mit ihren weißen Sanddünen

Am Ortseingang von Struisbaai

und dem oben erwähnten **Struisbaai** zieht sich der längste Sandstrand der südlichen Hemisphere hin. Wer die 14 Kilometer zu Fuß zurücklegen möchte, sollte mit viel Wasser, Hut und Sonnencreme eingedeckt sein!

Vom Die Mond Nature Reserve geht es zurück zur Hauptstraße nach Waenhuiskrans/Arniston.

Waenhuiskrans / Arniston

„Waenhuiskrans" deshalb weil das Afrikaans-Wort „Ochsenwagenhöhle" bedeutet und sich auf die Grotte in der Felsenküste zwischen den Sandstränden bezieht, die so groß ist, dass sie einen solchen Wagen locker hätte aufnehmen können, „Arniston", weil ein Schiff gleichen Namens vor der Küste gesunken ist.

Waenhuiskrans ist Stranderlebnis pur. Da sich der Ort östlich des Cape Agulhas befindet, ist das Wasser deutlich wärmer als um Kapstadt. Ausgedehnten Badefreuden steht also nichts im Weg.

Sehenswert im Ort sind die alten, weißverputzten und riedgedeckten Häuschen der Coloured-Fischermänner, deren über 200 Jahre alte Siedlung **Kassiesbaai** genannt wird. Das Arniston Hotel veranstaltet Kerzenlicht-Dinner für seine Gäste in den historischen Häuschen. Die Coloureds kochen dann traditionelle Gerichte. Wer Glück hat, die Fischer dabei zu beobachten, wie sie ihre Boote ins Meer lassen, erlebt ein besonderes Schauspiel. Ein Traktor schiebt die bunten Holzboote mit Vollgas die betonierte Rampe hinunter, die Fischermänner halten es rechts und links, und wenn es in die Wellen schießt, springen sie auf. Dabei muss der Traktorfahrer so schnell wie möglich den Rückwärtsgang einlegen, um nicht auch „baden" zu gehen.

Unterkunft **Arniston Seaside Cottages** (RR), Harbour St,
Tel. 028-4459772, www.arniston-online.co.za
Riedgedeckte Häuschen mit offenem Kamin für Selbstversorger.

Arniston Lodge (RR-RRR), 23 Main Road,
Tel. 028-4459175, www.arnistonlodge.co.za
Traditionelles, riedgedecktes Haus im Ort, Besitzer Erwin Brigl spricht Deutsch.

The Arniston Spa Hotel (RRRR-RRRRR), Beach Rd,
Tel. 028-4459000, www.arnistonhotel.com
Wunderbares Hotel am Meer, unbedingt die Balkonzimmer mit Meerblick im ersten Stock *(„luxury seafacing")* wählen, sie sind nach vor der Küste gesunkenen Schiffen benannt; gutes Restaurant im Haus.

Weiterfahrt

Und wieder geht es zurück nach Bredasdorp. Von dort 6 km auf die R319, dann nach rechts auf die Piste zum **De Hoop Nature Reserve.** Nach 31 km Staub und Schotter geht es, kurz vor *Ouplaas,* wo es einen kleinen Laden gibt, rechts ab zum Reserve.

De Hoop Nature Reserve

Am Eingangstor wird ein kleines Eintrittsgeld fällig. Das 360 km^2 große Gebiet gehört zu den schönsten Nature Reserves der Kap-Provinz. Einsame Sandstrände mit weichem, weißen Sand, von der Sonne aufgeheizte Felsenpools in den Klippen, Buntböcke, Zebras, Elen-Antilopen und mit Sicherheit die besten **Walsichtungen** an der gesamten Küste! Vor den Felsenklippen in De Hoop finden sich oft bis zu 50 Wale gleichzeitig ein – und das vor einem meist sehr kleinen Publikum und völlig ohne „Walschreier" …

Unterkunft   **De Hoop Nature Reserve** (RR-RRRRR),
Tel. 028-5421253, www.dehoopcollection.co.za
Im Reservat gibt es vom Campingplatz über einfache Selbstversorger-Hütten bis hin zum luxuriösen Gästehaus für jeden Geldbeutel das Passende. Diverse Wanderwege, geführte Mountainbike- und Vogelbeobachtungs-Touren, Tennisplatz und Pool. Der Park ist auch für Tagesbesucher geöffnet. Das Fig Tree Restaurant serviert täglich Frühstück, Lunch, Kaffee und Kuchen sowie Dinner.

Weiterfahrt

Vom De Hoop Nature Reserve wird Richtung Osten und weiteren 15 km Piste der kleine verschlafene Ort **Malgas** erreicht, wo der breite *Breede River* den Weg versperrt. Südafrikas einzige handgezogene Fähre *(pont)* überquert ihn. Sie operiert nur tagsüber und solange es hell ist.

Nach der Flussüberquerung geht es Richtung Norden zurück auf die N2 nach Swellendam. Von hier aus besteht die Möglichkeit, über den Tradouw Pass nach Barrydale auf der R62 in die Karoo weiterzufahren (s. anschließendes Kapitel) oder auf der N2 Richtung Osten nach Mossel Bay, um die Garden Route zu erkunden (s.S. 248ff).

Strand im De Hoop Nature Reserve

Immobilienkauf in Südafrika

Ich habe eine Farm in Afrika ...

Viele Leser werden sich jetzt wohl fragen, was ein solcher Exkurs in einem Reiseführer verloren hat. Ganz einfach: Kapstadt begeistert Reisende aus Mitteleuropa, es kommt immer wieder vor, dass Touristen hier hängenbleiben.

Da sich die Bedingungen zum Grunderwerb in Südafrika schnell ändern können, sind die nachfolgenden Tipps eher als erste Informationen gedacht. Im konkreten Falle sollte ein deutschsprachiger Anwalt in Kapstadt konsultiert werden.

Beim Generalkonsulat der Bundesrepublik Deutschland in Kapstadt (Triangle House, 19. Stock, 22 Riebeeck St, Tel. 021-4053000/23, www.kapstadt.diplo.de) ist sowohl eine aktuelle kostenlose Anwaltsliste als auch ein „Merkblatt zum Immobilienerwerb in der Republik Südafrika" erhältlich. Floor, Triangle House, ... Telefon: +27 (0)21 - 4053023

Grundsätzlich gilt, dass es für Ausländer derzeit keine Beschränkungen beim Erwerb von Immobilien gibt. Grundstücksübertragungen erfolgen in Südafrika durch die Umschreibung beim Grundbuchamt, dem *Registrar of Deeds*. Nur Rechtsanwälte (*attorneys*), die gleichzeitig die Zusatzqualifikation zum Grundbuchanwalt (*conveyancer*) besitzen, können derartige Umschreibungen veranlassen.

Kaufverträge über den Grundstückskauf bedürfen in SA nicht der notariellen Form. Ausreichend ist vielmehr der schriftliche Abschluss des Vertrages und dessen Unterzeichnung durch Verkäufer und Käufer. Vorvertrag und Vormerkung sieht das südafrikanische Recht nicht vor.

Das Umschreibungsverfahren dauert in der Regel drei Monate. Im Normalfall wird der Reisende zunächst einmal an den ausgehängten Immobilien in den Schaufenstern der zahlreichen Makler (*real estate agents*) hängenbleiben. Nach einer Terminvereinbarung schaut man sich dann unverbindlich passende Objekte an. Beim Kauf übernehmen die Makler alle Formalitäten. Die Maklergebühren von derzeit 5% (oder frei verhandelbar) bezahlt der Verkäufer einer Immobilie. Der Käufer zahlt bei Unterzeichnung des Kaufvertrages 10% des Kaufpreises als Anzahlung auf ein Treuhandkonto, der Restbetrag wird unmittelbar vor der Umschreibung an den Grundbuchanwalt entrichtet.

Weitere Hinweise für den Käufer: Der Käufer der Immobilie zahlt zusätzlich maximal 8% des vereinbarten Kaufpreises, der sich folgendermaßen zusammensetzt:

O die *transfer duty*, die Steuer für die Übertragung des Grundstücks, die in etwa der deutschen Grunderwerbssteuer entspricht.

O die *transfer fee* ist eine gestaffelte Übertragungsgebühr, die der Käufer an den Grundbuchanwalt des Verkäufers zu zahlen hat.

Von 1994–2004 konnte jeder Südafrikaner und Ausländer für 10 Euro eine Firma anmelden und im Namen dieser Firma eine Immobilie kaufen, mit dem Vorteil, die anfallende *transfer duty* nicht bezahlen zu müssen. Wurde diese Immobilie inklusive Firma dann weiterverkauft, hatte der Käufer wiederum die *transfer duty* gespart. Seit der Gesetzesänderung 2004 ist dieses Verfahren nicht mehr möglich.

Gordon's Bay

Deshalb ist es sehr wichtig, lediglich die Immobilie einer Firma (*out of the cc*) zu kaufen, und nicht die Immobilie samt eingetragener Firma. Da hat schon so mancher ahnungsloser ausländischer Käufer die Katze im Sack gekauft. Zum Glück wurde im April 2011 ein neues Gesetz verabschiedet, der „*Consumer Protection Act*" (Kundenschutzgesetz): Sollte der Käufer kalte Füße bekommen, kann er innerhalb von fünf Tagen vom unterschriebenen Kaufvertrag zurücktreten.

Immobilien können vorab auf den Portalen www.privateproperty.co.za und www.property24.co.za angeschaut werden.

Die englischsprachigen Tageszeitungen in Kapstadt, Cape Times (erscheint morgens) und Cape Argus (erscheint nachmittags), legen ihren Auflagen mittwochs und samstags ausführliche Immobilien-Sonderteile bei.

Sonntags gibt es überall in der Kap-Provinz sogenannte Show Houses, d.h., die Besitzer räumen ihr Haus für einen Nachmittag und die Makler zeigen Interessierten die Immobilie, also eine Art „Tag der offenen Tür". Einfach den Show House-Schildern folgen. Wenn die Makler einen deutschen Akzent hören, werden sie besonders wach – Deutsche gelten als kapitalkräftig und gehören neben Briten zu jenen Ausländern, die am häufigsten Immobilien am Kap erwerben.

Karoo und Route 62

Die Fläche der gesamten Karoo-Halbwüste ist etwas größer als die Deutschland und erstreckt sich über vier Provinzen (Freestate, Western, Eastern- und Northern Cape). Die ursprüngliche Bedeutung „Karoo", aus der Khoi Sprache übersetzt, heißt so viel wie „Land des Durstes". Insgesamt leben in der Karoo etwa eine Millionen Menschen in 100 Dörfern und Städtchen und insgesamt sieben Millionen Schafe. In diesem Kapitel streifen wir nur die südlichen Ausläufer der Karoo wobei eines der absoluten Highlights der Swartberg Pass ist, der die Kleine mit der Großen Karoo verbindet.

 Route (ca. 1100 km, ca. 3–5 Tage)

Kapstadt – N1 Paarl – Du Toitskloof Pass – Worcester – R60 Robertson (Abstecher nach McGregor) – Ashton – Route 62 Montagu – Sanbona Wildlife Reserve – Barrydale – (Abstecher über den Tradouws Pass nach Swellendam) – Ladismith – Amalienstein (Abstecher: Seweweekspoort) – Huisrivier Pass – Calitzdorp (Abstecher *Arts Route 62* über Groenfontein und Kruis River) – Oudtshoorn – N12 Meiringspoort – (Alternative: Swartberg Pass) – Prince Albert – R407 Prince Albert Road (Abstecher zum Aquila Game Reserve) – N1 Matjiesfontein – Touws River – Hex River Pass – Worcester – Kapstadt

Um die Tour gleich mit einem landschaftlichen Highlight zu beginnen, nimmt man von Kapstadt die N1 und fährt auf der letzten Paarl-Ausfahrt, kurz vor dem mautpflichtigen Tunnel, von der N1 herunter auf die R101.

Du Toitskloof Pass

Ein Schild weist zum **Du Toitskloof Pass.** Von hier oben hat man eine tolle Aussicht auf das Weinland und das in der Ferne liegende Kapstadt. Mit etwas Glück sieht man sogar Paviane.

Von der N1 in Worcester dann auf die R60 Richtung Robertson abbiegen.

Typische Karoo-Landschaft

Robertson

Robertson ist eines der größten Weinanbaugebiete Südafrikas und verarbeitet jährlich um die 200.000 Tonnen Weintrauben. Der Breede River (Breite Fluss) macht dieses Gebiet besonders fruchtbar und die berühmte Route 62 gilt als die längste Weinroute der Welt. Glasklare Luft, endlose Weinberge, die sich bis an den Fuß der Langberge erstrecken, historische Gebäude und die Gastfreundschaft der Bewohner laden immer wieder zum Verweilen ein.

Information

Robertson Tourism Bureau, Ecke Vortrekker/Reitz Street, Tel. 023-6264437, www.robertsontourism.co.za; Mo–Fr 8–17 Uhr, Sa 9–14 und So 10–14 Uhr
Infos zu Übernachtungsmöglichkeiten und Weingütern der Region.

Restaurants

Reubens at The Robertson Small Hotel (RRRRR), 58 van Reenen Street, Tel. 023-6267200. www.therobertsonsmallhotel.com
Exzelentes Restaurant mit edlem Ambiente. Hier kocht Reuben Riffel, einer der meistzelebrierten Köche Südafrikas.

Fraai Uitzicht 1798 (RRR), zwischen Robertson und Ashton an der R60, Tel. 023-6266156, www.fraaiuitzicht.com
Ländliche Gourmetküche, die frischen Produkte kommen direkt aus dem Gemüse- und Kräutergarten.
Tipp: Das siebengängige *„Fine Wine and Dine Menu"* mit sieben ausgewählten Weinen einschließlich Kaffee und Brandy. Im Winter wärmt drinnen der offene Feuerplatz, im Sommer bietet die Veranda eine schöne Aussicht über das Breede-River-Tal.

Kolgans River Restaurant (RR), Tel. 082 8234231, www.nerinaguestfarm.com/river-restaurant.htm
Auf dem überdachten Floß, das gemächlich den Breede River hinunterschippert, wird Brunch, Mittagessen und Abendessen nach typisch afrikanischer Art serviert. Suppe, Quiche, Fisch und Fleischgerichte, dazu frisch gebackenes Brot und eine Flasche Wein aus der Gegend. Die zweistündige Bootsfahrt sollte unbedingt reserviert werden.

Unterkunft

Rosendal Wellness Retreat (RRR)
Tel. 023-6261570, www.rosendalwinery.com
Kleines romantisches kapholländisches Weingut mit Gästehaus, Restaurant und Rosendal Spa. Genießen: Die Reiki Massage und den Black-Eagle-Rotwein.

Fraai Uitzicht 1798 (RRR-RRRR), Klaas Voogds East, an der R60, zwischen Robertson und Ashton, Tel. 023-6266156, www.fraaiuitzicht.com
Am Fuß der Langeberg Mountains liegt diese historische Wein- und Gästefarm in friedvoller Ruhe; Farmspaziergänge, alle Gästehäuschen haben offene

Kamine, einen Grillplatz und große Verandas; Swimmingpool, Bambus-Wald, deutsche Besitzer.

The Robertson Small Hotel (RRRRR), 58 Van Reenen Street,
Tel. 023-6267200, www.therobertsonsmallhotel.com
Klein aber fein, elegantes und luxuriöses Fünfsterne-Hotel mit nur 10 Zimmern. Preisgekröntes Restaurant, Pool.

Pat Busch Private Nature Reserve (RR),
Tel. 023-6262033, www.patbusch.co.za
Weitab „vom Schuss" liegt dieses private Naturreservat für Selbstversorger. Von der Hängematte in die Ferne blicken und im Damm schwimmen.

Mo & Rose (RRR), Tel. 023-6264134, www.moandrose.co.za
7 km südlich von Robertson an der Straße R60 Richtung Ashton, links nach Klaasvoogds Wes abbiegen. Ein echter Geheimtipp, das Haus hat sechs Zimmer, einen Pool und liegt umgeben von herrlicher Landschaft am Fuß der Langeberg Mountains. Minibar, iPod docking station, Internet, TV und DVD-Player mit einer Auswahl an kostenlosen DVDs. Im Bistro werden Frühstück, Lunch und Abendessen serviert. Deutsch-italienische Besitzer.

Weingüter

Robertson Winery, Tel. 023-6263059, www.robertsonwinery.co.za,
Weinproben/-verkauf Mo–Do 8–17, Fr 8–17.30 Sa/So 9–15 Uhr.
Eine Cooperative, der über 40 Winzer angehören.

De Wetshof Estate, Tel. 023-6151853, www.dewetshof.co.za,
Weinproben/-verkauf Mo–Fr 8.30–17, Sa 9.30–13 Uhr.
Berg- und Weinbergblick.

Excelsior Estate, Tel. 023-6151980, www.excelsior.co.za,
Weinproben/-verkauf Mo–Fr 10–16 Uhr, Sa 10–15 Uhr.
Pittoreskes Weingut mit Gästehaus und Restaurant. Weinproben auf dem Holzdeck direkt am Stausee mit den Langeberg Mountains im Hintergrund.

Viljoensdrift Wines, Tel. 023-6151901, www.viljoensdrift.co.za,
Weinproben und -verkauf Mo–Fr 9–17 und Sa 10–15 Uhr.
Weinproben am Flussufer oder auf dem Boot „Uncle Ben". Picknickkörbe können im Deli-Laden zusammengestellt werden.

Springfield Estate, Tel. 023-6263661, www.springfieldestate.com
Weinproben und -verkauf Mo–Fr 8–17, Sa 9–16 Uhr.
Picknickplätze, Kinderspielplatz.

Festival

Das **Wacky Wine Weekend** findet jährlich am ersten Wochenende im Juni statt und zählt zu den größten Weinfesten der Region. www.wackywineweekend.com

Bitte schreiben oder mailen Sie (verlag@rkh-reisefuehrer.de), wenn sich in Südafrika Dinge verändert haben oder Sie Neues wissen. Besten Dank!

Abstecher nach McGregor

Wer es nicht eilig hat, dem ist ein Abstecher nach McGregor zu empfehlen. In diesem kleinen verschlafenen Ort am Fuße der Riviersonderend Berge gibt es eine der höchsten Konzentrationen an historischen viktorianischen Häusern im Western Cape. Den ersten Siedlern wurde versprochen, dass die Hauptstraße von Kapstadt nach Port Elizabeth durch ihren Ort führen würde, was nie geschah. Des Weiteren sollte eine Straße von McGregor nach Greyton gebaut werden, die ist jedoch wegen der unbezwingbaren Berge und Schluchten der Riviersonderend Berge und wegen Geldmangels regelrecht im Sande verlaufen. Der Beginn des historischen Passes ist noch heute bei „Die Galg" zu sehen, 15 km südlich von McGregor. Die Abgeschiedenheit McGregors macht den Ort interessant für „Aussteiger". Hier haben sich vor allem Farmer, Winzer, Künstler und Naturliebhaber niedergelassen, die gerne am Ende einer Straße wohnen, die ins „Nichts" führt.

Information

McGregor Tourism Bureau, Ecke Voortrekker/Church Street,
Tel 023-6251954, www.tourismmcgregor.co.za

Shopping

Eine große Töpferei mit einer Riesenauswahl an Keramiken in allen erdenklichen Farben ist die Millstone Pottery, 1 Bree Street, Tel. 023-6251599, www.millstonepottery.co.za. Täglich geöffnet.

McGregor liegt mitten im Nichts

Restaurants

Café Tebaldi (RR-RRR), Ecke Voortrekker/Bree St,
Tel. 023-6251115, www.temenos.org.za/restaurant,
Di–So Frühstück und Lunch, Mi–Sa auch Dinner.
Gemütliches Restaurant mit Gartenterrasse. Farmfrische Spezialitäten.

Karoux Restaurant (RRR), 42 Voortrekker St,
Tel. 023-6251421, www.karoux.co.za, Mo, Fr–So Dinner, So auch lunch.
Die jungen Starköche Ryan Josten and Aimee Van Hecke, die zuvor in Top-Restaurants in Kapstadt und Schottlands kochten, haben dieses wunderbare kleine Restaurant eröffnet. Die täglich wechselnde Speisekarte wird auf einer Tafel präsentiert.

Kaffee & Kuchen

Deli Girls (R-RR), Voortrekker St, Tel. 023-6251446, täglich 9–16.30 Uhr Frühstück, Lunch, Kaffee und Kuchen.
Kleine Gerichte wie Sandwiches und Suppen. Von den Tischen auf dem Bürgersteig das geruhsame Leben beobachten.

Unterkunft

Tanagra Wine and Guest Farm (RR),
Tel. 023-6251780, www.tanagra-wines.co.za
Vier Kilometer vor McGregor gelegenes historisches Weingut mit Cottages für Selbstversorger. Zum Frühstück gibt es frischgebackenes Brot und Marmeladen aus Eigenproduktion. Wanderwege führen zum benachbarten *Vrolijkheid Naturreservat*. Pool.

Old Village Lodge (RR), 69 Voortrekker St,
Tel. 023-6251692, www.oldvillagelodge.co.za
Schönes Gästehaus in einem historischen, reetgedeckten Gebäude von1861 untergebracht. Nur drei Zimmer. Leckeres Frühstück. Pool. In Gehweite zu Restaurants und Galerien.

Weingüter

Tangara Wine Farm, Tel. 023- 6251780,
www.tanagra-wines.co.za. Mo–Sa 9–16 Uhr.
Die deutschen Aussteiger Anette und Robert Rosenbach produzieren hier seit 2009 Weine, Grappa und Eau de Vie.

Lord's Wine, Tel. 023-6263202,
www.lordswinery.com, Mo–Fr 8.30–16 Uhr, Sa 10–15 Uhr.
Das neue Weingut mit seinen reetgedeckten Gebäuden liegt ca. 10 km südlich von McGregor auf einer Anhöhe mit spektakulärem Blick auf die umliegenden Berge. Es ist das höchstgelegene Weingut im Robertson Weinbaugebiet und produziert wegen dem kühleren Klima einen hervorragenden Pinot Noir.

Wandern

Boesmanskloof Trail, Tel. 023-6251954, www.capenature.co.za
Eine der berühmtesten Wanderungen im Western Cape, der die zwei malerischen Dörfer McGregor und Greyton verbindet (s. Exkurs „Wandern am

Der Oakes Fall auf dem Boesmanskloof Trail

schönsten Ende der Welt" Seite 46). Anstatt die gesamte 14 km lange Strecke zu gehen empfiehlt sich eine Wanderung von „Die Galg", dem Startpunkt des Boesmanskloof Trails, bis zu den Oakes Falls und zurück. Permits gibt es beim McGregor Tourism Bureau.

„Route 62"

Von McGregor zurück nach Roberson und rechts auf die R60 nach Ashton abbiegen. Kurz nach Ashton links auf die R62 abzweigen.

Kogman's Kloof

Noch vor der Stadt passiert man das Felsentor **Kogman's Kloof.** Vor allem im letzten Nachmittagslicht, wenn die spektakulären, roten Felsformationen aussehen als würden sie von innen heraus leuchten, ist der Durchbruch besonders spektakulär. Er gilt als Startpunkt der **„Route 62".**

Die R62 ist genauso alt wie ihr berühmtes amerikanisches Pendant, die „Route 66", und die R62 gilt als Südafrikas „Route 66" – mit einem entscheidenden Unterschied: Die Afrika-Variante wurde erst in den letzten paar Jahren „wiederentdeckt". Sie hat viele Gemeinsamkeiten mit der US-Version: Beide sind wichtige Ost-West-Arterien, die kleinen Städten Zugang zu einer Hauptdurchgangsstraße verschaffen sollten. Die Route 66 verbindet Chicago mit Los Angeles, die R62 Kapstadt mit Port Elizabeth. Ihr **schönstes Stück** liegt **zwischen Montagu** und **Oudtshoorn.** Die Dörfer in ihrem Einzugsgebiet liegen in relativ reichen Farmgemeinden, so dass sie nicht zu Geisterstädten verkommen sondern teilweise wunderbar erhalten geblieben sind und statt „Get your kicks on Route 66" heißt der Slogan in Südafrika „See the Karoo on Route 62".

Montagu

Schon das erste Gebäude in Montagu, der *Kloof Farm Stall*, weist mit einem frisch auf die weiße Hauswand gepinselten „Route 62"-Emblem im Stil der US-amerikanischen Interstate-Schilder auf den Highway hin. Kaffee und Kuchen im Restaurant sind sehr empfehlenswert.

Montagu selbst ist ein ruhiger, fast verschlafener Ort mit typischem Kleinstadt-Flair. Verkehrsschilder warnen vor Katzen, die die Straße überqueren könnten. Die Kirche wurde cremefarben gestrichen, weil die ursprüngliche weiße Farbe bei Sonnenschein (was hier fast immer vorkommt) die Leute geblendet hat. Die Stadt ist außerdem für seine Trockenfrüchte bekannt, die ins ganze Land ausgeliefert werden.

Sehenswert ist das **Old Mission Church Museum,** 41 Long Street (Tel. 023-6141774, Mo–Fr 9–13 u. 14–17 Uhr, Sa/So 10.30–12.30 Uhr). Das Museum besteht aus drei historischen Gebäuden: dem Joubert House, der Old Mission Church und dem KWV Building Complex.

Und wer etwas relaxen möchte, kann das drei Kilometer außerhalb liegende Thermalbad **Avalon Springs** besuchen. Die Schwimmbecken mit unterschiedlich temperiertem Heilwasser sind schön zwischen den bizarren roten Felsformationen angelegt. Tagesgäste können hier wohlig von 8–22 Uhr entspannen (Uitvlucht Street, Tel. 023-6141150, www.avalonsprings.co.za).

Direkt bei den heißen Quellen von Avalon Springs startet die wunderschöne und einfache 2,2 km lange Wanderung auf dem *Badskloof Trail* (Tel. 023-6142471) und führt zwischen zerklüfteten Felsformationen nach Ou Meul, einer alten Mühle im Joubert Park.

Abendstimmung in Montagu

Avalon Springs

Information

Montagu Tourism Bureau, 24 Bath St,
Tel. 023-6142471, www.montagu-ashton.info
Infos zu Übernachtungen, Restaurants und Aktivitäten in und um Montagu.

Restaurants

The Orchard (RR), 58A Long Street, Tel. 023-614 3454
Idealer Platz für die Mittagspause. Schattiger Innenhof. Sandwiches, Tramezzinis, Salate, traditionelles Bobotie, Chicken Pie und Kuchen.

Ye Olde Tavern (RR-RRR), Church St, Tel. 023-6142398. Tägl. 18–21.30 Uhr.
Gemütliches Familienrestaurant in einem historischen Gebäude gegenüber der Kirche. Zur Auswahl stehen traditionelle Gerichte, wie Bobotie, Butter Fish, Cape Malay Chicken Curry und Spare Ribs.

Jessica's (RRR), 47 Bath St, Tel. 023-6141805, www.jessicasrestaurant.co.za
Ein Restaurant in einem viktorianischen Haus von 1890 mit lauschigem Innenhof. Romantische Dinner bei Kerzenlicht.

Kaffee & Kuchen

The Rambling Rose (RR), 36 Long St, Tel. 023-6143438, Mo–Sa 8-17 Uhr, So 9–17 Uhr.
Kuchen, Croissants, Muffins, Scones und leckerer Espresso und Cappuccino.

The Wild Apricot im Montagu Country Hotel, 27 Bath St, Tel. 023-6143125.
Selbst im Winter kann man bei Kaffee und einer kleinen Auswahl an Kuchen im Innenhof die Nachmittagssonne genießen.

Tipp! Prima Reiseproviant lässt sich beim *Monagu Dried Fruit Factory Shop* einkaufen. Riesenauswahl an Nüssen und getrockneten Früchten. 102 Bath Street, Tel. 023-6141134, www.montagudriedfruit.co.za. Mo–Sa 8–17 Uhr, So 9–15 Uhr.

Unterkunft

Montagu Country Hotel (RRR), 27 Bath St,
Tel. 023-6143125, www.montagucountryhotel.co.za
110 Jahre altes Stadthotel mit Swimmingpool, zum Abendessen im Restaurant Klaviermusik, attraktiver, gut bestückter Pub aus altem Teakholz. Hotelbesitzer Gert Lubbe bietet in seinem 1956er Cadillac de Ville Touren durchs Weinland an. Wellness-Zentrum im Hause.

Mimosa Lodge (RRR-RRRR), Church St, Tel. 023-6142351, www.mimosa.co.za
Stilvoll restauriertes historisches Haus. Die Garden Suites sind die schönste Übernachtungsmöglichkeit. Prima Küche vom Schweizer Chefkoch und Mimosa-Besitzer Bernhard Hess.

Guano Cave Guest Farm (R-RR) 6 km außerhalb von Montagu an der R62, Tel. 084-5534187, www.montaguguanocave.co.za
Rustikale Zelthäuser für Selbstversorger, warme Pools. Ausflug zur Guano-Höhle per Pferd oder Traktor.

Les Hauts de Montagu (RRR), an der Route 62, 3 km außerhalb von Montagu Richtung Barrydale, Tel. 023-6142514, www.leshautsdemontagu.co.za
An den Ausläufern der Langberge liegt diese 1865 erbaute Farm, deren Gebäude von dem belgischen Besitzerpärchen Eric und Myriam Brillant stilvoll restauriert worden sind. Absolut ruhige Lage mit gigantischer Aussicht und Pool. Nur Frühstück.

Weiterfahrt Montagu – Barrydale

Dann ist wieder „Gleitzeit" angesagt, eine Straße wie aus dem Bilderbuch. Flankiert auf beiden Seiten von beeindruckenden Bergketten erstrecken sich Felder und Farmen bis zu den Hängen. Große, silberne Windräder pumpen das kostbare Nass zur Bewässerung aus dem Boden. Die Gegend wird immer einsamer, und so langsam kann man sich die Ausmaße der Karoo vorstellen.

Sanbona Wildlife Reserve

37 km hinter Montagu geht es links zum **Sanbona Wildlife Reserve.** 2001 wurden die 19 Schaf- und Ziegenfarmen von einem Privatunternehmer gekauft, alle Zäune entfernt, Gebäude platt gemacht und heute bewegen sich in dem 54.000 Hektar großen Wildgehege am Fuße der Warmwaterberg Mountains Elefanten, die seltenen Weißen Löwen, Leoparden, Geparden, Nashörner, Zebras, Giraffen und

Weißer Junglöwe im Sanbona Wildlife Reserve

Sanbona Wildlife Reserve, Dwyka Lodge

alle möglichen Antilopenarten. Sanbona war das erste private Big 5 Reservat, das sich im Western Cape etabliert hat.

Sanbona Wildlife Reserve (RRRRR), Tel. 041-5093000, www.sanbona.com
Zur Auswahl stehen drei Unterkünfte: Das *Tilney Manor*, ein ehemaliges historisches Farmhaus, wunderschön restauriert, sechs Zimmer. Die *Gondwana Lodge*, eine moderne Unterkunft und ideal für Familien, bietet spezielles Kinderprogramm an. Die *Dwyka Lodge*, inmitten bizarrer Felsformationen, liegen hufeisenförmig angelegt die luxuriösen Zelte mit Innen-und Außendusche. Hier kommt echtes Afrika-Gefühl auf. Alle Unterkünfte bieten Pirschfahrten im offenen Geländewagen an und haben Restaurants, einen Pool und einen Wellnessbereich. Es empfiehlt sich zwei Nächte zu buchen.

Barrydale

Der nächste größere Ort, 60 km hinter Montagu, ist **Barrydale,** das sich auf die ständig wachsende Zahl der Route-62-Touristen eingestellt hat. Farmstalls und Restaurants reihen sich auf der Durchfahrtsstraße aneinander. Barrydale ist mit seinen etwa 2500 Einwohnern kleiner und noch ruhiger als Montagu. In den letzten Jahren hat es Dutzende von „Aussteigern" aus dem In- und Ausland angezogen. Gründe gibt es viele: Die trockene, klare Luft, die schöne Berglandschaft und eine spürbare spirituelle Energie des Platzes. Menschen kommen – und bleiben einfach. Viele verlassene und teilweise verfallene Häuser und Farmgebäude wurden renoviert und sehen heute besser aus als je zuvor. Das einst spießig-konservative Dorfhotel wurde renoviert. Heute diskutieren hier an der Bar weiße Farmer mit ihren farbigen Arbeitern, schwule Newcomer mit eingesessenen Heteros, Englischsprachige mit afrikaanssprachigen Südafrikanern und „Lesben mit allen …"

Trotzdem ist nicht alles freizügig und paradiesisch in Barrydale. Die verhärmten Gesichter der ausgemergelten Menschen vor dem *Bottle Store,* der gegenüber vom Hotel billig Alkohol verkauft, sprechen für sich. Die Arbeitslosigkeit auf dem Land ist sehr hoch. Und wie in fast allen Karoo-Orten gibt es noch immer kein einziges Geschäft, das einem Schwarzen gehört.

Hoffnung bringen die Neuankömmlinge. Sie schaffen mit ihren Kunstgewerbe-Betrieben und Marmelade-„Fabriken" mehr und mehr Arbeitsplätze, binden die lokale Bevölkerung in ihre Geschäfte mit ein. Vielleicht wird der Andrang vor dem *Bottle Store* bald geringer.

Das, was *Meyer Joubert* herstellt, steht dort übrigens nicht im Regal. Der Merlot-Cabernet Sauvignon-Verschnitt seines kleinen Weingutes außerhalb des Ortes ist nach der Straße, die ihn durchquert, benannt.

Der *Joubert Tradouw R62* hat bei seiner Vorstellung in Weinkreisen nicht unerhebliches Aufsehen erregt. Der sympathische Mittvierziger studierte Weinbau in Stellenbosch und praktizierte im Anschluss längere Zeit im kalifornischen Napa Valley. „Highways und Straßen", erklärt er die Namenswahl, „finden sich häufig auf den Etiketten amerikanischer Winzer, warum nicht auch hier zu Hause?"

Sehenswert ist **Magpie Art Collective,** 27 Van Riebeeck Street, Tel. 028-5721997, www.magpieartcollective.com. Aus Wertstoffhof-Materialien zusammengestellte, völlig durchgeknallte und preisgekrönte Kronleuchter. Davon hängt sogar einer im Weißen Haus in Washington!

Information

www.route62.co.za, Tel. 023-6163563
www.barrydale.co.za, Tel. 028-5721572

Im Restaurant Diesel and Crème

Restaurants

Diesel and Crème (RR), Tel. 028-5721008, www.dieselandcreme.co.za
Gleich am Ortseingang auf der linken Seite ist das 2013 eröffnete Restaurant nicht zu übersehen. Eine auf alt getrimmte Scheune mit Oldtimern, betagten Zapfsäulen und historischen Emaillewerbeschildern dekoriert sieht es im ersten Moment aus wie ein Freilichtmuseum. Das Restaurant ist mit Plakaten und Schildern aus den 50ern und 60ern zugekleistert. Tolle Speisekarte, Illy-Kaffee und gute Musik. Am Wochenende ist hier richtig viel los und kaum ein Platz zu finden.

Weingut

Joubert-Tradauw Winery, Tel. 028-5721619, www.joubert-tradauw.co.za. Weinproben und -verkauf Mo–Fr 10–16, Sa 10–14 Uhr, Kellertouren nach Vereinbarung.
Frühstück, Tapas und Lunch im Freien. Fern von Kapstadt haben hier draußen in der Karoo die Weine noch ein gutes Preis-/Leistungsverhältnis.

Unterkunft

Lentelus (RR-RRR), an der Route 62,
von Montagu kommend 11 km vor Barrydale,
Tel. 028-5721636 www.lentelus.co.za
Liebevoll dekorierte Zimmer, nette, freundliche Besitzer. Kinder sind willkommen. Ferien auf dem südafrikanischen „Bauernhof", sprich einer Wein- und Fruchtfarm. Großer Swimmingpool, Farm- und Kellertouren, Weinproben, Obstpflücken in der Saison. Restaurant nebenan auf der Joubert-Tradauw Winery. (Siehe oben)

Barrydale Karoo Hotel (RRR), Barrydale, 30 Van Riebeeck St,
Tel. 028-5721226, www.barrydalekaroohotel.co.za
Der Werbeslogan deutet es bereits an: „Das schönste Boutique-Hotel der Karoo". Das alte Dorfhotel ist 2011 von einem Geschäftsmann aus Kapstadt gekauft und gründlich renoviert worden und präsentiert sich heute elegant und in ursprünglicher Pracht. Die Bar, in der auch musikalische Events stattfinden, ist einen längeren Besuch wert.

Abstecher nach Swellendam

Von Barrydale kann man über den landschaftlich sehr schönen *Tradouws Pass* nach **Swellendam** im Overberg Distrikt fahren (42 km). Südafrikas drittälteste Stadt (nach Kapstadt und Stellenbosch) bietet eine Fülle an historischen Gebäuden und wird „Overbergs historisches Herz" genannt. Swellendam liegt am Fuße der Langberg Mountains und hier werden jährlich zwischen November und Januar 700 Tonnen Brombeeren gepflückt und in alle Welt exportiert.

Sehenswert ist das **Drostdy Museum,** Ecke Swellengrebel- und Drostdy Street, ein Freilichtmuseum mit verschiedenen historischen Gebäuden (Tel. 028-5141138, www.drostdymuseum.com). Außergewöhnlich ist der Stilmix der **Dutch Reformed Church** an der Hauptstraße Voortrek Street, die aus verschiedenen Elementen der

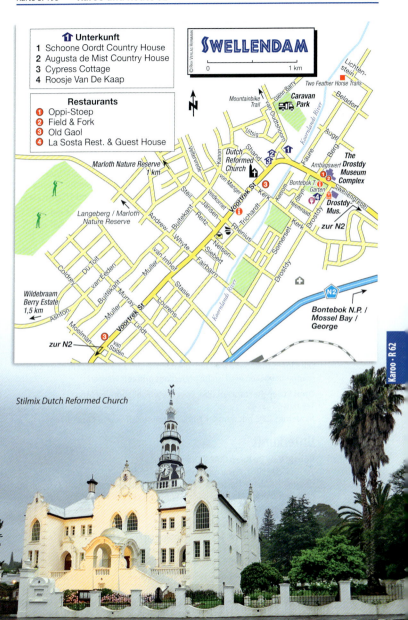

Stilmix Dutch Reformed Church

Gothik, Renaissance und dem Barock besteht. Nachts, wenn die strahlend weiße Kirche beleuchtet ist, sieht sie aus wie ein riesiges Zuckerkuchenhaus.

Information

Swellendam Information Centre, Ecke Swellengrebel Street/Drosty Street, Tel. 028-5142770, www.swellendamtourism.co.za

Restaurants

Old Gaol Restaurant (RR), 8A Voortrek Street, Church Square, Tel. 028-5143847, www.oldgaolrestaurant.co.za, täglich 8–17Uhr.
Gegenüber der Kirche in einem historischen Gebäude untergebrachtes Restaurant mit Gartenterrasse unter schattigen Eichenbäumen. Die Speisekarte bietet traditionelles Bobotie, Lasagne, Springbok Carpaccio und Chicken Pie an.

Field and Fork (RRR), 26 Swellengrebel Street beim Drostdy-Museum, Tel. 028-514 3430. Mo–Sa Dinner ab 18 Uhr, in den Wintermonaten Juni und July bleibt das Restaurant geschlossen.
Besitzer und Koch Francois du Rand bietet eine kleine, aber feine Speisekarte. Die Zutaten kommen von den umliegenden Farmen. Gespeist wird in historischen Gemäuern. Unbedingt reservieren.

La Sosta Restaurant (RRR), Tel. 028-5141470, 145 Voortrek Street, www.lasostaswellendam.com
Das italienische Pärchen Gianni und Cristiana Minori tischen in ihrem modernen Restaurant authentisch mediteranes und italienisches Essen auf.

Kaffee & Kuchen

Old Gaol Restaurant (RR), 8A Voortrek Street, Church Square, Tel. 028-5143847, www.oldgaolrestaurant.co.za, täglich 8–17 Uhr.
Die sagenumwobene Melktart, die nach einem alten Rezept in einer Kupferpfanne gebacken wird, sollte unbedingt probiert werden.

Oppi Stoep-Restaurant (RR), Ecke Berg/Swellengrebel Street, Tel. 028-5143745
Modernes Café mit schöner Terrasse, prima Kaffee und Käsekuchen.

Unterkunft

Roosje Van De Kaap (RR), 5 Drostdy St, Tel. 028-5143001, www.roosjevandekaap.com
Charmante kleine Herberge, 13 mit Antiquitäten eingerichtete Zimmer, üppige Frühstücke; die Kerzenlicht-Dinner im gemütlichen Bistro sind sehr zu empfehlen. Pool.

Cypress Cottage (RRR), 3 Voortrek St, Tel. 028-5143296, www.cypress-cottage.co.za
Hübsches kleines Gästehaus mit wunderschönem Garten und Pool. Üppiges Frühstück. In Gehweite zum Museum und Restaurants.

Augusta de Mist Country House and Kitchen (RRRR), 3 Human Street, Tel. 028-5142425, www.augustademist.com
Sehr charmantes Viersterne-Gästehaus in einem kapholländischen und unter Denkmalschutz stehenden Gebäude von 1802. Wie der Name *Augusta's*

African Kitchen schon verrät, werden im hauseigenen Restaurant vor allem Gerichte vom afrikanischen Kontinent serviert.

Schoone Oordt Country House (RRRR), 1 Swellengrebel St,
Tel. 028-5141248, www.schooneoordt.co.za
Ein wunderbar restauriertes viktorianisches Haus voller Charme. Großer Garten mit Salzwasser-Pool. Im Wintergarten-Restaurant werden exzellente Gerichte serviert und das Frühstück ist einmalig lecker.

Bontebock National Park (RR),
Tel. 028-5142735, www.sanparks.org/parks/bontebok
Nur 6 km südöstlich von Swellendam mitten in der Natur und direkt am Breede River in Holzchalets mit Grillplatz für Selbstversorger übernachten.
Tipp: Chalets Nr. 4 und 7 haben die schönste Aussicht.

Umgebung/Aktivitäten

Bontebok National Park, Tel. 028-5142735,
www.sanparks.org/parks/bontebok
Liegt sechs Kilometer südöstlich von Swellendam (Abzweigung von der N2 Richtung George). Der Wildpark am Breede River ist bekannt für seine seltene Antilopenart, den Buntbock, den es nur hier, im De Hoop Naturreservat und am Kap der Guten Hoffnung zu sehen gibt.

Wildebraam Berry Estate, S4 Hermitage,
Tel. 028-5143132, www.wildebraam.co.za
Etwa 2 km außerhalb Swellendams liegt diese Beerenfarm am Fuße der Langberg Mountains. Brombeeren selber pflücken und verschiedene Brombeerliköre probieren. Oder eine der 100 Marmeladen kosten.

Two Feather Horse Trails, Tel. 082-4948279,
www.swellendambackpackers.co.za/two_feathers_horse_trails.html
Ein- und zweistündige oder ganztägige Ausritte in die umliegenden Berge für Anfänger und fortgeschrittene Reiter.

Marloth Nature Reserve, Tel. 028-5141410,
www.capenature.co.za/reserves/marloth-nature-reserve
Natur pur. Einfache Halbtages- bis schwierige Sechstages Wanderungen mit rustikalen Berghütten durch die zerklüfteten Langberg Mountains. Oder ein gemütliches Picknick, es gibt Feuerstellen im Park.

Im Bontebok Nationalpark am Breede River

Weiter auf der Route 62
von Barrydale über Ladismith nach Calitzdorp

Ronnies Sex Shop

Ronnie Price geht es ähnlich wie Meyer Joubert. Er muss sich ebenfalls keine Sorgen um seine Zukunft machen. Sein Geschäft brummt, und das, obwohl er eher zufällig dazu kam. Wer nicht aufpasst, fährt, 27 Kilometer nach dem Verlassen von Barrydale, an dem kleinen weißen Gebäude rechts der Straße und mitten im Nichts vorbei. **„Ronnies Sex Shop"** steht da in roten, hingepinselten Buchstaben auf den weißverputzten Wänden. Sex in the Country? Wer hier ein südafrikanisches Beate-Uhse-Sortiment erwartet, wird allerdings enttäuscht.

Im Halbdunkel des kleinen Gebäudes steht eine lange Theke, dahinter ein üppig mit Flaschen bestücktes Regal, diverse Kühlschränke mit viel Bier und wenig Softdrinks. Hinter dem Tresen hebt ein bärtiger Typ mit langen blonden Haaren, durch die sich ein paar vereinzelte graue Strähnen ziehen, grüßend seine Hand. Offensichtlich Ronnie. Und was ist mit Sex?

„Ich hatte vor, einen Laden an der Straße aufzumachen", erzählt Ronnie, „wollte frische Früchte und so'n Zeug von meiner Farm verkaufen". Und so fing er an, die ehemalige Arbeiter-Unterkunft zu renovieren und den roten Schriftzug „Ronnies Shop" aufzumalen. Dann waren seine Freunde an der Reihe.

„Ich kam eines Nachts nach Hause, und da stand plötzlich ‚Sex' hinter ‚Ronnie'. Wahnsinnig witzig. Ich war stinksauer, hab' das dann einfach stehenlassen und weiter renoviert."

Mehr und mehr Leute hielten an. Ronnie gab ein Bier aus. Ab und zu legte er ein paar Würste auf den Grill. Irgendwann sagte dann jemand: „Mensch, Ronnie, warum machst du eigentlich keine Kneipe auf?" Seither steht „Ronnies Sex Shop" praktisch synonym für die Route 62 und ist einer der bekanntesten und beliebtesten Pubs in Südafrika. Und ein willkommenes „Wasserloch" am ausgetrocknetsten und texasähnlichsten Teil der Strecke …

Das einzige, was ein bisschen an „Sex" erinnert, ist leicht angestaubte, schwarze Damenunterwäsche, die von der Decke baumelt, sowie einige Spielkarten mit unbekleideten Damen (und Herren), die hinter der Theke hängen. Alle Wände sind mit Kommentaren angeheiterter Gäste vollgeschrieben und mit deren Visitenkarten zutapeziert. Weniger mit Sex zu tun, aber bei der Hitze trotzdem orale Verzückung versprechend, ist das, was Ronnie auf die Theke stellt: eiskaltes Bier – ein himmlischer Genuss, wenn draußen die heiße Karoo-Sonne herunterbrennt …

Ronnies Sex Shop, zwischen Barrydale und Ladismith, Tel. 028-5721153, www.ronniessexshop.co.za

Ladismith

Nach dem Verlassen von Ronnies Sex Shop wird die Gegend immer trockener, und je mehr sich die Farbe Grün reduziert, desto mehr kommt dieses wüstenhafte Road-Movie-Gefühl auf. Am Horizont tauchen die beiden Gipfel des *Toorkop* auf, des verhexten Berges. Eine Legende besagt, dass eine Hexe hier vorbeikam und sie der Berg, der ihren Weg versperrte, so nervte, dass sie ihn kurzerhand mit ihrem Zauberstaub in der Mitte durchschlug.

Am Fuße des Toorkop liegt **Ladismith.** Wieder ein Ort, wo man annehmen könnte, dass das Trinkwasser regelmäßig mit nicht unerheblichen Mengen von Valium versetzt wird. Die Tankstelle ist willkommen, da es an der Route 62 nicht viele gibt, und der Farmladen in der Ortsmitte ist erstaunlich gut sortiert.

Immer häufiger stehen nun größere Gruppen von Straußen in der Landschaft herum. Sobald ein Auto kommt, macht sich das flugunfähige Großgeflügel panisch aus dem Staub, was überaus komisch aussieht.

Abstecher Seweweekspoort

21 km nach Ladismith, kurz vor Amalienstein, geht es nach links auf die staubige Piste in die spektakuläre Schlucht des **Seweweekspoort,** ein guter Platz für ein Picknick.

Seweweekspoort-Pass

Amalienstein

Zurück auf der R 62 und nur ein paar hundert Meter weiter, Richtung Calitzdorp, weist ein Schild mit der Aufschrift **„Amalienstein"** nach rechts. Deutsche Missionare haben die schöne und überraschend große Kirche für die einheimische Bevölkerung vor über 100 Jahren erbaut. Den Schlüssel hat der Pfarrer, der gegenüber wohnt.

Auskünfte zur Mission und zu Bed & Breakfast-Unterkünften im Ort Tel. 028-5611000.

Kirche in Amalienstein

Huisrivier Pass

Ebenfalls „göttlich" ist der **Huisrivier Pass,** der in ein tiefgelegenes Flusstal und in zahlreichen Kurven durch eine Felsenlandschaft weiter bergab und nach **Calitzdorp** führt.

Calitzdorp

Calitzdorp ist das Portwein-Zentrum Südafrikas, und der weiße Port schmeckt einfach himmlisch. Um die Umgebung genauer unter die Lupe zu nehmen sollte man sich hier für mindestens eine Nacht einquartieren. Nicht nur um den Port zu probieren, sondern auch um die **Arts Route 62** zu erkunden (s.u). Auf der landschaftlich wunderschönen „Groenfontein Route" haben sich einige Künstler, Köche, Winzer und Aussteiger niedergelassen und haben die alten, halbverfallenen Farmgebäude wieder mit viel Liebe zum Detail renoviert. Die gut ausgebaute und beschilderte Piste kann man prima an einem Tag abfahren. Streckenverlauf:

Calitzdorp – Groenfontein – Kruisrivier – Red Mountains – Calitzdorp.

Information

Calitzdorp Tourism Office, Ecke Voortrekker/Jan van Riebeek Street, Tel. 044-2133775, www.calitzdorp.co.za
Auskünfte zu Übernachtungen und Sehenswürdigkeiten der Umgebung.

Weingüter

Klein Karoo Wine Route, Tel. 028-5721284, www.kleinkaroowines.co.za. Infos zu 20 Weingütern und zur Region.

Boplaas Family Vineyards, Tel. 044-2133326, www.boplaas.co.za, Weinproben und -verkauf Mo–Fr 8–17, Sa 9–15 Uhr, Kellertouren nach

Vereinbarung, permanente Ausstellung mit San-Artefakten.

De Krans, Tel. 044-2133314, www.dekrans.co.za
Weinproben und -verkauf Mo–Fr 8–17, Sa 9–15 Uhr.
Lunch wird Mitte Februar bis Mitte März samstags und mittwochs während der Traubenlese serviert, und wer will, kann selber Trauben pflücken. Ende Nov. bis Anfang Dez.: Selbstpflücken von Aprikosen. Olivenölverkauf.

Restaurants

Oude Postkantoor (R), Groenfontein Road, Tel. 083-2854751,
www.oudepostkantoor.co.za, Sa 10–17 Uhr, So 10–15 Uhr.
Nur am Wochenende geöffnetes kleines, uriges Restaurant mit Farmküche und Kunstgalerie.

Porto Deli (RR), 7 Calitz Steet, Tel. 083-2742444 und 083-7005043,
Mo 18–21 Uhr, Di–Fr 10–21 Uhr, Sa 10.30–21 Uhr und So 11–15.30 Uhr.
Hellblau angemaltes, originelles portugisisches Restaurant direkt an der Hauptstraße (Route 62).

The Red Coffee Pot Restaurant (RR-RRR), Voortrekker Street,
Tel. 072-1304737. Frühstück, Lunch und Dinner, Montag Ruhetag.
Es ist mit seiner überdimensional großen roten Kaffeekanne an der Hauptstraße nicht zu übersehen. Im einfach eingerichtete Restaurant oder in dem mit alten Radkappen und rostigen Sägeblättern dekorierten Hinterhof werden traditionelle Karoo-Gerichte serviert.

Aloe-Aloe Restaurant (RR), Tel. 071-7027502 u. 083-6289394,
Facebook: Aloe Aloe. Nur am Wochenende um die Mittagszeit geöffnet.
15 km außerhalb Calitzdorp an der Groenfontein Route gelegene restaurierte alte Scheune. Ofenfrisches Brot, Karoo-Spezialitäten aus organischem Anbau, Gemüse und Kräuter aus dem hauseigenen Garten. Terrasse mit tollem Blick auf die umliegenden Berge.

Die Handelshuis Coffee Shop

Kaffee & Kuchen	**Gallery Route 62 & Coffee** (R), 16 Queen St, Tel. 082-8714611. In dieser Kunstgalerie kann man Bilder der einheimischen Künstler begutachten und dabei Kaffee trinken.
	Die Handelshuis Coffee Shop (R-RR), 2 Geyser St, Tel. 044-2133227, Mo–Fr 9–16 Uhr, Sa 9–15 Uhr, So 9–14 Uhr. Café und Tante-Emma-Laden in einem alten viktorianischen Kolonialwarengeschäft. Leckere Kuchen, Espresso und Cappuccino.

Unterkünfte

In Calitzdorp

The Port Wine Guest House (RR), 7 Queen St, Tel. 044-2133131, www.portwine.net
Stilvolles historisches Gästehaus aus dem Jahre 1830. Restaurant, mit Weinreben überwachsener Innenhof, schöner Garten und Pool.

Carlitzdorp Country House (RRR), Wesoewer Rd, Tel. 044-2133760, www.calitzdorpcountryhouse.co.za
Mit Antiquitäten eingerichtetes, modernes Haus in absolut ruhiger Lage am Rande der Ortschaft. Restaurant, große Terrasse mit Blick auf die Swartberg Mountains und Pool.

Auf der Arts Route 62

Red Mountain Private Reserve (RRR), www.redmountain.co.za, Tel. 083-4404040.
14 km hinter Calitzdorp auf der R 62 Richtung Oudtshoorn folgen Sie einer Staubpiste Richtung Kruisrivier nach links, nach weiteren 4 km liegt die Lodge linker Hand zwischen bizarren roten Felsformationen. Sieben wunderschöne Suiten mit Kochnische, sagenhafter Pool, Restaurant und Wanderwege. Der ideale Ort, um die Seele baumeln zu lassen.

Groenfontein Retreat (RRR) Tel. 044-2133880, www.groenfontein.com, Dinner, Bed & Breakfast.
Ehemaliger viktorianischer Federpalast mit umlaufender Veranda. Absolut ruhige Lage am Ende des Groenfontein Tals und umgeben von Bergen.

Felsformation im Red Mountain Private Reserve

Wandern und schwimmen im Pool oder Farmdamm.

Kruisrivier Gallery Apartment (RR), Tel. 044-2133296.
Auf der Groenfontein-Piste 27 km Richtung Kruisrivier fahren. Hier ist die Zeit stehengeblieben: in einem alten von Fotograf Roger Young renovierten Farmhaus gibt es eine Fotogalerie, ein winziges Café und ein einziges einfaches Zimmer mit Küche und Bad zum Übernachten.

Außerhalb von Calitzdorp

River View Cottages (RR), The River Farm, Matjiesvlei,
Tel. 044-2133996, www.riverviewcottages.co.za
Westlich von Calitzdorp völlig abgelegene, aber modern eingerichtete Häuschen für Selbstversorger mit Blick auf den Gamka River und das Panorama der Swartberg Mountains. Schwimmen, Wandern, Kanufahren, Grillen auf offener Feuerstelle und Faulenzen in der Hängematte.

Aktivitäten

The Donkey Trail, Tel. 083-6289394, www.donkeytrail.com
Viertägige geführte Wanderung inklusive Mahlzeiten und Übernachtung im Gästehaus und während der Wanderung in Zelten. Die Wanderung vom Groenfontein Valley über die spektakulären Swartberg Mountains nach „Die Hel" ist nicht schwierig, aber anstrengend und sollte nicht im Sommer gebucht werden. Das Gepäck wird von Eseln transportiert.

Arts Route 62, www.oudepostkantoor.co.za/arts-route-62-calitzdorp
Auf der Website lässt sich die Karte mit allen Galerien und deren Öffnungszeiten herunterladen. Oder die Broschüre bei der Information besorgen. Unbedingt sehenswert ist die *Marinda Combrinck Gallery* in Calitzdorp und die *Roger Young Gallery* und *Kraaldoring Gallery* von der bekannten Töpferin Clementine Van der Walt auf der Groenfontein Piste.

Festival: Calitzdorp Port & Wine Festival, www.portwinefestival.co.za
Jedes Jahr im Juni verwandeln sich die Straßen in einen Markt mit Fressständen, Musikanten und es gibt Wein und Port zu probieren.

Clementina van der Walt, Kraaldoring Gallery & Studio

Weiterfahrt auf der Route 62 nach Oudtshoorn

Von Calitzdorp nach Oudtshoorn sind es 50 km und zwischen beiden Orten gibt es zahlreiche Straußenfarmen mit weit über 90 Prozent der Weltstraußen-Population. Straußensteak oder -carpaccio sollte deshalb unbedingt einmal auf dem Speiseplan stehen. Das Fleisch ist fest, rot und nahezu cholesterinfrei, erinnert im rohen wie im gegrillten Zustand eher an Rind, das in Südafrika übrigens „wahnsinnsfrei" genossen werden kann.

Ein Straußenei entspricht in der Menge etwa 24 Hühnereiern, allerdings schmeckt es nicht besonders gut und ist im Gegensatz zum Fleisch eine wahre Cholesterin-Bombe. In der Stabilität sind sie dann wieder echte Überraschungseier: Ein Erwachsener kann ohne weiteres auf ihnen stehen, ohne sie zu zerbrechen.

Wer eine der vielen Straußen-Schaufarmen besucht, erfährt noch mehr. Die Augen der Vögel sind unheimlich scharf, dafür ist das Gehirn nur so groß wie ein Augapfel. Dass sie unheimlich schnell rennen können, wissen die meisten Besucher bereits, aber dass sie mit einem gekonnten Kickboxer-Fußtritt selbst Löwen ausknocken können, dürfte für viele neu sein. Und auch, dass der kräftige Fußnagel schärfer ist als das Messer des Ripper. Der Grund, warum viele männliche Strauße hier Jack heißen.

Während die Farmer früher mit den Federn der Strauße Millionen gemacht haben – die Straußenpaläste in Oudtshoorn zeugen davon –, geht es ihnen heute hauptsächlich um die Haut der Tiere. Das narbige Straußenleder steht hoch im Kurs – selbst für texanische Cowboystiefel.

Im Straußenland

Das C.P. Nel Museum

Oudtshoorn

Oudtshoorn wurde 1847 gegründet, hat heute 86.000 Einwohner und ist die bedeutendste Stadt der Kleinen Karoo und Zentrum der südafrikanischen Straußenzucht. In den Boomjahren 1880–1920 verdienten sich die Straußenfarmer ein Vermögen mit dem Verkauf der Federn, was man an den sogenannten *Ostrich Palaces* aus dieser Zeit sehen kann. Straußenzucht und Straußenfarmen gibt es immer noch reichlich in der Umgebung, jedoch geht es heute nicht mehr um die Federn, die einst zu Federboas und Staubwedel verarbeitet wurden, sondern in erster Linie um das narbige, sehr teure Leder und ums Straußenfleisch.

Haupt- und Durchgangsstraße ist die *Baron van Reede Street,* die sich im Zentrum mit der Voortrekker Street kreuzt. Dort steht mit Uhrenturm das markanteste Gebäude der Stadt, das sehenswerte **C.P. Nel Museum.** Es informiert in 12 Räumen über die Stadtgeschichte, Straußenzucht und das Leben in der Karoo, zeigt beachtlich große Sammlungen und Exponate vergangener Zeiten.

Mo–Fr 8–17 Uhr, Sa 9–13 Uhr. 3 Baron van Reede Street,
Tel. 044-2727306, www.cpnelmuseum.co.za, Eintritt.

Information

Oudtshoorn Tourism Bureau, Baron von Reede St, Tel. 044-2792532, www.oudtshoorn.com. B&B und Hotelbuchungen, Infos über Aktivitäten und Straußenfarmen in der Umgebung.

Festival: *Klein Karoo National Arts Festival,* Tel. 044-2727771, www.kknk.co.za Ein über die Landesgrenzen hinweg berühmtes Kunstfestival in Oudtshoorn.

238 Karoo und Route 62

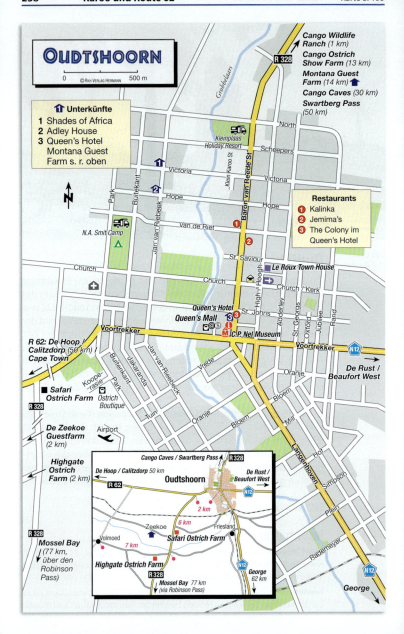

Straußen- und Tierfarmen

Highgate Ostrich Show Farm, Tel. 044-2727115, www.highgate.co.za und
Safari Ostrich Farm, Tel. 044-2727311, www.safariostrich.co.za, beide südlich von Oudtshorn an der R328 Richtung Mossel Bay.

Etwas weniger Touristenandrang herrscht bei der **Cango Ostrich Show Farm**, 14 km nördlich von Oudtshoorn an der R328, der Straße zu den Cango-Höhlen. Tel. 044-2724623, www.cangoostrich.co.za

Cango Wildlife Ranch, an der R328 1 km nördlich der Stadt,
Tel. 044-2725593, www.cango.co.za
In Freigehegen können Krokodile und Raubkatzen aus nächster Nähe beobachtet werden, und gegen Aufpreis dürfen sich Erwachsene mit Geparden fotografieren lassen.

Restaurants

The Colony (RR-RRR), im Queens Hotel, Baron Van Reede St, Tel. 044-2722101, tägl. Lunch & Dinner. Traditionell-südafrikanisches Essen mit internationalem Touch in elegantem Ambiente mit Silberbesteck, Stoffservietten und weißen Tischdecken. Sehr gute Weinliste.

Jemima's (RRR), 94 Baron van Reede St,
Tel. 044-2720808, Mo–Fr Lunch, tägl. Dinner.
Für die ländliche Gegend außergewöhnlich gutes Restaurant, bei dem immer frische Zutaten von lokalen Zulieferern verwendet werden. Es befindet sich in einem schön renoviertem Haus in drei miteinander verbundenen Zimmern. Ländliche Gourmet-Küche mit verschiedenen Menüs oder à la carte, traditionelle und internationale Gerichte, wie Entenleberpastete oder die mit nordafrikanischen Gewürzen eingeriebene Karoo-Lammkeule. Reservierung notwendig.

Kalinka Restaurant (RRR), 93 Baron van Rheede St,
Tel. 044-2792596, Di–So ab 18 Uhr.
In diesem alten Haus, das kürzlich auf elegante Art und Weise renoviert wurde, werden heute Karoo-Lamm, Straußenfilets und Wildgerichte mit einem russischen Touch serviert. Schöner Innenhof.

Unterkunft

Adley House (RR), 209 Jan van Riebeeck Rd,
Tel. 044-2724533, www.adleyhouse.co.za
Klassisches Bed & Breakfast mit zehn gemütlichen Zimmern in einem historischen Haus, das in einem ruhigen Garten liegt; zwei Pools, Zimmer mit allem Komfort. Besitzerin Hilda ist bekannt für ihre üppigen, südafrikanischen Frühstücke. Dinner auf Wunsch, natürlich auch mit Strauß.

Shades of Africa (RR), 238 Jan van Riebeeck Rd,
Tel. 044- 2726430, www.shades. co.za
B&B mit einem afrikanischen Touch, der gelungen ist, die Farben sind erdig und afrikanische Artefakte sind organisch integriert; vier Zimmer, schöner Pool.

Queen's Hotel (RRR), Baron van Reede St,
Tel. 044-2722101, www.queenshotel.co.za
Schön restauriert und mitten im Zentrum, oft von Gruppen gebucht, 40 Zimmer.

Außerhalb **Montana Guest Farm** (RR-RRR), an der R328 nach Schoemanshoek, 14 km von Oudtshoorn, Tel. 044-2727774, www.montanaguestfarm.co.za
Liebevoll restaurierte und von Deutschen geführte hundertjährige Straußenfarm. Die 12 luxuriösen Chalets haben alle eigene Terrassen und gruppieren sich um eine parkähnliche Gartenanlage mit Salzwasserpool. Kinder willkommen. Der gesellige Gastgeber Wolfgang Beitz unterhält seine Gäste gerne beim Abendessen mit amüsanten Geschichten. Im Sommer wird auf der Veranda gefrühstückt.

Jamstreet Farm (RR), Rooiheuwel Road, Tel. 082-5100516, www.jamstreet.co.za
Östlich außerhalb von Oudtshoorn: von der Voortrekker/Langenhoven-Krezung 2 km in Richtung George fahren, dann links in die Rooiheuwel Road, noch 4,4 km. Zwei Kapstädter Grafikdesigner haben diese ehemalige Molkerei in ein Ferienhaus, Café und in eine kleine Freilichtbühne verwandelt.

Privates Wildreservat: Buffelsdrift Game Lodge (RRRR),
Tel. 044-272000, www.buffelsdrift.com
Nur sechs Kilometer nördlich von Oudtshoorn auf der R328 Richtung Cango Caves liegt dieses kleine private Wildreservat. Zu sehen gibt es Elefanten, Nashörner, Büffel, Giraffen, Kudu, Nilpferde und über 200 verschiedene Vogelarten. Um einen Staudamm herum sind die luxuriösen Zelte mit Klimaanlage positioniert und das Restaurant hat eine große Aussichtsterrasse. Pool, Reiten, Pirschfahrten, Elefantenfütterung.

Weiterfahrt Oudtshoorn – Prince Albert

Meiringsport-Schlucht

Über Dysselsdorp geht es nach De Rust und dann durch die gewaltige **Meiringsport Schlucht.** Eine fantastische Straße mit sanft geschwungenen Kurven und vielen Brücken zieht sich durch den Canyon. Die Nachmittagssonne schafft es fast nicht mehr, seinen Boden zu erreichen. Hunderte von Metern ragen braune, rote und gelbe, von tektonischen Kräften wild verformte Gesteinsschichten nach oben. Dort wo die Sonne nicht hinkommt haben sich Moose und Flechten breit gemacht. Die Schlucht verbindet die Kleine mit der Großen Karoo. Die Straße, der wir jetzt hinter Klaarstroom westlich nach Prince Albert folgen, gehört wieder zur „Traumstrecken-Kategorie".

Andrew Geddes und Thomas Bain: Die Highway Stars

Die spektakulärsten Straßen und Pässe der Kap-Provinz stammen allesamt von zwei Männern: Andrew Geddes Bain und seinem Sohn Thomas Bains

Der Schotte Andrew kam 1816 ohne formelle Ausbildung ans Kap, wo er zunächst als Sattler arbeitete. Später versuchte er Handelsverbindungen mit den Tswana an der Grenze zu Botswana zu etablieren. Danach kämpfte er in einem der Grenzkriege 1834/35 gegen die Xhosa. Sein Interesse am Bau von Straßen, für das er ein natürliches Talent zu besitzen schien, führte dazu, dass er 1836 eine Verdienstmedaille für die Projektleitung des Van Ryneveld's Passes erhielt.

Danach farmte er ein paar Jahre, zwischendurch baute er Straßen fürs Militär. Schließlich folgten weitere zivile Projekte. Die teilweise spektakulären Straßen über den Mitchell's und Gydo Pass (bei Ceres) entstanden. Der *Karoopoort,* eine Piste in der Karoo, wurde von ihm rekonstruiert. Der steile Katberg Pass bei Fort Beaufort entstand kurz vor seinem Tod 1864.

Wie der Vater, so der Sohn. Doch Thomas übertrumpfte seinen Papa noch. Von ihm stammen die schönsten und bekanntesten Straßen und Bergübergänge am Kap. Zu seinen Highlights gehören: Der heute denkmalgeschützte **Swartberg Pass,** der noch immer unbefestigt auf einigen atemberaubenden Abschnitten Oudtshoorn mit Prince Albert verbindet; der **Prince Alfred's Pass** bei Knysna; der **Robinson Pass** und der **Garcia's Pass** nordwestlich von George; **Kogman's Kloof,** das Eingangstor zur Route 62 zwischen Ashton und Montagu; die alte, teilweise noch immer nicht asphaltierte **George – Knysna Road** sowie die wunderschöne, bis heute mehrfach modernisierte Küstenstrecke von Sea Point über Camps Bay bis Hout Bay. Er baute 24 Pässe, dreimal soviel wie sein Vater.

Swartberg-Pass

Alternativ-Strecke von Oudtshoorn nach Prince Albert (R328):

Oudtshoorn – Cango Caves – Swartberg Pass (nicht asphaltiert) – Prince Albert.

Swartberg Pass

Die Fahrt über den 1888 eröffneten **Swartberg Pass** ist auch heute noch ein kleines Abenteuer. Dieser Bergübergang ist der spektakulärste im Land, eine Meisterwerk des „Straßenkünstlers" Thomas Bain. Mit Hilfe von 220 Sträflingen, Schießpulver und Spitzhacken wurden die zwei Kilometer dem Berg abgewonnen. Die Passhöhe liegt bei immerhin 1585 Metern Höhe. Die Mühe wird durch fantastische Blicke belohnt.

Cango Caves

Zuvor erreicht man, 27 km nördlich von Oudtshoorn, die Zufahrtsstraße zu den berühmten **Cango Caves.**

Caves Road, Tel. 044-2727410, 8.30–16.30 Uhr, www.cango-caves.co.za. Touren von 9–16 Uhr; zwei Touren stehen zur Auswahl: Die einstündige Standard-Tour und die anderthalbstündige „AbenteuerTour".

Die Cango Caves sind die älteste und eine der beliebtesten Attraktionen in der Kleinen Karoo. Es gibt drei Kalkstein-Systeme mit beeindruckenden Tropfsteinhöhlen. Cango One ist 760 m lang, Cango Two, die Wunderhöhle, 260 m, und die erst kürzlich entdeckte Cango Three hat eine Länge von 1600 m. Die Standard-Tour führt durch die ersten sechs, leicht zugänglichen Räume der Tropfsteinhöhle. Die Adventure-Tour folgt einer 1200 m langen Route durch die Unterwelt und ist nur sportlichen Besuchern zu empfehlen. Zum Teil geht es sehr eng zu, am Ende der Tour kriecht man durch einen 27 Zentimeter breiten Spalt – also absolut nichts für Klaustrophobe!

Cango Caves

Ausflugsziel Prince Albert

Prince Albert

Das 250 Jahre alte Dorf Prince Albert, umgeben von Bergen und Bächen, ist von allen verschlafenen Karoo-Orten der schönste. Auch hier gibt es viele Aussteiger, denen das Leben in den großen Städten zu hektisch geworden ist. Künstler, Feinschmecker, Investoren und internationale Touristen können sich dem Charme des Ortes einfach nicht entziehen und bleiben hier hängen. Zum Beispiel der südafrikanischer Bühnenbildner und Regisseur Johnny Breedt, der bei Dreharbeiten in Outshoorn an seinem freien Tag eben mal über den Swartbergpass nach Prince Albert düste, sich auf der Stelle in den Ort verliebte und eine alte ausgediente Tankstelle an der Hauptstraße kaufte. Die baute er 2013 in ein Theater im Art-déco-Stil um, und heute treten auf seiner Bühne berühmte Kabarettisten, Sänger und Tänzer auf. Prince Albert ist auch ein beliebtes Ausflugsziel für Kapstädter geworden: über's Wochenende frische Landluft schnuppern, in einem der feinen Restaurants schlemmern oder sich bei der *African Relish Cooking School* selbst ein Menü unter professioneller Anleitung zusammenstellen. Im Anschluss eine Vorstellung im *Showroom Theatre* anschauen und dann in einem der schönen viktorianischen Gästehäuser übernachten, das macht einfach Laune.

Information

42 Church Street, Tel. 023-5411366, www.patourism.co.za

Restaurants

Café Albert (R), 44 Church St, Tel. 023-5411175
Kleines Café, vor allem bei den Einheimischen beliebt. Leckere hausgemachte Chicken Pies und mit Kudusteak gefüllte Tortillas.

Gallery Café (RR), 57 Church St, Tel. 082-7492128, www.princealbertgallery.co.za. Dinner tägl. ab 18.30 Uhr.
Besitzer und Koch Brent Phillips-White zaubert mit frischen Zutaten Gerichte wie Osso Bucco, Karoo-Lamm und Risotto Milanese auf die weißgedeckten Tische im oberen Stockwerk seiner interessanten Kunstgalerie.

Lah-di-dah (RR), 6 Church St, gegenüber der De Bergkant Lodge, Tel. 023-5411846
Ungewöhnlicher Farmstall mit außergewöhnlichem Dekor, kein Wunder, die Ex-Johannesburger Besitzer kommen aus dem Filmbusiness und haben ihr Requisitenlager für die Restaurant-Einrichtung geräumt.

The Olive Branch (RR), unter den Einheimischen auch Bokkie Botha's Restaurant genannt. Mark Street, Tel. 023-5411821.
Der Besitzer Bokki öffnet nur ein bis zwei mal wöchentlich abends seine Türen zu einer Art Besenwirtschaft, er kocht selbst. Nicht weil er muss, sondern weil es seine Passion ist. Als Gast fühlt man sich wie auf eine private Dinnerparty eingeladen. Exzellentes Essen und hervorragende Weinkarte. Unbedingt telefonisch reservieren.

Simply Saffron Restaurant (RRR), 10 Church Street, Tel. 082-8739985, www.simplysaffron.co.za
Hier kocht der Chef Ridwaan mit atemberaubenden Gewürzen auf die indische Art. Einfach köstlich. Kochkurse auf Anfrage.

Kaffee & Kuchen

Prince Albert Country Store (R), 46 Church St, Tel. 023-5411077
Im Garten eines urigen Trödelladens tischt Colleen leckeren hausgemachten Apfelkuchen und Limonade auf. Kaffee gibt es natürlich auch.

The Coffee Shop Restaurant (R-RR), 77 Church St, Tel. 07235411332
Kleines Café, das guten Kaffee und frischgebackene Scones serviert.

Unterkunft

Lah-Di-Dah Petit (RR) 6a Church St, Tel. 023-5411846 yvettebreedt@mweb.co.za
Hübsch eingerichtetes Ferienhäuschen mit Küche und Veranda, direkt neben dem Lah-Di-Dah Farmstall.

Karoo View Cottages (RR), Magrieta Prinsloo Pad, Tel. 023-5411929, www.karooview.co.za
Am nördlichen Ende von Prince Albert auf einer Anhöhe in ruhiger Umgebung. Ferienhäuschen mit Grillplatz im typischen Karoo-Stil für Selbstversorger. Schöner Blick auf die Swartberge, Frühstück auf Wunsch.

De Bergkant Lodge (RRR-RRRR), 5 Church St, Tel. 023-5411088, www.debergkant.co.za
Das ehemalige Pfarrhaus in der Main Street wurde von Besitzer Charles Roux liebevoll renoviert. 15 Meter langer Salzwasser-Pool, neun großzügige Zimmer mit Antiquitäten bestückt und mit herrlich geräumigen Bädern und Doppelduschen, schöner Garten, üppiges Frühstück.

Aktivitäten

Ausflug nach **Die Hel.** Für Reisende mit Zeit und einem Mietwagen mit guter Bodenfreiheit bietet sich ein Ausflug in „die Hölle" an. Die fantastische

Piste dorthin zweigt von der Swartberg-Pass-Straße ab. Das Tal, das seinen Namen aufgrund der dort im Sommer herrschenden höllischen Hitze bekam, ist nach 47 staubigen Kilometern und vielen Kurven erreicht. Die Häuser der ehemaligen Farmer sind heute Unterkünfte für Selbstversorger. Es gibt außerdem einen schönen **Campingplatz.** Buchung über in Oudtshoorn, Tel. 044-2791739 oder 2791829, www.capenature.org.za

African Relish Cooking School, 34 Church St,
Tel. 023-5411381, www.africanrelish.com
Starkoch Jeremy Freemantle, mit 30 Jahren Erfahrung im Business, hat sich seinen Traum erfüllt und hier im abgelegenen Prince Albert eine Kochschule eröffnet. Lernen wie ein Profi zu kochen. Halb- und ganztägige sowie Wochenendkurse stehen zur Auswahl.

Showroom Theatre, Tel. 023-5411563, www.showroomtheatre.co.za
Edles Theater mit stilvoller Bar und State of the Art-Ausstattung. Shows an Wochenenden und einmal in der Woche werden auch Filme gezeigt.

Avoova, Skaapies Einde, 16 Magrieta Prinsloo Street
(neben Karoo View Cottages), www.avoova.com
Laden und Herstellung von fantastischen Straußeneierschalen-Vasen, Schalen, Schachbrettern und anderen Kunstobjekten, die mittlerweil in alle Welt exportiert werden.

Sterne beobachten mit Astro Tours, Tel. 072-7322950, www.astrotours.co.za
Die äußerst klare Luft in der Karoo ist ideal, um die Sterne der Südhalbkugel mit Teleskopen zu bestaunen.

Samstagsmarkt. Neben dem Museum bieten jeden Samstagvormittag Bauern aus der Umgebung Obst, Gemüse, frisch gebackenes Brot, hausgemachte Marmeladen, Oliven, Pfannkuchen und Kaffee an.

Olive Festival. Jedes Jahr Ende April wird die Hauptstraße für drei Tage gesperrt und verwandelt sich in einen großen Markt mit Essständen, Weinproben, Kunsthandwerk und Livemusik.

Das Showroom Theatre

Weiterfahrt Prince Albert – Matjiesfontein

Von Prince Albert sind es auf der R 407 ca. 45 km zur N1. Auf ihr ist dann wieder deutlich mehr los, und die mächtigen Trucks, die die 1600 Kilometer lange Strecke zwischen Johannesburg und Kapstadt hin und her pendeln, lassen trotz Linksverkehr wieder amerikanische Freeway-Gefühle aufkommen.

Matjiesfontein

Der nächste Pflichtstopp ist das winzige Dorf **Matjiesfontein.** Ein unglaublich englischer Ort, mitten in der weiten Breite der Karoo. Komplett mit altehrwürdigem Hotel, dem *Lord Milner,* einem viktorianischen Pub, dem *Laird's Inn* und einem Bahnhof, an dem ab und zu mal der berühmte Blue Train oder der Rovos Rail hält. Die wunderschönen alten Shell-Zapfsäulen stehen noch, der Sprit kommt allerdings aus den neueren Pumpen direkt daneben. Im **Matjiesfontein Motor Museum** liegt der Schwerpunkt der Exponate offensichtlich auf Leichenwagen.

Um Matjiesfontein richtig zu erfahren, sollte man eine Nacht bleiben und die vierminütige, geführte **Stadtrundfahrt** im roten Londoner Doppeldecker-Bus mitmachen. Die mit Rüschenhäubchen ausgestatteten Bedienungen servieren mittelmäßiges englische Abendessen. Szenen, bei denen eigentlich nur noch Mr. Bean fehlt.

Hotel Milner in Matjiesfontein

John Theunissen ist nicht nur der Busfahrer, er ist außerdem Tourguide, Gepäckträger, Kellner, Pianospieler und Straßenkehrer. „Und sonntags", ergänzt er, „predige ich in der Kirche." Der ebenso gut gebaute wie gelaunte John weiß unheimlich viel über die Geschichte des Ortes. Nicht nur er, auch seine Mutter wurde bereits hier geboren, und beide haben ihr ganzes Leben hier verbracht. Er ist nicht nur einer der beliebtesten Menschen im Ort, er ist auch ein prima Entertainer. Seine Mandela-Imitationen klingen verblüffend echt.

Unterkunft **Lord Milner Hotel** (RR), Matjiesfontein, Tel. 023-5613011, www.matjiesfontein.com; eine der skurrilsten Übernachtungen im Land, die beste Wahl sind die Balkonzimmer im ersten Stock des Hauptgebäudes.

Weiterfahrt

Aquila Private Game Reserve
Zurück zur N1 und nach links Richtung Kapstadt abbiegen. Kurz hinter Touws River geht es rechts auf der R46 zum **Aquila Private Game Reserve.** In dem 7500 Hektar großen Wildschutzgebiet können während einer 2–3 stündigen Pirschfahrt im offenen Geländewagen, auf Quadbikes oder bei einem Ausritt die Big Five beobachtet werden.

Aquila Private Game Reserve (RRRR),
Tel. 021-7949050,
www.aquilasafari.com
Große Lodge mit verschiedenen Übernachtungsmöglichkeiten. Im reetgedeckten Restaurant mit seinen großen Panoramafenstern kann man sich von einem gewaltigen Büffet mittags und abends den Teller mit Leckereien vollschaufeln. Große Terrasse, riesiger Pool mit Poolbar, Zigarrenbar im Kolonialstil, Spielbereich für Kinder, Babysitter und Souvenirladen.

Von Aquila aus sind es etwa zwei Stunden Autofahrt auf der N1 bis nach Kapstadt, wo sich der Kreis der Karoo-Tour wieder schließt.

Garden Route

Südafrikas berühmteste Touristenstrecke führt zwischen Mossel Bay und Port Elizabeth fast immer an der Küste entlang, parallel zu den zerklüfteten Outeniqua- und Tsitsikamma-Bergketten. Um ihre landschaftlichen Reize wirklich richtig zu erleben, sollte die Nationalstraße N2 möglichst oft für Abstecher verlassen werden. Denn die „Garden Route" ist keine Route durch Gartengebiete, wie der Name vermuten lassen könnte, sondern eine durch die häufigen Niederschläge üppig grüne Landschaft mit dichten, ursprünglichen Wäldern, wilden Schluchten, Flüssen und idyllischen Seen. Überdies bietet die Garden Route endlos lange Sandstrände am Indischen Ozean und Tierfreunde werden sich über die vielen Wildparks, Delfine, Wale und sagenhaft vielen Vogelarten freuen. Auch der Aktivurlauber kommt hier auch auf seine Kosten: Das Angebot von Adrenalinsportarten wie Abseiling, Bungy Jumping und extremes Wandern ist immens groß.

Route

(ca. 480 km, 2–3 Tage / inkl. Abstecher ca. 650 km, ca. 3–4 Tage):

Mossel Bay – George (Abstecher Montagu Pass) – Victoria Bay – N2 Wilderness – Knysna – Plettenberg Bay – Keurboomstrand – Tsitsikamma N.P. – Jeffrey's Bay – Abstecher Oyster Bay und Cape St Francis – Port Elizabeth. Alternativstrecke für die Rückfahrt von Port Elizabeth nach Knysna (ca. 400 km, 2–3 Tage): Port Elizabeth – N2 –

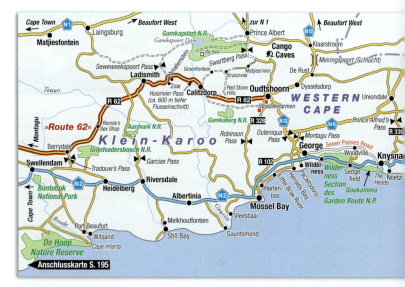

Karte S. 248 u. 251 **Garden Route**

R331 – Hankey – Patensie – Baviaanskloof-Schlucht (s. Exkurs „Tal der Affen", s.S. 283) – Willowmore – Prince Alfred's Pass – Knysna

Mossel Bay

Die Statue des Seefahrers Bartolomeu Dias

Dort, wo die ersten Europäer 1488 südafrikanischen Boden betraten, liegt heute das inoffizielle „Eingangstor" zur Garden Route, **Mossel Bay.** Die Stadt an der gleichnamigen Bucht besitzt mit dem **Bartolomeu Dias Museum** einen Museumskomplex, das den berühmten portugiesischen Seefahrer würdigt. Hauptgebäude ist das **Maritime Museum,** dessen Prunkstück der originale Nachbau von Bartolomeu Dias' Karavelle ist. Das in Portugal hergestellte Schiff segelte 1987 von Lissabon nach Mossel Bay und ging dort zum 500. Jahrestag von Dias' Landung vor Anker. Neben dem erstaunlich kleinen Schiff gibt es noch alte Landkarten und viele andere maritime Exponate aus der Zeit der Entdecker zu sehen – unbedingt sehenswert!

Maritime Museum, 1 Market Street, Bartolomeu Dias Museum Complex, Tel. 044-6911067, www.diasmuseum.co.za
Mo–Fr 9–16.45, Sa/So 9–15.45 Uhr, kleines Eintrittsgeld.
Wer auf das Dias-Boot möchte, zahlt ein Aufgeld, was sich lohnt.

Das gegenüberliegende **Shell Museum** zeigt Muschelarten aus aller Welt, die maritime Fauna in Aquarien und einen großen Weißen Hai.

Shell Museum & Aquarium, Dias Museum Complex, Tel. 044-6911067, Mo–Fr 9–16.45 Uhr, Sa/So 9–15.45 Uhr. Muschelsammlung aus aller Welt

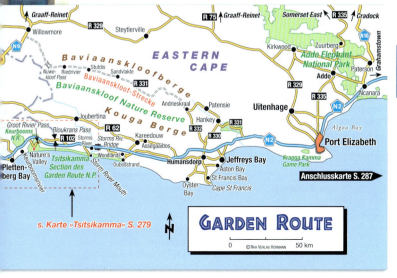

Die nachgebaute Karavelle von Bartolomeu Dias

Zwischen den beiden Museen befindet sich noch eine Besonderheit, der Old Post Office Tree. Ein uralter Baum, in dessen hohlen Stamm die frühen Seefahrer Nachrichten und Briefe für nachfolgende Schiffe hinterlassen haben. Heute steht da passenderweise ein Postkasten in Stiefelform.

Cape Saint Blaize Leuchtturm

Sehenswert ist auch der **Cape Saint Blaize Leuchtturm,** einer von insgesamt nur noch zwei manuell betriebenen Leuchttürmen an der gesamten südafrikanischen Küste. Der Leuchtturm ist seit 1864 in Betrieb.

Cape Saint Blaize Leuchtturm, Montagu Street (östliche Landspitze „The Point"), Tel. 044-6903015, Mo–Fr 10–12 u. 12.30–15 Uhr.

Cape Saint Balize Cave und Pinnacle Point Cave

In kurzer Entfernung von ihm befindet sich die **Cape Saint Blaize Cave** und **Pinnacle Point Cave,** eine kurze Wanderung die Felsen am Point hoch. Die Höhlen wurden zu wichtigen archäologische Fundstätten, nachdem man Relikte fand die beweisen, dass hier Khoikhoi bereits vor über 80.000 Jahren gelebt haben.

Im Landesinneren liegen zwei private Big Five Wildschutzgebiete. Wer schon immer einmal auf einem Catwalk laufen wollte, kann im *Botlierskop Private Game Reserve* ein Spaziergang mit Löwen buchen, ohne Leine!

Information

Mossel Bay Tourist Office, Ecke Market- u. Church Street,
Tel. 044-6912202, www.visitmosselbay.co.za,
tägl. 8–18 Uhr (im Südwinter Mo–Fr 9–17, Sa/So 9–13 Uhr).
Auskünfte zu Übernachtungen, Restaurants und zum Haitauchen.

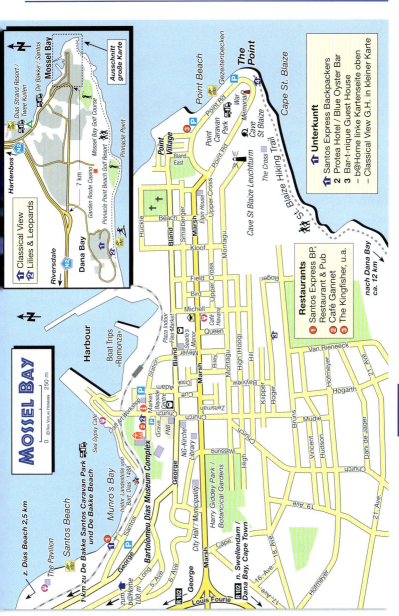

Blick vom Santos Express Restaurant über den Strand von Mossel Bay

Restaurants

The Santos Express Restaurant & Pub (R-RR), direkt am Strand,
Tel. 044-6911995, www.santosexpress.co.za
Tägl. geöffnet, Frühstück, Lunch und Dinner.
Ein umgebauter Zug, der nur 30 Meter vom Strand entfernt steht, dient heute als Familienrestaurant. Günstiger frischer Fisch und südafrikanische Spezialitäten. Super Aussicht. Für wenig Geld kann man im Erste-Klasse-Zugabteil übernachten.

The Kingfisher (RR), 1 Marsh Building, The Point, Tel. 044- 6906390, www.thekingfisher.co.za, täglich ab 10.30 Uhr.
Tolle Lage direkt am Meer. Muscheln, Austern, Sushi und Fischspezialitäten aller Art, aber auch Fleischesser kommen hier nicht zu kurz.

Café Gannet (RRR), Bartolomeu Dias Museum Complex,
Ecke Church/Market Street, Tel. 044-6911885; tägl. Frühstück, Lunch & Dinner.
Rustikal-afrikanisches Ambiente, Seafood (empfehlenswert die in der Bucht heimische Scholle, *sole*).

Kaffee & Kuchen

Baruch's Coffee Shop, KKT Building, 4 Gericke St
(5 km nördlich außerhalb, über die Louis Fourie Street),
Tel. 044-6952078, www.baruchscoffee.co.za, Mo–Fr 8–17 Uhr.
Eigene Kaffeerösterei und verlockendes Angebot an Kuchen. Sundowner

Sundowner

The Legendary Blue Oyster Bar (RR), im Protea-Hotel Ecke Church/Market Streets beim Bartolomeu Dias Museum Komplex, Tel. 044-6913738.
Von der modernen Bar und Terrasse überblickt man die Santos Bucht. Sushi, Austern und Cocktails.

Unterkunft

Santos Express Backpackers (R-RR) direkt am Strand, Tel. 044-6911995, www.santosexpress.co.za
Origineller, günstiger und so nah am Meer kann man nirgendwo sonst übernachten. In einem Erste-Klasse-Zugabteil, der nur 30 Meter vom Strand entfernt steht. Separate Dusche und WC.

Tipp: Die „Royal Ladies", ein klassisches renoviertes Zugabteil von 1920 mit Doppelbett und entzückendem kleinen Badezimmer mit freistehender viktorianischer Wanne und schwarzweiß gekacheltem Fußboden.

Bar-T-Nique Guest House (RR), 82 Rodger St,
Tel. 044-6904554, www.bar-t-nique.co.za
Modernes Gästehaus mit Blick auf den Hafen und den Indischen Ozean. Zimmer mit Frühstück, Balkon und toller Aussicht, Pool.

Protea Hotel Mossel Bay (RRR), Ecke Church- u. Market Street,
Tel. 044-6913738, www.oldposttree.co.za
Modernes Hotel direkt am Meer, fast alle Zimmer mit Aussicht über die Bucht.

b@Home Guest House (RRR), 94 Long St, Tel. 044-6905385,
www.b-at-home.co.za. Attraktives Gästehaus mit Blick auf die Bucht.

Außerhalb

Classical View Guest House (RRR), 32 P. Mellifera Street, Dana Bay,
Tel. 044-6982157, www.classicalview.com
Acht Kilometer vor Mosselbay (N2 Ausfahrt 387). Viersterne-Gästehaus, geführt von den deutschen Besitzern Andrea und Gottfried Schipits. Uneingeschränkte Aussicht auf den Indischen Ozean, Pool, herzhaftes Frühstück.

Big 5 Private Wildreservate

Gondwana Game Reserve (RRRRR), Abzweig von der R328,
Tel. 021-5550807, www.gondwanagr.co.za
25 km nördlich von Mossel Bay gelegenes privates Naturschutzgebiet und Wildgehege mit fabelhaften afrikanischen reetgedeckten Rundhütten. Restaurant, Pirschfahrten, geführte Wanderungen, Pool und Wellness.

Botlierskop Private Game Reserve (RRRRR), Gonnakraal Road, Little Brak River, Tel. 044-6966055, www.botlierskop.co.za
Etwa 30 km nordöstlich von Mossel Bay gelegenes privates Big Five Reservat. Entlang des Moordkuil Flusses liegen die luxuriösen Safariezelte, die nur per Boot erreicht werden können. Restaurant, Pool, Elefantenausritte, Pferdereiten, geführte Wanderungen und Wellness.

Tipp!

Der einstündige „Walking with Lions" Ausflug ist ein unvergessliches Erlebnis. Ganz gemütlich laufen Gäste mit erfahrenen Wildhütern und Löwen durch den Busch.

Aktivitäten

White Shark Africa, Prince Vincent Building, Ecke Church St/Bland Street, Shop 22, Tel. 044-6913796, www.whitesharkafrica.com
Der Ausflug zu den Weißen Haien dauert etwa vier Stunden, die Haie werden angelockt und es gibt genügend Möglichkeiten, sie vom Boot aus oder unter Wasser mit Taucherausrüstung zu beobachten. Am Ende der Tour werden Zertifikate ausgehändigt.

Romonza Whale Watching, Vincent Quay, Mossel Bay Harbour,
Tel. 044-6903101
Walbeobachtung vom Boot aus, zwischen Juni und Oktober, die Wale kommen oft bis 50 Meter an das Schiff heran.

St. Blaize Trail ist eine beliebte 13.5 km (ca 6 St) lange Küstenwanderung vom Cape St. Blaize Leuchtturm nach Dana Bay und ist mit dem weißen Oystercatcher Logo markiert.

Weiterfahrt

Bei genügend Zeit von Mossel Bay nach **George** nicht die N2, sondern die R102 nehmen. Diese Straße vermittelt einen guten Eindruck, wie die Garden Route vor dem Bau der Schnellstraße ausgesehen hat.

George

George wurde 1811 gegründet und ist damit die sechstälteste Stadt Südafrikas, genau auf halber Strecke zwischen Kapstadt und Port Elizabeth. Heute ist die Stadt das wirtschaftliche Zentrum der Garden Route mit 200.000 Einwohnern, großen Einkaufszentren, Autohändlern und Hotels, hat sich jedoch einen gewissen Kleinstadt-Flair erhalten.

Eine Sehenswürdigkeit ist der **Slave Tree** (Sklavenbaum) in der York Street 124 (George Tourism Bureau), eine uralte Eiche mit eiserner Kette und Vorhängeschloss am Beginn des Stamms, die indirekt an den Sklavenhandel am Anfang des 19. Jahrhunderts erinnern. Etwa 75.000 Sklaven wurden damals in der Kapregion gehandelt. Die Touristeninfo dahinter in der **Old Library** (King Edward VII.-Bücherei) ist ein schönes Beispiel für den edwardinischen Architekturstil.

Quentiqua Transport Museum

Im Outeniqua Transport Museum

Technikliebhaber sollten das **Quteniqua Transport Museum** nicht versäumen. In einer riesigen Eisenbahnhalle kann man neben alten Dampfloks und Waggons alles andere sehen, was mit Güter- und Personentransport zu tun hat, darunter auch eine Oldtimer-Kollektion mit ehemaligen deutschen Modellen. Mit Touristen-Information und Restaurant.

Garden Route

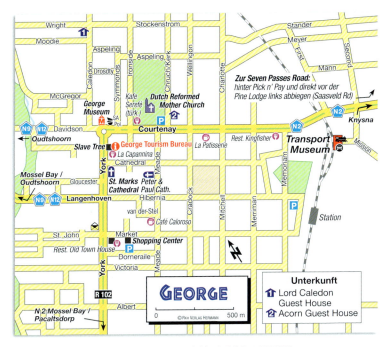

2 Mission St (Anfahrt ausgeschildert), Tel. 044-8018202,
www.outeniquachootjoe.co.za/museum.htm.
Öffnungszeiten: 1.9.–30.4. Mo–Sa 8–17 Uhr. 1.5.–31.8. Mo–Fr 8–16, Sa 8–14.
So u. Feiertage geschlossen, Eintritt.

George steht außerdem bei Golfern hoch im Kurs. Im Fancourt Hotel steht diesen ein Weltmeisterschaftsplatz zur Verfügung.

Montagu Pass Abenteuerlustigen Reisenden empfiehlt sich eine Fahrt auf den 1847 gebauten und unter Denkmalschutz stehenden **Montagu Pass** über die Outeniqua-Bergkette nördlich von George. Die Strecke ist nicht asphaltiert, eng und steil. Dennoch ein lohnenswerter Ausflug in die automobile Vergangenheit, bei gutem Wetter auch mit einem Pkw gut zu schaffen. Zurück nach George geht es dann über den bestens ausgebauten Outeniqua Pass (N9/N12).

Information George

George Tourism Bureau, 124 York Street,
Tel. 044-8019299, www.georgeinfo.org
Infos zu und Reservierungen für Übernachtungen, Attraktionen, Trips und Touren in George, Victoria und Herold's Bay.

Restaurants

Kafe Serefé (RR), Ecke Courtenay/Ironside Street, Tel. 044-8841012, www.kafeserefe.co.za. Mo–Fr 11.30-22.30 Uhr, Sa 18–22.30 Uhr.
Stilvolle türkische Küche mit Meze-Platten und natürlich viel Lamm, türkische Musik spielt im Hintergrund. Um bei der Essensauswahl zu helfen, sind die meisten der Gerichte in Kühlschränken mit Glastüren präsentiert. Mittwochs und Freitags um 19 Uhr gibt es meist Bauchtänzerinnen, die Wasserpfeife täglich.

La Capannina (RR), 121 York St, Tel. 044-8745313, www.lacapanninageorge.co.za. Mo–Fr 12–22 Uhr, Sa und So 18–22 Uhr.
Italienisches Familienrestaurant, das Pizza, Pasta, Fisch und Fleischgerichte serviert.

The Kingfisher Seafood Restaurant (RR-RRR), 1 Courtenay St, Tel. 044-8733127, www.kingfishergeorge.co.za
Täglich 12–22 Uhr. Beliebtes Restaurant auf zwei Stockwerken, Fischplatten und Grillgerichte. Exzellente Sushibar und tolle Aussicht von der Terrasse auf die Outeniqua Berge.

Kaffee & Kuchen

Caloroso Café (R), 103 Meade St, Tel. 044-8740482, ww.calorosocoffee.co.za Mo–Do 6.30–18 Uhr, Fr 6.30–17 Uhr, Sa 6.30–14 Uhr.
In dieser Espressobar wird bei weitem der beste Kaffee der Stadt serviert, dazu frische Backwaren.

La Patisserie (R), 29 Courtenay St, Tel. 044-8747899
Hier bäckt Franzose Antoine Salnelle nicht nur köstliche Backwaren, sondern hier gibt es auch leckeren Kaffee.

Unterkunft

Acorn Guest House (RR), 4 Church St, Tel. 044-8740474, www.acornguesthouse.co.za
Mit viel Liebe zum Detail eingerichtetes Gästehaus im Herzen der Stadt mit Pool.

Lord Caledon Guest House (RR), 35 Caledon St, Tel. 044-8732343, www.lordcaledon.co.za
Charmantes kleines Gästehaus mit nur vier Zimmern, zentral gelegen, Pool.

Außerhalb

Edenwood Guest House (RRR), 9 Hammerkop St, Eden, Tel. 044-8712520, www.edenwood.co.za
Nur 5 km östlich außerhalb des Stadtzentrums liegt mitten im Grünen dieses nette Gästehaus, das an das Katberg Naturreservat angrenzt.

Fancourt Hotel (RRRRR), 1 Montagu St, Tel. 044-8040000, www.fancourt.co.za
10 km vom Zentrum nordwestlich von George liegt die Hotelanlage im Grünen. Elegant und luxuriös, über 100 Zimmer, sieben Restaurants, Bars, Pools, Wellnesscenter, Tennisplätze, Kinderprogramm und drei von Gary Player entworfene Golfkurse, die zu den besten der Welt gehören.

Alternativstrecke: Von George nach Knysna auf der Old George Road

Alternativ zur N 2 zieht sich die teils unbefestigte *Old George Road* (oder „Seven Passes Road") parallel zur N-2-Garden-Route durch dichte Urwaldvegetation. Sie war früher die einzige Verbindungsstrecke zwischen George nach Knysna. Damals mussten noch viele Flüsse gefurtet werden, dann baute man einfache Brücken aus Eisen und Stein, die 1995 einer Totalrenovierung unterzogen worden sind. Wer außer Thomas Bain hätte eine solche Straße bauen können! Die Old George Road begann er 1867.

Von George gelangt man folgendermaßen auf die historische Strecke: auf der Knysna Road aus George hinaus nach Osten fahren und nach dem Pick-'n-Pay-Supermarkt nach links in die Saasveld Road abbiegen (s. Stadtplan).

Victoria Bay

Wer gerne Strände mag und vor dem Schlafengehen noch einmal ins Meer springen möchte, sollte nicht in George, sondern im wenige Kilometer entfernten **Victoria Bay** direkt an der Küste übernachten (von der N9 auf die N2, dann Richtung Wilderness, nach 2 km rechts ab). Die winzige Bucht ist von hohen Bergen umgeben. Nur Gäste der B&Bs im Ort dürfen mit ihrem Auto weiter als bis zu dem großen Parkplatz fahren. In der jeweiligen Unterkunft nach dem Schlüssel für die Schranke fragen. Hoch über dem Beach verläuft die Bahnlinie und der Blick fällt direkt auf den Tunnel, durch den bis 2006 noch der berühmte **Outeniqua-Choo-Tjoe-Zug** gedampft kam, bevor die Gleise wegen schweren Überschwemmungen weggespült wurden.

Victoria Bay

Unterkunft   **The Waves** (RRR), 7 Beach Rd,
Tel. 044-8890166, www.thewavesvictoriabay.co.za
Frühstück mit Delfin- bzw. in der Saison mit Walblick von der Terrasse des 1906 erbauten Hauses. Übernachten entweder im historischen Haus oder in einem doppelstöckigen hölzernen Anbau nebenan (drei Zimmer, drei Wohnungen für Selbstversorger).

Lands End (RRR), The Point, Tel. 044-8890123, www.vicbay.com
Wie der Name bereits andeutet das letzte Haus in Vic Bay, nur sechs Meter vom Meer entfernt, natürlich gigantische Blicke auf den Ozean, den Strand und die umliegenden Berge; drei Zimmer, eine Honeymoon Suite mit eigenem Sonnendeck.

Weiterfahrt

Zwischen Victoria Bay und Knysna liegt das **Wilderness Naturschutzgebiet,** Teil des Garden Route National Parks. Ein dicht bewaldetes Feuchtbiotop mit Lagunen, Flüssen, Sümpfen und Seen. Über 200 verschiedene Vogelarten wurden dort registriert. Am besten erschließt sich das Gebiet auf den zahlreichen Wanderwegen oder Kanu-Routen.

Nur wenige Kilometer weiter folgt bereits das nächste Schutzgebiet, das **Goukamma Nature und Marine Reserve.** Hier gibt es neben Seen weiteres zu sehen: Im Meer tummeln sich das ganze Jahr über Delfine und zwischen Juli und Oktober oft Südliche Glattwale.

Wilderness

1877 kaufte Georg Bennett das erste Grundstück an der Flussmündung des Touw Rivers und nannte seine Farm „Wilderness". Nach seinem Tod lag die Farm 35 Jahre brach, bis neue Besitzer sie wieder entdeckten und sie in ein Gästehaus umwandelten. Als die ersten Automobile die Pisten am Kap eroberten, siedelten sich langsam immer mehr Bewohner an. Heute liegt das weit verstreute Wilderness im Garden Route National Park inmitten einer idyllischen Seenplatte.

Die N2 von George (18 km) steigt vor Wilderness an. Unmittelbar am „Caltex"-Tankstellenschild führt eine Ausfahrt links runter zum **Milkwood Village** mit Touristen-Information, Restaurants, Arts and Craft Market und Unterkünften. Jeden Freitag ab 17 Uhr verwandelt sich der nett aufgemachte Milkwood Village-Kompex in einen Markt mit Essständen und beleuchteten Bäumen („Wilderness Friday Night Market").

Wenn Sie von der Caltex-Abzweigung auf der N2 wieder 1,3 km zurückfahren, kommen Sie zum **„Dolphin Point Lookout",** einer Straßenausbuchtung mit herrlichem Blick auf den langen Strand von Wilderness.

Information

Wilderness Tourism, Tel. 044-8770045, www.wildernesstourism.co.za, Mo–Fr 8–17 Uhr, Sa 9–13 Uhr,

Wild Info, 197 George Rd, Tel. 044-8770540, www.wildinfo.co.za

Wilderness Section im Garden Route National Park, Tel. 044-302600, gardenroute@sanparks.org, www.sanparks.org/parks/garden_route
Kanu- und Wanderouten, Übernachten in diversen Häuschen und Blockhütten verschiedener Größe oder auf Caravan- und Campingplätzen.

Goukamma Nature & Marine Reserve, Tel. 0861-227-3628873, www.capenature.co.za
Übernachten in einer Lodge, in strohgedeckten Rundhütten oder einem Buschcamp. Ideal für Naturliebhaber.

Arts and Craft Market, Milkwood Village, www.milkwoodvillage.co.za
Jeden Freitagabend von 17–21 Uhr Livemusik und Marktstände unter den Milkwood-Bäumen.

Restaurants

Salinas Beach Restaurant (RR), Tel. 044-8770001, www.salinas.co.za
Täglich von 11–22 Uhr geöffnet. Das Restaurant liegt direkt am Strand und von den beiden Etagen lässt sich beim Genießen von fangfrischem Fisch und spanischen Tapas die Flussmündung des Touw Rivers und der Indische Ozean überblicken.

Blue Olive (RR), Tel. 044-8770731, Ecke George Road/Leila's Lane, www.blueoliverestaurant.co.za
Tapas, Fisch und Fleischgerichte aller Art werden hier auf einem lauschigen Holzdeck unter einem uralten beleuchteten Melkbosbaum aufgetischt. Im Winter wird im Restaurant am Kaminfeuer gegessen.

Strand und Lagune von Wilderness

Serendipity (RRR), Freesia Avenue, Tel. 044-8770433,
www.serendipitywilderness.com. Mo–Sa ab 19 Uhr, Sonntag Ruhetag.
Dieses exklusive und elegante Restaurant liegt direkt am Touw River und gehört zu den Top 100 Restaurants im Land. Ausgezeichnete Küche, super Lage.

Unterkunft

The Dune Guest Lodge (RRR), 31 Die Duin,
Tel. 044-8770298, www.thedune.co.za
Direkt am Meer auf einer bewachsenen Düne gelegen, super Ausblick auf den Indischen Ozean. Geschmackvolle Einrichtung und der Schweizer Besitzer bereitet eigenhändig das Frühstück zu. Mit etwas Glück lassen sich vom Balkon aus in der Saison Wale und Delfine beobachten.

Haus am Strand (RRR), 83 Sand Street,
Tel. 044-8771311, www.hausamstrand.com
Wie der Name schon verrät wird dieses Gästehaus, das direkt am Strand liegt, von Deutschen geführt. Sieben farbenfroh eingerichtete Apartments mit Balkon bzw. Terrasse. B&B oder Selbstversorger.

Aktivitäten

Eden Adventures,
Wilderness National Park,
Tel. 044-8770179.

Hier kann man stundenweise Kanus ausleihen und die Flüsse und Seen innerhalb des Wilderness National Parks erkunden.

Tipp! Mit dem Kanu 45 Minuten flussaufwärts paddeln, dann weitere 45 Minuten zu Fuß auf Holzpfaden durch den märchenhaften Wald bis zum Touw River Wasserfall mit seinem herrlichen Naturfelsenbecken wandern. Badehose und Picknick nicht vergessen!

Kingfisher Trail

Weiterfahrt

Auf der N2 geht es weiter Richtung **Sedgefield**. Linker Hand reihen sich die Seen *Island Lake, Langevlei, Rondevlei und Swartvlei* aneinander wie eine glitzernde Perlenkette, im Hintergrund ragen die Outeniqua- Berge auf.

Hinter Wilderness bzw. auf der Hälfte der Strecke von Wilderness nach Sedgefield lohnt sich ein Abstecher ins **Timberlake Village** (tägl. 9–17 Uhr, www.timberlakeorganic.co.za): Eine Ansammlung von Holzhütten mit Cafés und Restaurants. Es gibt Käse, Wein, frische

Austern, organischen Salat aus eigenen Gärten und Souvenirs. Nicht nur für Kinder, sondern auch für Erwachsene ist der Klettergarten *Acrobranch's Tree Adventure* empfehlenswert.

Sedgefield

In Sedgefield reihen sich auf der Durchgangsstraße Restaurants, Cafés und Läden und die Einwohner sind mächtig stolz auf ihre großen Mosaikskulpturen, die an der einen oder anderen Straßenecke zu bewundern sind. Ein Abstecher an den weniger touristischen schönen und langen Sandstrand, der vor allem bei Kitesurfern beliebt ist, lohnt sich. Von Sedgefield sind es noch 25 Kilometer bis nach Knysna.

Information	**Sedgefield-Info:** www.discover-sedgefield-south-africa.com
Unterkunft	**Pilipili Beach Bar** (RR), Sedgefield, Myoli Beach, Tel. 044-3433087, www.pilipili.co.za
	Direkt am Strand, hier gibt es eiskaltes Bier und ofenfrische Pizza. Überwiegend Surfer-Puplikum.
	Wild Oats Farmer's Market, Tel. 044-8831177, www.wildoatsmarket.co.za
	Am Ortseingang von Sedgefield verkaufen Bauern, Imker, Köche, Bäcker und Althippies jeden Samstagvormittag dies & jenes aus ökologischem Eigenanbau.

Knysna

Knysna zählt zu den meistbesuchten Orten an der Garden Route. Die Stadt liegt traumhaft an einer großen Lagune mit den **Eastern-** und **Western Heads,** gewaltige Felsköpfe, zwischen denen das Meer in die Lagune dringen kann. Berühmt ist Knysna für sein Austern, die

An der Lagune von Knysna

Garden Route

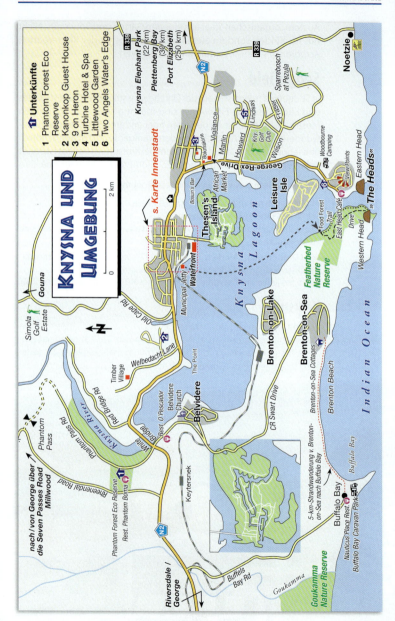

auf der Lagunenisnel **Thesen's Island** gezüchtet werden. Im Juli eines jeden Jahres findet das zehntägige *Knysna Oyster Festival statt,* der Höhepunkt im Jahresverlauf, www.oysterfestival.co.za

Um den **Memorial Square,** an dem die N2 vorbeiführt, liegen Geschäfte und Restaurants. Ein Treffpunkt ist das **Woodmill Lane Centre** mit Shops und Cafés. Das kleine Museum im **Old Gaol Complex** in der Queen Street umfasst das *Maritime & Angling Museum,* die *Knysna Art Gallery,* das *Old Gaol Café* und eine Kunstschule (Mo–Fr 9.30–16.30, Sa 9.30–12.30 Uhr, Tel. 044-3026320). Gleich in der Nähe und auch in der Queen Street befindet sich das **Millwood House Museum,** das die Ortsgeschichte und den Goldbergbau im Umland zum Thema hat (Mo–Fr 9.30–16.30, Sa 9.30–12.30 Uhr).

Hauptattraktion Knysnas ist jedoch seine geschmackvoll gemachte, moderne **Waterfront** mit Restaurants, originellen Geschäften und dem Yachthafen. Dort kann man gemütlich sitzen und essen gehen. Von der Waterfront starten auch die meisten Bootsausflüge.

Aussichten Auf dem **George Rex Drive** am Ostufer der Lagune gelangt man, vorbei am **African Arts & Craft Market,** zu den „Heads" bzw. zum empfehlenswerten *East Head Café* direkt am Wasser (s. „Restaurants"). Man kann vorgehen zum Aussichtspunkt **Fountain Point,** er wurde auf die roten Sandsteinfelsen gebaut. Der weiße kleine Leuchtturm hilft den Schiffen und Segelbooten durch die enge Felspassage der Heads zu navigieren. Toller Blick auf die Lagune, das offene Meer und die Heads.

Knysnas Waterfront

	Zu Übersichten vom **Eastern Head** vom George Rex Drive zuvor nach links in die bergauf führende Coney Glen Road abbiegen, den Schildern „Heads View Site" und „Point View" folgen. Kurvenreich geht es an Luxushäusern vorbei zu verschiedenen spektakulären Aussichtsplattformen die mit Holzstegen verbunden sind und die die Lagune, die Western Heads, Leisure Isle, Knysna, den Indischen Ozean und die Outeniqua Mountains überblicken.
Ausflüge	Das private Naturschutzgebiet **Featherbed Nature Reserve** liegt am Western Head und kann nur per Boot erreicht werden. Buchung und Abfahrten von der Knysna Waterfront. Nähere Infos auf: www.knysnaboattrip.co.za und www.knysnafeatherbed.com Knysnas einzigen Meeresstrand findet man im kleinen **Brenton-on-Sea** südwestlich der Lagune. Der wunderschöne, unberührter Sandstrand ist ideal zum Baden.

Im Knysna Elephant Park

Tipp! Von hier 4,5 km am Strand entlang bis nach Buffalo Bay laufen, der kleine Ort liegt innerhalb des Goukamma Naturreservats. Im *Buffelsbay Waterfront Restaurant* eine Pause vor dem Rückmarsch einlegen, www.buffelsbaai.co.za

Und letztendlich ein Besuch in einem Elefantenpark eine tolle Erfahrung, nicht nur für Kinder. Der **Knysna Elephant Park,** Tel. 044-5327732, www.knysnaelephantpark.co.za, liegt 22 km hinter Knysna an der N2 und 9 km vor Plettenberg Bay. Die ehemaligen Krügerpark-Elefanten dürfen gefüttert und gestreichelt werden. Im Eingangsbereich befindet sich ein interessantes Elefanten-Museum.

Elefanten

Die sagenumwobenen, wildlebenden Elefanten in den weitläufigen subtropischen Wäldern nördlich von Knysna sorgen immer wieder für Schlagzeilen. Im Jahr 1870 wurde die Anzahl der Dickhäuter auf etwa 500 geschätzt, 1920 war ihre Zahl auf letzte 20 Exemplare reduziert worden. Das Abholzen der Edelhölzer und die Einrichtung von Sägewerken hat das natürliche Gleichgewicht von Natur und Wild aus dem Lot gebracht. Heute wird vermutet, dass nur noch 3–10 Elefanten durch die heutzutage geschützten Wälder streifen. Ein Beweis ist, dass die grauen Riesen ab und zu auf den in den Wäldern installierten Kameras abgelichtet werden, die ursprünglich für das Beobachten der zurückgezogenen Leoparden aufgestellt worden waren.

Noetzie

Nur wenige Kilometer hinter Knysna auf der N2 Richtung Plettenberg geht es rechts auf einer fünf Kilometer langen Piste ans Meer nach Noetzie, einem der ungewöhnlichsten Orte an der Garden Route. Was im ersten Augenblick schweizerisch klingt, stammt aus der Khoi-San Sprache und bedeutet „Dunkles Wasser". Auf einer steilen Treppe mit etwa 100 Stufen geht es hinab an den paradiesisch kleinen Strand mit der Mündung des Noetzie Rivers, dessen Wasser von dem Tanin der Pflanzen fast schwarz gefärbt ist. Am Strand steht eine Handvoll Häuser, pardon, Burgen. Die Burgen entstanden aus purem Zufall. Im Jahr 1932 baute sich Herbert Stephen Henderson ein Ferienhaus und benutzte dazu die Steine die er am Strand einsammelte. Sein Kumpel sagte scherzhaft „Jetzt brauchst du nur noch ein paar Türmchen auf dein Dach zu setzten, dann sieht dein Haus aus wie eine Burg". Gesagt getan, so entstand die erste Burg in Noetzie und die anderen Bewohner bauten auch so. 1999 wurde Noetzie zum Naturschutzgebiet erklärt und Besucher kommen vor allem hierher, um weitab vom Touristenrummel die absolute Ruhe und die Natur zu genießen.

Information www.noetzie.co.za

Unterkunft **Noetzie Castles** (RRR), Tel. 074-4995210, www.noetziecastles.co.za
Es kann in manchen Burgen (Selbstversorger) übernachtet werden.

Information Knysna

Knysna Tourism, 40 Main Street, Tel. 044-3825510, www.visitknysna.co.za
Auskünfte zu Übernachtungen, Restaurants, Aktivitäten und dem Oyster Festival. Die zahlreichen Bed & Breakfasts in und um Knysna werden auf Wunsch auch direkt gebucht. Viele von ihnen haben Fotos ihrer Zimmer bei Knysna Tourism aufgehängt, was schon mal einen ersten Eindruck vermittelt.

Strand von Noetzie

Restaurants

Tapas & Oysters (RR), Thesen Island, Tel. 044-3827196, www.tapasknysna.co.za
Tägl. Lunch und Dinner. Das Restaurant liegt direkt am Wasser und serviert Tapas in allen erdenklichen Formen.

Bosun's Bar & Grill (RR), George Rex Drive,
Tel. 044-3826276, Di–So Lunch & Dinner
Ein traditioneller Pub, der die Biere der lokalen Knysna-Mini-Brauereien (Mitchell's, Forresters und Bosun's Bitter) vom Fass ausschenkt; im Sommer auf den Holzbänken und -tischen im Freien, im Winter drinnen am wärmenden Kaminfeuer.

34 Degree South – The Market (RR-RRR), Knysna Waterfront Quays,
Tel. 044-3827331, www.34-south.com
Großer Seafood-Delikatessenladen in der Waterfront mit Super-Dekor und gut sortiertem Wein-Shop, Tische auch im Freien.

The Drydock (RR-RRRR), Knysna Waterfront Quays,
Tel. 044-3827310, tägl. 11.30–22 Uhr, www.drydock.co.za
Fangfrischer Fisch, Austern, Sushi und große Weinkarte. Modernes Restaurant über zwei Stockwerke, direkt am Wasser, tolle Aussicht.

East Head Café (RR-RRR), 25 George Rex Drive, Eastern Head,
Tel. 044-3840933, www.eastheadcafe.co.za
Das Café ist in die Küstenfelsen gebaut und besser könnte die Aussicht auf die Knysna-Lagune und durch das Felsportal aufs offene Meer nicht sein! Frühstück, Al Fresco Lunches, Cocktails, Kaffee und Kuchen. Terrasse, tägl. 8–16 Uhr.

Phantom Forest Boma (RRRR), Phantom Pass Road (6 km außerhalb),
Tel. 044-3860046, www.phantomforest.com, täglich Dinner.
Eine panafrikanische Essenserfahrung. In einer Bambus-Boma, einem Art Rundkral, wird hoch über der Knysna-Lagune ein fünfgängiges Menü serviert das täglich wechselt, aber immer afrikanisch beeinflusst ist. Rechtzeitig buchen, da Lodge-Gäste bevorzugt Plätze bekommen.

Kaffee & Kuchen
Ile de Pain (R), Thesen Island, Ecke Grey/Gordon Sts,
Tel. 044-3025707, www.iledepain.co.za. Di–Sa 8–15 Uhr, So 9–13.30 Uhr.
Kleines, urig ingerichtetes Café mit hauseigener Bäckerei und ausgezeichnetem Kaffee.

Sundowner
Cruise Café (R-RR), Remembrance Drive,
Tel. 044-3821693, www.knysnafeatherbed.com
Cocktails und Abendessen werden auf dem Aussichtsdeck serviert mit tollem Blick auf die Lagune. Oder von hier aus mit dem Boot *John Benn* einen Sunset Cruise mit Sekt und Austern auf der Lagune buchen.

Unterkunft

9 On Heron B&B (RR), 9 Herons Way, Old Place,
Tel. 044-3829964, www.heronsway.co.za
Schöne und preiswerte Unterkunft in ruhiger Lage mit freundlichen und hilfsbereiten Gastgeberinnen. Fünf Minuten per Auto ins Zentrum und zu den Heads.

Garden Route

Littlewood Garden (RR-RRR), 8a Lindsay Street, Hunters Home,
Tel. 044-3841544, www.littlewoodgarden.com
Sehr ruhig zwischen dem Ortszentrum und den Heads gelegen, ein Golfplatz ist in direkter Nähe. Martina Hölzl, die deutsche Besitzerin, bietet sieben verschiedene, gemütlich ausgestattete Zimmer und Ferienwohnungen. Die großzügige Gartenanlage ist ein Paradies für Natur- und Vogelliebhaber und verfügt über einen Felsenpool mit Jacuzzi.

Two Angels Water's Edge Guesthouse and Cottages (RRR),
1 George Rex Drive, The Heads, Tel. 082-8209246, www.twoangels.co.za
Ein Haus und Apartments für Selbstversorger mit hellblauen Fensterläden und privatem Zugang zur Lagune direkt am Wasser. Nur fünf Minuten zu Fuß zu den Heads und zum *East Head Café*.

Kanonkop Guest House (RRR), 6 Cuthbert Street, Kanonkop,
Tel. 044-3822374, www.kanonkophouse.com
Exquisites kleines Gästehaus mit fünf Zimmern und Blick auf die Knysna Lagune. Herzlicher Empfang. Fünf Minuten mit dem Auto von Knysnas Zentrum entfernt.

Falcon's View Manor (RRR-RRRR), Thesen Hill Nr. 2,
Tel. 044-3826767, www.falconsview.com
Zwei Minuten von Knysnas Main Road entfernt, die Long Street den Berg hoch, dann links in die Hill Street und rechts in die Thesen Hill. Aussichtsreiches B&B mit toller Aussicht über Knysna und die Lagune; das elegant mit Antiqutäten eingerichtete historische Haupthaus wurde 1899 erbaut; Gäste können hier oder in den geräumigen, afrikanisch-ethnisch dekorierten Garten-Suiten übernachten. Insgesamt zehn Zimmer, alle für Nichtraucher. Gourmet-Frühstücke. Mehrgängige Kerzenlicht-Dinner auf Vorbestellung.

Turbine Hotel & Spa (RRRR), 36 Sawtooth Lane, Thesen Islands,
Tel. 044-3025745, www.turbinehotel.co.za
Das ehemalige Kraftwerk wurde in ein skurriles Hotel umfunktioniert. Hier haben sich die Innenarchitekten so richtig ausgesponnen. Sonnige Suiten mit iPod-Dockingstation und Aussicht auf die Lagune. Sonnenterrasse mit Pool, Restaurant und Wellnessbereich.

Phantom Forest Eco-Reserve (RRRRR),
Tel. 044-3860046, www.phantomforest.com
Von der N2 auf der Phantom Pass River Road 1,3 km bis zum Phantom Forest-Eingang. Gäste werden samt ihrem Gepäck in einem Geländewagen die steile Lodge-Anfahrt durch dichten Urwald nach oben transportiert. Die Lodge integriert sich so geschickt in die Vegetation, dass sie kaum auffällt – „öko" eben. Übernachtet wird in komfortablen, strohgedeckten Baumhäusern; hölzerne Stege führen zum Pool und zu einer Wellness-Boma; toller Ausblick über die Lagune bis zu den Knysna Heads. Einziger Nachteil: der Verkehrslärm der N2 schafft es, je nach Windrichtung, mehr oder weniger stark in die Idylle einzudringen.

Außerhalb

Brenton on Sea Cottages (RR), C.R. Swart Drive, Brenton-on-Sea,
Tel. 044-3810082/3, www.brentononsea.net
13 Kilometer von Knysna entfernt an der Küste gelegener Ferienkomplex mit verschiedenen Übernachtungsmöglichkeiten direkt an dem wunderschönen, fünf Kilometer langen und weißen Sandstrand. Relaxen und am Strand ent-

lang bis nach Buffalo Bay laufen. Im Nauticus Place Restaurant gibt es Frühstück, Lunch und Dinner.

Aktivitäten

Kajak Vermietung, Thesen Island, Harbour Town, Long Street,
Tel. 044-3824204, www.knysnacharters.co
Kajaks können stundenweise gemietet werden um die Lagune zu erkunden.

Knysna RIB Adventures, Thesen Island, Harbour Town, Long Street,
Tel. 076-3930197, www.knysnaribadventures.co.za
Auf Power-Schlauchbooten geht es mit viel PS über die Lagune und durch die Knysna Heads aufs offene Meer hinaus. Eine Achterbahnfahrt über die Wellen. Täglich um 10, 14 und 17 Uhr.

Knysna Cycle Works, 20 Waterfront Drive, Tel. 044-3825153,
www.knysnacycles.co.za
Mit dem Fahrrad die Umgebung erkunden. Fahrräder können stundenweise oder für den ganzen Tag gemietet werden.

Tony Cook Adventures, Tel. 082-7838392, www.knysnaforesttours.co.za
Ein großes Angebot an geführten Mountainbike-Touren, Wanderungen, Trailrunning und Kajaktouren für Anfänger und Fortgeschrittene.

Weiterfahrt

Auf der N2 geht es weiter nach Osten Richtung Plettenberg Bay (30 km). Unterwegs Besuchsmöglichkeiten von Noetzie (10 km, s.o.) und des Knysna Elephant Parks (22 km, s.o.).

Plettenberg Bay

Blick von der Main Street zum Keurbooms-Strand und Lagune

Von portugiesischen Entdeckern ursprünglich „Bahia Formosa" (wunderschöne Bucht) getauft, haben sich heute viele reiche Johannesburger Ferienhäuser gekauft und in den Sommerferien und über Weihnachten finden sich etwa 50.000 von ihnen im Ort ein. Aber

keine Angst, „Plett" hat so viele schöne Strände, dass man sie kaum alle mit Sonnenhungrigen zulegen kann.

Robberg Nature Reserve

In der Bucht tummeln sich in der Saison nicht nur Wale sondern auch Delfine, die man mit etwas Glück vom **Robberg Nature Reserve** aus beobachten kann, oder per Boot etwas näher.

Robberg Nature & Marine Reserve, Tel. 044-5332125, www.capenature.co.za; täglich von Sonnenauf- bis –untergang, Wandern, Schwimmen, Picknickplätze

Die rasante Erholung der südafrikanischen Walpopulation seit dem internationalen Fangverbot hat selbst Experten überrascht. In den letzten Jahren besuchten mehr Glatt- und Buckelwale die Buchten zwischen Kapstadt und Plettenberg Bay als in den vorangegangenen 150 Jahren!

Naturliebhaber sollten die landschaftlich reizvolle Halbinsel **Robberg** zu Fuß erkunden oder bei Sonnenuntergang ein Picknick dort genießen.

Beacon Island

Wer gerne etwas mehr Trubel mag, kann sich gegenüber von **Beacon Island** am *Central Beach* die Sonne auf den Bauch scheinen lassen. Hier gibt es Fish & Chips und Hot Dog-Buden, eine Jetski-Vermietung und je nach Saison mehr oder weniger Sonnenanbeter. Richtig voll wird der Strand in der ersten Dezemberwoche, wenn das *Plett Rage Student Festivals* stattfindet. In Südafrika ist es seit über 30 Jahren Tradition für junge Leute, die ihren Schulabschluss in der Tasche haben, hier in Plettenberg Bay zu feiern. Dann geht es hier besonders feucht und fröhlich zu und zwischen Weihnachten und Neujahr wird

Im Robberg Nature Reserve

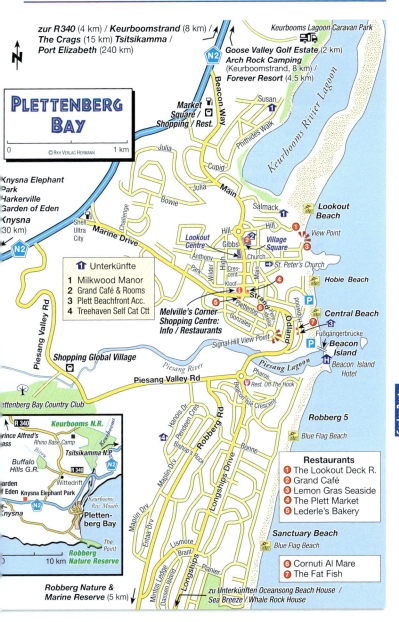

Pansy Shell

man kaum einen Platz finden, um am Central Beach seinen Sonnenschirm aufzustellen. Zum Glück gibt es auch noch die anderen, kilometerlangen Strände. Etwas Glück braucht es, um die zauberhafte *Pansy Shell* (eine Art Seeigel) am Strand zu finden. Ein von der Sonne ausgebleichtes, handtellergroßes, flaches und sehr zerbrechliches Gehäuse, mit einer von der Natur eingravierten Blume, einfach bezaubernd. Es ist das Wappenzeichen von Plettenberg Bay.

Ein uriges Einkaufszentrum unter Bananenstauden mit einer Auswahl an Kunsthandwerk, Schmuck, Mosaikarbeiten und Stoffen ist das **The Global Village,** Piesang Valley Road, Tel. 044-5335150. Im gemütlichen *Earth Café* gibt es Sandwiches, Hamburger, Wraps, Kaffee und Kuchen.

Information Plettenberg Bay

Plett Tourism, Melville's Corner, Main St, Tel. 044-5331960, www.plett-tourism.co.za. Infos zu Schiffstouren, Unterkünften u.Restaurants.

Restaurants

The Plett Market on Main (R-RR), Main St, Tel. 044-5331630, Mo, Di und Do 8–19 Uhr, Mi und Fr 8–22 Uhr, Sa 8–20 Uhr und So 8–15 Uhr.

Hier treffen sich Studenten, Einheimische, Globetrotter und Touris. Eine kleine Markthalle im Herzen Plettenberg Bays. Verschiedene Essstände bieten Pizza, Pasta, Sushi, Currys, Smoothies, Kaffee und Kuchen an. Außerdem Klamotten, Schmuck und Kunsthandwerk. Mittwochs und Samstags ab 18 Uhr Livemusik.

Lemon Grass Seaside Restaurant (RR), Salmack Road, Tel. 044-5335520, www.lemongrassplett.co.za. Täglich Lunch und Dinner.

Dieses Restaurant mit seiner großen Terrasse ist genial am Lookout Beach positioniert und überblickt die Keurboom-Lagune, das Meer und die Tsitsikamma Bergkette. Köstliche Meeresfrüchte, fangfrischer Fisch und Wildgerichte.

Cornuti Al Mare Restaurant & Bar (RR), 1 Perestrella St, Tel. 044-5331277

Pierro Carrara serviert leckere Pizzen mit dünnen Böden und innovativen Belägen, wie z.B. Straußenfleisch, dazu süffiges, lokal gebrautes Bier vom Fass. Sieht von außen aus wie ein Fliesen-Großmarkt, ist aber innen cool dekoriert, der absolute „in"-Platz in Plett mit toller Aussicht aufs Meer.

The Fat Fish (RR-RRR), Milkwood Centre, 1 Hopwood St, Central Beach, Tel. 044-5334740, tägl. 11.30–22 Uhr.

Ultramodernes Restaurant im ersten Stock mit großer Terrasse und Panoramablick über die Bucht. Spezialisiert auf Fisch, Meeresfrüchte und Sushi. Besonders lecker: Fat Fish-Frikadellen mit Avocado Salsa.

Grand Café (RR-RRR), Grand Café & Rooms, 27 Main Rd, Tel. 044-5333301, www.thegrand.co.za

Café mit „bohemian touch"-Dekor und Aussichtsterrasse. Die Speisekarte ist klein, aber fein. Probieren: Lemon kissed Fish & Chips.

Außerhalb	**Zinzi Restaurant** (RRRR), Tel. 044-5328226, www.zinzirestaurant.com 10 Kilometer westlich von Plettenberg Bay in einem Wald gelegenes fabelhaftes Restaurant mit afrikanischem Flair. Zinzi gehört zu einem der besten Restaurants an der Garden Route. Unbedingt reservieren.
Kaffee & Kuchen	**Le Fournil de Plett Bakery and Café** (R), Lookout Centre, The Courtyard, Ecke Main/Church Street, Tel. 044-5331390 Wie der Name schon verrät, hier backt ein Franzose: Knusprige Pain au Chocolat und köstliche Aprikosen-, Birnen- und Mandelkuchen. Dazu verschiedene Kaffeesorten. Terrasse mit Meerblick. **Lederle's Bakery** (R), Market Square, Tel. 044-5333718, www.lederles.co.za Dekadente Kuchen und Schokoladenbrownies. Hier gibt es auch glutenfreies Gebäck und Roggenbrötchen für Gesundheitsapostel.
Sundowner	**The Lookout Deck Restaurant** (RR-RRR), Hill St, Tel. 044-5331379, www.lookout.co.za Bei Einheimischen und Touristen beliebtes Restaurant mit riesiger Veranda direkt am Meer. Täglich von früh bis spät geöffnet.

Unterkunft

Plett Beachfront Accommodation (RRR), Hopwood Street, Central Beach, Tel. 044-5334688, www.plettbeachfrontaccommodation.co.za
Direkt an der Strandpromenade gelegen, in Gehweite zum Strand, zu Restaurants und Shops. Moderne und helle Zimmer mit Meerblick.

Grand Café & Rooms (RRR), 27 Main Road,
Tel. 044-5333301, www.grandafrica.com
Das von *Conde Nast Traveller* preisgekrönte kleine Hotel mit seinen sieben grandios dekorierten Zimmern erinnert an ein luxuriöses Bordell. Blick auf die Bucht, Pool und exzellentes Restaurant.

Oceansong Beach House (RRR), 20 Capricorn Drive, Solar Beach, ganz im Süden Pletts, über den Longships Drive, dann links in die Grisnez, links in den Gemini Drive, rechts Capricorn Drive, Tel. 044-5331747, www.oceansong.co.za
Nettes kleines B&B mit direktem Zugang über einen Holzsteg zum Robberg-Strand. Die beiden Zimmer im ersten Stock haben Balkon mit Meerblick.

Badestrand von „Plett"

See Breeze (RRR), 21 Capricorn Drive, Solar Beach, Anfahrt s. Ocean Beach House, Tel. 044-5330464, www.seabreezeplett.com
Exquisites Gästehaus am Meer. Direkt vom Zimmer barfuß über Holzstege an den Sandstrand laufen. Pool und Sonnendeck.

Whale Rock House (RRR), Waif St, ganz im Süden Pletts, über den Longships Drive, Tel. 082-4923343, www.whalerockhouse.co.za
Originell eingerichtetes B&B in einem Privathaus mit großer Terrasse und Meerblick. Das Haus liegt in einem Neubaugebiet, ist jedoch nur fünf Fahrminuten vom Stadtzentrum und Strand entfernt.

Treehaven Self Catering Cottages (RRR), 45/47 Hanois Cresent, Tel. 044-5331989, Piesang Valley, www.treehavenholidays.co.za
Moderne, vollausgestatte Ferienwohnungen in ruhiger Lage nur fünf Minuten per Auto vom Strand entfernt.

Milkwood Manor (RRRR), Salmack Road, Tel. 044-5330420, www.milkwoodmanor.co.za
Näher am Wasser kann man kaum übernachten. Am Ende einer Sackgasse positioniertes Viersterne-Gästehaus mit direktem Zugang zum Lookout Beach und zur Lagune. Restaurant.

Aktivitäten

Ocean Blue, Central Beach, Hopwood St, Tel. 044-5335083, www.oceanadventures.co.za
Je nach Jahreszeit Delfin- und Walbeobachtung vom Boot oder Kajak aus.

Offshore Adventures, Central Beach, Hopwood St, Tel. 082-8290809, www.offshoreadventures.co.za
Vom Boot aus mit den Robben schnorcheln, oder die Robbenkolonie vom Boot aus beobachten – ohne nass zu werden.

Learn to Surf Plett, Tel. 082-4366410, www.learntosurfplett.co.za
Im kristallklaren Indischen Ozean Surfen lernen. Einzel und Gruppenunterricht.

Weiterfahrt The Crags

Die Gegend zwischen Plettenberg Bay und der Grenze zum Eastern Cape heißt **The Crags.** Hier gibt es kreuz und quer in der immergrünen Landschaft verteilt alle möglichen Sehenswürdigkeiten, Unterkünfte, Restaurants und Tierparks.

Keurboomstrand — Wenige Kilometer nach dem Verlassen von Plettenberg Bay zweigt eine Straße rechts ab zum **Keurboomstrand.** Ein freundlicher, winziger Ort, der hauptsächlich aus Holzhäusern, einem Gästehaus und einem italienischen Restaurant, das eine supertolle Lage direkt am Strand hat, besteht.

Tierparks — Zurück auf der N2 hat man die Möglichkeit, diverse Tierparks zu besuchen. Das **Jukani Wildlife Sanctuary,** ein Tierheim für Wildkatzen aus aller Welt, die oft in erbärmlichen Umständen gehalten wurden und hier wenigstens etwas mehr Auslauf haben; **Elephant Sanc-**

Spider Monkey Baby im Monkeyland Primate Sancutary

tuary, Elefanten reiten und füttern; **Birds of Eden,** das größte Freiflug-Vogelgehege der Welt; **Monkeyland Primate Sanctuary,** in diesem privaten Affenpark haben einst wilde Tiere eine neue Heimat gefunden und mit einem kenntnisreichen Führer können Touristen durch die riesigen Freigehege gehen.

Wenn links der Straße die Tankstelle „The Crags" auftaucht, können Sie gegenüber das Weingut **Bramon Wine Estate** mit seinem gutem Restaurant besuchen (s.u.).

Nature's Valley und Bloukrans Pass

Etwa 20 km von Plett entfernt geht es von der N2 auf die R102. Die Strecke über **Nature's Valley und den Bloukrans Pass ist ein echter Traum!** Kurvenreich schlängelt sich die von Thomas Bain erbaute Straße durch den dichten Urwald. Allerdings sollte man sich vorab beim Tourismusbüro erkundigen, ob die Strecke befahrbar ist, denn sie ist des Öfteren wegen Steinschlag und Überflutung für den öffentlichen Verkehr gesperrt.

Die **Bloukrans-Brücke,** auch als *Paul Sauer Bridge* bekannt, überquert man auf der mautpflichtigen N2. Die Betonbrücke wurde 1955 vom italienischen Ingenieur Riccarodo Morandi entworfen und 1984 eröffnet. Damals war die Brücke eine Sensation und galt als die höchste Brücke der Welt. Kein Wunder, dass sich hier die Adrenalin-Fraktion etabliert hat. Der Bloukrans-Bungee-Jump ist mit 216 Metern der höchste kommerzielle Gummiseilsprung der Welt.

Information The Crags

Website: www.cruisethecrags.co.za

Restaurants

Old Nick Village (RR), Tel 044-5330521, www.oldnickvillage.co.za
Das Restaurant serviert al fresco unter schattigen Bäumen im Garten, Frühstück, Lunch, Kaffee und Kuchen. Außerdem gibt es hier verschiedene Läden die Handgemachtes anbieten. Täglich 9–17 Uhr.

Ristorante Enrico (RR), 269 Main St, Keurboomstrand,
Tel. 044-5359818, tägl. 11.30-22.30 Uhr.
Italiener mit Super-Lage direkt am Strand, ein paar Kilometer außerhalb von Plett. Mediterrane Gerichte wie Pizza, Pasta, Fisch und Fleisch.

Bramon Wine Estate (RRR), Tel. 044-5348007, www.bramonwines.co.za
Das einzige Weingut weit und breit. Hier gibt es nicht nur hervorragende Weine zu probieren sondern auch ein wunderschönes Restaurant mit Garten. Käse, Austern, Salate, Mezzeplatten und ofenfrisches selbstgebackenes Brot stehen zur Auswahl.

Unterkunft

Moon Shine on Whiskey Creek (RR),
Tel. 044-5348515, www.whiskeycreek.co.za
14 Kilometer östlich von Plettenberg Bay an der N2, ausgeschildert. Gemütliche Holzchalets für Selbstversorger mitten in der Natur. Toller Pool.
Tipp: 45-minütige Wanderung zu den natürlichen Felsenpools.

Singing Kettle Beach Lodge (RRR), Keurboomstrand,
Tel. 044-5359477, www.singingkettle.co.za
Sechs Zimmer im Beach-Look, direkt am Indischen Ozean. Die Aussicht aufs Meer ist der Hammer. Bestes Zimmer ist die Family Suite Nummer 1.

Face Tranquility Lodge (RRR), Nature's Valley,
Tel. 044-5316663, www.tranquilitylodge.co.za
Dieses B&B liegt mitten in der Natur im verschlafenen Ort Nature's Valley mit seinem unberührten Sandstrand und der fantastischen Lagune.
Tipp: Wer hier übernachtet, bekommt Rabatt beim Bloukrans-Bungeesprung.

Hog Hollow Country Lodge (RRR-RRRR), Askop Rd, The Crags,
Tel. 044-5348879, www.hog-hollow.com
Mitten im Grünen, 18 km außerhalb von Plettenberg Bay an der N2 Richtung Port Elizabeth. Vor dem Dinner werden Snacks an einer offenen Feuerstelle auf dem Holzdeck serviert und der Blick auf die Outeniquaberge im letzten Abendlicht ist fantastisch. Stilvoll eingerichtete Zimmer, extra langer Pool, Restaurant, Bar, Wellness, Reiten und Wanderwege.

Buffalo Hills Game Reserve & Lodge (RRRR), von der N2 die Abfahrt Uniondale/Wittedrift nehmen, Tel. 044-5359739, www.buffalohills.co.za
Unterkunft in einem afrikanisch gestylten Farmhaus oder in geräumigen Safarizelten, Kinder willkommen. Pirschfahrten im offenen Geländewagen, Büffel gibt es leider nicht mehr zu sehen, da sie verkauft wurden. In der farm-

Garden Route

Languren im Monkeyland Primate Sanctuary

Leoparden im Jukani Wildlife Sancturary

Knysna-Loerie in Birds of Eden

eigenen Destille wird der berühmte Fruchtlikör Mampoer abgefüllt, der natürlich auch probiert werden darf.
Lily Pond Country Lodge (RRRR), R102 Nature's Valley Road,
Tel. 044-5348767, www.lilypond.co.za
Ein moderns Viersterne-Gästehaus, mitten im Grünen gelegen und von Seerosenteichen umgeben. Restaurant und Pool.

Sehenswert

Anfahrts-Hinweis für folgende fünf Attraktionen: etwa 15 km hinter Plettenberg von der N2 die Abfahrt „Kurland Village" nehmen.

Monkeyland Primate Sanctuary,
Tel. 044-5348906, www.monkeyland.co.za.
Täglich von 9–17 Uhr.
Ein Wald voller „fast" freilebender Affen, interessante Führungen mit kenntnisreichem Guide. Restaurant

Jukani Wildlife Sanctuary,
Tel. 044-5348409, www.jukani.co.za.
Täglich von 9–17 Uhr.
Löwen, Jaguare, Leoparden, Geparden, Wildhunde, Hyänen und die äußerst seltenen Weißen Löwen wurden weltweit von miserabel geführten Zoos und unverantwortlichen Privatleuten, die die Wildkatzen in kleinen Käfigen als Haustiere hielten, gerettet. Auf einer geführten Tour durch den Park wird über die Herkunft und die Lebensweise der Tiere berichtet.

Birds of Eden, Tel. 044-5348906,
www.birdsofeden.co.za. Tägl. von 9–17 Uhr.
Ein halbes Tal ist hier in eine gigantische Vogelvoliere verwandelt worden. Es ist mit 23.000 qm und 3500 Vögeln das größte Freiflug-Vogelgehege der Welt, erlebenswert! Im Thanda Café (R-RR) gibt es Salate, Hamburger und Sandwiches.

Tipp! Für Jukani, Monkeyland und Birds of Eden sind günstige Kombitickets erhältlich.

Elephant Sanctuary, neben Birds of Eden, Tel. 044-53 48145, www.elephantsanctuary.co.za
Aufgrund seiner Größe und der schöneren Landschaft die das Reservat umgibt die empfehlenswertere Alternative zum Knysna Elephant Park, falls man nur einen der beiden Parks besuchen möchte.

The Mohair Mill Shop, Tel. 044-5348997, www.mohairmillshop.com
Einer der weltweit größten Produzenten von Mohairwaren. Schals, Decken, Socken und Wolle in allen erdenklichen Farben sind hier erhältlich um sich für den kalten Winter in Deutschland einzudecken.

Bloukrans Bungee, Face Adrenalin,
Tel. 021-4241580, www.faceadrenalin.com
Der Bungee-Sprung von der höchsten Brücke Afrikas ist mit 216 Metern der höchste der Welt. Für weniger Mutige empfiehlt sich die „Bridge Walking Tour".

Tsitsikamma Section im Garden Route National Park

Mit der Überquerung der Bloukrans Brücke verlassen wir das Western Cape und erreichen das Eastern Cape. Bald darauf zweigt eine ausgeschilderte Straße nach rechts zum **Storms River Mouth.** Nach Zahlung des Eintrittsgeldes geht es steil hinunter zum Meer und zum **Storms River Mouth Restcamp.** Falls gerade Hunger aufkommt: Das Restaurant *The Cattle Baron Seafood Grill & Bistro* (R-RRR) bietet kräftiges Frühstück, exzellente Fleischgerichte und fangfrischer Fisch. Von der großen Aussichtsterrasse ergibt sich eine grandiose Aussicht auf die Küste.

Der 1964 ins Leben gerufene **Tsitsikamma National Park,** der heute Teil des Garden Route National Parks bildet, war der erste Meeres-Naturschutzpark in Afrika. Insgesamt gehören etwa 80 Kilometer zerklüftete Küstenlinie dazu, das Schutzgebiet reicht fünf Kilometer in den Indischen Ozean hinaus.

Hängebrücke über die Mündung des Storms River

Garden Route

Karte S. 279

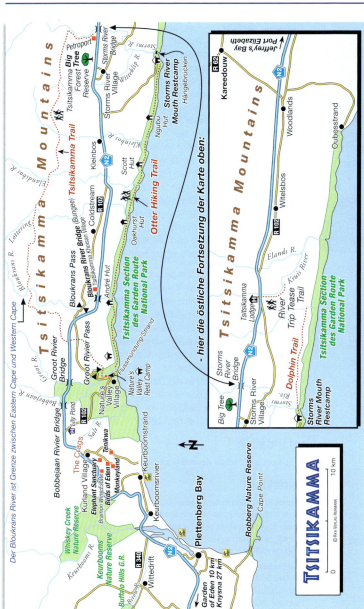

Auf dem Dolphin Trail

Der Suspension Bridge and Lookout Trail (ca. 1 Stunde) führt auf Holzstegen zu den beiden spektakulären Hängebrücken, die sich über den **Storms River** spannen. Wer nicht gut zu Fuß ist, kann auch per Boot zur Mündung fahren. Die beste und berühmteste Art den Park kennenzulernen besteht aber darin, den fünftägigen **Otter Trail** abzugehen, eine der beliebtesten Wanderungen in Südafrika. Der Wanderpfad beginnt an der Mündung des Storms River, führt die Küstenklippen hinauf und hinunter, quert mehrere Flüsse und endet nach 42 oft sehr anstrengenden Kilometern westlich im **Nature's Valley**. Weniger anstrengend ist der 17 Kilometer lange **Dolphin Trail,** während dessen dreitägiger Dauer in Luxuslodges übernachtet wird und das Hauptgepäck von Unterkunft zu Unterkunft transportiert wird (siehe Exkurs S. 48)

Zurück auf die N2 zweigt ein paar Kilometer weiter eine Stichstraße rechts nach Storms River Village ab. 1879 nahm der berühmte Straßenbauer Thomas Bains die Gegend unter die Lupe und markierte entlang der ausgetrampelten Elefantenpfade den Verlauf einer neuen Piste. 1884 vollendete er mit Sträflingen den Stormsriver Pass, um der Industrie den Abtransport der edlen Hölzer zu erleichtern. Wo früher Holzfäller schwere Arbeit leisteten, treffen sich heute Globetrotter und Aktivurlauber – und Elvis- oder Marilyn-Monroe-Fans! *Marilyn's 60's Diner* in der Darnell Street überrascht mit greller Neonreklame, US-Jukebox-Musik aus den 1960ern, amerikanischer Speisekarte und einem Cadillac – was in dieser Umgebung nun doch etwas deplaziert wirkt (Tel. 042-2811711, www.elvisfestival.co.za).

Information

Tsitsikamma Tourism Association: www.tsitsikamma.info

Unterkunft

Storms River Mouth Rest Camp (RR), im der Tsitsikamma Section des Garden Route National Parks. Unterkunft am besten über www.sanparks.co.za buchen. An der tosenden Küste entlang reihen sich Holzchalets und Ferienhäuser und fast alle Unterkünfte haben Meerblick. Pool, Shop, Restaurant, Wanderwege, Kajak- und Bootsfahrten.

The Fernery Lodge & Chalets (RR-RRR), Bluelilliesbush,
Tel. 042-2803588, www.forestferns.co.za
Vier Kilometer nach der Bloukrans Brücke rechts nach Bluelilliesbush abzweigen. Nach weiteren acht Kilometern Piste ist das traumhafte Gästehaus erreicht, das auf den Rand der steilen Felsenküste gebaut ist. Die Aussicht

über eine tiefe Schlucht, den Wasserfall und der Blick über den Indischen Ozean ist einfach genial. Übernachtung im Haupthaus oder in Holzchalets. Restaurant, Jacuzzi, Pool und Sauna.

Tsitsikamma Village Inn (RRR), Darnell Street, Storms River Village, Tel. 042-2811711, www.tsitsikammavillageinn.com
Dreisterne-Hotelanlage im viktorianischen Stil mitten im Ort. Restaurant und Pool. Idealer Ausgangspunkt für umliegende Wanderungen und Aktivitäten.

Misty Mountain Reserve (RRR),
Tel. 042-2803699, www.mistymountainreserve.co.za
Vier Kilometer nach der Bloukrans-Brücke bei der Nompumelelo-Ausfahrt rechts abbiegen und nach 7 Kilometern ist die Lodge erreicht. Gemütliche Holzchalets mit Blick auf den Indischen Ozean. Pool, Restaurant, Wandern.

Wandern

Otter Trail, Tel. 012-4265111, www.sanparks.org
Wegen großer Beliebtheit sollte der Trail 11 Monate im Voraus gebucht werden. Es werden nur 12 Wanderer pro Tag zugelassen. Übernachtet wird in einfachen Holzhütten mit Stockbetten direkt an der Küste. Kochutensilien, Essen und Schlafsäcke müssen im Rucksack transportiert werden. Die größeren Flüsse können nur bei Ebbe durchquert werden.

Dolphin Trail, Tel. 042-2803588, www.dolphintrail.co.za. Infos bei Storms River Adventures, Tel. 042-2811607 o. 2811836; Buchung Tel. 012-4265111
Die zweitägige Wanderung startet am Storms River Mouth und verläuft entlang der Küste in östliche Richtung. Eingeschlossen sind drei Übernachtungen in exklusiven Gästehäusern, alle Mahlzeiten, Gepäcktransport und sachkundige Wanderführer. Absolut empfehlenswert!

Aktivitäten

Zipline-Tour

Tsitsikamma Falls Adventures,
8 km nach der Paul Sauer Bridge linker Hand,
Tel. 042-2803770,
www.tsitsikammaadventure.co.za
Mit Helm, Harness und Karabinerhaken ausgestattet geht es kreuz und quer über den Kruis River an Seilrutschen über Wasserfälle und Felsenpools. Riesenspaß für die ganze Familie.

Tsitsikamma Canopy Tours, Darnell St, Storms River Village, Tel. 042-2811836, www.stormsriver.com
An Stahlkabeln 30 Meter über dem Boden im Affenzacken von einem Baumwipfel zum nächsten sausen.

Untouched Adventures, Storms River Mouth im Garden Route National Park/Tsitsikamma Section, Tel. 073-1300689, www.untouchedadventures.com
Direkt an der Flussmündung starten diese abenteurlichen Ausflüge per Boot, Kajak oder mit der Luftmatratze unter der Hängebrücke hindurch in die Schlucht des Storms River.

Black Water Tubing, Tube 'n Axe Backpackers Lodge, Ecke Saffron/Darnell Street, Storms River Village, Tel. 042-2811757, www.blackwatertubing.net
September bis April. Mit viel Spaß und Gummireifen unter dem Hintern geht es flussabwärts durch das dunkle Gewässer der Storms River Schlucht.

Weiterfahrt

Von Stormsriver Village sind es noch etwa 170 km auf der N2 bis nach **Port Elizabeth.**

Abstecher

Wer viel Zeit hat, kann noch einen Abstecher zur *Oyster Bay Lodge* einplanen, den Leuchtturm von **Cape St. Francis** fotografieren und für Surfer ist ein Besuch von **Jeffrey's Bay,** dem Mekka für Surfer, natürlich obligatorisch. An der Strandpromenade reihen sich Surfshops, Kneipen und Restaurants dicht aneinander. Jährlich findet im Juli das „Jeffrey's Bay Winter Fest" statt, die größte Surfmeisterschaft in Afrika.

Unterkunft **Oyster Bay Lodge** (RR-RRR), Tel. 042-2970150, www.oysterbaylodge.co.za
Von der N2 die Ausfahrt Palmietvlei wählen, von hier sind es noch 24 km bis zur Lodge, die inmitten eines privaten Naturschutzgebiets am Indischen Ozean liegt. Besonders schön sind die Luxury Chalets mit Küche, privater Terrasse und Meerblick. Restaurant, Bar, Wellness und Pool. Aktivitäten: Reiten, Mountainbiking, Wandern, Angeln und Sandboarding.

Cape St. Francis: *Lyngenfjord House* (RR), 7 Lyngenfjord Road,
Tel. 042-2980444, www.lyngenfjord.co.za
Modernes kleines Gästehaus mit toller Aussicht auf die Bucht, fünf Minuten zu Fuß zum Leuchtturm und Strand.

Kajaktour an der Flussmündung des Storms River mit Delfinbegegnung

Jeffrey's Bay: *Supertubes Collection* (RRR-RRRR), Pepper Street,
Tel. 042-2932957, www.supertubesguesthouse.co.za
Zur Auswahl steht das elegante Supertubes Guesthouse, das etwas günstigere Supertubes B&B und Khaya Zinza, ein Haus mit luxuriösen Ferienwohnungen für Selbstversorger. Alle Unterkünfte haben Meerblick und sind in Gehweite zum berühmten Supertubes Beach.

Tal der Affen – Baviaanskloof

Abenteuerliche Garden-Route-Alternative. Wer die Garden Route nicht zweimal fahren möchte, dem bietet sich eine überwiegend nicht asphaltierte Strecke durch eine grandiose und einsame Landschaft als Alternative an. Ein Auto mit ordentlicher Bodenfreiheit, ein Geländewagen oder eine Enduro sind bei einem Trip durch den Baviaanskloof jedoch notwendig.

Route

Von Port Elizabeth auf der N 2 kommend die Abfahrt „Humansdorp" nehmen, dann auf der R 303 nach *Hankey,* weiter auf der R 331 16 km nach *Patensie* (volltanken!). Danach auf der Bergpiste durch den Baviaanskloof, bis die N 9 erreicht ist (von Hankey 194 km). Auf der N 9 südlich bis Uniondale (63 km). Von dort über den Pass *Uniondale Poort* nach Avontuur. Dann auf der nicht asphaltierten R 339 über den *Prince Alfred's Pass* nach Knysna an der N 2.

Baviaan ist das holländische Wort für Pavian. Hier gab es einst so viele, dass die ersten Siedler begannen, ihnen im wahrsten Sinne des Wortes die Haut über den Kopf zu ziehen: Sie knallten die Primaten erbarmungslos ab und verwendeten ihr Leder für Schuhe und Taschen. Die Reste einer Gerberei zeugen davon. Heute sind die Paviane geschützt, sie trauen ihren nahezu unbehaarten Artgenossen allerdings noch immer nicht über den Weg. Die Baviaanskloof-Affen sind mittlerweile fast so aufdringlich wie ihre Artgenossen am Kap der Guten Hoffnung. Während letztere auf der Suche nach Fressbarem sogar auf die Hauben der vorbeifahrenden Autos springen, um dort ab und zu ein Verdauungsprodukt zu hinterlassen, sind erstere etwas schüchterner. Es kommt gelegentlich an den beliebten Campingplätzen vor, dass die Paviane auf der Suche nach Essbarem die Zelte und die Autos auseinander nehmen.

Zwischen Patensie im Osten und Willowmore im Westen finden Naturfreunde auf 120 Kilometern Länge eine nahezu unberührte Wildnis vor – Afrika pur. Das Gebiet erstreckt sich durch die Täler des Kouga, Baviaanskloof und Grootrivier zwischen parallel verlaufenden Bergketten.

Patensie ist Zentrum des Früchteanbaus in der Region und die letzte Chance, den Tank und die Kühlbox aufzufüllen. Kurz darauf ragt bereits der 1800 Meter hohe Gipfel des *Cockscomb,* des passend getauften Hahnenkamms auf.

Die Straße wurde von niemanden anders als Thomas Bain (siehe Exkurs S. 232) zwischen 1880 und 1890 erbaut. Der erste Teil der Stecke führt direkt durch ein Naturreservat den *Combrink's Pass* hoch. Er ist steil und hat einige verdammt enge Kurven mit atemraubenden Abgründen, die Landschafts-Szenerie ist dramatisch. Bei der Auffahrt sind Wagenlenker froh, dass hier Linksverkehr herrscht. Es ist kein Platz für zwei Autos nebeneinander. Der Blick von oben ist wirklich fast unglaublich: Im Osten das gerade durchquerte Tal, im Westen Berge und noch mehr Berge. Bevor es wieder runter geht, passiert man das *Bergplaas-Plateau,* eine Hochebene, die mit goldenem Gras bedeckt ist, das sanft im Wind wiegt. Wer Glück hat sieht Bergzebras, Elen-Antilopen, Buschböcke und Kudus. Neben „Zebrastreifen" gibt es noch „Bremsschwellen" in Form von Bergschildkröten. Sie erreichen locker Pkw-

Radgröße, und wenn man sich ihnen nähert, ziehen sie sich in ihre Panzer zurück und stoßen empörte Seufzer aus, die auch noch wie ein plattwerdender Reifen klingen ...

Passabwärts sind die Hänge mit Speckbaum, Aloen, Tal-Bushveld und Berg-Fynbos bedeckt, dazwischen blühen einige Proteen, deren bezaubernde Düfte ins Auto dringen – Aromatherapie für die Seele. Man muss einige Furten durchqueren, die meisten von ihnen wurden allerdings mittlerweile betoniert. Normalerweise gibt es also keine Probleme. Nur nach heftigen Regenfällen werden manchmal größere Teile der Strecke weggespült. Dann kommt meist nur ein Allrad durch.

Die erste Campingmöglichkeit im Tal ist **Doodsklip,** direkt am Fluss. Der Name kommt angeblich von mysteriösen Todesfällen, die sich hier vor langer Zeit zugetragen haben sollen. Vielleicht ein paar rachsüchtige Paviane ...? Gegen Abend rascheln einige von ihnen im dichten Gebüsch. Gelbe Augen schimmern aus dem Halbdunkel – kein gemütlicher Platz. Nur 5 km weiter sieht es deutlich freundlicher aus. Ein anderer Campingplatz, direkt dort, wo der Kouga River einen natürlichen Pool mit einem kleinen weißen Sandstrand geschaffen hat – ein Bilderbuch-Platz. Reinspringen, Staub abwaschen und die Seele baumeln lassen ... Hoch oben zieht ein Schreisee-Adler seine Kreise, während die untergehende Sonne die steilen Felswände in ein warmes, rotes Licht taucht.

Früh am nächsten Morgen, nur kurz nach Sonnenaufgang, ertönt ein markerschütternder Schrei: Das Alpha-Männchen des Pavian-Klans begrüßt offensichtlich den neuen Tag. Und alle anderen scheinen ihm zu antworten.

Der Kouga River im Baviankloof

Baviaanskloof

Sandvlakte Farm ist wieder einer dieser Plätze, wo die Farmer erkannt haben, dass Naturschutz mehr bringt als Agrarprodukte anzubauen. Geschütztes Land, in den Urzustand zurückversetzt und mit frei umherstreifenden Tieren, lockt Touristen an. Andere Farmer der Gegend ziehen mit, mittlerweile ist Baviaanskloof zum Megapark und World Heritage deklariert worden. Ein gigantischer Nationalpark, der sich über das gesamte Baviaanskloof-Gebiet erstreckt, ohne Zäune, wo die neu ausgesetzten Büffel und Nashörner wieder umherziehen können wie vor hunderten von Jahren.

Kurz bevor die Piste den **Grassneck Pass** hochklettert, besteht noch einmal die Möglichkeit, einen erfrischenden Sprung in den Fluss zu wagen. Von der Passhöhe aus hat man wieder endlose Karooblicke. Dann ist die Piste so übersichtlich und gut ausgebaut, dass man es so richtig „stauben" lassen kann ... Kurz bevor die Asphaltstraße erreicht ist, gilt es noch einen kleinen, aber trotzdem spektakulären Canyon mit massiven, gefalteten Gesteinsschichten zu durchqueren. In **Willowmore** endet das Baviaanskloof-Abenteuer.

Doch auf der Weiterfahrt nach Knysna ist wiederum Staubschlucken angesagt. Auf einer Piste geht es durch endlose Wälder, in denen noch wilde Elefanten leben, über den **Prince Alfred's Pass,** der natürlich auch von Thomas Bain gebaut worden ist.

Informationen

In Baviaanskloof gibt es einige B&Bs und Gästefarmen, viele von ihnen aufgelistet in der übersichtlich gestalteten Websites Homepage www.baviaans.co.za.
In Willowmore befindet sich das Baviaans Informationsbüro, 42 Wehmeyer St, Tel. 044-9231004, www.bavians.gov.za.

Restaurants

Tolbos Country and Coffe Shop, Patensie, Tel. 042-2830437, www.tolbos.co.za.
Kleine Gerichte und leckerer Kaffee. Infos zu Baviaanskloof.

Padlangs Country Restaurant and Shop, uriges Restaurant, 7 km außerhalb Patensies auf der R331.

Unterkunft

De Mist Cottage (RR), Patensie, Tel. 042-2830740, www.patensie2baviaans.co.za
Sehr schönes B&B, auch als Selbstversorger buchbar; reichhaltiges Frühstück in einem Haus, das man eher in einem Kapstädter Nobelvorort vermutet.

Sederkloof Lodge (RRRRR), nur von Willowmore mit Pkw zu erreichen, Tel. 049-8391122, www. sederkloof.co.za
Die komfortabelste und schönste Übernachtungsmöglichkeit in der Baviaanskloof-Region. Sechs stilvoll ausgestattete Häuschen (Mountain chalets), direkt an einem Canyon mit Super-Aussicht auf die Kougaberge, selbst von der freistehenden Badewanne aus. Höhepunkt: Dinner in einer echten Buschmannhöhle auf dem Farmgelände.

Willowmore Guest House (RRR), Tel. 044-9231574, www.willowguesthouse.co.za
Das historische, viktorianische Gästehaus ist im ehemaligen Pfarrhaus der Holländisch-Reformierten Kirche; eine stilvolle Übernachtung am Ende des Baviaanskloof-Abenteuers.

Eastern Cape und die „Big Five"

Südafrikas Eastern Cape Province hat sich in den letzten Jahren gewaltig verändert. Farmer brachen und brechen mit uralten Viehhaltungstraditionen. Schafe gehören plötzlich zu einer aussterbenden Art. Zäune zwischen benachbarten Farmen werden eingerissen, Kleinlaster gegen offene Landrover getauscht und Schafe durch Gnus, Giraffen und Zebras ersetzt. Ein privates Wildnisreservat entsteht neben dem anderen. Zur gleichen Zeit expandiert das berühmte nationale **Addo-Elephant**-Schutzgebiet bis zum Indischen Ozean zu einem Mega-Park. Die einstige Woll-Provinz hat sich so dramatisch und schnell verändert, dass ihre Wildschutzgebiete zusammengenommen mittlerweile eine größere Fläche einnehmen als der Krüger National Park – und die „grüne Revolution" lohnt sich! Bei Touristen werden die „Big Five"-Safaris im Eastern Cape immer beliebter, zumal dort keine Malaria-Gefahr besteht. Seit einigen Jahren gibt es im Addo-Park Löwen, was durch die neugeschaffene Verbindung zum Meer eine „Big-Seven"-Erfahrung möglich macht, nämlich neben den klassischen Fünf – Löwe, Leopard, Elefant, Nashorn und Büffel – noch Weiße Haie und Wale.

Route (ca. 750 km, 3–5 Tage)

Port Elizabeth – N2 – R72 Alexandria – Kenton-on-Sea – R343 – N2 Grahamstown – R342 Paterson – Addo Elephant National Park – R335 Port Elizabeth

Im Gorah Elephant Camp

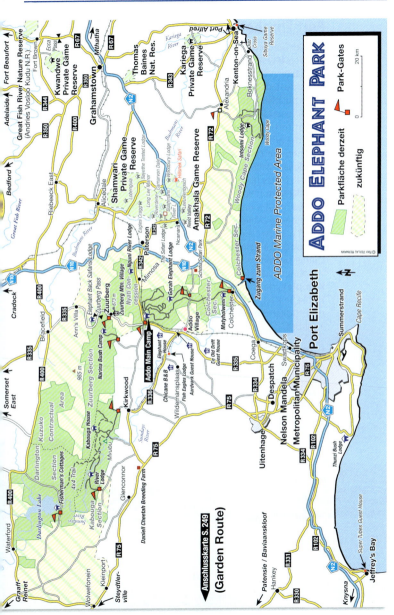

Port Elizabeth

Von der Garden Route her kommend ist **Port Elizabeth** in der Nelson Mandela Bay sozusagen das Eingangsportal zu den Wildnisgebieten der Eastern Cape Province. „P.E." versucht, sein schmuddeliges Industriestadt-Image abzulegen, wobei ein „Facelift" zur WM 2010 vieles positiv veränderte. Leider wuchert seither wieder Unkraut bei so manchen Sehenswürdigkeiten und hier und da blättert der Putz von historischen Gebäuden. Schade, denn Port Elizabeth verfügt über die größte Ansammlung an Art-déco-Gebäuden in Südafrika.

Sehenswert ist das große **Donkin Reserve** oberhalb der City Hall mit Mosaikplatz, Kunstwerken, Skulpturen, Memorial-Pyramide und dem 45 Meter hohen **Leuchtturm** von 1861. Von hier oben liegt einem die Nelson Mandela Bay zu Füßen. Da die Gegend um die schöne City Hall mittlerweile nur noch aus fliegenden Händlern besteht, hat sich eine attraktive Restaurant-Meile in Richmond Hill in der Stanley Street etabliert, einen Kilometer nordwestlich vom Donkin Reserve, wo sich die Einheimischen auf einen Kaffee, ein Bier, zum Lunch oder Dinner treffen.

Lohnend ist ein Rundgang durch den attraktiven **Boardwalk-Komplex,** der sich im Süden gegenüber vom Shark Rock Pier am Hobie Beach befindet. Nördlich vom Hobie Beach liegt **Humewood** und südlich **Summerstrand** mit großem Hotel- und Restaurantangebot.

Information

Nelson Mandela Bay Tourism, Donkin Reserve, Tel. 041-5858884, www.nmbt.co.za, Mo–Fr 8–16.30 Uhr, Sa/So 9.30–15.30 Uhr.
Weitere Vertretungen im Boardwalk Casino Complex in Summerstrand und am Flughafen.

Port Elizabeth, Summerstrand, Hobbie Beach

Leuchtturm und Pyramide, Donkin Reserve

Sehenswert

Donkin Reserve & Lighthouse, Belmont Terrace. Die Brache oberhalb der City Hall wurde Anfang des 19. Jahrhunderts von Gouverneur Sir Rufane Donkin verschönert und in Erinnerung an seine verstorbene Gattin Elizabeth ließ er eine Steinpyramide errichten. Daneben flattert von der höchsten Fahnenstange Südafrikas die größte Flagge des Landes (12 x 8 m). Großartig ist der **Mosaikplatz,** der in bunten Farben die Geschichte Südafrikas veranschaulicht.

Donkin Heritage Trail: ein fünf Kilometer langer gut ausgeschilderter Rundgang durch die historische Innenstadt mit 47 Sehenswürdigkeiten, darunter das Rathaus, das Nelson Mandela Metropolitan Art Museum und denkmalgeschützte Gebäude. Einen Plan dazu gibt es beim Nelson Mandela Bay Tourism am Donkin Reserve.

Boardwalk Casino & Entertainment World Complex, Marine Drive, Summerstrand, Tel. 041-5077777, www.boardwalk.co.za
Geschmackvoll gestyltes Unterhaltungszentrum rund um einen künstlichen See mit Casino, Restaurants und Geschäften.

Bayworld, Beach Road, Humewood, www.bayworld.co.za
Aquarium, Reptilien und Museum. Hier ist das Skelett des letzten und 15 Meter langen Buckelwals zu sehen, der in der Algoa Bay harpuniert wurde.

Nelson Mandela Metropolitan Art Museum, St. Georg Park, 1 Park Drive, Tel. 041-5062000, www.artmuseum.co.za. Täglich unter der Woche (außer dienstagvormittags) 9–17 Uhr, Sa/So 13–17 Uhr. Letzter Sonntag im Monat 9–14 Uhr. Drei Ausstellungshallen, die Kunst aus dem Eastern Cape zur Schau stellen.

Restaurants

Old Austria Restaurant (RR), 24 Westbourne Rd,
Tel. 041-3730299, Mo–Fr Lunch, Mo–Sa Dinner.
Eine lokale Institution, sehr gutes Essen bei günstigen Preisen.

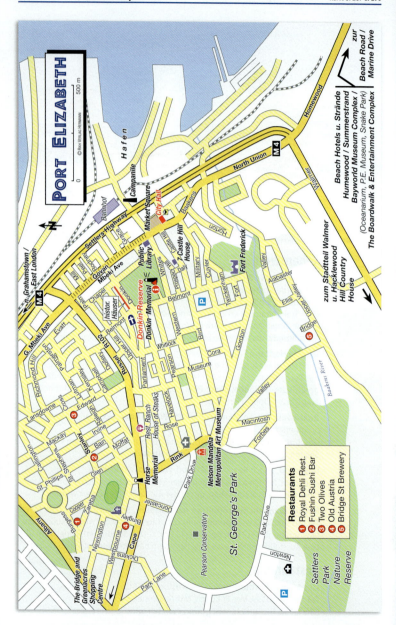

Tipp: Die gegrillten Calamari, oder die Klassiker Wiener Schnitzel und Cordon Bleu vom Kalb, oder *Liver Wiblin,* Kalbsleber gedünstet mit Zwiebeln, Sherry und Knoblauch, serviert mit Rösti. Nachtisch für Kalorienunbewusste: die dunkle, französische Schokoladentorte.

Royal Delhi Restaurant (RR), 10 Burgess St, Tel. 041-3738216, Mo–Fr 12–22 Uhr, Sa 16–23 Uhr. Hier gibt es die besten Currys der Stadt.

Tipp: Wenn erhältlich, Krabben-Curry, sehr gut, aber eine Riesen-„Sauerei", da die Krabben mit den Fingern aus der Soße geholt und gegessen werden müssen.

Fushin Sushi Bar and Eastern Cuisine (RR), Shop 5, Stanley on Bain, Stanley Street, Richmond Hill, Tel. 041-8117874, www.fushin.co.za. Täglich 12–22 Uhr. Das ultramodern Restaurant bietet Sushi und asiatische Tapas an.

Two Olives (RR), 1a Stanley Street, Richmond Hill,
Tel. 041-585 0371. Täglich 8–22 Uhr.
Frühstück, Pizza, Pasta, Tapas, Lammgerichte und Salate werden in diesem beliebten Restaurant serviert. Tische auch im Freien.

Golden Coast (RR), 77 Heugh Road, Walmer, Tel. 041-5818025,
Di–So Lunch, Mo–Sa Dinner.
Günstiges taiwanesisches Restaurant mit riesiger Auswahl asiatischer und europäischer Speisen, gemütlich eingerichtet.

Bridge Street Brewery (RR-RRR), 1 Bridge St,
Tel. 041-5810361, www.bridgestreet.co.za
2012 eröffnete kleine Brauerei mit Bistro. Es gibt vier verschiedene Biersorten mit verrückten Namen, wie zum Beispiel *Black Dragon Double Chocolate Stout.* Livemusik.

*Stimmungsvoll:
Boardwalk Casino
& Entertainment
World Complex*

Blue Waters Café (RR), The Boardwalk, Marine Drive, Summerstrand, Tel. 041-5834110, www.bluewaterscafe.com, Mo–So Frühstück, Lunch & Dinner. Sehr populärer Platz, deshalb immer buchen. Super-Blick aufs Meer. Sehr schön präsentierte leckere Gerichte mit Schwerpunkt auf Seafood. Fleischfreunde kommen jedoch auch nicht zu kurz.

The Coachman Restaurant (RRR), Brookes on the Bay, Beach Road, Summerstrand, Tel. 041-5840087, www.thecoachmanrestaurant.co.za
Schickes griechisches Restaurant mit Blick aufs Meer und irrer Innenbeleuchtung.

The Island Grill & Bar (RR), Off Marine Drive, Tel. 041-5833789, tägl. Lunch & Dinner.
Bambus, Holz und Jutestoffe schaffen ein tropisches Inselferien-Ambiente, sehr relaxt, sehr günstiges Nachmittags-Deck-Menü. Prima und ungewöhnlich zubereitete Meeresfrüchte.

Unterkunft

Hacklewood Hill Country House (RRRRR), 152 Prospect Rd, Walmer, Tel. 041-5811300, www.hacklewood.co.za
Die 1898 erbaute, elegante Residenz liegt im ruhigen Stadtteil Walmer, eingerichtet mit Antiquitäten; die großen Bäder haben freistehende, viktorianische Badewannen und Duschen, Swimmingpool; auf Wunsch Dinner bei Kerzenlicht, die Gäste können ihren Wein im Keller selbst aussuchen.

Beachwalk B&B (RR), 1 Second Avenue, Summerstrand, Tel. 041-5833594, www.beachwalk.co.za
Gemütliches Bed & Breakfast, nur 60 Meter vom Strand und 400 m vom Boardwalk-Komplex entfernt.

Boardwalk Hotel and Spa (RRRR), Beach Rd, Tel. 041-5077777, www.suninternational.com/boardwalk
Modernes Fünfsterne-Strandhotel mit über 100 Zimmern, alle mit Meerblick. Zwei Pools, Restaurant, Bar, Shopping und Wellnessbereich.

The Beach Hotel (RRRR-RRRRR), Marine Drive, Summerstrand, Tel. 041-5832161, www.pehotels.co.za (Hotels und dann The Beach Hotel anklicken)
Renoviertes, historisches Haus am Strand, direkt neben dem Boardwalk-Komplex.

Außerhalb **Thunzi Bush Lodge** (RRR), Seaview, Maitland Road, Tel. 041-3722082, www.thunzibushlodge.co.za. Die passende Unterkunft für Stadtmuffel. 30 km westlich von Port Elizabeth (N2 Richtung Kapstadt) liegt diese hübsche Lodge mit Holzchalets für Selbstversorger mitten im Grünen. Pool, Wellness; Strandspaziergänge am nahegelegenen Maitland Beach.

Aktivitäten

Sacramento Trail, Schoenmakerskop, Marine Dr, Tel. 041-3662312
Ein acht Kilometer langer Küstenwanderweg durch das Sardinia Nature Reserve. Von hier aus sieht man mit etwas Glück Delfine und Grüne Meerkatzen-Affen.

Raggy Charters, Algoa Bay Yacht Club, Hafen, Tel. 073-1522277, www.raggycharters.co.za
Drei bis vierstündige Bootsfahrten um je nach Saison Pinguine, Wale und Delfine zu beobachten.

Calabash Tours, Tel. 041-5856162, www.calabashtours.co.za
Organisierte 3-4 stündige Stadtrundfahrt durch die historische Innenstadt, Luxusviertel und Townships: *The Real City Tour*, Abfahrt 10 Uhr. Die *Shebeen Tour*, ein Streifzug durch verschiedene Kneipen in den lebhaften Townships, startet um 16 Uhr.

Weiterfahrt

Von Port Elizabeth geht es auf der N2 Richtung Grahamstown. Nach etwa 60 km auf die R72 abbiegen und über Alexandria nach **Kenton-on-Sea** fahren.

Kenton-on-Sea

Ein kleiner Küstenort, umrahmt von zwei Flüssen: dem Bushmans River und dem Kariega River. Der Strand mit seinen bizarren Felsformationen und verrückten Namen wie *Bull at the Window* (Stier am Fenster), *Rocking Horse* (Schaukelpferd) und *Carriage Rock* (Kutschenfelsen) ist äußerst fotogen. Am besten das Auto im Zentrum in der Kenton Road parken und dann zu Fuß über die River Road und Westbourne Road zur Bushmans Flussmündung gehen. Über Shelly Beach, Middle Beach und Kariega Lagune die Kariega Road wieder hoch zum Ausgangspunkt (etwa zwei Stunden).

Information Kenton-on-Sea

Kenton Tourism, 5A Kenton Road, Tel. 046-6482411, www.kenton.co.za

Restaurants

Cilantro (RR), The Silverleaf Centre, Kenton Road, Tel. 083-3897871
Gemütliches kleines Restaurant mit Kunsthandwerk und Galerie nebenan. Frühstück, Lunch, Kaffee & Kuchen.

Carriage Rock am Kenton-on-Sea Beach

House Kitchen & Crema Espresso Bar

The House Kitchen & Crema Espresso Bar (RR), 42 Kenton Road, Tel. 046-6483408. Frühstück, Lunch, Kaffee und Kuchen.
Für diesen kleinen verschlafenen Ort ein untypisch modernes und elegantes kleines Restaurant mit Meerblick im hinteren Teil des Einrichtungshauses *The House Planner*. Leichte Gerichte und unschlagbar guter Käsekuchen und Cappuccino.

Unterkunft

Milkwood Manor B&B (RR), 28 Westbourne Road,
Tel. 084-6240947, www.milkwood-manor.com
Näher am Wasser lässt es sich nicht übernachten. Ein kleines Gästehaus mit nur vier Zimmern, knarzenden Holzfußböden und herzlichem Empfang. Von der Veranda lässt sich der Sonnenuntergang genießen und barfuß kann man vom Zimmer direkt zum Strand laufen.

The Oysterbox Beachhouse (RRR), 19 Elliot Road,
Tel. 046-6483466, www.theoysterboxbeachhouse.co.za
Bildhaft schönes B&B und Ferienwohnung für Selbstversorger mit super Aussicht auf die Mündung des Bushmans River.

Private Wildparks

Kariega Game Reserve (RRR-RRRR), 14 km von Kenton-on-Sea auf der R343 Richtung Grahamstown gelegen, Tel. 041-5812606, www.kariega.co.za
Bereits 1989 etabliertes Wildschutzgebiet das sich über 10.000 Hektar erstreckt und in dem sich heute die Big Five frei bewegen. Es gibt eine Auswahl verschiedener Lodges und luxuriöser Zeltlager. Ultimativ ist die romantische Sundowner-Flussfahrt mit der *Kariega Queen*.

Sibuya Game Reserve & Tented Camps (RRRR), 39 Eastbourne Rd,
Tel. 046-6481040, www.sibuya.co.za
Sagenhaft toll gelegene Lodge direkt am Kariega River. Auf Pirschfahrten und Bootstouren gibt es die Big Five zu sehen. Das Auto wird an der Rezeption in Kenton-on-Sea geparkt und per Boot geht es dann ein paar Kilometer flussaufwärts zum Reservat. Wer nicht in dieser luxuriösen Lodge übernachten möchte, kann auch nur einen Halbtagsausflug nach Sibuya buchen.

Karte S. 287 u. 296 **Eastern Cape**

Weiterfahrt
Von Kenton-on-Sea auf der R343 ins Landesinnere nach **Grahamstown** fahren, ein sehr englisch anmutender Ort, der von den Siedlern, die 1820 von der britischen Insel kamen, gegründet worden ist.

Grahamstown

Grahamstown ist vor allem für sein jährliches Kunstfestival und seine historischen Gebäude bekannt. Sehenswert ist **The Observatory Museum**, Bathurst Street, Tel. 046-6223641. Dieses viktorianische Gebäude war einst das Haus des Juweliers Henry Galpin. Heute beherbergt das Museum die ehemalige Goldschmiedewerkstatt, eine permanente Ausstellung über die Entwicklung Südafrikas im 19. Jahrhundert, eine Darstellung der Diamantenindustrie und eine Teleskopsammlung.

Die Camera obscura von Grahamstown

Absolute faszinierend ist die historische *Camera obscura,* durch welche die gesamte Stadt gestochen scharf betrachtet werden kann. Die **St George Cathedral** in der High Street am Church Square wurde 1824 erbaut und sowohl der 53 Meter hohe Kirchturm als auch die Orgel zählen zu den größten im Land.

Das **National Arts Festival,** das alljährlich Anfang Juli zelebriert wird, ist Südafrikas größtes Kulturereignis. Über 200.000 Besucher schauen sich nationale und internationale Theateraufführungen, Konzerte und Kunstaustellungen an.

Alle Informationen auf www.nationalartsfestival.co.za

Information
Tourism Grahamstown, 63 High Street, Tel. 046-6223241,
www.grahamstown.co.za, die Website listet alle Übernachtungsmöglichkeiten in Grahamstown ausführlich und übersichtlich auf.

Wer möchte, kann sich hier seinen eigenen Stadtführer buchen; auf eigene Faust geht das prima mit der Broschüre „Walking Tours of Graham's Town", die es für ein paar Rand zu kaufen gibt; Buchung von Unterkünften in der Stadt und Umgebung.

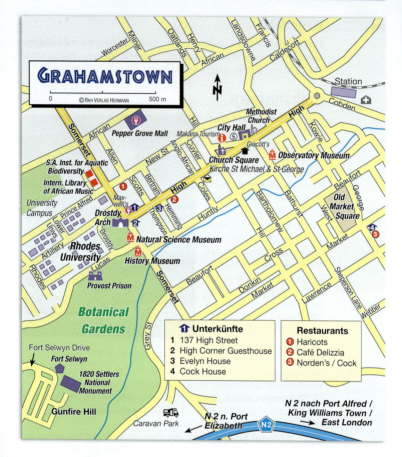

Restaurants

Haricots Deli & Bistro (RR), 32 New St,
Tel. 046-6222150, Mo–Sa Frühstück, Lunch und Dinner.
Ein französisches Bistro, das u.a. belegte Baguettes, Hühnerleberpastete und Entenbrust serviert. Besonders nett sitzt man im Innenhof mit plätscherndem Brunnen.

Café Delizzia (RR), 112 High St,
Tel. 046-6228728, www.cafedelizzia.co.za. Mo–Sa 7.30–18 Uhr, So 8–17 Uhr.
Hier treffen sich gerne Studenten zum Frühstück und Lunch.

Norden's at Cock House (RRR), 10 Market St,
Tel. 046-6361287, Di–So Lunch, Mo–Sa Dinner.

Historische Hausfassaden

Eines der beliebtesten Restaurants der Stadt, speziell während des National Arts Festivals im Juli; Peter und Belinda Tudge beschreiben das Essen in ihrem historischen Haus als „gute Hausmannskost", was etwas untertrieben ist; selbst Gourmets werden hier nicht enttäuscht; gute Weinliste.
Tipp: Belindas Schokoladen-Trüffel.

Unterkunft

Cock House (RR), 10 Market St, Tel. 046-6361287/95, www.cockhouse.co.za
Schöne, stilvolle Unterkunft in einem englischen Siedlerhaus von 1826, sieben Zimmer, 2 Suiten, eine Wohnung mit zwei Schlafzimmern für Selbstversorger; Ex-Präsident Nelson Mandela hat hier dreimal übernachtet.

Evelyn House (RR), 115a High St, Tel. 046-6222366, www.afritemba.com
Im Herzen der Altstadt in einem schönen Garten gelegenes Gästehaus mit Pool.

High Corner (RR), 122/4 High St, Tel. 046-6228284, www.highcorner.co.za
Gästehaus in einem der ältesten Gebäude (1814) Grahamtowns, die Zimmer sind mit Antiquitäten eingerichtet. Salzwasser-Pool.

Markt am Church Square

137 High Street (RR), 137 High St,
Tel. 046-6223242, www.137highstreet.co.za
Das Haus wurde 1843 im Stadtzentrum erbaut; sieben Zimmer, Restaurant, das einen guten Cappuccino zum Frühstück serviert.

Private Game Reserves

Kwandwe und Shamwari

Kwandwe, etwa 25 km nördlich von Grahamstown (R67) gelegen, ist ein exklusives privates Wildschutzgebiet. Auf dem Gelände von sechs ehemaligen, überweideten Schaf- und Rinderfarmen hat der amerikanische Vitamin-Milliardär Carl de Santis mit einer Investition von zehn Millionen US$ die Zeit erfolgreich zurückgedreht. 7000 Tiere wurden wieder eingeführt, pro Jahr sollen gut 1400 weitere dazukommen. 2000 Kilometer Zäune wurden entfernt. Spurlos verschwunden sind Wassertröge und -leitungen, Wasser-Windräder, alte Pickups und rostige Traktoren, ein Großteil der Farmhäuser samt ihrer Fundamente und alle Hinweise auf die frühere alles beherrschende Viehwirtschaft.

Keandwe-Lodge

Die **Kwandwe-Lodge** mit ihren riedgedeckten Chalets aus Holz und Glas liegt traumhaft! Direkt oberhalb des geschichtsträchtigen *Great Fish River*, wo im 18. Jahrhundert das erste Mal in der Geschichte Südafrikas Weiße aus der Kapregion und Schwarze aus dem Nordwesten mit ihren Viehherden aufeinandertrafen und wo 1779 der erste von insgesamt neun blutigen Grenzkriegen ausgefochten wurde.

Wer heute mit einem gekühlten Glas Sauvignon Blanc auf der hölzernen Terrasse der Lodge steht und auf das Flusstal und die friedliche Berglandschaft dahinter blickt, kann sich diese gewalttätigen Konfrontationen kaum vorstellen. In Kwandwe ist die lokale Xhosa-Bevölkerung sehr stark miteingebunden. Es gibt Ausbildungspro-

Geparden

gramme, fast alle Angestellten kommen aus den umliegenden ehemaligen Agrargebieten. Die meisten hatten vorher keine Ausbildung und keinen Job. Selbst Schulen für die Kinder und Kliniken wurden gebaut.

Shamwari Game Reserve Ähnliche soziale Programme laufen seit einigen Jahren im von Grahamstown ca. 50 km weiter westlich gelegenen, 140 km² großen und privaten **Shamwari Game Reserve,** wo ebenfalls nicht mehr gewinnbringende Farmen in ein gigantisches Big Five Reservat verwandelt worden sind. Gäste wohnen im Norden des Gebietes in der afrikanisch angehauchten Lobengula Lodge oder in einigen stilvoll renovierten Farmhäusern, die englische Siedler gebaut haben, die 1820 zu Tausenden in Algoa Bay, dem heutigen Port Elizabeth, landeten. Kundige Ranger kutschieren ihre Gäste in offenen Landrovern durch die Botanik, die, wenn sie Pech haben (oder je nach individueller Abenteuerlust Glück) auf „Wagenheber" stoßen, auf ein Nashorn, das für seine meist schlechte Laune und Auto-Aversion berüchtigt ist.

Unterkunft Private Game Reserves

Die extrem teuren Übernachtungspreise in den Big Five Private Game Reserves enthalten pauschal Frühstück, Lunch, Kaffee & Kuchen, Dinner sowie zwei Pirschfahrten mit Ranger im offenen Geländewagen pro Tag.

Kwandwe Private Game Reserve (RRRRR), auf der R67 von Grahamstown 22 km in Richtung Fort Beaufort, Tel. 046-6033408, www.kwandwe.com
160 km² großes Wildnisreservat, zur Auswahl steht die minimalistische Ecca Lodge, das historische Uplands Homestead, das moderne Melton Manor und die Afrochique Great Fish River Lodge mit Blick auf den Great Fish River.

Hillsnek (RRRR), Amakhala Game Reserve, Sidbury,
Tel. 082-3243484 www.hillsneksafaris.com
Ca. 45 km westlich von Grahamstown und nördlich der N2 gelegen. Eine kleine exklusive Lodge mit nur drei großräumigen luxuriösen Zelten. Köstliche

Übernachtung in luxuriösen Zelten, Hills Nek Safari

Mahlzeiten werden in dem reetgedeckten Steinhaus serviert. Sehr herzlicher Empfang und persönliche Betreuung. Fantastische Pirschfahrten mit äußerst kenntnisreichen Wildhütern.

Shamwari Game Reserve (RRRRR), ca. 50 km westlich von Grahamstown und nördlich der N2, Tel. 041-5093000, www.shamwari.com

Eines der ersten privaten Wildnisreservate im Eastern Cape, entstanden aus mehreren aufgelassenen Farmen, ehemaligen Farmgebäuden und englischen Herrenhäusern. Heute stehen insgesamt sieben verschiedene Unterkünfte zur Verfügung. Im Süden des Reservats besteht außerdem die Möglichkeit, in der Bayethe Lodge zu übernachten, einem luxuriösen Zeltcamp mit sechs Leinwandbehausungen für etwas direkteren Fauna-Kontakt. Außerdem im Angebot zweitägige Fotosafaries unter Anleitung professioneller Fotografen und zweitägige Safaris zu Fuß mit mobilen Zelten.

Addo Elephant National Park

Der Addo wurde 1931 gegründet und elf Elefanten ausgesetzt. Heute wandern über 500 Exemplare der grauen Riesen durch abwechslungsreichen Nationalpark. Durch den Kauf von privatem Land erfuhr der Addo nach und nach eine gewaltige Erweiterung seiner Fläche. Neben Elefanten können durch den Meeresanschluss auch noch größere Säuger beobachtet werden, nämlich Wale und Weiße Haie, was den Addo zum ersten „Big-Seven"-Reservat Südafrikas macht. Das einzige, was den nördlichen Teil des Addo vom südlichen Küstenteil, der *Woody Cape Section* trennt, ist die stark befahrene Nationalstraße N2. Wer also die Woody Cape Section erkunden möchte, muss den Addo im Landesinneren verlassen und von Alexandria aus auf Staubpisten

Die Namensgeber des Parks

Auf Pirschfahrt: Begegnung mit Steppenzebras

zum kaum bekannten und unberührten *Woody Cape* fahren. Hier startet der zweitägige *Woody Cape Hiking Trail*. Nördlich des ursprünglichen Addo-Parks wurden auch die Zuurberg Mountains mit in den Park eingegliedert. Dadurch entstand ein 360.000 Hektar großer Megapark.

Im Gegensatz zu den privaten Parks dürfen Besucher des Addo-Parks im eigenen Wagen auf die Pirsch gehen. Was aber, wenn das Fahrzeug mitten in einer Herde trompetender Dickhäuter zum Stehen kommt, schnell zur Adrenalin-Safari mutieren kann. Wichtig: ruhig bleiben, nicht aussteigen und natürlich Fotos machen, sonst glaubt einem das zu Hause sowieso wieder keiner.

Wenn die Unterkünfte im Park bereits ausgebucht sind, der kann auf einige äußerst stilvolle Plätze wie das **Elephant House** oder das **Zuurberg Mountain Village** ausweichen, die sich an der Peripherie des Parks befinden. Eine weitere Initiative, in den Nationalparks private Konzessionen zuzulassen, feierte hier ebenfalls Premiere. Mitten im staatlichen Schutzgebiet entstand das **Gorah Elephant Camp** mit seinen komfortablen Luxuszelt-Unterkünften. Während Gäste auf der Veranda das köstliche Mittagessen verspeisen, löschen die Elefanten am nahegelegenen Wasserloch ihren Durst.

Information

www.addotourism.co.za

Addo Main Camp (R-RRR), Tel. 042-2338600, www.sanparks.org/parks/addo
Direkt im Addo Park gibt es eine Auswahl an Unterkünften, wie Zeltcamps, Rondavels und Lodges in verschiedenen Preisklassen. Vorhanden: Restaurant, Pool und Laden. Nächtliche Pirschfahrten sind möglich. Wegen großer Beliebtheit frühzeitig buchen.

Unterkunft

The Aardvark Guesthouse (RR), Caesar Avenue, Addo,
www.theaardvarkguesthouse.co.za
Günstige Unterkunft in rustikalen, reetgedeckten Rundhütten nur fünf Minuten mit dem Auto vom Addo Main Camp entfernt.

Fish Eagles Lodge (RR), Rietfontein Road (Abzweig von der R336 zwischen Addo und Kirkwood), Tel. 042-2340727, www.addofisheagleslodge.com
Günstige Unterkunft am Sundays River, mitten im Grünen, aber nur drei Zimmer. Angeln, Kanuverleih und mit etwas Glück sieht man einen Schreiseeadler (African Fish Eagle).

De Old Drift Guest Farm (RRR), Tel. 082-8237234, www.deolddrift.co.za
Nur ein paar Minuten von der kleinen Ortschaft Addo entfernt an der R335 liegt dieses familiengeführte Gästehaus inmitten einer Zitrusfarm 200 Meter vom Sundays River entfernt. Herrlicher Garten, Pool, Restaurant, B&B oder Selfcatering möglich.

Zuurberg Mountain Village (RRR), Tel. 042-2338300, www.addo.co.za
Übernachten in einer ehemaligen Kutschenstation, 1861 erbaut und von Grund auf renoviert. Wunderbare Lage an einem Bergpass direkt an der Parkgrenze. Traditionelle Küche und Pub.

Elephant House (RRRR-RRRRR), Tel. 042-2332462, www.elephanthouse.co.za
Nur einen Leoparden-Sprung westlich vom Addo Main Camp, an der Zufahrtsstraße R335. Afrikanisch-ethnisches Ambiente und Lodge-Feeling in liebevoll dekorierten Zimmern, sehr nette Besitzer.

Gorah Elephant Camp (RRRRR), Addo-Park,
Tel. 044-5327818, www.gorah.com
Innerhalb des Addo Parks befindliches, wunderbar ruhig gelegenes kleines Luxus-Zelt-Camp (max. 20 Gäste), neben einem stilvoll renovierten Farmhaus, wo abends Kerzenlicht-Dinner serviert werden. Pirschfahrten im offenen Landrover.

Nguni River Lodge (RRRRR), zwischen Addo Main Camp und Paterson an der R342, Tel. 042-2351022, www.ngunilodges.co.za
Im afrikanischen Stil erbaute Lodge, sieben riedgedeckten Rundhütten in warm-erdigen Farbtönen; jede Suite hat ihren eigenen kleinen Pool.

Aktivitäten

Elephant Back Rides, vom Elephant National Park
auf der Schotterpiste R335 über Zuurberg etwa 45 km,
Tel. 041-5851150, www.addoelephantbacksafaris.co.za
Es ist eine einmalige Erfahrung, auf dem Rücken dieser sanften Riesen durch das private Reservat zu reiten.

Zuurberg Trails, Zuurberg, Tel. 042-2338600, www.sanparks.org
Ein bis dreistündige Wanderungen durch die faszinierende Flora und Faune der Zuurberg Mountains. Mit etwas Glück können verschiedene Antilopenarten gesichtet werden.

Westküste und Cederberge

*Südafrikas **West Coast** ist berühmt für seine Wildblumenblüte im Frühling, für pittoreske Fischerorte und Fischspezialitäten, die in rustikalen Open-air-Kneipen serviert werden. Der 1985 gegründete und 40.000 ha große **West Coast National Park** gehört zu den wichtigsten Küstennationalparks des südlichen Afrika und die türkisfarbene Lagune in Langebaan lädt zum Kitesurfen und zum Baden ein und in den zerklüfteten, wild verwitterten **Cederbergen** wächst Südafrikas berühmtes Gesundheitsgetränk, der Rooibos-Tee.*

 Route (ca. 750 km, 3–5 Tage)

Kapstadt – Bloubergstrand – Mamre – Darling – *West Coast National Park* – Langebaan – Vredenburg–Paternoster – *Cape Columbine Nature Reserve* – Stompneus Bay – St Helena Bay – Velddrif – *Rocherpan Nature Reserve* – Elands Bay – Lambert's Bay – Clanwilliam – Cederberge – Wupperthal – Ceres

Auf der N1 geht es von Kapstadts Innenstadt Richtung Paarl und kurz darauf nach links auf die R27 nach **Bloubergstrand.**

Bloubergstrand

Hier entstehen die berühmten Tafelberg-Postkartenmotive, die im letzten Nachmittagslicht mit dem Meer und den Felsen im Vordergrund und der Stadt mit dem dahinter aufragenden Tafelberg fotografiert werden.

Restaurant   **On the Rocks Restaurant** (RRR), 45 Stadler Rd,
Tel. 021-5541988, www.ontherocks.co.za. Täglich 9–22 Uhr.
Die uneingeschränkte Aussicht auf den Tafelberg, Robben Island und die Bucht ist unschlagbar. Ausgezeichnete Fisch- und Fleischgerichte, originelles Ambiente, Terrasse.

Bloubergstrand

304 Westküste und Cederberge — Karte S. 304

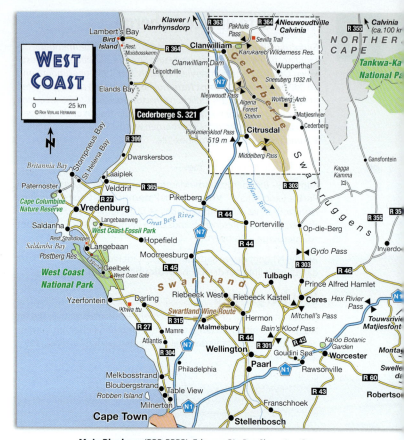

Mojo Blueberg (RRR-RRRR), Eden on Big Bay Shopping Centre, Ecke Otto du Plessis/Sir David Baird Drive, Tel. 021-5549671, www.moyo.co.za/restaurant-moyo-blouberg, tägl. 11–23 Uhr. Am Wochenende Frühstücks-Büfett. Afrikanische Erlebnisgastronmie pur. Verrückte Architektur und Inneneinrichtung. Mit Blick auf den Tafelberg und Robben Island von Surfboards, die als Bänke dienen und die Beine im Wasser baumeln lassen.

Information **West Coast Tourism,** 58 Long Street, Moorreesburg, Tel. 022-4338505, www.capewestcoast.co.za; Infos zu Sehenswertem und Unterkünften zwischen Yzerfontein und Lambert's Bay.

Über **Melkbosstrand** gelangen wir zurück auf die R27 und dann über die M19 zur Landstraße R304, die über Atlantis nach Mamre führt. Die kurvige Straße gleitet über hügeliges Farmland.

Mamre

Der Missionsort **Mamre** wurde 1808 von Deutschen gegründet. Die kleine Kirche und die weißverputzten, strohgedeckten Häuschen sehen aus wie die Filmkulissen zu einem Heilewelt-Heimatfilm. Bevor die Missionare kamen, war die Situation desolat. Die lokale Khoi-Gemeinde war völlig verarmt. Die Deutschen lehrten ihnen verschiedene Handwerke, wie Strohdachdecken, Mauern, Tischlern, Gerben und Schmieden. Was nicht nur dazu führte, dass sie Geld verdienen konnten, sondern auch ihr verlorenes Selbstbewusstsein zurückbekamen.

Darling

Unter mangelndem Selbstbewusstsein hat die im folgenden beschriebene „Dame" nie gelitten: Das kleine Örtchen **Darling** ist durch Südafrikas berühmteste weiße Südafrikanerin, die ein Mann ist, auf die touristische Landkarte gelangt. Der Kabarettist **Pieter Dirk Uys,** der heute so über den ANC *("You ANC nothing yet")* herzieht wie zu Zeiten der Apartheid über die National Party, hat sich hier niedergelassen. Sowohl privat als auch „geschäftlich". In der kleinen ehemaligen Bahnstation „Evita se Perron" hat er sein eigenes Theater mit Restaurant. Im Garten, *Boerassic Park* genannt, finden sich satirische Apartheid-Interpretationen. Pieter-Dirk, Sohn eines Afrikaner-Vaters und einer deutsch-jüdischen Mutter, konnte sich nur deshalb ungestraft freizügig über die einstige konservative Buren-Regierung äußern, weil er sich auf der Bühne in eine Frau verwandelte – und es bis heute tut. Die elegante „Dame" heißt *Evita Bezuidenhout* und sollte von Darling-Besuchern unbedingt einmal live erlebt werden. Sobald Evita bzw. Pieter merkt, dass Deutsche im Publikum sitzen, baut er ein paar passende deutsche Sprachbrocken mit ein …

Wildblumen-Blüte

Außerdem hat Pieter Dirk Uys ein öffentliches Schwimmbad für die Coloureds bauen lassen und Kunststudenten aus Kapstadt eingeladen, die tristen Hausfassaden des Vorortes zu verschönern. Ein Abstecher in die buntbemalte Akkerboom Avenue ist lohnenswert.

Neben der Hauptattraktion Evita ist Darling vor allem für seine im Frühling (September/Oktober) herrlich blühenden Wildblumen bekannt. Mittlerweile gibt es in und um Darling fünf Weingüter, die hervorragende Weine produzieren und in der Hauptstraße befindet sich die winzige, aber moderne Brauerei *Darling Brew*. Hier werden Bierproben und leckere Tapas angeboten. Für die Weiterfahrt empfiehlt es sich bei der *Darling Butchery* den Picknickkorb für unterwegs zu füllen, hier gibt es Biltong, sagenhaften vakuumverpackten Schinken und verschiedene Käsesorten im Angebot.

Information

Darling Tourist Bureau, Pastorie Street,
Tel. 022-4923361, www.darlingtourism.co.za
Stadtplan und Tipps zum Übernachten in und um Darling.

Restaurants

The Marmalade Cat (R) 19 Main Rd, Tel. 022-4922515
Das kleine Café in einem Geschenkeladen serviert leckere Omelette und Pies, gemütlicher Innenhof.

Bistro Seven (R), 7 Main Rd, Tel. 022-4923626, www.bistrosevendarling.com
Coffee Shop und Restaurant, Mi–Mo 11–21 Uhr, So 12–15 Uhr.
Rindfleisch von den umliegenden Farmen und fangfrischer Fisch, gut und günstig, sonntags gibt es Schweinebraten. Biergarten.

Brig's Barn (R), Ecke Main Rd/Van der Stel Street, Tel. 022-4922451,
tägl 8.30-16 Uhr, und nur am Mittwoch Abends, wenn das *Bistro Seven* geschlossen ist, gibt es hier auch Abendessen!
Ländliche Küche, Wohnzimmer- Atmosphäre, erstaunlich gutes Essen und lokale Weine zu günstigen Preisen.

Unterkunft

Darling Lodge (RR), 22 Pastorie St., Tel. 022-4923062, www.darlinglodge.co.za
Romantische Übernachtung in einem restaurierten viktorianischen Haus mit insgesamt sechs Zimmern, drei im Haupthaus und drei am Pool. Jedes Zimmer ist nach einem lokalen Künstler benannt und die Bilder sind verkäuflich. Super ruhige Lage, großer Garten, reichhaltiges Frühstück und leckerer Kaffee. Schweizer Besitzer.

Weingüter

Darling Cellars, Tel. 022-4922276, www.darlingcellars.co.za. An der R315, zwischen Malmesbury und Darling. Weinproben und -verkauf, Mo–Do 8–17 Uhr, Fr 8–16 u. Sa 10–14 Uhr, Kellertouren nach Vereinbarung.
Picknickmöglichkeiten, in der Saison Wildblumen.

Cloof, Tel. 022-4922839, www.cloof.co.za. Abzweig von der R315 zwischen Malmesbury und Darling. Weinproben und -verkauf Mo–Do 10–17, Fr 10–16, Sa 10–14 Uhr.
Schöne Aussichten, grenzt an ein Naturschutzgebiet. **Cloof Kitchen** serviert frische Salate aus dem eigenen Garten und Tortillas. Di–Sa 11–15 Uhr.

Groote Post Vineyards, Tel. 021-4922825, www.grootepost.co.za
Auf der R304 Richtung Kapstadt auf die Darling Hills Road abbiegen und 7 km links zum Weingut. Weinproben und -verkauf Mo–Fr 9–17, Sa/So 10–16 Uhr. Groote Post Restaurant Mi–So. Wegen großer Beliebtheit vorher buchen.

Ormonde Vineyards, Mt Pleasant Street, Tel. 022-4923540, www.ormonde.co.za; Weinproben und -verkauf Mo–Fr 9–16 Uhr, Sa 9–15 Uhr. Das einzige Weingut das am Rande Darlings liegt und zu Fuß erreichbar ist.

Weiterfahrt

Über die R315 geht es Richtung Küste auf die R27. Bei Interesse an der Kultur der San, den Urbewohnern Südafrikas, an der Kreuzung nach links abbiege. Nach 4,2 km erreichen Sie **!Khwattu,** ein Freilichtmuseum zur Kultur der San (Buschmänner).

!Khwattu, geführte Touren, Museum, Restaurant, Souvenirladen.
Tel. 022-4922998, www.khwattu.org.

Zurück zur Kreuzung lassen Sie das Yzerfontein (Fischereihafen) links liegen und fahren zum West Coast National Park, dessen Gate Sie nach 16 km erreichen.

Wildblumenblüte im West Coast National Park

West Coast National Park

Der Nationalpark besitzt endlos lange Sandstrände, Dünenlandschaften, eine türkisblaue Lagune, salzige Sumpfgebiete, Küsten-Fynbos und Granitinseln. Mit etwas Glück sieht man Schildkröten, verschiedene Antilopenarten, Strauße und Zebras. Der Einzugsbereich der langestreckten, 6000 ha großen Lagune und verbunden mit der Saldanha Bay, ist eines der wichtigsten Feuchtbiotope in Südafrika. Zehntausende Vögel leben an dem nährstoffreichen Gewässer, mehr als 250 verschiedene Arten wurden hier bislang registriert. In jeder Saison landen hier etwa 70.000 Zugvögel. Der Park bietet Wanderungen, MTB-Trails und Übernachtungsmöglichkeiten in Häusern und auf Hausbooten. Im *Geelbek Restaurant* werden landestypische Mahlzeiten serviert. Kurz nach dem lohnenswerten Aussichtspunkt *Seeberg* verlassen wir den Park im Norden durch das Langebaan Gate. Durch ein Wohngebiet geht es hinunter Richtung Strand und zur Langebaan Lagune. Am Strand wimmelt es bei guten Windbedingungen von bunten Kitesurfern, die aus aller Welt anreisen und die man prima bei Fish & Chips von einer der Strandkneipen aus beobachten kann.

West Coast National Park, Tel. 022-7722144, www.sanparks.org/parks/west_coast (mit downloadbarer Touristenkarte). Restaurant und verschiedene Unterkünfte. Öffnungszeiten September bis März 7–19 Uhr, April bis August 7–18 Uhr. Die Sektion *Postberg* ist nur im August und September zur Wildblumen-Saison geöffnet (9–17 Uhr).

Langebaan

Langebaan ist der bekannteste Ferienort der Westcoast, ein ruhiger Urlaubsort mit etwa 3500 Einwohner und beliebt bei Anglern, Wassersportlern und Fischliebhabern, denn hier tischen die Restaurants täglich fangfrisch alle Schätze des Meeres auf. Das touristische Zentrum erstreckt sich um die Bree Street und entlang der Strände.

Seeberg View Point

Information

Langebaan Tourism Bureau, Ecke Oostewal- u. Bree Street, Tel. 022-7721515, www.langebaaninfo.com
Infos zu Übernachtungen, Restaurants, Surfspots und zur Blütezeit der Wildblumen.

Restaurants

Pearlys on the Beach (RR), am Strand, Tel. 022-7722734, www.pearlys.co.za
Wie der Name bereits andeutet, isst man hier auf einer Holzterrasse direkt am Strand. Gute Fleisch- und Fischgerichte, legere Surfer-Atmosphäre.

Boesmanland Plaaskombuis (RR-RRR), Club Mykonos, Tel. 082-7730646 o. 082-5605934, www.boesmanlandfarmkitchen.com, tägl. geöffnet.
Open-air-Restaurant hoch oben auf den Felsen mit Blick aufs Meer. Spezialität: Burenkost und Afrikanisches. Berühmt für das leckere, im Holzofen gebackene Brot, die Knoblauch-Muscheln, das auf offenen Feuern gegrillte Lamm-, Rind- und Hähnchenfleisch …

Strandloper (RRR), etwas außerhalb des Zentrums am Strand von Langebaan, Tel. 022-7722490 o. 083-2277195, www.strandloper.com. Lunch & Dinner in der Saison, außerhalb der Saison nur Lunch.
Kerniges Open-air-Seafood Strand-Restaurant im Robinson-Ambiente, stundenlang Fisch genießen, barfuß im Sand, dazu mitgebrachten Wein trinken und zum Abkühlen zwischendurch ins Meer springen …

The Farmhouse (RRR), 5 Egret St,
Tel. 022-7722062, www.thefarmhouselangebaan.co.za
Mediterrane und südafrikanische Küche in einem kapholländischen Haus aus dem Jahre 1860; sowohl Fisch- als auch Fleischspezialitäten, sehr große Weinauswahl.

Geelbek (R-RRR), West Coast National Park, Tel. 022-7722134, www.geelbek.co.za, tägl. Frühstück und Lunch.
Das hervorragende Restaurant im historischen kapholländischen Herrenhaus serviert lokale Fischspezialitäten. Vom Garten aus sieht man die türkisfarbene Lagune.

Unterkunft

Windtown Lagoon Resort & Spa, 9 Bree St, Tel. 022-7721064, www.windtown-sa.com
Ein modernes Hotel im Zentrum Langebaans, mit Wassersport-Shop, Wellness, Sauna, Pool und dem hoteleigenem Restaurant *Breeze*.

Puza Moya Guest House, Ecke North/Suffren St, Tel. 022-7721114, www.capesport.co.za
Im Beach-Look eingerichtetes kleines Gästehaus, nur 50 Meter von der Lagune entfernt.

Langebaan Beach House, 5 Jacoba St, Tel. 022-7722625, www.langebaanbeachhouse.com
Kleines Gästehaus für Selbstversorger direkt an der Lagune gelegen. Super Aussicht, nette Einrichtung.

Speelhuis Studios, 36 Zeus St, Paradise Beach, Tel. 022 772 2062, www.speelhuis.co.za
Ultramodern eingerichtetes Apartment mit Küchenzeile, Balkon und Hängematte direkt am windgeschützten Paradise Beach nördlich vom Zentrum.

Aktivitäten

Kitesurfing: www.windtown-sa.com, www.constantlykiting.com, www.capesport.co.za, www.kitelab.co.za

Kajaking: Gravity ist der einzige Veranstalter der die Erlaubnis hat innerhalb des West Coast National Parks die Lagune mit Kajaks zu befahren: www.gravity.co.za/activities/sea-kayaking/west-coast

Weiterfahrt

Aus Langebaans Zentrum auf der Oostewal Road zur R27 fahren, dort links in Richtung Velddrif und später über Vredenburg nach Paternoster. Sie können an der Kreuzung aber auch geradeaus fahren, diese Straße bringt Sie über Langebaanweg zum West Coast Fossil Park an der R45. Nach der Einmündung in die R45 liegt er 3 km weiter linker Hand, insgesamt ca. 20 km nördlich von Langebaan.

West Coast Fossil Park

Hier liegt eine riesige Ansammlung von fünf Millionen Jahre alten Fossilien, die diese Stätte zu einer der der wichtigsten weltweit machen. Unter anderem fand man Knochenreste vom ersten Bär, der jemals südlich der Sahara ausgebuddelt wurde, von Pinguinarten, einer kurzhalsige Giraffe, Säbelzahntiger u.a. prähistorischen Tieren.

Mo–Fr 8–16 Uhr, Sa/So 10–13 Uhr, Coffee Shop,
Tel. 022-7661606, www.fossilpark.org.za

Auf der R45 erreichen Sie über Vredenburg den Ort Paternoster.

Paternoster

Landkarten von 1693 verzeichnen den verschlafenen, kleinen Westküstenort noch als *St. Martins Bay*. Später wurde St. Martins Paternoster daraus, schließlich blieb einfach **Paternoster** übrig. Wörtlich übersetzt bedeutet dies bekanntlich „Vater unser", was viele darauf zurückführen, dass es sich dabei um die letzten Worte der häufig vor der Küste havarierten Seeleute gehandelt haben muss … (aber Paternoster existiert auch als Nachname, ist ein Ort in Chile und in Belgien und die Bezeichnung für eine schottische Fischerboot-Takelage).

Wo der Name tatsächlich herkommt, interessiert die Bewohner nicht. Sie sind froh, da zu leben, wo es breite Sandstrände gibt, üppige Fischgründe, mehr als genug Felslangusten und viele skurrile Typen. Mehr und mehr Kapstädter legen sich hier friedsam-beschauliche Wochenend-Domizile zu.

1793 schrieb der holländische Forscher Peter van Meerhof in sein Tagebuch, dass er in St. Martins Bay einen Leoparden und ein Flusspferd geschossen habe. Diese Zeiten sind längst vorbei. Aber die Sümpfe im Osten des Orts sehen noch heute sehr nach Hippo aus … Auch Pinguine gibt es keine mehr, was an der unangenehmen Angewohnheit lag, diese im vorletzten Jahrhundert als Felslangusten-Köder zu benutzen und ihre Eier als Frühstücks-Snacks zu vertilgen. Was sich glücklicherweise bis heute erhalten hat, sind die erwähnten Felslangusten – Crayfish oder Rock Lobster – die zwischen November und Juli gefangen werden und die von Einheimischen im Ort und am Strand für wenig Geld an Touristen verkauft werden. Die strömungs- und brandungssicheren Strände, die wunderschönen Wildblumen im Frühling, die Wale während der Walsaison, die bunten Holzboote und die weißgetünchten Häuser haben die Südafrikaner dazu veranlasst, Paternoster als einen der zehn romantischsten Orte im Land zu wählen.

Die historischen Fischerhäuser wurden renoviert – meist von ruhesuchenden Kapstädtern. Den besten Fisch im Ort gibt es im **Voorstrandt Restaurant.** Die urige Kneipe steht direkt am Beach, was es zum idealen Sundowner-Platz macht. Ebenfalls einen Besuch wert ist der alte Gemischtwarenladen **Die Winkel op Paternoster** in der Main Street, ein fotogener Gemischtwarenladen aus alten Zeiten, der viktorianischen Trödel, alte Schilder, selbstgemachte Marmeladen und Süßigkeiten verkauft. Und es gibt hier auch Frühstück und Lunch, Tel. 022-7522632.

Strand von Paternoster

Gemischtwarenladen „Die Winkel op Paternoster"

Wer die skurrilsten Typen des Ortes live erleben möchte, muss in die Bar des **Paternoster Hotels** gehen und dort ein Bier trinken (Warnung: das „Innendekor" der Bar ist ein absoluter Alptraum für Feministinnen …)

Besuchenswert ist das mit Küsten-Fynbos bewachsene, wildromantische **Cape Columbine Nature Reserve** mit Leuchtturm und der bezaubernden Bucht „Titiesbaai", das nur ein paar Kilometer südwestlich des Ortes liegt. Die Frühlingsblumenblüte „explodiert" hier besonders spektakulär! Tel. 022-7522718, tägl. 9–17 Uhr.

Information

Cape Westcoast Peninsula Tourism, Tel. 022-7522323, www.capewestcoastpeninsula.co.za. Mo–Fr 9–17 Uhr, Sa 10–15 Uhr.

Restaurants

Voorstrand Restaurant (RR-RRR), am Strand, Tel. 022-7522038, tgl. 10–21 Uhr. Das gemütliche Restaurant direkt am Strand ist das einzige Gebäude in Paternoster, das nicht weiß getüncht sondern knallrot angestrichen ist – also nicht zu übersehen. Fangfrischer Fisch, Crayfish und Currys.

Gaaitjie (RRR), Sampson Rd, Tel. 022-7522242
Suzi Holzhausen zaubert in ihrem winzigen Strandrestaurant ungewöhnliche Fischgerichte auf den Tisch. Do–Mo 12.30–14 Uhr und 18.30 bis 20.30 Uhr. Tischreservierung ist empfehlenswert.

The Noisy Oyster (RRR), St Augustine Rd, Tel. 022-7522196, Mi–Sa 12–15 u. 18–21 Uhr, So 12–15 Uhr.
Ein verwunderlich eingerichteter Innenhof mit offenen Feuerstellen und einer großen Auswahl an Fischgerichten, Austern und vegetarischen Speisen.

Reuben's at Abalone House (RRR), 3 Kriedoring St, Tel. 022-752 2044, www.reubens.co.za
Der international bekannte Starkoch Reuben Riffel eröffnete 2013 dieses erstklassige Restaurant im eleganten Abalone House. Lunch und Dinner drinnen oder auf der Veranda mit Blick auf den Atlantik. Unbedingt rechtzeitig Tisch reservieren.

Unterkunft

Paternoster Accommodation (R-RRR), 172 Mosselbank St, Tel. 022-7522711 oder abends 071-1321440, www.paternoster-accommodation.co.za
Diese Buchungszentrale hat eine große Auswahl an Ferienwohnungen und Häusern in verschiedenen Preisklassen im Angebot. Toll gemachte Website. Selbst wer ohne Vorbuchung in Paternoster ankommt, wird hier freundlich bedient. Mo–Fr 8–17 Uhr, Sa/So 10–14 Uhr.

Farr Out B&B (RR-RRR), 17 Seemeeusingel, Tel. 022-7522222, www.farrout.co.za
Kurz vor Paternoster auf einem Hügel mitten im Fynbos. Die Deutsche Besitzerin Marion Lubitz kümmert sich rührend um ihre Gäste und das Frühstück ist genial. Ehemann Deon bietet Beach Buggy Trips entlang der Küste an.

Paternoster Dunes Boutique Guest House & Spa (RRR), 18 Sonkwas Rd, Tel. 022-7522217, www.paternosterdunes.co.za
Das geschmackvoll eingerichtete Haus steht direkt am Meer mit Blick auf den Leuchtturm. Der richtige Platz, um die Seele baumeln zu lassen. Kleiner Pool im Innenhof.

Abalone House (RRRR), 3 Kriedoring St, Tel. 022-7522044, www.abalonehouse.co.za
Das luxuriöseste und auch teuerste Gästehaus im Ort mit pompösen Suiten, genialer Aussicht auf die Bucht, Wellnesszentrum und erstklassigem Restaurant.

The Beach Camp (R), Cape Columbine Nature Reserve, Tel. 082-9262267 www.beachcamp.co.za
Übernachten à la Robinson Crusoe, mit Matratzen eingerichtete Zelte oder einfache Strandhütten direkt am Meer.

Weiterfahrt

Fahren Sie wieder zur Ortseinfahrt zurück, etwa 400 m nach den letzten Häusern steht links ein Straßenschild mit der Aufschrift *Stompneusbaai*. Die Sandstraße ist gut ausgebaut. Über Wiesen und Felder an Granitfelsen vorbei erreicht man nach 20 km wieder die Küste. An der T-Junction biegen Sie rechts ab nach Velddrift, vorbei an der *St Helena Bay*, die mit Neubaugebieten und einigen Fischfabriken gesäumt ist. Kurz vor Velddrift stoßen Sie wieder auf die R27, überqueren den Bergriver und biegen links ab Richtung Laaiplek (R399). Diese Straße bringt Sie nach **Elands Bay.**

Nach 25 km liegt linker Hand das *Rocherpan Nature Reserve*, eine Salzpfanne an der Küste, die je nach Wasserstand Tausende von Vögeln anlockt. Naturliebhaber können in den modern eingerichteten Hütten

Westküste und Cederberge

übernachten und das relativ kleine Naturreservat (914 ha) auf Wanderwegen zu Fuß erkunden und ausgedehnte Spaziergänge am endlos langen, einsamen Strand unternehmen.

Elands Bay South führt an eine zerklüftete Felsenküste und Elands Bay North ins „Zentrum", das aus Polizeistation, Getränkehandel, einer Zapfsäule und einem weißen Sandstrand besteht. *Das Elands Bay Hotel* ist wieder eines der typischen Landhotels mit Bar. Diesmal hängt zur Dekoration eine abgeschnallte Beinprothese von der Decke über dem Tresen – Burenhumor.

Weiter geht es nach Norden, entweder an der Küste und einer Bahnlinie entlang (mautpflichtig, Zufahrt an der Eisenbahnbrücke) auf Staubpisten oder auf Asphalt, dazu wieder zurückfahren (R366). Nach ca. 4 km links abbiegen in Richtung **Lambert's Bay** mit unterwegs toller Aussicht auf die in der Ferne aufragenden Cederberge.

Muisbosskerm

Fünf Kilometer vor Lambert's Bay befindet sich links der Piste **Muisbosskerm.** Das Freiluft-Restaurant direkt am Atlantik ist nach den Ästen des an der Küste wachsenden Muisbos-Busches benannt, aus dem es erbaut worden ist. Edward Turner, ein lokaler Farmer, erfand 1986 diese Art von Fisch-Essplatz direkt am Meer und betreibt ihn noch heute mit seiner Familie. Auf offenen Feuerstellen werden verschiedene Fischarten gegrillt und in gusseisernen Töpfen *(potjies)* brodeln Eintöpfe. Zum krönenden Abschluss bekommt jeder Gast einen halben Lobster. Besteck gibt es nicht, gegessen wird mit Muschelschalen. Entlang der Westküste hat sein Beispiel Schule gemacht. Heute gilt diese Art von Restaurant als ein Synonym für eine West-Coast-Reise.

Open-air-Restaurant Muisbosskerm

Lambert's Bay

Voeleiland (Bird Island)
In Lambert's Bay lohnt sich ein Besuch im Hafen, von wo ein Dammweg auf die **Voeleiland (Bird Island)** führt. Dort lassen sich, je nach Jahreszeit, Tausende von Kap-Tölpeln (Gannets) aus einem künstlichen Felsenhaus heraus, das aussieht, als hätte es Fred Feuerstein persönlich gebaut, aus nächster Nähe beobachten (täglich 8–17 Uhr, Eintritt). Die meisten Kap-Tölpeln lassen sich im Frühling und Sommer auf der Insel nieder (Nov–März), im Winter sind oft überhaupt keine zu sehen. Besonders unterhaltsam ist die Vogelbeobachtung im Sommer, wenn die jungen Vögel ihre ersten „tölpelhaften", wackeligen Flugversuche starten. Ende 2005 sorgten räuberische Robben dafür, dass die Tölpel zeitweise komplett verschwanden, bis ein lokaler Künstler auf die glorreiche Idee kam, welche aus Ton auf die Insel zu stellen. Der Trick funktionierte und lockte die Vögel wieder an.

Infos: Cape Nature Conservation, Tel. 027-4822403, www.capenature.co.za

Information

Lambert's Bay Tourism Bureau, 5 Medical Centre, Tel. 027-4321000, www.lambertsbay.com, Mo–Fr 9–13 u. 14–17 Uhr, Sa 9–12 Uhr.
Gute Tipps zum Übernachten und zur Blumenblüte.

Restaurants

Isabella's Restaurant (R-RR), Lambert's Bay Hafen, Tel. 027-4321177, tägl. Frühstück, Lunch und Dinner.
Charaktervolles kleines Restaurant, dessen Boden mit Muschelschalen gepflastert ist, Fischspezialitäten der Westküste und hervorragende Pizzen aus dem Holzofen.

Kaptölpel-Kolonie

Isabellas Restaurant im Hafen von Lambert's Bay

Bosduifklip (RR), Tel./Fax 027-4322735, www.bosduifklip.co.za, 4,2 km außerhalb von Lambert's Bay an der R364 nach Clanwilliam; Lunch & Dinner je nach Vorbestellung.
Das Open-air-Restaurant liegt im *Sandveld* (bewachsene Dünenlandschaft) inmitten einer steinalten Felsformation; das Büffet-Menü besteht aus herzhafter Burenkost. An Vorspeisen gibt es Snoekpastete, marinierte Muscheln, Rollmops, frische Salate und Pfeffermakrele; Delikatessen sind der gegrillte Fisch und das zarte, am Spieß gegarte Lamm; Alkohol-Ausschank; vorher reservieren.

Funky Tastebuds (RR), 63 Voortrekker St, Tel. 027-4321796, www.funkytastebuds.yolasite.com. Mo–Fr 8–16 Uhr, Sa 8–14 Uhr.
Das Bistro hat frischgebackenes Brot, Salate, leichte Gerichte, Gebäck und guten Kaffee auf der Karte.

Muisbosskerm (RRR), 5 km südl. von Lambert's Bay, an der Piste nach Elands Bay, Tel. 027-4321017, www.muisbosskerm.co.za, tägl. Lunch & Dinner, abhängig vom Wetter und den Reservierungen.
Für einen Festpreis darf drei Stunden lang Fisch bis zum Abwinken direkt am Meer gegessen werden. Nur Barzahlung. Vorher reservieren.

Weiterfahrt

Fortsetzung der Tour von Lambert's Bay auf der R364 nach **Clanwilliam**, in die Cederberge. Vor allem zur Wildblumenblüte im August und September wird der hübsche, kleine Ort von Besuchern überrannt. Ansonsten herrscht eine eher beschauliche Atmosphäre. Zwei südafrikanische Spezialitäten entstehen hier in Fabriken: der gesunde *Rooibos-Tee* und die bequemen weichen Lederschuhe, *Veldskoene*.

Clanwilliam

Clanwilliam ist das Zentrum des Rooibos-Anbaus, entsteht Südafrikas berühmter Gesundheitstee, der nur in der näheren Umgebung von Clanwilliam in den Cederbergen perfekt gedeihen kann. Die **Rooibos Tea Factory** mit ihrem interessantes Rooibos-Museum kann man besichtigen (Ou Kaapseweg, Tel. 027-4822155, www.rooibosltd.co.za). Nicht weit davon entfernt, gleichfalls im Ou Kaapseweg, stellt die **Strassberger Veldskoen Factory,** seit über 150 Jahren die für Südafrika typischen, weichen Lederschuhe, „veldskoene" genannt, in Handfertigung her (Tel. 027-4822140, Mo–Fr 7.30–12.30 u. 13.30–17 Uhr).

Ende August findet alljährlich die berühmte **Wild Flower Show** statt, dabei wird die Kirche neben der Tourist Information über und über mit Wildblumen und Proteen geschmückt, ein einmaliger Himmel der Blumen.

Außerhalb ist der bereits erwähnte vier Kilometer lange **Sevilla Trail** mit seinen Felsmalereien einen Besuch wert, gegenüber der Traveller's Rest Farm und zwischen Pakhuis Pass und Bushman's Kloof (Tel. 027-4821824, www.travellersrest.co.za). Auf der Farm mit Cottages bekommt man gegen ein kleines Eintrittsgeld eine erläuternde Karte mit Hinweisen zu den Felsmalereien.

Die *Stadsaal Caves,* natürliche Felsenhöhlen und Buschmanzeichnungen, befinden sich bei **Matjiesrivier Nature Reserve.** Das Permit erhält man bei der Algeria Forest Station, Tel. 027-4822403 oder bei der Dwarsrivier Farm, Tel. 027-4822827.

Information

Clanwilliam Tourism Association, Main St, Tel. 027-4822024, www.clanwilliam.info. Mo–Fr 8.30–17 Uhr, Sa 8.30–12.30 Uhr. Gute Tipps zur Blumenblüte und zu den Felsmalereien, Unterkünften, Restaurants und Geländewagenstrecken.

Florale Opulenz bei der Wild Flower Show

Rooibos Tea

Gesund und gut. Eines der erfrischendsten Getränke an heißen und kalten Tagen ist der südafrikanische *Rooibos Tea,* auch *Khoi San Tea* genannt, in Deutschland unter dem Namen *Rotbusch-Tee* bekannt (eine völlig falsche Bezeichnung ist „Massai-Tee").

Den Namen, der „roter Busch" bedeutet, hat der Tee von seiner Farbe. Er gedeiht nur in einem kleinen Gebiet in den Cederbergen, ein paar Stunden nördlich von Kapstadt. Die Rooibos-Pflanze ist relativ klein, hat feine Nadeln wie ein junger Tannenbaum. Nur die äußersten Blattspitzen werden geerntet, dann zerkleinert und zerstampft, mit Wasser versetzt, gelüftet und dann zum Fermentieren gelagert. Danach wird er in der Sonne auf einen Feuchtigkeitsgrad von 10% getrocknet. Schließlich folgt eine Dampf-Pasteurisierung, um sicher zu gehen, dass vor dem Verpacken und Versand jedes Blatt komplett steril ist.

Der Tee schmeckt gut und ist gesund. Er ist reich an Antioxidanten und enthält kein Koffein und nur wenig Tannin. Generationen von südafrikanischen Müttern haben damit ihre Babys beruhigt und ihnen damit viel Gutes getan. Rooibos-Tee enthält Mineralien, Ascorbinsäure, Vitamine und Spurenelemente von Calcium, Magnesium und Fluor. Um all diese Substanzen aktiv werden zu lassen, den Tee mindestens fünf Minuten ziehen lassen. Rooibos-Tee ist völlig natürlich und wird ohne Zusatz-, Konservierungs- und Farbstoffe hergestellt. Er hat einen charakteristischen süßen, dezenten Kräutergeschmack. Er wird wie normaler Tee zubereitet und auch so getrunken, also mit oder ohne Milch, Zucker, Honig oder Zitrone. Rooibos-Tee gibt es in Südafrika in allen Supermärkten, in Deutschland gute Sorten in Reformhäusern. Die beste Qualität ist Premium Grade. Mittlerweile gibt es auch in den Kosmetikabteilungen der großen Supermärkte, beim Drogeriemarkt *Clicks* und in Souvenirläden ein großes Angebot an Rooibos-Seifen, Cremes und Shampoos.

Infos im Internet:
www.khoisantea.co.za, www.rooibosltd.co.za, www.roibuschtee-online.de

Clanwilliam: Hier wird der Rooibos-Tee geerntet

Restaurants

Olifantshuis (RRR), Ecke R364/Main Rd, Tel. 027-4822301, Dinner Mo–Sa.
Charmantes Restaurant mit etwas kitschiger Einrichtung. Die besten Steaks und Pizzen im Ort. Probieren: Das mit Rooibostee geräucherte Straußenfilet.

Reinhold's Restaurant (RRR), Main Rd, Tel. 027-4822163, Dinner Di–Sa.
Restaurant im 70er Jahre Stil. Traditionelle üppige Fleischgerichte, nichts für Vegetarier! Alle Gerichte können als halbe Portionen bestellt werden, für Dreiviertel des Preises.

Unterkunft

Traveller's Rest Farm (R), an der R346 östlich vom Pakhuis Pass,
Tel. 027-4821824, www.travellersrest.co.za
Einfache Farmhäuser für Selbstversorger, direkt am Sevilla Trail, wo sich zahlreiche sehr schöne Buschmann-Felsmalereien befinden die anhand einer Karte auf eigene Faust zu erkunden sind.

Clanwilliam Hotel (RR-RRR), Main St, Tel. 027-4821101,
www.clanwilliamhotel.co.za
Das nette Stadthotel liegt mitten in Clanwilliam.

Clanwilliam Lodge (RRR), Graafwaterweg, Tel. 027-4821777,
www.clanwilliamlodge.co.za
Boutique-Hotel, die Zimmer haben AC und Satellitenfernsehen, manche auch DVD-Spieler. Großer Pool mit Tagesbetten im Beduinen-Stil zum Relaxen.

Bushman's Kloof Private Wilderness Reserve (RRRRR), 20 km von Clanwilliam auf der R364, Tel. 027-4822627, www.bushmanskloof.co.za
Die schönste und luxuriöseste Übernachtungsmöglichkeit auf dieser Route, ausgezeichnetes Essen, afrikanisch-ethnisches Lodge-Ambiente; Pirschfahrten mit Rangern in offenen Geländewagen, Buschmannzeichnungen, Mountainbikes und Kanus, Fly-in-Safaris vom Kapstädter Flughafen möglich.

Jamaka Organic Farm (R-RR), zwischen Clanwilliam und Algeria,
Tel. 027-4822801, www.jamaka.co.za
Ökologische Zitrus- und Mangofarm mitten in den Cederbergen. Sieben Cottages für Selbstversorger am Rondegat-Fluss. Wandern, Baden, Faulenzen. Besitzer Katrin und Jannie Nieuwoudt sprechen Deutsch.

Jamaka Organic Farm

Weiterfahrt Cederberge und Wupperthal

Von Clanwilliam aus kann man das unten bei Wupperthal erwähnte **Matjiesrivier Nature Reserve** erreichen. Über Algeria Forest Station und Dwarsrivier verläuft dorthin eine landschaftlich spektakuläre und für Pkw gut befahrbare Piste (s. Karte).

Ein Grund für den Besuch Clanwilliams ist, dass man von hier aus die Cederberge erkunden kann. Das 83.0000 ha große Naturschutzgebiet *Cederberg Wilderness* ist UNESCO-Weltnaturerbe. Hier wachsen 8700 verschiedene Pflanzenarten, wobei knapp 70% davon endemisch sind, also nur hier in den Cederbergen vorkommen. Cederberg Wilderness ist eine der unberührtesten Landschaftsgebiete in Südafrika. Ein ideales Habitat für den vor dem Aussterben bedrohten *Cape Mountain Leopard* (Bergleopard), der so zurückgezogen lebt, dass niemand ihn wirklich je zu sehen bekommt.

Die Region ist nach dem Cederbaum benannt, der allerdings nur vereinzelt über 1500 Meter Höhe wächst. Wer diese alten und knochigen Bäume bewundern möchte, muss die Wanderstiefel anziehen und einen der vielen spektakulären Wanderwege in Angriff nehmen. Auch die einzigartige *snow protea* (Schnee-Protea) wächst nur über 1500 Höhenmeter, und mit etwas Glück kann sie am Fuße des höchsten Berges der Gegend, dem *Snewberg,* entdeckt werden.

Highlight in den Cederbergen: Das markante Malteserkreuz

Westküste und Cederberge 321

Ausflug nach Wupperthal
Empfehlenswert ist auch ein Ausflug nach **Wupperthal** oder von dort Weiterfahrt nach Süden. Die ersten 40 Kilometer sind asphaltiert, die restlichen 30 Kilometer gut befahrbare Piste für Pkw. Von Wupperthal aus kommt man nur per Allradantrieb weiter.

Pakhuis Pass
Aus Clanwilliam fährt man auf der R364 zum 905 m hohen **Pakhuis Pass,** mitten hinein in die verwitterte, rote Felsenlandschaft der Cederberge. Die Aussicht zurück ins Tal des *Olifants River* ist fantastisch! An der Passhöhe hat der berühmte und in Clanwilliam geborene Arzt und Poet *Louis Leipoldt* seine letzte Ruhestätte gefunden.

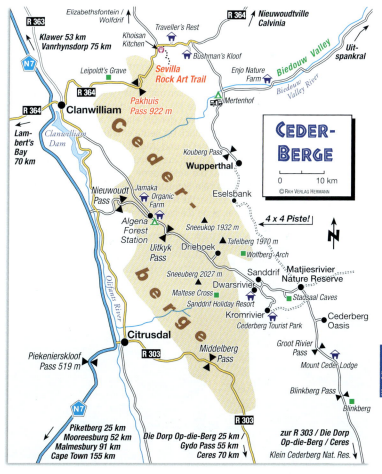

Seine Asche wurde hier 1917 nach seinem Vermächtnis in eine Buschmannhöhle gestreut. Er wollte eins werden mit der Landschaft, die er sein Leben lang so geliebt hatte.

Wupperthal

Bald nach dem Abzweig zum Bushman's Kloof Wilderness Reserve endet die Asphaltstraße und wird zur gut befahrbaren Schotterpiste. Man verlässt die R364 und biegt rechts ab in Richtung Biedouw-Tal und Wupperthal. Die Piste schlängelt sich durch die Berge und man hat fast das Gefühl, überhaupt nicht mehr anzukommen. Und dann ist es endlich zu sehen, tief unten im Tal des Tratra River: Wupperthal, das kleine, 1830 von Deutschen gegründete Missionsdorf. Einer der abgelegendsten Orte in Südafrika! Etwa 500 Menschen leben in der Siedlung, und etwa 2000 weitere in der Umgebung, in den Gemeinden *Eselbank, Langkloof* und *Cedarberg*.

Als der erste deutsche Missionar, Johann Leipold, in das Tal kam, lebten dort sieben Khoi-Familien und es gab weder einen Wegweiser, geschweige denn eine Piste. Mit dem Bau der weißverputzten, strohgedeckten Häuschen bekam der Ort ein fast alteuropäisches Aussehen, was er sich zum Glück bis heute erhalten hat.

Das Dorf ist ein ruhiger Ort und „Nightlife" ein Fremdwort. Der Ort produziert zwei Produkte, für die er heute bekannt ist. Dank Leipold war Wupperthal einst die Veldskoene-„Hauptstadt" Südafrikas. Er lehrte den Khoikhoi sein Schusterhandwerk vor 170 Jahren, und diese produzieren seither die sehr bequemen, weichen Lederschuhe und Wanderstiefel, ohne die kein burischer Farmer aufs Feld geht.

Schroffe Felsformationen in den Cederbergen

San und Khoi

Die Urbewohner San und Khoi lebten in den Cederbergen schon vor Tausenden von Jahren, wie zahlreiche Felsenmalereien beweisen und dokumentieren. Auf dem vier Kilometer langen **Sevilla Trail** sind besonders schöne Freiluftgalerien zu besichtigen. Auf der Farm, wo der Felsmalereien-Pfad liegt, kann günstig übernachtet werden.

Es geht allerdings auch sehr luxuriös und dementsprechend teurer, nämlich auf der Lodge **Bushman's Kloof** (www.bushmanskloof.co.za). Sie liegt direkt an der R364, ca. 1,5 km hinter der Zufahrt zur Unterkunft Traveller's Rest (s. Karte). Auf dem alten Farmland von Bushman's Kloof wurden alle internen Zäune wurden entfernt, Antilopen und Zebras laufen nun frei in dem Reservat herum und auf den ehemaligen Viehweiden wurden natürlich vorkommende Gräser und Pflanzen wieder ausgesät. Das Bushman's Kloof Wilderness Reserve kaufte eine weitere Nachbarfarm auf und vergrößerte damit sein privates Schutzgebiet auf 80 km². Begleitet von kundigen Rangern können hier über 150 verschiedene Buschmann-Zeichnungen bewundert werden. Die Lodge heimst immer wieder wegen ihrer Einzigartigkeit, der bezaubernden Lage und dem erstklassigen Service internationale Preise ab.

Im Bushman's Kloof Reservat erklärt ein Tourguide die Bedeutung der Felsmalereien

Noch Anfang des 20. Jahrhunderts trug man „Wupperthaler" in ganz Südafrika. Die Manufaktur steht heute noch, aber Schuhe der Marken Nike, Caterpillar und Hi-Tech u.a. haben sich in den letzten Jahren produktionssenkend ausgewirkt. Von einst 40 Angestellten arbeiten momentan nur noch sieben. Kürzlich wurde mit einer internationalen Vermarktungskampagne begonnen. Wuppperthal-Besucher können direkt in der sehenswerten Fabrik Schuhe anprobieren und kaufen. Ebenfalls seit kurzem produziert Wupperthal einen qualitativ sehr hochwertigen Rooibos-Tee.

Im August und September ist Wupperthal von einem Wildblumen-Meer umgeben. Die anfangs erwähnten Geländewagenfahrer kommen aber das ganze Jahr über. Für sie beginnt ein spektakulärer Trail mit Übernachtungsmöglichkeiten. Pkw-Besitzer müssen von Wupperthal aus den gleichen Weg wieder zurück nach Clanwilliam fahren.

Information Wupperthal

Information **Wupperthal Tourism**, Tel. 027-4923410, www.wupperthal.co.za,
Mo–Fr 9–16.30 Uhr, Sa 9–12 Uhr.
Das Information Centre vermittelt die drei im Ort vorhandenen Gäste-Cottages für Selbstversorger, die etwa 300 Rand pro Häuschen und Nacht kosten.

Restaurant **Lekkerbekkie** (R), Die Werf Street, Tel. 027-4823410
Traditionelles Essen, das die kulinarische und kulturelle Geschichte der Region reflektiert – überraschen lassen!

Wandern **Wupperthal Hiking Trail,** Cederberg Heritage Route, Tel. 027-4822444, www.cedherroute.co.za
Auswahl an mehrtägigen geführten Wandertouren. Das Gepäck wird von Eseln transportiert.

Weiterfahrt nach Süden

Wer mit einem Geländewagen unterwegs ist, kann den extrem steilen Schotterpass aus Wupperthal hinaus Richtung *Eselbank* nehmen und von dort auf einer nicht ganz einfachen und 38 km langen Piste bis nach **Matjiesrivier Nature Reserve** gelangen.

Matjiesrivier Nature Reserve In diesem 12.800 ha großen Schutzgebiet an der sehr trockenen Ostseite der Cederberge, ehemals ein Farmgebiet, liegt das Wanderparadies der Cederberge mit den berühmten Felsformationen *Malteser Kreuz* und *Wolfberg Arch*. Es gibt einige schöne Farmunterkünfte in Driehoek, Sanddrif, Dwarsrivier und Kromrivier, viele mit Fluss-„anschluss" – ein Genuss bei der hier meist vorherrschenden Hitze!

Stadsaal Caves Sehenswert sind 4 km westlich von Matjiesrivier Nature Reserve die **Stadsaal Caves,** natürliche Felsenhöhlen, wo 1948 geheime Treffen der National Party stattgefunden haben, um Pläne zur Machterlangung zu besprechen. An den Wänden ist heute noch die originale Handschrift des damaligen ersten Premierministers D.F. Malan zu sehen. Außerdem gibt es in der Nähe Buschmanzeichnungen zu bewundern.

Von Matjiesrivier sind es zur asphaltierten R303 mit der Siedlung Die Dorp Op-die-Berg knapp 80 km, von wo Sie dann über den *Gydo Pass*, 15 km nördlich von Ceres und 1018 m hoch, nach **Ceres** gelangen. Von Ceres bringt Sie die R46 zum bereits beschriebenen **Tulbagh** (30 km), s.S. 187.

Information Cederberge

Es gibt eine informative Website über das gesamte 1620 km² große Schutzgebiet das sich vom Pakhuis Pass im Norden bis Grootrivier im Süden zieht: www.cederberg.co.za. Dort können auch die nachfolgend gelisteten Unterkünfte im Bild betrachtet werden. Unbedingt besorgen sollten sich Besucher die übersichtliche „Slingsby's Cederberg"-Landkarte, www.themaps.co.za, erhältlich in Buchhandlungen.

Wanderpermits für das Gebiet gibt es bei *Cape Nature Conservation*, Clanwilliam, Tel. 027-4822812

Permits und Unterkunftsbuchungen für die Cederberge und für 28 andere Schutzgebiete in der Western Cape Province können auch über das Kapstadt-Büro von CNC vorgenommen werden:

Cape Nature Conservation, Cape Town Head Office, Tel. 021-4834051, www.capenature.org.za

Unterkunft

Mount Ceder Lodge (RR-RRR), südliche Cederberge, Tel. 023-3170113, www.mountceder.co.za

Die beiden Steinhäuschen (Blinkberg und Waboomhoek) sind ganz besonders zu empfehlen, sie liegen ruhig und fernab, mit Blick auf den Fluss. Tolle Bademöglichkeiten im ganzjährig fließenden Grootriver. Das Restaurant Old Mill Countryhouse (R-RR) serviert Frühstück, Lunch und Dinner.

Kromrivier

Kromrivier Cederberg Tourist Park (R-RR), Tel. 027-4822807, www.cederbergtourist.co.za
Chalets für Selbstversorger, Bed & Breakfast, Camping, Wander- und Mountainbike-Trails, Geländewagen-Trail, Reiten, Schwimmen im Damm und im Fluss.
Tipp: „Breekkrans" ist das schönste Häuschen und liegt direkt unter einem schattigen Baum am Damm.

Sanddrif Holiday Resort (R-RR), Dwarsrivier, Tel. 027-4822825, www.cederbergwine.com
Direkt am Ufer des Dwarsrivier, von den Chalets für Selbstversorger kann man praktisch direkt ins kühle Nass springen.

Klein Cedarberg Nature Reserve (R-RR), Tel. 023-3170783, www.kleincedarberg.co.za
Von der R303 nördlich von Ceres abgehend, 5 km gut unterhaltene Piste. Steinhäuschen in einer grandiosen Felslandschaft, das Essen wird im Pioneer's House aus dem 18. Jh. serviert. Touren mit den Besitzern zu San-Felszeichnungen. Schöne Wanderungen, Super-Sternenhimmel, Swimmingpool. Schweizer Besitzer.

Enjo Nature Farm (R-RR), von Clanwilliam aus 40 km Asphaltstraße plus 25 km Piste Richtung Wuppertal, Tel. 027-4822869, www.soulcountry.info
Kleine, einfache Häuschen mitten in der kargen Landschaft. Wandern und Schwimmen im Fluss oder Pool. Der perfekte Platz, um die Seele baumeln zu lassen.

Enjo Nature Farm

ANHANG
Register A–Z

Elke Losskarn

1994 wurde die Fotojournalistin, die damals bei der Motor Presse in Stuttgart arbeitete, eingeladen, eine Motorradreportage in Südafrika zu dokumentieren. Vor allem Kapstadt, diese Mischung aus Afrika, Europa und Kalifornien, hat es ihr angetan. Die bereits geschmiedeten Pläne nach Amerika auszuwandern wurden auf der Stelle verworfen. Die Wohnung in Deutschland gekündigt, alle Möbel verkauft und nur das Cabrio, ein paar Klamotten, die CD-Sammlung, die Espressomaschine und ein großer Vorrat an Nutella wurden in den Container verstaut. Elke Losskarn hat mittlerweile über 20 Bücher und Kalender illustriert, tourte kreuz und quer durch Südafrika, um diesen Reiseführer auf dem neuesten Stand zu halten und produziert Reportagen für lokale Reisemagazine vor Ort. Außerdem bietet sie Foto-Workshops in Hout Bay an und unterrichtet Fotografie als Nebenfach an verschiedenen Schulen. Sie lebt mit ihrer Patchwork-Familie in Hout Bay auf der Kaphalbinsel.

Internet: www.elke-losskarn.com · **Facebook:** Elke Losskarn Reisetipps Südafrika

Foto-Workshop
Fotografieren wie ein Profi …

Elke Losskarn, die Fotografin dieses Reiseführers, wohnt auf der Kaphalbinsel in Hout Bay und bietet von hier aus Fotografiekurse an. In einem Crash-Kurs oder ganztägigen Fotoworkshop werden hilfreiche Tipps zu Kameraeinstellungen und vor allem zum Thema Komposition vermittelt.

Internet: www.elke-losskarn.com
E-Mail: info@elke-losskarn.com
Telefon: ++27-(0)72-372 1047

Helmut Hermann, Bettina Romanjuk

Tourguide Südafrika

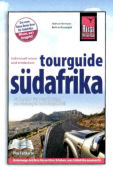

Sanibona – Willkommen in Südafrika

Mit dem „Tourguide Südafrika" das Land am Kap selbstorganisiert und authentisch kennenlernen. Unverzichtbar für alle, die das faszinierende Südafrika individuell bereisen wollen.

> **Routenbasiertes Konzept:** Von Johannesburg nach Kapstadt oder vice versa vom Kap der Guten Hoffnung bis zur Nordprovinz Limpopo – entdecken Sie Südafrika auf 9 Haupt- und vielen Nebenrouten. Nach persönlichem Zeitrahmen und Ihren Vorlieben ausbau- oder verkürzbar

> Alle praktischen Reisefragen von A bis Z, interessante Hintergrundinformationen über Land und Leute und zum neuen Südafrika

> Auf den Punkt gebrachte Beschreibungen von Städten und Orten mit ihren Sehenswürdigkeiten, kulturelle, künstlerische, architektonische und landschaftliche Highlights

> Übernachten in den südafrikatypischen und sehr gastfreundlichen Bed & Breakfasts oder in anderen Unterkünften für jeden Geldbeutel

> Kulinarische Empfehlungen von Kennern und Einheimischen, Wine & fine Dining-Restaurants

> Nicht zu versäumende Nationalparks mit ihren Tierpopulationen, spannende und unbekannte Winkel, Wandervorschläge für Fitte und Faule sowie Tipps für sportliche Aktivitäten

Reise Know-How
Verlag H. Hermann
780 Seiten
ISBN 978-3-89662-506-9
€ 25,00 [D]

▸ Mehr als 80 Stadt- und Ortspläne, Nationalpark- und Routenkarten, alle korrespondierend mit dem Inhalt

▸ Über 370 stimmungsvolle Fotos und historische Abbildungen

▸ Glossar und ausführliches Register, Griffmarken, Seiten- und Kartenverweise zur einfachen Handhabung

▸ Zahllose geprüfte Internet-Adressen, GPS-Daten zum problemlosen Finden von Unterkünften und Sehenswürdigkeiten

▸ Konkrete Empfehlungen für Bed & Breakfasts, Hotels, Hostels und Campingplätze

▸ Strapazierfähige PUR-Bindung

Faltkarte Südafrika

Die schönsten Unterkünfte in Südafrika
www.suedafrikaperfekt.de

Willkommen in Südafrika!

- 🛏 Große Auswahl an Unterkünften und Hotels
- 📄 Filtermöglichkeiten nach Vorlieben
- € Unterkünfte in allen Preisklassen
- 🌐 Interaktive Karte aller Unterkünfte
- ★ Gästebewertungen
- 🧳 Reisen in Südafrika
- ☺ Informationen zu Land & Leuten
- 🍽 Wining & Dining
- 📚 Reiseführer und Literatur
- ⚑ Jetzt auch mit Unterkünften in Namibia

Christine Philipp

Südafrika

Südafrika mit diesem kompletten Reisehandbuch entdecken:

> **Informiert reisen:** Für alle neun Provinzen sorgfältige Beschreibung der sehenswerten Orte, der schönsten Naturschutzgebiete, Tier- und Nationalparks. Mit vielen Wanderungen und Tipps zur aktiven Freizeitgestaltung.

> **Praktische Tipps und Wissenswertes zur Reisevorbereitung** und zum täglichen Reiseleben. Viele Internet- und eMail-Adressen für zusätzliche Informationen. Mit neuen südafrikanischen Städtenamen.

> **Durch Südafrika reisen:** Unterwegs zu Naturschönheiten und bekannten Sehenswürdigkeiten mit Mietwagen oder Camper, Transporthinweise für Busse, Flugzeug und Eisenbahn. Routen- und Streckenvorschläge für mehrere Wochen Aufenthalt.

> **Präzise Streckenbeschreibungen und detaillierte Karten,** um auch abgelegene Gebiete bereisen zu können. Viele lohnenswerte Abstecher.

> **Zahllose Unterkunftsempfehlungen** und kulinarische Tipps für jeden Geldbeutel von preiswert bis luxuriös.

Reise Know-How
Verlag H. Hermann
792 Seiten
ISBN 978-3-89662-610-3
€ 25,00 [D]

- Mehr als 100 Stadtpläne und Karten, praktische farbige Übersichtskarten in den Umschlagklappen
- Griffmarken, Seiten- und Kartenverweise zur einfachen Handhabung
- Mit Glossar und großem Register
- Reisen durch Südafrikas 9 Provinzen, Abstecher nach Lesotho, Swaziland und Namibia
- Infomativer Geschichtsteil, viele unterhaltsame Exkurse
- Ausführliche Kapitel über Kapstadt, Krüger-Nationalpark, Garden Route
- Strapazierfähige PUR-Bindung

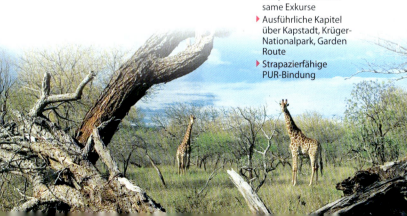

Rad- und andere Abenteuer aus aller Welt

Edition Reise Know-How

In der Edition Reise Know-How erscheinen außergewöhnliche Reiseberichte, Reportagen und Abenteuerberichte, landeskundliche Essays und Geschichten. Gemeinsam ist allen Titeln dieser Reihe: Sie unterhalten, sei es unterwegs oder zu Hause – auch als ideale Ergänzung zum jeweiligen Reiseführer.

Panamericana südwärts – Eine Abenteuertour durch Lateinamerika. ISBN 978-3-89662-523-6 · € 19,50; auch als **E-Book** erhältlich: ISBN 978-3-89662-621-9 · € 13,99 **NEU**

Abenteuer Anden – Eine Reise durch das Inka-Reich
ISBN 3-89662-307-9 · € 17,50
Afrika – Mit dem Fahrrad in eine andere Welt
ISBN 978-3-89662-522-9 · € 19,90
Auf Heiligen Spuren – 1700 km zu Fuß durch Indien
ISBN 3-89662-387-7 · € 17,50
Auf und davon – Auf Motorrädern durch Europa, Asien und Afrika
ISBN 978-3-89662-521-2 · € 19,50
Die Salzkarawane – Mit den Tuareg durch die Ténéré
ISBN 3-89662-380-X · € 17,50
Durchgedreht – Sieben Jahre im Sattel
ISBN 3-89662-383-4 · € 17,50
Myanmar/Burma – Reisen im Land der Pagoden
ISBN 3-89662-196-3 · € 17,50
Odyssee ins Glück – Als Rad-Nomaden um die Welt 10 Jahre, 160.000 km und 5 Kontinente · ISBN 978-3-89662-520-5 · € 19,90
Please wait to be seated – Bizzares und Erheiterndes von Reisen in Amerika. ISBN 3-89662-198-X · € 12,50
Rad ab – 71.000 km mit dem Fahrrad um die Welt.
ISBN 3-89662-383-4 · € 17,50
Südwärts – von San Francisco nach Santiago de Chile.
ISBN 3-89662-308-7 · € 17,50
Suerte – 8 Monate auf Motorrädern durch Südamerika.
ISBN 978-3-89662-366-9 · € 17,50
Taiga Tour – 40.000 km allein mit dem Motorrad von München durch Russland nach Korea und Japan · ISBN 3-89662-308-7 · € 17,50
USA Unlimited Mileage – Abgefahrene Episoden einer Reise durch Amerika · ISBN 3-89662-189-0 · € 14,90
Völlig losgelöst – Panamericana Mexiko–Feuerland in zwei Jahren
ISBN 978-89662-365-2 · € 14,90
Eine mallorquinische Reise – Mallorca 1929
ISBN 3-89662-308-7 · € 10,50
Geschichten aus dem anderen Mallorca – Robert Graves
ISBN 978-3-89662-269-3 · € 12,50
und mehr ...

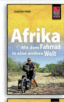

Peter Smolka

71.000 km mit dem Fahrrad um die Welt:

Rad ab!

Vier Jahre lang radelte der Erlanger Globetrotter Peter Smolka um den Erdball. Zunächst durchquert er den Nahen Osten und Afrika, wo er nur knapp den Angriff eines Elefanten überlebt. In Kapstadt heuert er auf einer Segelyacht an, die nach Brasilien bringt. Nach neun Monaten Südamerika sind die nächsten Stationen Neuseeland und Australien. Bereits seine Fahrt durch Saudi-Arabien hatte in der Reiseszene für Aufsehen gesorgt. In Südostasien erhält Peter Smolka nach zähen Verhandlungen auch die Genehmigung Mynamer (Ex-Birma) auf dem Landweg zu durchqueren. Vor der Rückreise nach Europa wagt er sich schließlich nach Afghanistan hinein … Spannend, detailliert, einfühlsam und humorvoll – ein Buch für jeden, der gern reist.

Hardcover mit Schutzumschlag, 360 Seiten, plus 16 Seiten Farbfototeil
Reise Know-How Verlag · ISBN 3-89662-383-4 · € 17,50

Joachim Held

Afrika

Mit dem Fahrrad in eine andere Welt

Joachim Held bricht im August 2008 nach Afrika auf. Er lässt sich treiben, durchquert die Westsahara, kämpft sich durch den Kongo und weiter bis nach Kapstadt, auf dem Rückweg erklimmt er den Kilimanjaro. Am Ende ist er zwei Jahre auf 33.000 Kilometern unterwegs, fasziniert von der Lebensfreude und Hilfsbereitschaft der Menschen, aber auch tief betroffen von ihren Lebensumständen. In Sierra Leone sieht er hungernde Kinder, in Guinea gerät er in Putschwirren und in Kamerun prophezeit man ihm eine Begegnung mit dem Tod. Einen Abend sitzt er im entlegenen Dschungel Zentralafrikas mit Dorfältesten zusammen und hört Fragen, auf die er keine Antworten hat: „Warum ist Europa so reich und Afrika so arm? Was sollen wir tun? Sag' du es uns, du kommst doch aus Europa!"

Einfühlsam berichtet Joachim Held über seine Begegnungen und Erlebnisse in Afrika. Er beschreibt Höhen und Tiefen seiner Reise, gelegentlich selbst verzweifelt, aber dann auch wieder mit Humor. Angereichert mit vielen Hintergrundinformationen, ist dies ein spannendes Buch zum Mitreisen und Nachdenken.

Hardcover mit Schutzumschlag, 392 Seiten + 32 Seiten Farbteil
Reise Know-How Verlag · ISBN 978-3-89662-522-9 · € 19,90

Daniela Schetar und Friedrich Köthe

Namibia

Ganz Namibia mit diesem Reisehandbuch entdecken. Die 8. aktualisierte Auflage dieses Buches …

- kombiniert detailgenaue, vor Ort recherchierte praktische Informationen mit unterhaltsamen und informativen Exkursen zu Geschichte, Hintergründen und den Menschen des Landes
- nennt und gewichtet nahezu alle Unterkünfte in Namibia mit Internet-Kontakt, enthält genaue Stadtpläne mit Lageangaben der Hotels
- erlaubt mit integriertem Routenplaner die einfache Planung der Reise und macht mit GPS-Daten und exakten Kilometertabellen jedes Ziel auffindbar
- führt in die Nachbarländer, nach Victoria Falls, Botswana und in den südafrikanischen Kgalagadi Transfrontier National Park
- listet eine Vielzahl an Aktivitäten, wie Ballonfahren, Fallschirmspringen, Quadbike-Fahren, Reiten, Wandern, Fly-in-Safaris, Angelausflüge, Kajaktouren
- ermöglicht Ihnen die Reise in Gebiete und Landschaften, in die „andere" nicht kommen

So urteilten Benutzer der vorherigen Auflagen:

- *»Das Reisehandbuch ist wirklich Klasse und hat wesentlich dazu beigetragen, dass uns dieser Urlaub unvergessen bleibt …«*
- *»Ihr wirklich ausgezeichneter Reiseführer hat sich als sehr ausführlich und hilfreich erwiesen …«*
- *»… ich konnte kein anderes Buch vergleichbarer Qualität finden!«*

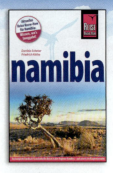

Reise Know-How
Verlag H. Hermann
672 Seiten
ISBN 978-3-89662-606-6
€ 25,00 [D]

- Mehr als 55 Stadtpläne und Karten, praktische farbige Übersichtskarten in den Umschlagklappen
- Über 270 Fotos und Abbildungen
- Griffmarken, Seiten- und Kartenverweise zur einfachen Handhabung
- Informative Hintergrundberichte, ausführlicher Tierteil und umfangreiches Register
- Mehr als 650 Unterkunftsadressen
- Namibias Reiseziele auf 32 Routen entdecken
- Zahllose GPS-Daten
- Strapazierfähige PUR-Bindung

Luxuriöse und elegante self-catering Cottages mit herrlichem Ausblick
21 Hunters Way, Hout Bay, Cape Town
Tel. 021-791 4155, Cell 076-191 7755 · www.thetarragon.com

The Tarragon

Mit uns die Länder des südlichen Afrikas bereisen und erleben!

Das **mehr** ... bedeutet für uns:
Ein mehr an Zeit für Sie, persönliche Beratung,
Individualität, Kompetenz und Zuverlässigkeit.
Testen Sie uns – wir freuen uns auf Ihre Anfrage!

Afrika & mehr ... e.K.

Am Taubenfelde 24, 30159 Hannover ·Tel. (05 11) 1 69 30 40 Fax (05 11) 1 69 30 41
info@afrikaundmehr.de ·www.afrikaundmehr.de

YOUR KEY TO AFRICA

Das Afrika 1x1 für Ihre Reiseplanung – mit Links zu den anerkannten Spezialisten für Afrika-Reisen

ASA
Anerkannte Spezialisten
für Afrika-Reisen

Arbeitsgemeinschaft
Südliches und Östliches Afrika e.V.

www.asa-africa.com

WINDHOEK • CAPE TOWN • JOHANNESBURG • DURBAN
For enquiries and bookings: +27 21 8545627
www.africamper.com

www.reise-know-how.de

REISE Know-How online

Unser Kundenservice auf einen Blick:

Vielfältige Suchoptionen, einfache Bedienung

Alle Neuerscheinungen auf einen Blick

Schnelle Info über Erscheinungstermine

Zusatzinfos und Latest News nach Redaktionsschluss

Buch-Voransichten, Blättern, Probehören

Shop: immer die aktuellste Auflage direkt ins Haus

Versandkostenfrei ab 10 Euro (in D), schneller Versand

Downloads von Büchern, Landkarten und Sprach-CDs

Newsletter abonnieren, News-Archiv

Die Informations-Plattform für aktive Reisende

Entdecke Afrika!

Abendsonne Afrika ist Ihr Top-Safarispezialist für Reisen in das südliche und östliche Afrika. Ob Individual- oder Kleingruppenreise - unsere erfahrenen Spezialisten beraten Sie in allen Fragen rund um spannende Safaris, Selbstfahrerreisen oder Flugsafaris.

16 Tage Selbstfahrerreise Special

Kapstadt - Hermanus - Gartenroute - Addo Elephant Nationalpark - Kleine Karoo - Weinregion

ab €1.498,- ab/bis Deutschland inkl. Mietwagen

Abendsonne Afrika GmbH
Zur Unteren Mühle 1, D-89290 Buch
Tel.: +49 (0) 7343.92998-0, Fax - 29
E-Mail: info@abendsonneafrika.de
www.abendsonneafrika.de

**Fordern Sie unseren kostenfreien Katalog an!
Wir beraten Sie gerne!**

NOTIZEN

Register A–Z

!Khwattu 307
46664 68

Abseilen 42
Abseiling 42
Adapter 32
Addo Elephant National Park 300
Addo Elephant Park 28
Affen 55
African Political Organisation (APO) 66
African Time 34
Afrikaans Language Museum 181
Afrikanische Wildkatze 52
Aghulas National Park 209
Agulhas National Park 28
AIDS 25
Aiport-Transfer 15
Albatrosse 60
Allesverloren Estate 192
Amalienstein 232
Amani 179
Anthonij Rupert Wines 173
Antilopen 56
Antonio de Saldanha 64
Apotheken 25
Aquila Private Game Reserve 247
Arniston 211
Arniston Beach 137
Art in the Forest 128
Arts Route 62 235
Ärzte 25
Ausritte 43
Automatic Teller Machine 24
Avalon Springs 221
Avontuur Estate 166

Babys 27
Badskloof Trail 221
Bahnverkehr 15
Bain, Thomas 241
Bain's Kloof Pass 186
Ballonfahrten 42
Banken 24
Bantry Bay 158
Bärenpaviane 55

Barnard, Christiaan 67, 102
Barrydale 224
Bartholomeus Klip 190
Bartolomeu Dias Museum 249
Baumschlange 60
Baviaanskloof 283
Bayworld 289
Beacon Island 270
Bekleidung 31
Benzin 32
Bergzebra 56
Bertram House 88
Betty's Bay 196
Bier 40
Big Bay 135
Big Five 286
Bikini Beach 135
Birds of Eden 275
Blesbock 57
Bloubergstrand 303
Bloukrans Pass 275
Bloukrans-Brücke 275
Bloukrans-Bungee-Jump 275
Blue Train 16
Blumenteppiche 62
Bo-Kaap 89
Boardwalk Casino & Entertainment World Complex 289
Boesmanskloof Trail 47, 219
Bontebok National Park 28, 229
Boplaas Family Vineyards 232
Boschendal 169, 172
Botschaft 20
Bouchard Finlayson 203
Boulders Beach 135, 143
Bovlei Winery 185
Braai 36, 38
Bramon Wine Estate 275
Bredasdorp 207
Brenton Beach 137
Brenton-on-Sea 264
Brief 31
Brillenpinguin-Festlandkolonien 143
Brillenpinguine 60
Buckelwale 60, 201

Büffel 51
Bull at the Window 293
Bungee-Springen 42
Buntbock 57
Buschschwein 53
Bushman's Kloof 323
Bushman's Kloof Wilderness Reserve 322
Bushmans River 293
Busnetz Kapstadt 86
Busverbindungen 16
Butterfly World Tropical Gardens 183

C.P. Nel Museum 237
Cabrière 173
Calitzdorp 232
Calitzdorp Port & Wine Festival 235
Campingplätze 18
Camps Bay 135, 155
Canal Walk 104
Cango Caves 242
Cango Ostrich Show Farm 239
Cango Wildlife Ranch 239
Cape Agulhas 208
Cape Columbine Nature Reserve 312
Cape Flats 79
Cape Hangklip 194
Cape Holocaust Centre 88
Cape of Good Hope Hiking Trail 147
Cape of Good Hope Nature Reserve 144
Cape Point 145
Cape Point Ostrich Ranch 147
Cape Saint Balize Cave 250
Cape Saint Blaize Leuchtturm 250
Cape St. Francis 282
Cape Town Carnival 70
Cape Town Film Studios 121
Cape Town International Convention Centre (CTICC) 96
Carriage Rock 293
Castle of Good Hope 117
Castle of Goode Hope 89

Register A–Z **343**

Cederberg Wilderness 320
Cederberge 320
Cell Phone 32
Chamonix Wine Farm 173
Chapman's Peak Drive 149
Church Street 88
City Antique Market 99
City Kapstadt 86
Clanwilliam 316
Clifton 135, 158
Clocktower 98
Clocktower-Viertel 96
Cloof 307
Coloureds 78
Company's Gardens 88
Constantia 128
Constantia Valley 128
Constantia Village 129

Danger Point 206
Darling 305
Darling Cellars 306
De Hoop Nature Reserve 212
De Kelders 205
De Krans 233
De Oude Drostdy 189
De Wetshof Estate 217
Delaire 174
Delaire Graff Estate 179
Delheim 180
Dias Beach 137
Dias, Bartholomeu 64
Die Bergkelder Wine Centre 179
Die Hel 244
Die Mond 137
Die Mond Nature Reserve 210
Die Winkel op Paternoster 311
Diemersfontein Wines 185
Diplomatische Vertretungen 20
District Six Museum 88
Dolphin Point Lookout 258
Dolphin Trail 48, 280, 281
Dom Francisco de Almeida 64
Donkin Heritage Trail 289
Donkin Reserve 288
Donkin Reserve & Lighthouse 289
Doodsklip 284

Doppeldecker-Bus 71
Dorp Street 174
Drostdy Museum 226
Du Toitskloof Pass 215
Duiker Island 151
Dutch Reformed Church 226

East Fort 150
Eastern Cape 286
Eastern Head 264
Eastern- und Western Heads 261
Einkaufen 21
Einreise-Formalitäten 23
Elands Bay 313
Elefant 50, 265
Elen-Antilope 58
Elephant Sanctuary 274
Elim 207
Ellipsenwasserbock 59
Enten 60
Erdhörnchen 54
Erlebnisgastronomie 70
Essen 36
Excelsior Estate 217

Fahrrad 42
Fairview 183
Fallschirm 43
Fastfood 37
Featherbed Nature Reserve 264
Feiertage 23
Feinschmecker 37
Ferienhäusern 34
Ferngespräche 32
Fernkloof Nature Reserve 198, 203
Feste 23, 83
FIFA-Fußballweltmeisterschaft 69
Filmindustrie 121
Filmkulisse Kapstadt 121
Fingerotter 53
Fischadler 60
Fish Hoek 136
Flora 62
Flüge 14, 42
Fluggesellschaften 14
Flusspferd 50
Fotografieren 23

Franschhoek 167
Franschhoek Bastille Festival 170
Franschhoek Village Market 169
Freedom Hill Wines 184
Fregattvögel 60
Fuchsmangusten 52
Fynbos 62

Gansbaai 205
Gänse 60
Garcia's Pass 241
Garden Route 248
Garden Route National Park 29, 278
Gastronomie 36
Gaukler 60
Geddes, Andrew 241
Gefängnisinsel 93
Geier 60
Geländewagen 17
Geld 24
Geldautomaten 24
Generalkonsulat 20
George 254
George – Knysna Road 241
George Rex Drive 263
Gepard 52
Geschichte 64
Geschwindigkeitsbeschränkungen 19
Gesundheit 25
Ginsterkatze 52
Giraffe 55
Glattwale 60, 201
Glen Carlou Vineyards 184
Gnus 56
Golf 43
Good Hope Gallery 89
Gordon's Bay Main Beach 136
Goukamma Nature und Marine Reserve 258
Grahamstown 295
Grand West Casino 104
Grasland 63
Grassneck Pass 285
Green Mountain Trail 48
Green Point Lighthouse 160
Greenmarket Square 99
Grootbos 205
Groote Post Vineyards 307

Große Kudu 58
Grotto Beach 136
Group Areas Act 67
Grünmeerkatzen 55

H
Hai-Sirene 139
Haiflaggen 139
Hamilton Russell Vineyards 203
Handy 32
Harold Porter National Botanical Gardens 196
Heart Of Cape Town-Museum 101
Heißluftballonfahrten 43
Helshoogte Pass 174
Hemel-en-Aarde Village 198
Hermanus 198
High Tea 39
Highgate Ostrich Show Farm 239
Highlights 70
Highway Stars 241
Hildenbrand Wine & Olive Estate 186
Himalaya-Tahr 59
Hochseeangeln 155
Hoerikwaggo Trail 47
Honigfresser 61
Hörnchen 59
Hotspots 27
Houses of Parliament 117
Hout Bay 151
Hugenotten 65
Huguenot Memorial Museum 169
Huisrivier Pass 232
Humewood 288
Hyänen 53
Hyänenhund 53

I
Ibis 61
Immobilienkauf 213
Informationen Kapstadt 105
Infostelle 26
Inlandsflüge 15
Internet 26

J
Jazz-Lokale 114
Jazz-Szene Kapstadt 114
Jeffrey's Bay 282
Joubert-Tradauw Winery 226

Jubilee Square 142
Jukani Wildlife Sanctuary 274

K
Kaffee 39
Kalk Bay 138
Kaninchen 59
Kap der Guten Hoffnung 70, 144
Kap-Fingerotter 53
Kap-Greisbock 59
Kap-Tölpel 60
Kapstadt 78
Kariega Beach 137
Kariega Lagune 293
Kariega River 293
Karoo 215
Kartentelefone 32
Kassiesbaai 211
Kenton-on-Sea 293
Kettenrestaurants 37
Keurboom Strand 137
Keurboomstrand 274
Khayelitsha 161
Khoi San Tea 318
Killerwale 201
Kinder 27
Kirstenbosch 124
Kirstenbosch Garten 126
Kitesurfen 44
Klein Karoo Wine Route 232
Kleinmond 197
Klettern 43
Klipgat-Höhle 205
Klippschliefer 54
Klippspringer 59
Kloofing 43
Kloovenburg Wine & Olives 192
Knysna 261
Knysna Elephant Park 265
Knysna Lakes Section 29
Kochkurs 35
Kogel Bay 136
Kogelberg Biosphere Reserve 196
Kogman's Kloof 220, 241
Kommetjie 148
Kormorane 60
Krankenhäuser 25
Kreditkarten 24
Kronenducker 59

Kronenkranich 61
Kuchen 39
Kudus 58
Kwandwe 298
KWV Holdings & Wines 184

L
L'Avenir Vineyards 180
La Motte 173
Laborie Cellar 184
Ladismith 231
Lambert's Bay 315
Landessprachen 32
Langebaan 308
Lanzerac Farm & Cellar 180
Leopard 51
Lion's Head 92
Llandudno 136, 155
Löffelhunde 53
Löffler 61
Long Street 88
Lord's Wine 219
Löwe 51

M
Magpie Art Collective 225
Malgas 212
Mamre 305
Mandela, Nelson 67, 93
Mandela's Gold 127
Mariner's Wharf 151
Maritime Museum Mosselbay 249
Market on the Wharf 98
Märkte Kapstadt 99
Marloth Nature Reserve 229
Matjiesfontein 246
Matjiesfontein Motor Museum 246
Matjiesrivier Nature Reserve 317, 320, 324
Mbeki, Thabo 68
McGregor 218
Medikamente 25
Medizinische Versorgung 25
Meerhof Private Cellars 193
Meerlust Estate 180
Mehrwertsteuer-Rückerstattung 21
Meiringsport Schlucht 240
Melkbosstrand 304
Memorial Square 263
Middle Beach 293

Mietwagen 17
Military Museum 89
Milkwood Village 258
Miller's Point 144
Millwood House Museum 263
Misty Cliffs 148
Mobil Phone 32
Moederkerk 174
Monkey Town 166
Monkeyland Primate Sanctuary 275
Mont Rochelle Hotel & Mountain Vineyards 173
Montagu 221
Montagu Pass 255
Montpellier Wine Estate 190
Môreson Soleil du Matin 173
Mossel Bay 249
Mother City 79
Mothlanthe, Kgalema 69
Motorrad 18
Mouille Point 160
Mountainbike 42
Muisbosskerm 314
Muizenberg 134, 136
Münzen 24
My Citi-Bus 86

Nashorn 50
National Arts Festival 295
Nationalparks 28
Natur-Reservate 28
Nature Reserves 28
Nature's Valley 275, 280
Natures Valley Beach 137
Neethlingshof Estate 180
Neighbourgoods Market 72, 102
Neil Ellis Wines 180
Nektarvögel 61
Nelson Mandela Gateway 98
Nelson Mandela Metropolitan Art Museum 289
Netzanbieter 32
Nightlife Kapstadt 113
Nobel Square 98
Noetzie 266
Noetzie Beach 137
Noon Gun 93
Noordhoek 136, 148
Noten 24

Notruf-Nummern 30
Nursery Ravine 124
Nuwekloof Pass 190

Observatory 101
Öffnungszeiten 30
Old Gaol Complex 263
Old Library 254
Old Mission Church Museum 221
Old Port Captain's Office 98
Onrus 136
Oom Samie se Winkel 174
Orcas 201
Ormonde Vineyards 307
Ortsvorwahl 32
Oryx-Antilope 58
otary Way Uitsig Pad 198
Otter Trail 280, 281
Oude Kerk Volksmuseum 187
Oude Wellington 185
Oudekraal 136
Oudtshoorn 237
ountain Point 263
Outeniqua-Choo-Tjoe-Zug 257
Oystercatcher Trail 48

Paarl 181
Paarl Ommi Berg Festival 181
Paarl Rock 181
Pakhuis Pass 321
Pan African Market 99
Paradieskranich 61
Paradise Stables 173
Parken 31
Parlamentsgebäude 88
Patensie 283
Paternoster 310
Paviane 55
Pearly Beach 207
Pelzrobben 60
Picknick 38
Pinguine 143
Pinnacle Point Cave 250
Plaisir de Merle 173
Platter 40
Platter, John 76
Plettenberg Bay 269
Port Elizabeth 288
Post 31

Prince Albert 243
Prince Alfred's Pass 241, 285
Pringle Bay 194
Private Game Reserves 298

Quteniqua Transport Museum 254

Rand 24
Rappenantilope 58
Ratanga Junction 104
Raubkatzen 51
Red Hill Street Market 147
Reiher 61
Reisezeit 31
Reiten 43
Restaurant-Favoriten 76
Restaurant-Preiskategorien 38
Rhodes Memorial 102
Ridgeback Wines 184
Riebeek Valley Olive Festival 193
Riebeek-Kasteel 191
Robben 60
Robben Island 72, 93, 116
Robberg Beach 137
Robberg Nature Reserve 270
Robertson 216
Robertson Winery 217
Robinson Pass 241
Rocking Horse 293
Roggebaai Canal 96
Roller 18
Ronnies Sex Shop 230
Rooi Els 194
Rooibos Tea 318
Rooibos Tea Factory 316
Rotbusch-Tee 318
Route 62 220
Rovos Rail 16
Rust & Vrede Estate 180

SA National Parks (SANP) 28
Sacramento Trail 292
Safari Ostrich Farm 239
San 323
Sanbona Wildlife Reserve 223
Sandboarding 44
Sandvlakte Farm 285
Sandy Bay 136

Saronsberg Cellar 190
Scarborough 147
Schabrackenhyäne 53
Schabrackenschakal 53
Schakale 53
Schlacht von Blouberg 65
Schlangen 60
Schlauchbootfahrten 44
Schnäppchenführer 22
Schreisee-Adler 60
Schulferien 31
Schwarzfersenantilope 56
Sea Kayaking 44
Sea Point 158
Seafood 36
Sedgefield 260
Sedgefield Beach 137
Sehenswürdigkeiten Kapstadt 116
Seilbahn 71
Seilrutschen 44
Sekretäre 60
Sevilla Trail 317, 323
Seweweekspoort 231
Shamwari 298
Shell Museum & Aquarium 249
Shelly Beach 293
Shipwreck Museum Bredasdorp 207
Shopping Kapstadt 118
Shosholoza 15
Sicherheit 31, 82
Signal Hill 92
SIM-Karten 32
Simon's Town 142
Sir Lowry's Pass 166
Skeleton Gorge 124
Slave Lodge 88
Slave Tree 254
Snewberg 320
Solms-Delta 173
South African Museum 88
South African National Gallery 88
Souvenirläden 99
Spice Route 183
Spier 180
Sportliche Aktivitäten 42
Sprache 32
Springbock 57

Springfield Estate 217
Springhase 54
St George Cathedral 295
St. George's Cathedral 88
St. James 136
Stachelschwein 54
Stadsaal Caves 324
Stanford 204
Steenberg Wine Estate 129
Steinböckchen 59
Stellenbosch 174
Stellenbosch Wine Route 176
Steppenzebra 56
Stony Brook Vineyards 173
Stony Point 196
Storms River Mouth 278
Storms River Mouth Beach 137
Strand 136
Strände am Kap 135
Straßenverkehr 19
Strauß 60
Straußenfarmen 236
Streifengnu 57
Strom 32
Struisbaai 208, 211
Sturmtaucher 60
Sturmvögel 60
Suchmaschinen 26
Suiderstrand 209
Sukkulenten 62
Summerstrand 288
Sundowner 73
Surfen 44
Swartberg Pass 73, 241, 242
Swartland Wine Cellar 193
Swellendam 226

Taal Monument 181
Table Mountain National Park 29, 79
Tafelberg 71, 92
Tafelberg & Table Mountain Aerial Cableway 116
Tandem-Gleitschirmflug 42
Tangara Wine Farm 219
Tankstellen 32
Tauchen 45
Tee-Tradition 39
Telefonieren 32
The Cape of Good Hope Trail 46
The Crags 274
The Donkey Trail 235
The Observatory Museum 295
The Old Biscuit Mill 102
The Whale Trail 47
Thelema Mountain Vineyards 174, 180
Thesen's Island 263
Timberlake Village 260
Tip 33
Tokai Arboretum 129
Tourismusbüros Kapstadt 105
Township-Tour 82, 162
Townships 161
Trailrunning 45
Tree Canopy Walkway 125
Trinken 36
Trinkgeld 33
Trinkwasser 33
Trommelsessions 35
Tsitsikamma National Park 74, 278
Tsitsikamma Section 29, 278
Tulbagh 187
Twee Jonge Gezellen Estate 190
Tweede Tol 186
Two Feather Horse Trails 229
Two Oceans Aquarium 101, 116

Überlandbusse 16
Übernachten 33
Übernachtungs-Favoriten 76
Übernachtungskategorien 34
Übernachtungs- möglichkeiten 34
Umtauschkurs 24
Unterkunft Kapstadt 105
Unterkünfte 34
Urwald 63

Van Riebeeck, Jan 65, 124
VAT Return 21
Vegetarier 36
Veranstaltungsbuchungen 27
Verenigde Oost-Indische Compagnie (VOC) 65
Vergelegen 165
Vergelegen Wine Estate 166